4D(HGPM)로 푸는 -구약편-

성경의 맥과 흐름

지은이 **이원희** 목사

4D(HGPM)
Bible Study

by
Wonhi Lee

printed in November 2016

● 본교재는 기존의 성경지리 세미나에 역사와 사진, 메시지 부분 등 4D의 입체적인 강의 내용으로 엮어진 교재입니다.
● 강의용 사진과 동영상 자료인 PPT는 세미나 참석자와 본 성경 프로그램을 실시하는 교회와 단체에 별도 판매합니다.

4D로 푸는 성경의 맥과 흐름(구약편) 값 18000원

1판1쇄 발행일 2016년 8월 27일
2판1쇄 인쇄일 2018년 8월 16일
2판1쇄 발행일 2018년 9월 6일

지 은 이 이 원 희
발 행 인 이 태 희
발 행 처 도서출판 지계석
대전광역시 동구 중동 10-7
전화 (042) 254-0908
지은이 연락처 010-6511-0675

등록번호 동구 제153호(1998.11.30)

ⓒ 4D로 푸는 성경의 맥과 흐름 2016년 ISBN 89-950567-4-6

공급처 에레츠 성지연구원 ☎ (070) 7721-0675 www.lwh.kr
열린유통 031-906-0011 Fax 031-905-0288

서 문

에레츠 바이블은 '성서의 땅' 이란 뜻이다.

성서의 땅은 하나님이 창조하시고 하나님이 구원의 역사를 베푼 곳이다.

하나님은 이 땅에서 하늘의 뜻을 이루고자 하신다. 그래서 우리는 주님이 가르쳐 준 기도에서 "뜻이 하늘에서 이루어진 것같이 땅에서도 이루어지이다"라고 기도한다.

하나님께서 이루고자 하시는 뜻은 무엇인가? 그 뜻을 어떻게 이루어가시는가? 우리는 그런 하나님의 뜻을 이루기 위해 무엇을 해야 하는가? 이에 대한 가장 중요한 해답은 성경이다. 성경 속에는 하나님의 뜻이 담겨져 있고, 그 뜻을 이루어가시는 역사가 있다. 또한 그 뜻을 이루기 위한 인간의 노력이 무엇인가를 말해주고 있다.

그런데 그런 성경이 시대순으로 배열되어 있지 않기 때문에 전체적인 이해가 어렵다. 그리고 동시대의 중복된 내용은 시대적 이해를 더욱 난해하게 한다. 또한 단어와 난해한 구절로 인해 개인적으로는 이해하기 어려운 내용이 많다. 뿐만 아니라 언어나 말로는 설명하기 힘든 경우가 있다. 가장 중요한 것은 단순히 성경 지식에만 그쳐서는 안된다는 것이다.

그래서 성경통독의 가장 첫 출발은 전체적이고 종합적으로 읽어야 한다. 본서는 이를 위해 만들어진 책이다. 곧 4가지 측면(4D)에서 엮어져 있다.

1D, 역사적인 흐름에서 성경을 이해하도록 성경을 시대순으로 재배열하여 엮었다.

2D, 지리적인 배경을 통해 성경을 이해하도록 최대한 지도를 많이 사용했다.

3D, 가시적인 이해를 위해 사진과 동영상(별도 구입)을 삽입해서 엮었다.

4D, 매 내용마다 삶의 변화에 초점을 맞추기 위해 영적 메시지 부분을 넣었다.

따라서 본서를 통해 성경을 전체적으로 이해할 뿐만 아니라, 가시적으로 쉽게 기억할 수 있으며, 말씀이 심령에 다가올 수 있을 것이다. 특히 이 교재는 에레츠 성지연구원에서 에레츠 바이블 아카데미 과정을 수료한 성경공부 지도자에 의해 각 교회나 성경연구 모임에서 사용되면 더 큰 효과가 있을 것이다. 아무쪼록 본서를 통해 많은 분들이 성경의 난해한 부분이 해결되고 입체적인 성경이해를 통해 새로운 감동으로 삶의 변화가 있기를 바란다.

2016년 8월 27일 지은이 드림

목 차 (신구약 전체)

CONTENTS

     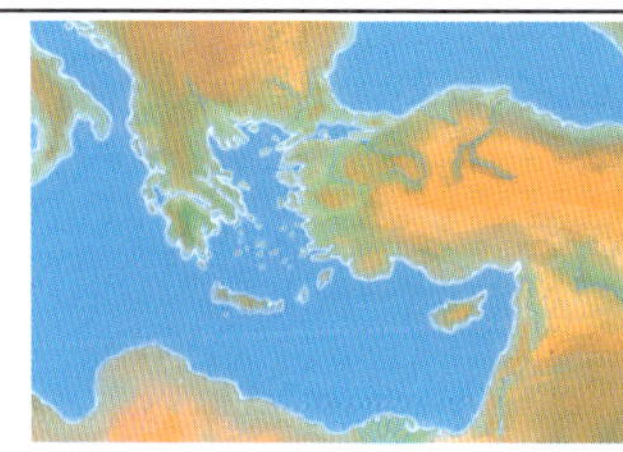

성경통독(연구)의 필요성(개강예배)

본문: 딤후 3:14-15 찬송: 200, 205장

에레츠 바이블은 '성서의 땅' 이란 뜻이다.

성서의 땅은 하나님이 창조하시고 하나님이 구원의 역사를 베푼 곳이다. 그러기에 땅과 그 땅에서 이루어진 시대적인 문화를 이해하지 않고는 땅에서 이루어진 하나님의 말씀을 정확하게 이해하기 어렵다.

사실 한국 교회의 초창기 부흥은 사경회를 통한 성경공부의 기초위에 이루어졌다. 그러나 8.15광복과 6.25동란과 산업화의 과정 속에서 말씀보다는 기복사상이 팽배해 갔고 소위 말씀없는 뜨거움만 강조된 것이 한국교회의 모습이었다. 말씀이 없는 뜨거움은 진정한 신앙열정을 생활이 뒷받침 되지 못한 열정으로 이끌었다. 말씀의 생활화가 부족한 것이 오늘 우리 한국교회의 현실이다. 교회에서는 교인이지만 교회밖에서는 교인이 되지 못하는 우리의 모습 속에서 이제는 '말씀으로 돌아가자' 라는 고전적인 운동이 필요할 때이다. 다행스러운 것은 요즘 성경읽기 운동이 활발히 이루어지는 것이다. 설교자의 말씀선포가 양념된 영의 양식이라면, 성경읽기는 자신이 직접 밥을 지어 먹는 영의 양식이라고 할 수 있다.

우리는 너무 조미료를 많이 넣어 맛만 돋구는 양식만을 좋아하지는 않았는가? 그러다 보니 알지 못하는 사이에 조미료를 넣지 않으면 맛이 없어 먹지 못해 항상 축복만을 선포하고, 듣기 좋은 말만을 선포해야 영의 양식를 받아 먹는 성도가 되었는지를 스스로 살펴볼 필요가 있다. 그러나 사탕은 입에서는 달지만 결국 치아를 썩게 한다. 반면 약은 쓰지만 몸을 건강하게 한다. 달콤한 말씀만을 받아 먹으면 고난을 당할 때 믿음을 지탱하기가 어렵다. 그러나 좀 써도, 좀 듣기 싫어도 쓴 말씀도 먹으면 그는 어떤 고난도 능히 견딜 수 있는 성숙한 그리스도인이 되는 것이다. 그리고 더욱 장성하면 그는 설교자가 양념을 해서 먹여주는 영의 양식뿐만 아니라 성경읽기를 통해 혼자 스스로 밥을 지어 먹는 자가 된다. 자기가 스스로 영의 양식을 지어 먹는 성도는 건강한 신앙을 가질 수밖에 없다. 이번 계기를 통해 성경읽기를 다시 한 번 시작해 보십시오.

사실 성경을 읽는 것, 말씀을 영의 양식으로 섭취하는 일은 예수를 믿기 시작한 때부터 해야 할 일이다. 중생한 사람일지라도 영의 양식을 먹지 않으면 죽는다. 한 주일에 한번 강단에서 선포되는 말씀으로는 이 험악한 세상을 믿음으로 살아가기가 힘들다. 잘먹어야 튼튼하고, 성장할수록 더 많은 영양이 필요하듯 예수를 5년, 10년을 믿었어도 성경 한번 통독을 하지 못했다면 그 신앙은 성장할 수가 없다.

그러면 성경을 읽어야(통독과 연구) 하는 구체적인 이유는 무엇인가?

1.성경을 읽어야 믿음의 확신에 거한다.

알아야 믿을 수 있고, 알기 위해서는 말씀을 읽고 배워야 한다. 롬 10:17 "믿음은 들음에서 나며, 들음은 그리스도의 말씀으로 말미암았느니라"라고 했다. 믿음이란 이 세상에서 필요한 것이다. 하나님 나라에 가면 믿음은 필요없다. 그리고 또 믿음은 성령의 역사를 통해 주시는 선물이다. 그러나 그 믿음을 키워나가는 것은 우리가 할 일이고, 그가운데 가장 좋은 방법이 성경읽기이다. 무엇을 믿느냐하는 것은 오직 말씀을 통해서만 가능하다.

롬 10:13-14 "누구든지 주의 이름을 부르는 자는 구원을 얻으리라. 그런즉 저희가 믿지 아니하는 이를 어찌 부르리요, 듣지도 못하는 이를 어찌 믿으리요, 전파하는 자가 없이 어찌 들으리요"

성경은 하나님을 떠난 인간이 어떻게 해야 하나님께로 다시 돌아갈 수 있는가를 가르쳐 준다. 우리의 믿음을 키워나가고 더욱 큰 확신가운데 있기 위해 더욱 말씀을 가까이 하는 자가 되어야 한다.

2.신앙의 승리를 위해 성경을 읽어야 한다.

예수께서는 마귀의 세 가지 시험을 말씀으로 물리치셨다. 주님은 사단의 시험이 있을 때마다 '기록하였으되' 라고 하셨다. 말씀 속에 삶의 승리가 있다. 우리는 말씀을 가까이 대하고 그 말씀이 나의 심령 속에 충만할 때 새로운 힘을 얻게 된다.

말씀은 삶이 힘들어 지쳐 있을 때 새힘을 준다. 마 11:28에 "수고하고 무거운 짐진 자들아, 다 내게로 오라. 내가 너희를 쉬게 하리라."라고 했다. 때로 두렵고 떨릴 때도 말씀은 두려움을 몰아내는 힘이 있습니다. "내가 네게 명한 것이 아니냐? 마음을 강하게 하고 담대히 하라. 두려워 말며 놀라지 말라."는 말씀이 있기에 그 말씀을 통해 담대한 믿음을 가지게 됩니다. 세상의 근심이 몰려와도 "너희는 마음에 근심하지 말라. 하나님을 믿으니 또 나를 믿으라(요 14:1)."는 말씀이 있기에 근심을 몰아낼 수 있습니다. 사탄은 죄책감으로 우리를 공격한다. 너같은 것이 어떻게 뻔뻔스럽게 교회에 나오는가? 그러나 예수님은 말씀하십니다. "내가 의인을 부르러 온 것이 아니요, 죄인을 부르러 왔노라."(마 9:13)

말씀 속에 신앙의 승리가 있습니다.

3.전도의 사명을 감당하기 위해 말씀을 많이 읽어야 한다.

전도는 예수의 지상명령이다. 전도는 말솜씨로 하는 것이 아니다. 바울은 말하기를 "내가 비록 말에는 부족하나 지식에는 그렇지 아니하니라"(고후 11:6)고 했다. 바울은 말로 전도하지 않았다. 일을 하려면 힘이 있어야 하듯 전도를 하려면 말씀의 양식을 충분히 공급받아야 한다. 자신만의 신앙을 넘어 주님이 맡겨준 전도의 사명을 감당하기 위해서는 말씀의 능력이 있어야 가능하다.

4.하나님의 말씀은 생명이다.

성경에서 가장 중요한 구절은 창 1:1이다. "태초에 하나님이 천지를 창조하시니라."

하나님이 이르시되 빛이 있으라하니 빛이 생겨났고, 해와 달과 별들이 생겼으며, 식물과 동물과 사람이 탄생했다. 인간을 포함한 세상의 모든 만물이 하나님의 말씀 한마디에 존재하게 되었다. 그러므로 말씀은 존재의 근원이요, 곧 생명이다. 말씀으로 세상에 생명이 탄생했다. 그러므로 말씀은 영생을 얻게 하고, 말씀을 거부하면 멸망을 당한다.

죽은지 나흘이나 되어 썩어 냄새나는 나사로의 시신도 주님의 말씀이 들려질 때 베로 동인 채로 살아나는 역사가 일어났고, 나인성 과부의 아들이 살아났다. 에스겔 선지자가 하나님의 말씀을 대언할 때 마른 뼈들이 살아나는 역사가 일어났다(겔 37:4-6).

하나님의 말씀은 생명입니다. 그러기에 말씀으로 생명의 역사가 일어나고, 살아나는 역사가 일어나며, 우리의 죽은 신앙들이 살아있는 생명력 있는 신앙으로 회복됩니다.

시대별에 따른 성경목록과 통독순서

* 일부(잠언외)는 주제별로 구분했으며, 필요한 경우에는 내용전개순(아가서)으로 했다.

1 천지창조시대

하나님의 천지창조(창 1:1-25, 2:4-6)
하나님의 인간창조(창 1:26-31, 2: 1-3, 7, 18-25)
에덴동산 창설(창 2:8-17, 19-20b)
인간의 최초의 범죄와 에덴동산 추방(창 3:1-24)
아담에서 노아까지의 계보(창 5:1-32, 대상 1:2-4)
사람의 죄악이 세상에 가득함(창 6:1-8)
노아와 홍수심판, 제사와 무지개 약속(창 6:9-9:17)
홍수 후의 노아의 후손(창 9:18-10:32, 대상 1:4-24)
바벨탑 건설(창 11:1-9)
셈의 계보(창 11:10, 20-26, 대상 1:25-26)

2 족장시대

아브라함

데라의 계보(창 11:27-30, 대상 1:26)
아브람이 고향을 떠나 하란에 도착(창 11:31, 12:1-9)
아브람의 애굽 이주(창 12:10-20)
아브람과 롯이 헤어짐(창 13:1-13)
아브라함에게 재차 축복을 약속함(창 13:14-18)
세계 전쟁과 아브람의 롯 구출(창 14:1-16)
아브람을 축복한 멜기세덱(창 14:17, 21-24, 18-20)
여호와께서 아브람과 언약을 세움(창 15:1-21)
하갈의 도피와 이스마엘의 출생(창 16:1-16)
언약의 표징으로 할례를 행함(창 17:1-27)
아들을 약속받은 아브라함(창 18:1-15)
소돔을 위한 아브라함의 간구(창 18:16-33)
소돔 사람들의 횡포와 소돔과 고모라 멸망(창 19:1-29)
모압과 암몬 자손의 조상(창 19:30-38)
아브라함과 그랄 왕 아비멜렉(창 20:1-21:34)
이삭의 희생번제 명령과 나홀의 후손(창 22:1-24)
아브라함이 막벨라 굴을 구입(창 23:1-20)
이삭과 리브가의 결혼(창 24:1-67)
아브라함의 죽음과 이스마엘 후손
(창 25:1-18, 대상 1:28-38)

이삭, 야곱

에서와 야곱의 출생과 장자권을 판 에서(창 25:19-34)
이삭이 그랄에 거주함(창 26:1-25)
이삭과 아비멜렉의 계약체결과 에서 아내(창 26:26-35)
이삭이 야곱을 축복한 후 야곱의 도피(창 27:1-28:5)
또다른 아내를 얻은 에서(창 28:6-9)
야곱이 벧엘에서 꿈을 꿈(창 28:10-22)
야곱이 하란에 도착과 결혼(창 28:5b, 29:1-30:24)
야곱이 라반과 품삯을 정함(창 30:25-43)
야곱의 밧단 아람을 떠남과 라반과 언약(창 31:1-55)
야곱이 형 만날 준비를 함(창 32:1-12)
야곱의 씨름과 에서를 만남(창 32:13-33:20)
디나의 강간 당함과 야곱 아들들의 복수(창 34:1-31)
벧엘로 올라간 야곱(창 35:1-15)
베냐민 출생과 라헬의 죽음과 이삭의 죽음(창 35:16-28)
에서의 후손(창 36:1-5,10,14, 대상 1:34-35)
세일의 자손과 에돔 지역의 왕들
(창 36:20-43, 대상 1:38-41, 43-54)

요셉

요셉의 꿈과 애굽에 팔려감(창 37:1-36)
유다와 다말 사건(창 38:1-30)
보디발 집에서의 요셉(창 39:1-23)
관원장의 꿈과 바로의 꿈을 해석한 요셉(창 40:1-41:36)
애굽의 총리가 된 요셉(창 41:37-57)
요셉의 형들의 애굽행과 가나안 귀향(창 42:1-38)
요셉의 형들과 베냐민의 애굽행(창 43:1-34)
요셉의 은잔 시험과 베냐민 인질(창 44:1-24)
요셉이 자기 정체를 밝힘(창 45:1-28)
야곱 가족의 애굽이주(창 46:1-47:12, 출 1:1-5)
기근이 점점 심해짐(창 47:13-26)
야곱(이스라엘)의 마지막 부탁(창 47:27-31)
야곱이 요셉의 아들에게 축복함(창 48:1-22)
야곱의 유언과 아들에 대한 예언(창 49:1-33)
야곱의 장례(창 50:1-14)
요셉이 형들을 위로함(창 50:15-21)
요셉의 죽음과 장례(창 50:22-26)

욥 이야기

사탄이 욥을 시험하다(욥 1:1-2:10).
욥의 친구들의 방문(욥 2:11-13)
욥이 자기 생일을 저주함(욥 3:1-24)
엘리바스의 첫 번째 말과 욥의 대답(욥 4:1-7:21)
빌닷의 첫 번째 말과 욥의 대답(욥 8:1-10:22)
소발의 첫 번째 말과 욥의 대답(욥 11:1-13:13)

욥의 기도(욥 13:20-14:22)
엘리바스의 두 번째 말과 욥의 대답(욥 15:1-17:16)
빌닷의 두 번째 말과 욥의 대답(욥 18:1-19:29)
소발의 두 번째 말과 욥의 대답(욥 20:1-21:34)
엘리바스의 세 번째 말과 욥의 대답(욥 22:1-24:25)
빌닷의 세 번째 말과 욥의 대답(욥 25:1-26:14)
세 친구에 대한 욥의 말(욥 27:1-23)
지혜와 명철과 욥의 마지막 말(욥 28:1-31:40)
엘리후의 화냄과 말(욥 32:1-22)
엘리후가 욥에게 말함(욥 33:1-37:24)
여호와께서 욥에게 말씀하심(욥 38:1-41:34)
욥의 회개와 하나님의 결론(욥 42:1-9)
여호와께서 욥에게 복을 주심(욥 42:10-17)

3 애굽이주(노예)시대

학대받는 이스라엘(출 1:6-22)
모세의 출생과 미디안 도피와 소명(출 2:1-3:22)
여호와의 능력을 베푸는 모세(출 4:1-17)
모세가 애굽으로 돌아가 바로 앞에 섬(출 4:18-5:21)
모세의 간구와 하나님의 부르심(출 5:22-6:9)
모세와 아론에게 명령함(출 6:10-12, 28-30, 7:1-7)
뱀으로 변한 아론의 지팡이(출 7:8-13)
첫 번째에서 아홉 번째 재앙까지(출 7:14-10:29)
첫 것에 대한 죽음 예고(출 11:1-10)
유월절에 대하여(출 12:1-28, 43-50, 13:3-10)
열 번째 첫 것의 죽음 재앙(출 12:29-36, 6:13)
처음 난 것에 대한 규례(출 13:1-2, 9-16)
모세와 아론의 조상(출 6:14-27)

4 광야방랑시대

출애굽

이스라엘의 출애굽(출 12:37-42, 51, 13:17-22)
홍해도하와 노래(출 14:1-15:21)
쓴 물이 단 물로 변한 마라(출 15:22-27)
만나와 메추라기가 내림(출 16:1-35)
므리바 물사건과 아말렉과 싸움(출 17:1-16, 민 33:13-14)
이드로의 모세 방문과 재판제도 제정(출 18:1-27)

시내산에서

이스라엘 백성의 시내산 도착과 십계명(출 19:1-20:17)
하나님의 강림(출 20:18-21)
제단과 우상에 관한 법(출 20:22-26, 22:20, 23:13, 34:17, 레 18:21, 19:4, 20:1-5, 26:1)
하나님의 명령과 축복 약속(출 23:20-33)
시내산 언약과 모세가 시내산에서 지냄(출 24:1-18)
성막제조와 제사장에 대하여(출 25:1-40, 26:15-34:35, 35:4-38:9, 38:21-40:33, 레 8:1-10:8, 10:12-20, 21:1-22:16, 24:1-24:8, 민 8:1-4)
점쟁이와 무당(출 22:18, 레 19:26b, 31, 20:6-8, 27)
여호와의 이름을 저주한 자(레 24:10-23)
첫 것에 대하여(출 22:29a, 23:19a, 29:20, 29b-30, 34:19, 레 19:23-25)
주요 절기에 대하여(출 23:4-17, 31:12-13, 16-17, 34:18, 21-24, 35:1-3, 레 16:1-33, 19:3, 30, 23:1-3, 9-44, 25:1-34, 39-43, 47-55, 26:2, 민 9:13-14, 15:32-36, 28:16-29:40)
주요 제사에 대하여(출 23:18, 29:38-46, 34:25, 레 1:1-2:16, 4:1-6:30, 17:1-21, 28-38, 19:5-8, 22:17-25, 민 15:1-31, 28:1-15)
나병과 유출병에 대하여(레 13:1-15:33, 민 1:1-4, 5:1-4)
일반 규례에 대하여 1
(출 21:1-36, 22:1-19, 31, 레 7:22-28, 11:1-47, 17:10-16, 18:1-20, 22-30, 19:13-34, 20:9-24, 20:25-26, 22:21-24, 23:4-5, 24:17-22, 25:44-46, 27:1-34, 민 5:5-31, 6:1-21, 19:1-22)
일반 규례에 대하여 2
(출 22:25-27, 22:2a, 8 23:1-8, 19, 34:26b, 레 12:1-8, 19:1-12, 15, 19, 27-28, 35-37, 22:26-33, 23:22, 25:35-38, 26:3-46, 민 6:22-27, 15:37-41)
아론의 아들들과 레위인과 지도자들(민 3:1-13, 8:5-26)
지도자로 임명된 된 자들의 예물(민 7:1-89)
출애굽 후 두 번째 유월절을 지킴(민 9:1-12)
출애굽 후 첫 번째 인구조사와 행진순서(민 1:1-2:34)
레위 자손의 인구조사와 직무(민 3:14-4:49)
은 나팔 규례(민 10:1-10)

시내산 출발

시내 광야에서 출발(출 40:36-38, 민 9:15-23, 10:11-36)
다베라와 장로 70인을 세움(민 11:1-30)
기브롯핫다아와와 하세롯(민 11:31-12:15)
하세롯에서 가데스까지(민 12:16, 33:18-36)
가나안 땅에 정탐꾼 파송과 보고(민 13:1-14:38)
첫 번째 점령 시도가 실패(민 14:39-45)
고라 일당의 반역과 원망(민 16:1-17:13)
제사장과 레위인의 직무와 몫(민 18:1-32)
미리암의 죽음과 므리바의 물 사건(민 20:1-13)
에돔이 길 통과를 거절, 아론의 죽음(민 20:14-29)
호르마 점령과 놋뱀 제작(민 21:1-9)

모압 지역으로 출발함(민 21:10-12, 33:41-42, 44)

세렛 시내 출발

세렛 시내를 출발함(민 21:13-20, 33:45-46)
요단동쪽 지역의 점령(민 21:21-35)
출애굽 여정을 기록함(민 22:1, 33:1-49)
모압 왕 발락과 발람(민 22:2-24:25)
이스라엘의 음행과 미디안(민 25:1-18, 31:1-18)
살인자와 전리품(민 31:19-24-54)
출애굽 후 두 번째 인구조사 (민 26:1-65, 27:15-23, 33:54)
요단강 동쪽 지역의 지파들(민 32:1-42)
가나안 본토민의 추방 명령(민 33:50-53, 55-56)
아말렉의 도말 명령(신 25:17-19)
가나안 땅의 경계와 땅분배 책임자(민 34:1-29)
레위인에게 줄 성읍(민 35:1-8)
모세의 설교 서론과 부장제도 설명(신 1:1-18)
모세의 정탐꾼 파송 이후부터 출애굽 여정을 설명 (신 1:19- 2:37, 3:1-11, 4:1-49)
요단동쪽에 거주한 지파들(신 3:12-22)
모세가 가나안에 들어가지 못함(신 3:23-29)
모세의 설교와 명령과 부탁(신 6-30장)
모세의 후계자가 된 여호수아(신 31:1-13)
여호와의 마지막 지시와 노래(신 31:14-32:47)
느보산의 등정과 축복(민 27:12-14, 신 32:48-33:29)
모세의 죽음(신 34:1-12)

5 가나안 정복시대

가나안 정복

모세가 정복한 요단동편의 왕들(수 12:1-6)
여호와께서 여호수아에게 말씀하심(수 1:1-9, 3:1)
여리고에 정탐꾼을 파송(수 2:1-24)
요단강 도하(수 1:10-18, 3:2-4:8, 19-24)
길갈에서의 할례와 군대장관(수 5:1-15)
여리고와 아이성 함락(수 6:1-8:29)
에발산에서 율법을 낭독함(수 8:30-35)
기브온 주민과 아모리 왕들의 땅 정복(수 9:1-10:43)
여호수아가 정복한 지역들(수 11:1-23, 12:7-24, 14:15b)
여호수아가 정복하지 못한 지역(수 13:1-7)

땅분배와 이후

요단동쪽 지역에 대한 분배(수 13:8-33)
요단서쪽 지역의 분배(수 14:1-5)
갈렙이 헤브론 지역을 분배 받음(수 14:6-15a, 삿 1:20a)
수 15:1-12, 15:20-16:9, 17:1-10, 14-18, 18:1-19:51)
도피성와 레위 사람의 성읍(수 20:1-9, 21:1-42)
약속한 땅의 점령과 동쪽 지파 귀환(수 21:43-22:9)
요단강가에 쌓은 제단(수 22:10-34)
여호수아의 마지막 부탁(수 23:1-24:28)
여호수아의 죽음과 사후 정복과 사건(수 13:13, 15:13-14, 63 16:10, 17:11-13, 24:29-33, 삿 1:1-10, 16-36, 2:1-9, 15:15-19)

6 사사시대

이스라엘의 타락(삿 2:10-23)
가나안 땅에 남겨 둔 민족(삿 3:1-6)
옷니엘, 에훗, 삼갈 사사(삿 3:7-31)
드보라 사사와 바락의 노래(삿 4:1-5:31)
기드온 사사와 왕이 된 아비멜렉(삿 6:1-9:57)
돌라, 야일, 입다, 입산, 압돈 사사(삿 10:1-12:15)
룻과 나오미 이야기(룻1:1-4:22)
삼손 사사의 생애(삿 13:1-16:31)
미가 집의 제사장과 단지파(삿 17:1-18:31)
레위인의 첩 사건(삿 19:1-21:25)
사무엘의 출생과 한나의 기도(삼상 1:1-2:11)
엘리의 아들들의 악행과 사무엘의 성장(삼상 2:12-2:36)
여호와께서 사무엘을 부름(삼상 3:1-4:1a)
블레셋에게 언약궤를 빼앗김과 엘리(삼상 4:1b-7:2)
사무엘의 이스라엘 통치(삼상 7:3-17)

7 통일왕국시대

사울

이스라엘의 왕 요구와 사울 왕 선출(삼상 8:1-15)
사무엘의 마지막 말(삼상 12:1-25)
사울의 족보와 초기 통치 (대상 8:29-38, 삼상 13:1-15:33, 대상 5:10, 18-22)
사무엘이 다윗에게 기름을 부음(삼상 15:34-16:13)
악령이 든 사울 이후 통치(삼상 16:14-27:7, 대상 12:8-18, 시 59, 34, 52, 54, 56-57, 63, 142편)
사울 통치하의 다윗(삼상 29:1-30:31, 대상 12:1-28:2)
사울의 마지막(삼상 28:4-25, 31:1-13, 삼하 1:1-27, 4:4, 대상 10:1-14)

다윗

유다 왕 된 다윗과 사울 왕가(삼하 2:1-4:12, 대상 3:1-4)
통일 왕국 후의 다윗 통치(삼하 2:11, 5:1-12, 왕상 2:11, 대상 11:1-8, 대상 14:1-2, 29:26-27, 12:23-40)

법궤가 오벧에돔 집에 머뭄(삼하 6:1-11, 대상 13:1-14)
다윗이 블레셋을 물리침(삼하 5:17-25, 대상 14:8-17)
다윗의 승전가(삼하 22:1-51, 시 18편)
법궤를 예루살렘으로 옮김
(삼하 6:12-23, 대상 15:1-16:43, 시 96, 105편)
다윗의 행정관들(삼하 8:15-18, 대상 18:14-17)
므비보셋에게 호의를 베푼 다윗(삼하 9:1-13)
나단과 다윗의 감사 기도(삼하 7:1-28, 대상 17 :1-27)
다윗의 정복활동(삼하 8:1-14, 10:1-5, 11:1-12:23, 12:26-31, 21:15-22, 23:8-47, 대상 11:10-25, 18:1-13, 19:1-5, 20: 1-8, 시 60편, 51편)
솔로몬 출생(삼하 5:13-15, 12:24-25, 대상 3:4-9, 14:3-7)
압살롬의 복수와 도피와 귀환과 반역
(삼하 13:1-14:33-19:8, 시3편)
다윗의 예루살렘 귀환과 남북 분쟁(삼하 19:8b-19:43)
세바의 반역, 므비보셋, 다윗의 관리들(삼하 20:1-26)
다윗이 기브온 거민의 청을 들어줌(삼하 21:1-14)
다윗의 인구조사(삼하 24:1-25, 대상 21:1-30)
다윗의 성전건축 준비(대상 22:1-19, 시 30편)
레위 사람의 조사와 성전직무(대상 23:1-26:32)
다윗 왕조의 군대와 행정조직(대상 27:1-28:1, 23:1b)
다윗의 성전건축 준비와 성전건축 당부(대상 28:2-29:22)
다윗의 시(시 4-17, 19-29, 31-32, 35-41, 46, 53, 55, 58, 61-62, 64-65, 68-72, 77, 86, 101, 103, 108-110, 122, 124, 133, 138-141, 143-145편)
고라 자손의 시(시 42-49, 84, 87-88, 91, 95편)
아삽의 시(시 50, 73, 75-77, 81-84편)
안식일의 찬송시(시 92, 112, 115)
작가 미상의 시(시 1-2, 33, 66-67, 75, 93-94, 97-100, 104, 111, 113 114, 117, 119, 135-136, 146, 148, 150편)
다윗의 정권 말기와 죽음(삼하 23:1-7, 왕상 1:1-2:10)

솔로몬

솔로몬이 왕이 됨(왕상 2:12, 대상 29:23-30, 대하 1:1)
솔로몬의 초기 통치와 정적 처형(왕상 2:13-46)
솔로몬의 지혜와 재판(왕상 3:1-28, 대하 1:2-13)
솔로몬의 성전건축 준비(왕상 5:1-18, 대하 2:1-16)
솔로몬의 성전과 왕궁건축(왕상 5:1-9:9, 9:25, 대하 2:2, 17-18, 3:1-7:22, 8:12-16)
솔로몬의 정복과 건축과 무역
(왕상 4:26, 9:10-14, 17-28, 10:22, 26, 28-29, 대하 1:14, 16-17, 8:1-11, 17-18, 9:21, 25, 28)
솔로몬의 재산과 지혜(왕상 4:29-34, 10:14-21, 23-25 27, 대하 1:15, 9:13-20, 22,-24, 27)
솔로몬의 신하들과 통치 지역(왕상 4:1-21, 24-25)
솔로몬의 영화와 스바 여왕 방문
(왕상 4:22-23, 27-28, 10:1-13, 대하 9:1-12)
솔로몬의 시(시 72편)와 잠언(잠 1-31장)
여호와를 떠난 솔로몬의 마음과 여로보암(왕상 11:1-40)
솔로몬의 전도서(전 1-12장)
솔로몬의 죽음(왕상 11:41-43, 대하 9:29-31)

8 분열왕국시대

이스라엘의 분열(왕상 12:1-24, 대하 10:1-11:4)
여로보암의 금송아지 제단(왕상 12:25-33, 대하 11:13-17)
벧엘 제단과 늙은 선지자(왕상 13:1-34)
여로보암의 아들의 죽음(왕상 14:1-18)
르호보암의 통치와 죽음(왕상 14:21-31, 15:6, 대하 11:5-12, 18-23, 12:1-8, 13-16)
유다 왕 아비얌(왕상 15:1-8, 대하 13:1-22)
유다 왕 아사의 초기 통치(왕상 15:8b-11, 대하 14:1-8)
이스라엘 왕 여로보암의 죽음
(왕상 14:19-20, 대하 13:20b)
이스라엘 왕 나답(왕상 15:25-31)
이스라엘 왕 바아사의 즉위(왕상 15:33-34)
유다 왕 아사가 세라 침공을 격퇴함(대하 14:9-15)
유다 왕 아사의 개혁(왕상 15:12-15, 대하 15:1-19)
유다 왕 아사와 이스라엘 왕 바아사
(왕상 15:16-17, 22, 32, 대하 15:18-21, 16:1-10)
이스라엘 왕 바아사의 평가와 죽음(왕상 16:1-7)
이스라엘 왕 엘라, 시므리, 오므리(왕상 16:8-28, 14)
이스라엘 왕 아합(왕상 16:29-34, 21:25-26)
아사의 말년과 죽음(왕상 15:23-24, 대하 16:11-14)
유다 왕 여호사밧의 통치
(왕상 22:41-44, 46-47, 대하 17:1 18:1, 20:31-33)
이스라엘 아합 때의 엘리야 활동(왕상 17:1-19:21)
이스라엘 아합 왕의 전쟁과 나봇 포도원과 죽음
(왕상 20:1-43, 21:1-22:40, 대하 18:2-34)
선견자 예후가 유다 왕 여호사밧을 책망함(대하 19:1-3)
이스라엘 아하시야의 초기 통치(왕상 22:51-53, 왕하 1:1)
유다 왕 여호사밧의 개혁과 전쟁(대하 19:4-20:30)
유다 왕 아하시야와 이스라엘 왕 아하시야
(왕상 22:48-49, 대하 20:35-37)
엘리야와 이스라엘 아하시야 왕과 승천(왕하 1:2-2:18)
이스라엘 왕위에 오른 여호람(왕하 3:1-27)
엘리사의 기적과 여호사밧의 죽음(왕상 22:45, 50, 왕하 2:19-25, 4:1-44, 6:1-6, 8:1-2, 대하 20:34, 21:1)
유다 왕 여호람(왕하 8:16-22, 대하 21:2-18, 20a)
오바댜의 묵시(옵 1:1-21)

여호사밧 이후의 엘리사와 여호람의 죽음(왕하 5:1-27 6:8-7:20, 8:3-15, 8:23-29, 9:14-15, 대하 21:19-22:6)
북이스라엘 예후와 남유다 아달랴
(왕하 9:1-10:33, 11:1-16, 대하 22:7-23:15)
요아스 유다 왕 등극 여호야다의 개혁
(왕하 11:21, 12:1-3, 대하 24:1-3)
요엘에게 임한 하나님 말씀(욜 1:1-3:21)
유다 왕 요아스의 성전 보수 명령(대하 24:1-16)
예후의 죽음(왕하 10:34-36)
유다 왕 요아스의 성전보수 재개
(왕하 12:6-16, 대하 24:8-14)
이스라엘의 왕 여호아하스(왕하 13:1-9)
여호야다 사후의 유다와 스가랴의 외침(대하 24:15-22)
아람 왕 하사엘의 유다 침공과 요아스의 죽음
(왕하 12:17-21, 대하 24:23-27)
이스라엘 왕 요아스와 엘리사의 죽음(왕하 13:10-21)
유다 왕 아마샤와 북이스라엘 요아스
(왕하 13:22-14:6, 대하 25:1-24)
유다 왕 아마샤의 에돔과 이스라엘과의 전쟁
(왕하 14:7-14, 대하 14:8-24, 25:5-16)
북 이스라엘 왕 요아스의 죽음(왕하 13:12-13, 14:15-16)
이스라엘 왕 여로보암 2세(왕하 14:23-27)
요나 선지자의 활동(욘 1:1-4:11)
호세아 선지자의 외침(호 1:1-14:9)
유다 왕 아마샤의 죽음(왕하 14:17-21, 대하 25:25-28)
유다 왕 웃시야(아사랴)의 통치 초기
(왕하 15:1-4, 대하 26:1-15)
아모스 선지자의 외침(암 1:1-9:15)
이스라엘 왕 여로보암 2세의 죽음(왕하 14:28-29)
이스라엘 왕 스가랴와 살룸(왕하 15:8-16)
유다 왕 웃시야의 교만과 나병(왕하 15:5, 대하 26:16-21)
이사야의 예언 1(사 1-5장, 32:9-11)
이스라엘 왕 므나헴과 브가히야와 베가(왕하 15:17-29)
유다 왕 웃시야의 죽음(왕하 15:6-7, 26:22, 대하 26:23)
유다 왕 요담(왕하 15:32-35, 대하 27:1-6, 8)
선지자로 소명받은 이사야(사 6:1-13)
미가 선지자의 예언(미1-7장)
므낫세 반 지파의 자손들(대상 5:23-25)
이스라엘 왕 베가와 유다 왕 요담의 죽음
(왕하 15:30-31, 36-38, 대하 27:7, 9a)
유다 왕 아하스의 전반기 통치
(왕하 16:1-7, 대하 27:9b, 28:1-15, 사 7:1)
이사야의 예언 2(사7:2-12:6)
이스라엘 마지막 왕 호세아(왕하 17:1-2)
유다 왕 아하스가 앗수르에 도움을 구함
(왕하 16:7-9, 대하 28:16-21)
이사야의 예언 3
(사 14:24-27, 15-17장, 21:11-17, 23장, 34장): 이방
유다 왕 아하스의 통치(왕하 16:10-20, 대하 28:22-27)
이사야의 예언 4(사 13:1-14:23, 21:1-10)
이스라엘 멸망전의 히스기야(왕하 18:1-7, 대하 29-31장)
이사야의 예언 5(사 22, 24-29, 33, 35장, 32:1-8, 12-20)
호세아 왕과 이스라엘의 멸망(왕하 17:3-41, 18:7-12)
이사야의 예언 6(사 18-20장, 30-31장)

9 남유다잔존시대

이스라엘 멸망 후 유다의 히스기야 왕
(왕하 18:13-20:19, 대하 32:1-33)
므낫세 등극과 악행(왕하 21:1-16, 대하 33:1-9)
이사야의 마지막 희망의 말씀(사 40-66장)
므낫세의 기도와 죽음(대하 33:10-18, 대하 33:18-20)
아몬의 통치(왕하 21:19-26, 대하 33:21-25)
요시야의 등극(왕상 22:1-2, 대하 34:1-2)
스바냐 선지자의 예언(습 1-3장)
요시야의 종교개혁(왕하 23:25-27, 대하 34:3-7)
니느웨에 대한 나훔의 예언(나 1-3장)
예레미야의 예언 1(렘 1-20장)
요시야 왕과 율법책과 유월절과 죽음
(왕하 22:3-23:24, 28-30, 대하 34:8-35:27
여호아하스와 여호야김(왕하 23:31-37, 대하 36:1-5)
예레미야의 예언 2(렘 22:10-17, 26-27, 46-47장)
하박국 선지자의 호소와 여호와의 응답(합 1-3장)
예레미야의 예언 3(렘 3, 25, 35-36, 45장): 여호야김 4년
여호야김의 말년(왕하 24:1-4, 6-7, 대하 36:6-7, 단 1:1)
바벨론 1차 유배된 다니엘(단 1:3-20, 2장)
예레미야의 예언 4(렘 22:18-23, 48:1-49:33): 이방나라
여호야김의 죽음(왕하 24:5-6, 대하 36:8)
여호야긴의 통치와 말련
(왕하 24:8-16, 대하 36:9-10, 렘 22:24-30, 단 1:2)
예레미야의 좋은 무화과 나쁜 무화과 환상(렘 24장)
유다의 마지막 왕 시드기야(왕하 24:17-20a, 24:20, 대하 36:10b-12, 13-16, 렘 37:1-3a, 52:3b)
예레미야의 예언 4
(렘 21:1-22:9, 28-29장, 34:1-7, 49:34-39, 51:59)
예레미야와 하나냐(렘 28장)
바벨론의 유다 침공과 예레미야의 갇힘
(왕하 25:1, 렘 37:3-39:1, 39:15, 18, 52:4)
아나돗의 밭을 산 예레미야와 그의 기도(렘 32:1-44)
예레미야의 예언 5

(렘 23:9-40, 33:1-13, 34:8-22, 50:1-51:64a)
예루살렘성 함락과 시드기야의 최후
(왕하 25:2-7, 렘 39:2-7, 52:5-11)

10 바벨론포로시대

유다의 바벨론 포로 전 에스겔의 예언(겔 1-24장)
유다 회복에 대한 예레미야의 예언
(렘 23:1-8, 30-31장, 33:14-26)
포로중 에스겔의 예언(겔 25-28장, 29:1-16, 30-31장)
바벨론의 성전파괴와 유다의 바벨론 유배
(왕하 25:11-21, 대하 36:18-21, 39:9-10, 렘 52:12-33)
예레미야의 석방(렘 39:11-14, 40:1-6)
예레미야의 애가(애 1-5장)
유다의 그다랴 총독이 살해당함
(왕하 25:22, 25-26 렘 40:7-16, 41:1-18)
그다랴 총독 사후 예레미야의 예언(렘 42-44장)
예루살렘 함락 후 에스겔의 예언(겔 32-39장)
느부갓네살의 금 신상 숭배와 다니엘 세 친구(단 3장)
에스겔의 환상과 예언(겔 29:17-21, 40-48장)
느부갓네살 왕의 두 번째 꿈과 다니엘의 해석(단 4장)
바벨론에서 여호야긴이 석방됨(렘 52:31-34)
포로기의 시편(시 44, 74, 79-80, 89, 102, 106, 123편)
다니엘의 환상과 벨사살 왕의 잔치(단 5, 7-8장)
예레미야의 70년 예언을 깨달음(단 9장)
사자굴 속의 다니엘(단 1:21, 6장)
바사 왕 고레스의 해방령(스 1-4, 대하 36:22-23)
성전재건 헌금과 바벨론 포로에서 귀환한 자들
(스 1:5-11, 2:1-70, 느 7:5-73)
귀환 후 첫 번째 번제와 성전 재건축 시작(스 3:1-4:4)
다니엘의 환상과 예언(단 10-12장)
성전 재건축 방해를 위해 아닥사스다 왕에게 올린 글
(스 4:6-24)
성전 재건축(스 5:1-6:22, 학 1:1-2:9)
스가랴의 환상과 예언(슥 1-14장)
이스라엘 회복과 관련된 시편
(시 78, 116, 118, 125-126, 128-129, 132, 147, 149편)
에스더서(에 1-10장)
말라기 선지자의 예언(말 1-4장)
시온으로의 2차 귀환한 에스라의 활동(슥 7-10장)
시온으로의 3차 귀환한 느헤미야(느 1:1-2:10)
3차 때 귀환한 제사장과 레위 사람들(느 12:1-21)
예루살렘 도착 후의 느헤미야 활동
(느 2:11-7:4, 9-11, 13장, 12:22-47, 대상 9장)
에스라의 율법 가르침과 초막절 준수(느 8장)
이스라엘 자손의 계보(대상 1:25-26, 42, 2-8장)

11 중간(암흑)시대

마카비 형제의 독립(마카비서)
알렉산더의 지배와 그 이후(BC 334-323년)
안티오커스 4세의 야심과 유다인 박해(BC 170-168년)
유다 마타타이스와 그 아들들(BC 166년)
유다 마카비와 그 형제들의 벧호론 전투(BC 166년)
요나단의 활동과 죽음(BC 143년)
이스라엘의 독립과 시몬(BC 142년 이후)
시몬 살해 후 예수 탄생까지

12 복음(예수그리스도)시대

공생애 이전

복음의 시작(막 1:1, 요 1:1-18)
데오빌로 각하에게(눅 1:1-4)
세례자 요한과 예수의 탄생예고(눅 1:5-38)
마리아와 엘리사벳의 만남(눅 1:39-56)
세례자 요한의 출생과 사사랴 예언(눅 1:57-80)
예수의 탄생과 계보(마 1:1-25, 눅 2:1-7, 3:23b-38)
예수의 할례와 시므온의 찬송(마 1:25b, 눅 2:21-39a)
동방 박사들의 경배와 성가족 애굽 피난(마 2:1-18)
요셉 가족이 귀향(마 2:19-23, 눅 2:39-40)
열두 살 때의 예수(눅 2:41-52)
세례자 요한의 천국전파(눅 3:1-18, 마 3:1-12, 막 1:2-8)
예수께서 세례를 받으심과 시험받으심
(마 3:13-17, 4:1-11, 막 1:9-13, 눅 3:21-4:13)
세례사 요한의 증언(요 1:19-34, 눅 3:23a)

공생애 조기 사역

세례자 요한의 두 제자와 빌립과 나다나엘(요 1:35-51)
첫 번째 기적과 성전정결(요 2:1-25)
니고데모의 예수 방문(요 3:1-21)
예수의 세례와 세례자 요한(요 3:22-36)
생명수와 사마리아 여자(요 4:1-42)

갈릴리 1차 사역

왕의 신하의 아들을 고침(요 4:43-54, 눅 3:19-20)
스불론, 납달리 지역 전도와 고향에서 배척받음
(마 4:12-17, 막 1:14-15, 눅 4:14-30)
어부를 부르심(눅 5:1-11, 마 54:18-22, 막 1:16-20)
가버나움에서 귀신 추방과 베드로 장모 열병과 많은 병자를 고침(마 7:28-29, 8:14-17, 막 1:21-34, 눅 4:31-41)

전도여행을 떠남(마 4:23-25, 막 1:35-39, 눅 4:42-44)
산상수훈
(마 5-7장, 눅 6:20-31, 32-36, 43-49, 11:1-13, 22-42)
나병환자와 중풍병자를 고침
(마 8:1-4, 9:1-8, 막 1:40-45, 막 2:1-12, 눅 5:12-26)
마태가 부름받음(막 2:13-17, 마 9:9-13, 눅 5:27-32)
금식에 대한 논쟁(마 9:14-17, 막 2:18-22, 눅 5:33-39)
삼십 팔년된 병자를 고침(요 5:1-47)
안식일의 사건(마 12:1-21, 막 2:23-3:6, 눅 6:1-11)
많은 무리가 예수께 나옴(막 3:7-12)
열두 제자를 선택함(막 3:13-19, 눅 6:12-19)
백부장의 하인을 고침(마 8:5-13, 눅 7:1-10)

갈릴리 2차 사역

나인성 과부의 아들을 살림(눅 7:11-17)
요한의 질문과 예수의 대답(마 11:2-19, 눅 7:18-35)
예수께 향유를 부은 여자와 도운 여인(눅 7:36-8:3)
바알세불(막 3:20-30, 마 12:22-37, 눅 11:14-23)
표적을 구하는 세대
(마 12:38-45, 16:1-4, 막 8:11-13, 눅 11:24-32)
예수의 어머니와 형제자매
(마 12:46-50, 막 3:31-35, 눅 8:19-21)
바리새인과 율법교사의 위선
(눅 11:37-12:3, 마 23:13-36, 10:26-27)
하나님을 두려워 하라(마 10:28-33, 눅 12:4-9, 11-12)
탐심과 어리석은 부자의 비유(눅 12:13-21)
깨어 준비하라(눅 12:35-48)
영적인 분쟁과 시대분별(눅 12:49-57, 마 10:34-36)
열매를 못 맺는 무화과나무의 비유(눅 13:1-9)
안식일에 등이 굽은 여자를 고침(눅 13:10-17)
네 가지 땅에 떨어진 씨와 가라지 비유
(마 13:1-30, 36-43, 막 4:1-20, 눅 8:4-15)
등불은 등잔대위에(막 4:21-25, 눅 8:16-18)
자라는 씨와 겨자씨와 누룩의 비유
(막 4:26-32, 마 13:31-33, 눅 13:18-21)
하나님 나라의 비유: 보화, 진주, 그물(마 13:44-52)
비유로 말씀하신 이유(마 13:34-35, 막 4:33-34)
예수께서 고향에서 배척받음(마 13:53-58, 막 6:1-6a)
무리를 불쌍히 여기심(마 9:35-38, 막 6:6b)
제자의 길(마 8:18-22, 눅 9:57-62)
바다를 잔잔케 함(마 8:23-27, 막 4:35-41, 눅 8:22-25)
군대귀신 들린 자를 고침
(마 8:28-34, 막 5:1-20, 눅 8:26-39)
야이로의 딸과 혈루증을 앓던 여인을 고침
(마 9:18-26, 막 5:21-43, 눅 8:40-56)
눈먼 자들과 벙어리된 자를 고침(마 9:27-34)
12제자의 파송
(마 10:1-25, 10:37-11:1, 막 6:7-13, 눅 9:1-6)
세례자 요한의 죽음(마 14:3-12, 막 6:17-29)
사도들의 전도보고(마 14:1-2, 13-14, 막 6:14-16, 30-34, 눅 9:7-11, 요 6:1-2)

갈릴리 3차 사역

오병이어의 기적
(마 14:15-23a, 막 6:35-46, 눅 9:12-17, 요 6:5-13-15)
바다를 걸음(마 14:23b-33, 막 6:47-52, 요 6:16-21)
병자들을 고침(마 14:34-36, 막 6:53-56, 요 6:21b)
생명의 빵(떡)과 영생의 말씀(요 6:22-71)
장로들의 전통(마 15:1-9, 막 7:1-13)
사람을 더럽게 하는 것들(마 15:10-20, 막 7:14-23)
수로보니게 족속 여인의 믿음
(요 7:1, 마 15:21-28, 막 7:24-30)
많은 병자를 고침(마 15:29-31, 막 7:31-37)
사천 명을 먹이심(마 15:32-39, 막 8:1-10)
바리새인과 사두개인들의 누룩(마 16:5-12, 막 8:14-21)
벳새다에서 눈먼 자를 고침(막 8:22-26)
베드로의 신앙고백(마 16:13-20, 막 8:27-30, 눅 9:18-21)
첫 번째로 죽음과 부활을 예고
(마 16:21-28, 막 8:31-38, 9:1, 눅 9:22-27)
예수의 변모와 귀신들린 아이를 고침
(마 17:1-21, 48-13, 막 9:14-29, 눅 9:28-43, 17:5-6)
두 번째로 죽음과 부활을 예고함
(마 17:22-23, 막 9:30-32, 눅 9:43b-45)
성전세를 냄(마 17:24-27)
큰 자에 대하여(막 9:33-37, 눅 9:46-48, 마 18:1-5)
종의 자세(눅 17:7-10)
실족케 하지 말라(마 18:6-10, 눅 17:1-3a, 막 9:42-49)
우리를 위하는 사람(막 9:38-41, 눅 9:49-50)
죄를 범한 경우 권면과 용서(마 18:15-35, 눅 17:3b-4)
형제들이 예수를 믿지 않음(요 7:2-9)

후기 유대와 베레아 사역

명절을 지키러 예루살렘으로 올라 감(요 7:10-44)
지도자들의 불신과 간음한 여자(요 7:45-8:11)
예수의 증언(요 8:12-59)
날 때부터 눈먼 자를 고침(요 9:1-41)
예수는 선한 목자(요 10:1-21, 마 19:1-2, 막 10:1)
사마리아 사람들이 받아들이지 않음(눅 9:51-56)
나병환자 열 명이 치료함을 받음(눅 17:11-19)
회개하지 않은 마을들(마 11:20-24, 눅 10:13-15)

칠십 인의 파송과 결과 보고(눅 10:1-12, 16-20)
하나님의 뜻과 무거운 짐(마 11:25-30, 눅 10:21-24)
선한 사마리아인의 비유(눅 10:25-37)
마르다와 마리아(눅 10:38-42)
유대인들이 예수를 잡으려고 함(요 10:22-39)
좁은 문(요 10:40-42, 눅 13:22-30)
헤롯이 예수를 죽이려 함(눅 13:31-33)
수종병 든 사람을 고침(눅 14:1-6)
초청과 끝자리와 잔치의 비유(눅 14:7-24)
제자가 되는 길과 소금의 맛(눅 14:25-35, 막 9:50)
잃은 양과 드라크마와 잃은 아들을 찾는 아버지와 불의한 청지기의 비유(눅 15:1-16:13, 마 18:12-14)
율법과 하나님 나라의 복음(눅 16:14-17)
부자와 거지 나사로와 과부와 재판장, 바리새인과 세리의 기도의 비유(눅 16:19-31, 18:1-14)
포도밭 일꾼의 비유(마 20:1-16)
나사로의 죽음(요 11:1-54)
이혼에 대한 가르침(마 19:3-12, 막 10:2-12, 눅 16:18)
어린이를 축복함(마 19:13-15, 막 10:13-16, 눅 18:15-17)
부자 청년과 재물과 구원
(마 19:16-30, 막 10:17-31, 눅 18:18-30)
세 번째로 죽음과 부활을 예고
(마 20:17-19, 막 10:32-34, 눅 18:31-34)
삭개오의 뉘우침(눅 19:1-10)
므나의 비유(눅 19:11-28, 요 11:55-57)
두 명의 눈먼 자를 보게함
(마 20:29-34, 막 10:46-52, 눅 18:35-43)

마지막 한주간 사역

토요일

예수께 향유를 부은 여인과 나사로를 죽이려고 모의한
(마 26:6-13, 막 14:3-9, 요 12:1-11)

일요일

예루살렘성의 입성과 성의 멸망예고(마 21:1-9, 23:37-39, 막 11:1-10, 눅 13:34-35, 19:29-44, 요 12:12-15)

월요일

예수에 대한 증언(마 21:10-11, 요 12:17-19)
무화과나무를 저주함(막 11:11-14, 마 21:17-19)
두 번째 성전 정결과 예수의 때가 가까이 옴
(마 21:12-16, 막 11:15-19, 눅 19:45-48, 요 12:20-36)

화요일

마른 무화과나무에 대한 질문
(마 21:20-22, 막 11:20-25)
예수의 권위(마 21:23-27, 막 11:27-33, 눅 20:1-8)
두 아들과 포도밭 농부와 혼인잔치의 비유
(마 21:28-22:14, 막 12:1-9, 눅 20:9-19)
세금 문제(마 22:15-21, 막 12:13-17, 눅 20:20-26)
부활 논쟁(마 22:23-33, 막 12:18-27, 눅 20:27-38)
가장 큰 계명(마 22:34-40, 막 12:28-34, 눅 20:39-40)
그리스도와 다윗과의 관계
(마 22:41-46, 막 12:35-37, 눅 20:41-44)
율법교사(서기관)와 바리새인을 경계
(마 23:1-12, 막 12:38-40, 눅 20:45-47)
가난한 과부의 헌금(막 12:41-44, 눅 21:1-4)
성전파괴를 말함(마 24:1-3, 막 13:1-4, 눅 21:5-7)
재난의 징조(마 24:4-25, 막 13:5-23, 눅 21:8-26)
하나님의 나라가 임함(눅 17:20-25, 마 24:26-27)
무화과나무 비유의 교훈
(마 24:32-35, 막 13:28-31, 눅 21:29-33)
인자의 재림(마 24:28-31, 36-51, 25:31-46, 눅 17:26-37, 21:34-36, 막 13:32-37)
열 처녀와 달란트의 비유(마 25:1-30)
예수를 죽이려는 논의(마 26:1-5, 막 14:1-2, 눅 22:1-2)
가룟 유다의 배반
(마 26:14-16, 막 14:10-11, 눅 21:37-38, 22:3-6)

수요일

예수를 믿지 않음과 심판(요 12:37-50)

목요일

마지막 유월절을 지킴
(마 26:17-19, 막 14:12-16, 눅 22:7-13)
제자들의 발을 씻기심(요 13:1-17)
최후의 만찬
(마 26:20-29, 막 14:17-25, 눅 22:21-23, 요 13:18-30)
큰 자에 대한 가르침(눅 22:24-30)
새 계명을 줌(요 13:31-35)
길과 진리와 생명되신 예수(요 14:1-24)
보혜사 성령(요 14:25-31a)
전대와 배낭과 검(눅 22:35-38)
포도나무와 그 가지와 주인(요 15:1-8)
사랑안에 거하라(요 15:9-15).
예수님의 선택과 제자가 당할 핍박(요 15:16-27)
성령과 세상을 이기신 예수와 기도(요 16:1-17:26)
베드로 부인 예고(요 14:31b-38, 마 26:30-35, 막 14:26-31, 눅 22:31-34, 39)

겟세마네의 기도
(마 26:36-46, 막 14:32-42, 눅 22:40-46, 요 18:1)
예수의 체포에서 베드로 두 번째 부인까지(마 26:47-75, 막 14:43-72, 눅 22:47-62, 요 18:1-27)

금요일

예수의 십자가지심부터 죽어 장사한 때까지(마 27:1-66, 막 15:1-47, 눅 22:66-23:25, 요 18:28-42)

부활과 승천

예수의 부활과 승천(마 28:2-20, 막 16:1-20, 눅 24:1-53, 요 20:1-21:25, 행 1:6-12)
가룟 유다 대신 맛디아를 사도로 선출(행 1:13-26)

13 사도시대

베드로와 다른 사도

성령의 약속과 성령강림(행 1:1-5, 2:1-13)
베드로의 오순절 설교(행 2:14-47)
베드로와 요한이 앉은뱅이를 고침(행 3:1-10)
솔로몬 행각에서의 베드로 설교(행 3:11-26)
공회 앞에 선 베드로와 요한(행 4:1-22)
한마음으로 기도함(행 4:23-31)
물건 통용과 아나니아와 삽비라의 죽음
(행 4:32-37, 5:1-11)
사도들의 표적과 능욕받음(행 5:12-42)
일곱 명의 일꾼을 선택함(행 6:1-7)
스데반이 잡힘(행 6:8-15)
스데반의 설교와 죽음(행 7:1-60)
사울이 교회를 박해함(행 8:1-3)
빌립의 사마리아 전도(행 8:4-25)
빌립 집사가 내시에게 전도함(행 8:26-40)

바울의 회심과 베드로 활동

사울의 회심(행 9:1-19a)
사울이 다메섹에서 복음을 전함(행 9:19b-25)
사울이 예루살렘에 갔다가 다소로 감(행 9:26-31)
베드로가 애니아의 중풍병을 고침(행 9:32-35)
베드로가 도르가를 살림(행 9:36-43)
고넬료와 베드로의 환상(행 10:1-23)
베드로가 고넬료 가정에서 설교함(행 10:24-48)
고넬료에 대한 베드로의 변호(행 11:1-18)
수리아의 안디옥교회의 설립(행 11:19-30)
야고보의 순교와 베드로의 투옥(행 12:1-19)
헤롯의 사망(행 12:20-25)

바울 1차 전도여행

바울의 1차 전도여행 출발(행 13:1-3)
바나바와 바울의 구브로 전도(행 13:4-12)
바울과 바나바의 비시디아 안디옥 전도(행 13:13-52)
바울과 바나바의 이고니온 전도(행 14:1-7)
루스드라의 앉은뱅이 치유와 소동(행 14:8-28)
예루살렘 공의회 소집과 결의(행 15:1-35)
갈라디아 지역의 교회에 보낸 바울의 편지(갈)
바울과 바나바가 갈라섬(행 15:36-41)

바울 2차 전도여행

바울의 2차 전도여행 출발(행 16:1-5)
드로아에서 마게도냐인의 환상을 봄(행 16:6-10)
빌립보에서 루디아가 복음을 받아들임(행 16:11-15)
바울과 실라가 감옥에 갇힘(행 16:16-40)
바울의 데살로니가 전도(행 17:1-9)
바울의 베뢰아 전도(행 17:10-15)
바울의 아덴 전도(행 17:16-34)
바울의 고린도 초기 사역(행 18:1-11)
데살로니가에 보낸 바울의 첫 번째 편지(살전)**: 52년경**
데살로니가에 보낸 바울의 두 번째 편지(살후)**: 52년경**
바울의 고린도 후기 사역(행 18:12-17)
바울이 2차 전도여행을 마침(행 18:18-22)

바울 3차 전도여행

아볼로의 아가야 지역 전도(행 18:23-28)
바울의 에베소 사역(행 19:1-22)
바울이 고린도교회에 보낸 첫 번째 편지(고전)**: 55년 봄**
에베소에서 바울과 은세공업자와의 마찰(행 19:23-41)
바울이 마게도냐와 헬라 지역을 다님(행 20:1)
바울이 고린도교회에 보낸 두 번째 편지(고후)**: 56년 가을**
바울이 로마에 있는 성도들에게 보낸 편지(롬)**: 57년초**
바울이 3차 귀로여정을 변경함(행 20:30b-6)
바울이 죽은 유두고를 살림(행 20:7-12)
드로아에서 밀레도까지 여행(행 20:13-38)
바울이 예루살렘으로 올라감(행 21:1-16)
바울과 야고보와의 만남과 붙잡힘(행 21:17-22:29)
바울의 공의회 증언(행 22:30-23:30)
바울의 가이사랴 감옥생활(행 23:31-24:27)
바울이 로마 황제 가이사에게 상소함(행 25:1-12)
바울이 아그립바 왕과 버니게 앞에서 변명함
(행 25:13-26:32)

바울의 로마행

바울의 로마 압송과 풍랑을 만남(행 27:1-44)

멜리데섬에서의 사건(행 28:1-10)
바울의 로마 도착과 전도(행 28:11-31)

흩어져 있는 성도를 위한 야고보의 편지(약): 62년경

감옥에서 골로새 성도에게 보낸 바울의 편지(골): 62년경
감옥에서 빌레몬에게 보낸 바울의 편지(몬 1:1-23)
감옥에서 에베소 성도에게 보낸 바울의 편지(엡): 62년경
감옥에서 빌립보 교인에게 보낸 바울의 편지(빌): 63년경
바울이 디모데에게 보낸 첫 번째 편지(딤전)
바울이 디도의 목회를 위해 보낸 편지(딛): 65년 말경
바울이 디모데에게 보낸 두 번째 편지(딤후): 66년 가을

베드로가 흩어진 성도에게 보낸 첫 번째 편지(벧전): 68년
베드로가 흩어진 성도에게 보낸 두 번째 편지(벧후): 68년

이단들을 대처하라는 유다의 편지(유 1:1-25)

대제사장 되신 예수에 대한 편지인 히브리서(히)

소아시아 교회에게 보낸 요한의 첫 번째 편지(요일)
소아시아 교회에게 보낸 요한의 두 번째 편지(요이)
소아시아 교회에게 보낸 요한의 세 번째 편지(요삼)

14 신천지시대

7개 교회

계시록 표제와 인사 그리고 그리스도의 명령(계 1장)
에베소교회에 보내는 말씀(계 2:1-7)
서머나교회에 보내는 말씀(계 2:8-11)
버가모교회에 보내는 말씀(계 2:12-17)
두아디라교회에 보내는 말씀(계 2:18-29)
사데교회에 보내는 말씀(계 3:1-6)
빌라델비아교회에 보내는 말씀(계 3:7-13)
라오디게아교회에 보내는 말씀(계 3:14-22)

재앙

하늘 보좌에 앉으신 주님께 예배(계 4장)
두루마리 책과 어린 양(계 5장)
일곱 인의 재앙과 14만 4천 명(계 6:1-8:5)
일곱 나팔 재앙과 작은 책(계 8:6-10:11)
두 증인과 일곱 번째 나팔 소리(계 11장)
여자와 용과 두 짐승(계 12-13장)
나팔 재앙과 대접 재앙 사이의 사건(계 14-15장)
일곱 대접 재앙(계 16장)
큰 음녀에게 내릴 심판과 바벨론의 패망(계 17-18장)

새하늘과 새땅

어린양의 혼인잔치와 백마를 탄 자(계 19장)
천년왕국과 흰 보좌 심판(계 20장)
새 하늘과 새 땅과 새 예루살렘(계 21장)
아멘 주 예수여 오시옵소서(계 22장).

개강 4D로 푸는 성경의 맥과 흐름 개론

말씀▶하늘은 여호와의 하늘이라도 땅은 인생에게 주셨도다(시 115:16). 새찬송가 199-205장

1. 서언: 땅과 말씀

(1)하나님은 자신의 뜻을 이루기 위해 땅을 창조하시고 그 땅을 인생에게 주셨다.
하나님이 땅을 창조한 것은 하늘에서 이룬 뜻을 땅에서 이루기 위함이었다.
예수께서는 제자들에게 **"뜻이 하늘에서 이루어진 것같이 땅에서 이루어지이다."**(마 6:10)라고 하셨다.
사 43:21 **이 백성은 내가 나를 위해 지었나니 나를 찬송하게 하려 함이니라.**

①먼저 하늘에서 뜻을 이루기 위해 천사를 창조하셨다(시 103:19-22 참조).
②그리고 하늘에서 이룬 뜻을 땅에도 이루기 위해 보이는 세상과 만물과 인간을 창조하셨다(계 4:11 참조).
③그러나 땅으로 쫓겨난 사탄은 땅에서 이루려는 하나님의 뜻을 방해했다.
그래서 아담과 하와을 유혹했고, 지금까지도 계속적으로 하나님의 뜻을 이루는 것을 방해하고 있다.
④땅에서 뜻을 이루기 위한 시도들(지리적인 관점에서)

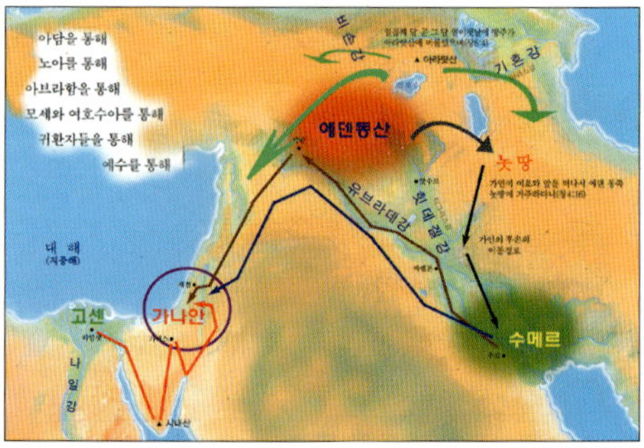

001-1 지도로 보는 성경통독

*첫 번째 시작▶에덴동산에서 아담과 하와를 통해
*두 번째 시작▶아라랏산에서 노아를 통해
*세 번째 시작▶가나안에서 아브라함을 통해
*네 번째 시작▶애굽에서 준비하고 광야에서 모세를 통해 훈련시킨 후 가나안에서 여호수아를 통해
*다섯 번째 시작▶메소포타미아의 바벨론에서 준비시킨 후 귀환자들을 통해
*여섯 번째 시작▶유대 땅 베들레헴에서 예수 그리스도의 초림을 통해
*마지막 완성▶예수 그리스도의 재림으로 하늘과 땅에서 하나님의 뜻은 온전히 이루어질 것이다.
엡 1:10(때가 되면) **하늘에 있는 것이나 땅에 있는 것이 다 그리스도 안에서 통일되게 하려 하심이라.**

> **내가 네게 허락한 것을 다 이루기까지 너를 떠나지 아니하리라(창 28:15).**
> 하나님은 나를 통해 뜻을 이루기 위해 사명을 주셨는데 나는 몇 번이나 그 뜻을 거절했는가? 예수의 재림으로 하나님은 7번만에 자신의 뜻을 이 땅에 이루실 것이다. 하나님께 사용됨이 가장 큰 축복이다.

(2)이런 의미에서 땅을 이해하지 못하면 성경을 온전히 이해하지 못한다.
①땅은 인간의 삶의 장이다. 땅은 인간 존재양식 그 자체이다.
하나님은 흙으로 사람을 창조하시고, 흙위에서 살도록 하셨다.
②그런데 그 땅이 인간의 불순종으로 더럽혀졌다.
③그래서 하나님은 구속의 역사를 땅이라는 구체적인 무대위에서 이루셨다.
예수 그리스도의 성육신은 하나님이 육신의 몸을 입고 친히 이 땅에 오신 것이다.
④이런 의미에서 성서에 언급되고 있는 땅은 하나님이 구속의 역사를 베푼 삶의 터전이요, 거룩한 역사의 장이다. 이제 그토록 귀중한 땅에서 베풀어진 하나님의 구속역사의 흔적을 찾아 공부하는 것은 너무나 감

격스러운 일이다. 그것은 성서에서 언급되고 있는 장소와 그 장소에서 일어난 사건을 통하여 오늘 우리의 삶의 자리에서 다시 재현할 수 있기 때문이다.

(3)그러므로 말씀은 땅에서 일어난 모든 요소들의 배경 속에서 이해해야 한다.

①그 요소들 중에는 다음과 같은 것들이 있다.

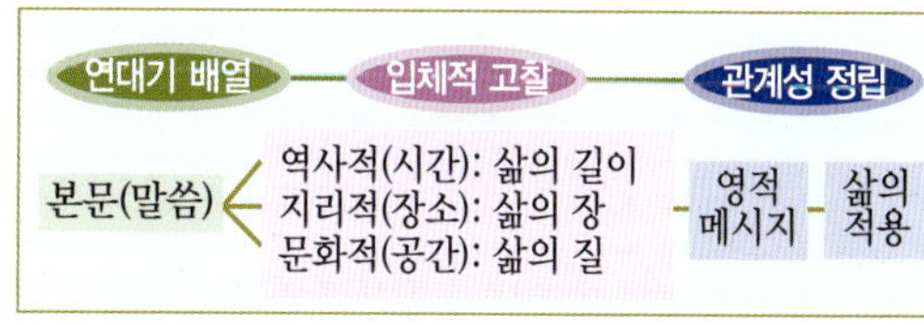

002-1 4D 성경고찰 도표

*1D▶역사적 고찰(그때)-시간적 요소-삶의 길이 분야(지금), 역사는 미래 예측에 도움

*2D▶지리적 고찰(그곳)-장소적 요소-삶의 장 분야(이곳, 현실적), 현실 판단에 도움

*3D▶문화적 고찰(그것: 내용)-공간적, 시각적 요소-삶의 질 분야(이것, 변화적)

*4D▶메시지 고찰(영적의미)-초월적 요소-성경은 성령의 감동으로 기록되었기 때문에 메시지가 필요

②성경은 성경이 기록된 배경 속에서 이해해야 하는 이유

*말씀은 변하지 않지만 시대와 사람에 따라 그 이해가 달라지기 때문이다.

마 10:42 **또 누구든지 제자의 이름으로 이 작은 자 중 하나에게 냉수 한 그릇이라도 주는 자는 내가 진실로 너희에게 이르노니 그 사람이 결단코 상을 잃지 아니하리라 하시니라.**

옛날 우물이나 작두펌프에서 물을 퍼서 마실 때 이 말씀을 이해하는 것과 생수를 사서 먹는 지금 이 말씀을 이해하는 것과 성경이 쓰여진 물이 귀한 이스라엘에서 이 말씀을 이해하는 것은 차이가 있다.

003-1 우리나라 옛 우물

*갈렙의 딸 악사는 옷니엘과 결혼할 때 아버지에게 샘물을 구했다.

수 15:16-19 **갈렙이 말하기를 기럇 세벨을 쳐서 그것을 점령하는 자에게는 내가 내 딸 악사를 아내로 주리라 하였더니 갈렙의 아우 그나스의 아들인 옷니엘이 그것을 점령함으로 갈렙이 자기 딸 악사를 그에게 아내로 주었더라. 악사가 출가할 때에 그에게 청하여 자기 아버지에게 밭을 구하자 하고 나귀에서 내리매 갈렙이 그에게 묻되 네가 무엇을 원하느냐 하니 이르되 내게 복을 주소서. 아버지께서 나를 네겝 땅으로 보내시오니 샘물도 내게 주소서 하매 갈렙이 윗 샘과 아랫 샘을 그에게 주었더라.**

004-1 므깃도 지하 수로, 이스라엘

③성서의 현장(성서지리)에 대한 이해 부족의 예

*삭개오가 올라간 뽕나무는 헬라어 '쉬코모레아'로 돌무화과나무를 가리키고, 요나 선지자가 피한 박넝쿨은 우리나라 아주까리로 본다. 이 지역의 아주까리는 다년생으로 나무같이 자란다.

005-1 삭개오 나무, 여리고

*동명이지를 모르고 이해하는 경우: 여러 곳의 다른 지명들 벧세메스, 베들레헴, 아벡 등, 가이사랴와 빌립보 가이사랴

*지역을 고유명사로 이해하는 쉬운 경우

수로보니게는 사람 이름이 아니라 두로와 시돈 지역을 말한다.

아리마대는 사람 이름이 아니라 지명이름 이다.

*고유명사와 보통명사를 구분하지 못한 경우

히브리어 '호레스'는 수풀, 산림이라는 뜻을 가진 단어로 고유명사일 때는 '호레스'라는 지명으로, 보통명사일 때는 '수풀'이란 뜻으로 사용된다. 호레스는 한글성경 삼상 23:15-19에서 수풀이라는 보통명사로 번역했으나 영역본인 NIV에서는 고유명사인 히브리어 '호레스'로 번역했다.

006-1 아주까리(박넝쿨), 이스라엘

*지역과 성읍(마을)을 혼동하여 이해하는 경우
갈대아(지역)의 우르(도시), 밧단 아람(지역), 사마리아 지역과 사마리아 도시, 앗수르 도시와 앗수르 나라, 바벨론 도시와 바벨론 나라
*성경의 명칭을 우리나라의 명칭과 같이 생각하고 성경을 이해하는 경우
성경의 산을 우리나라의 큰 산으로 이해하는 경우(감람산은 하나의 야산 내지는 동산이다.)
골짜기는 산과 산 사이를 말한다. 좁은 계곡으로만 이해하면 안된다.
히브리어 '에멕'은 넓은 골짜기에 사용(예, 에멕 엘라)하고, 좁은 골짜기는 '가이'라는 말을 사용한다.

007-1 소렉 골짜기, 이스라엘

2.본론

(1)역사적 고찰(삶의 양): 역사적인 배경 속에서 성경을 보아야 한다.
①성경시대와 오늘과의 역사적인 갭(창 12장부터 예수까지 4000-2000년의 차이)을 극복하기 위해
*2000년 전의 예수의 사건이 오늘의 나와 무슨 상관이 있는가?
이 시간의 갭을 뛰어 넘어야 그때의 사건이 오늘 이 시간에 그대로 역사한다.
*역사를 모르고 말씀을 보는 것은? 무슨 반찬인지 모르고 먹는 것과 같다.
요셉이 총리가 되는데 신분상 어려움이 없었던 것은 당시 이집트는 셈족이 통치하던 힉소스시대였기 때문이다. 이는 역사의 타이밍에 맞춘 하나님의 섭리이다.
②역사적인 갭을 극복하기 위해
*중근동과 이스라엘의 역사를 연구, 시간에 대한 창조신앙이 필요(1과에서 다룸)
예수 그리스도는 어제나 오늘이나 동일하시다(히 13:8). 하나님은 시간을 초월한 영원한 존재이다.

(2)지리적인 고찰(삶의 장): 지리적(지형, 기후 등)인 배경 속에서 성경을 보아야 한다.
①성경이 기록된 곳은 한국에서 8000(이스라엘)-9000㎞(로마)나 떨어져 있다.
*팔레스틴에서 일어난 사건이 오늘 내 삶의 현장과 무슨 상관이 있는가?
이것을 뛰어넘어야 그곳에서 일어난 사건이 오늘 나의 삶의 현장에서 그대로 역사한다.
세월호 사건(300여명 사망, 2014년)과 아이티 지진(2010년 약 50만명 사상자) 중 어느 것이 더 가슴이 아픈가? 거리와 한 민족이란 이유로 세월호 아픔이 더 크다. 예수님이라면 같이 느꼈을 것이다.
예수의 사랑은 거리를 뛰어 넘은 사랑이다. 이것이 성경에서 지리를 배워야 할 이유이다.
*지리를 모르고 말씀을 보는 것은? 밥상이 없이 밥을 먹는 것과 같다.
작전도 없이 전쟁을 치루고, 설계도 없이 집을 짓는 것과 같다.
*지리를 통해서만 이해를 알 수 있는 말씀 부분
시 126:4 **여호와여, 우리의 포로를 남방 시내들 같이 돌려 보내소서.**
네게브(남방) 지역은 가는 모래와 바위로 이루어진 지역으로 우기 때 비가 오면 지형이 알아 볼 수 없을 정도로 변하는데 하나님의 역사가 사람이 예측할 수 없을 정도로 일어나기를 바라는 표현이다.

008-1 남방(네겝) 시내, 이스라엘

기도는 상황에 따라 표현 방법이 다르다. 베드로가 물에 빠졌을 때처럼 급할 때는 미사여구가 아닌 직접적인 표현으로 기도한다(마 14:40).: "주여 나를 구원하소서."
기도의 응답이 늦어질 때 시편 기자는 "어느 때까지니이까?"라는 표현(시 6:4, 13:1, 35:17, 시 79:5편)을 사용하며 간구했다.

②성지와 이곳의 두 지역간의 지리적인 차이(갭)을 극복하기 위해

*성서지리와 기후 등을 연구, 어디나 계시는 하나님의 편재성을 믿는 신앙이 필요

*성서지리는 성경의 사건현장과 오늘 우리의 삶의 현장을 연결시켜 주는 고리와 같다.
지리를 모르고 성경을 보는 것은 무슨 반찬인지 모르고 먹는 것과 같다.
성서지리는 추상적, 맹목적인 신앙을 구체적인 삶의 현장으로 우리를 이끈다.

009-1 눈물병, 이란 에스파한

(3)문화적 고찰(삶의 질): 문화적인 배경과 시각적으로 성경을 보아야 한다.

①성경시대와 오늘 우리의 문화 사이에는 공간과 시간적으로 큰 차이가 있다.

*성서시대의 풍습이 오늘 우리의 생활에서 어떻게 적용되는가?
이것을 극복해야 성경을 가감하지 않고 정확히 이해할 수 있다.

*풍습 등과 같은 문화적인 요소를 모르고 말씀을 보는 것은?
양념을 하지 않고 음식을 먹는 것과 같다.
단장이 안된 집에서 사는 것과 같다.
시 56:8절 **나의 유리함을 주께서 계수하셨사오니 나의 눈물을 주의 병에 담으소서. 이것이 주의 책에 기록되지 아니하였나이까?**
고대 중근동 지방에서는 눈물을 신성하게 여겼기 때문에 슬픔의 눈물을 받아두는 눈물병이 있었다. 그러나 당시에는 유리가 개발되지 않았기 때문에 지금 우리가 생각하는 유리가 아니라 토기나 다른 그릇을 사용했을 것이다. 로마 때에는 눈물병을 보통 유리로 만들었으며, 가난한 자들은 여전히 토기로 만든 병들을 눈물병으로 사용하였다. 크기는 다양하여 7-8cm에서 20cm까지 있었다. 눈물병은 가정에서 식구들마다 가지고 눈물을 담아 집안에서 잘 보이는 곳에 보관했으며, 자신이 죽을 때 눈물병도 함께 매장하는 풍습을 갖고 있었다.

오히려 너희가 그리스도의 고난에 참여하는 것으로 즐거워하라. 이는 그의 영광을 나타내실 때에 너희로 즐거워하고 기뻐하게 하려 함이라(벧전 4:13).
냉수 한그릇 대접도 잊지 않으시는 하나님이시다. 주님은 주님을 위해 흘리는 눈물을 사람의 병(사람의 격려나 위로)이 아니라 주님의 병에 담아 주신다. 그러므로 주를 위한 고난을 당할 때 오히려 기뻐하자.

②문화적인 갭을 극복하기 위해

*성경시대의 고대 중근동과 이스라엘 문화를 연구, 성경 고고학 연구
하나님은 상황에 따라 판단하신다. 노아는 당대에 의인이었다.

*시각적인 자료를 수집하고 활용▷눈으로 보아야 이해되는 것들이 많다.
나의 멍에를 메고 내게 배우라(마 11:29).: 멍에를 알아야 이해
손에 쟁기를 잡고 뒤를 돌아보는 자는 하나님의 나라에 합당하지 않다(눅 9:62).: 멍에와 쟁기를 알아야 이해

010-1 멍에와 쟁기, 이스라엘 벧엘

(4)종합적인 고찰: 종합적인 연구는 마치 종합 영양제를 먹는 것과 같다.

*언어, 지리, 역사, 풍습, 정치, 경제 등 문화의 전분야
말씀은 본래의 맛을 느끼지 못할 정도로 양념이 많이 가미되면 안된다.
따라서 무엇보다도,

①지리와 역사적인 환경을 고려하여 성경을 이해해야 한다.

*마 13:44 **천국은 마치 밭에 감추인 보화와 같으니 사람이 이를 발견한 후 숨겨 두고 기뻐하며 돌아가서 자기의 소유를 다 팔아 밭을 사느니라.**

011-1 단지에서 나온 동전, 요르단

팔레스틴은 역사적으로 두 강대국 사이에 놓여 있다. 약하면 찬달을 당하고 강하면 많은 잇점이 있다. 그래서 돈을 은행에 맡기는 것보다 각자 자기 나름대로의 방법으로 돈을 보관했다. 그중에 일반적인 방법이 단지에 동전을 넣고 땅속에 보관했다.

> **오직 너희를 위하여 보물을 하늘에 쌓아두라(마 6:20).**
> 밭에 감추어진 보화가 얼마인지에 따라 빚을 내서라도 밭을 산다. 이는 천국의 가치만큼 세상 것을 희생하면서까지 천국을 위해 사는 것과 같다. 하늘의 것을 세상 것보다 더 귀하게 여기며 살자.

②지리와 기후적인 환경을 고려하여 성경을 이해해야 한다.

*이스라엘에서의 이슬과 성경에서의 이슬의 의미는?

강우량이 적은 팔레스틴에서는 농사를 지을 만큼 많은 이슬이 많이 내린다.
그래서 이슬은 하나님의 은혜를 상징하며, 그 은혜는 생명같은 은혜이다.
새벽 이슬(히, 탈)은 강우량에 큰 보탬이 되는데 네게브 사막에서 실행된 과학적인 실험 결과 식물이 이슬로 지탱하는 것이 증명되었다.
팔레스틴 지역에서 이슬은 식물에 있어 생명과 같은 것이다.

012-1 이스라엘의 이슬

잠 19:12 **그의 은택은 풀 위의 이슬 같으니라.**
신 33:13 **하늘의 보물인 이슬과**

*물이 귀한 이스라엘 지역이기 때문에 비를 상징하는 히브리어에도 여러 개가 있다.

일반적인 비는 '마타르', 이른비는 '요레', 늦은비는 '말코쉬', 겨울 폭우는 '게쉠' 이다.
시 133:3 **헐몬의 이슬이 시온의 산들에 내림 같도다. 거기서 여호와께서 복을 명령하셨나니 곧 영생이로다.**
헤르몬 산의 찬 이슬이 중부 지방의 시온 산까지 내려 전 국토를 적시는 것을 말하고 있다.
곧 가장 높은 곳(헐몬 산)에 계신 하나님으로 인해 생명(이슬)이 넘쳐 전 인류(전이스라엘)를 덮는다.

*팔레스틴 지역에서의 목자와 양과의 관계 이해

광야의 풀들은 비가 없는 여름을 지내기 위해 잎이 가시 형태로 바뀌고 뿌리는 이슬을 받아 죽지 않을 만큼 견딘다. 이런 배경 속에서 성경에 나오는 목자와 양과의 관계를 이해해야 한다.
이스라엘의 목자가 건기 때 가시 속의 풀이라도 먹이려는 하는 것처럼 목자되신 예수님은 양된 우리를 가시같은 세상의 고난 속에서도 먹이시려고 하신다. 그런데 우리는 가시에 찔리는 것만 생각하고, 고난 속에서 우리를 먹이려는 주님의 수고보다는 자신의 고통에 대해 원망한다.

013-1 가시 속에 있는 풀을 뜯는 양, 이스라엘 아이

③지리를 통한 성경의 해석들

*시 42:1 **하나님이여, 사슴이 시냇물을 찾기에 갈급함 같이 내 영혼이 주를 찾기에 갈급하나이다.**

목마른 사슴이 시냇물 찾으면 살고 못찾으면 죽는 것처럼 그런 각오로 주님을 찾으라는 의미이다.

*사론 평야와 꽃 재배, 사론의 꽃 예수(89장)는 어떤 의미인가?

사론은 가이사랴에서 욥바 사이의 평야로 성서시대에 이곳은 질퍽한 지역으로 쓸모가 없어 고대에는 농사를 짓지 못하고 자생적인 꽃이 자랐다. 그중에서도 장미꽃과 수선화가 대표적이었다.
아 2:1 **나는 사론의 수선화**(히, 하밧쩨렛트)**요, 골짜기의 백합화**(히, 쇼샨나)**로다.**
히브리어 '쇼샨나'는 수선화과의 수선화와 들에 피는 모든 꽃을 총칭한다. 곧 아네모네, 들장미, 백합 등을 가리킨다. 히브리어 '하바쩨렛트'(한글성

014-1 사론 평야, 아벡 근교

경에 수선화)는 사 35:1에서는 백합화로 번역되었다. 영역본에는 사론의 장미(Rose of Sharon), 70인역에는 꽃(flower)으로 번역했다.

찬송 89장: 사론의 꽃 예수 나의 마음에 거룩하고 아름답게 피소서
내 생명이 참사랑의 향기로 간데마다 풍겨나게 하소서
예수 사론의 꽃 나의 맘에 사랑으로 피소서

> **그러나 죄가 더한 곳에 은혜가 더욱 넘쳤나니(롬 5:20)**
> 사론의 꽃은 예수를 상징한다. 예수께서는 죄로 말미암아 멸망당할 수밖에 없는 부패하고 썩은 쓸모없는 사론 평야와 같은 이 세상에 오셨다. 그러나 죄된 세상에서 구원의 아름다운 꽃을 피웠다. 그 예수님은 사론 평야와 같은 우리 마음에도 오셔서 사랑으로 구원의 꽃을 피우기를 원하신다.

＊시 103:15 **인생은 그 날이 풀과 같으며, 그 영화가 들의 꽃과 같도다.**
인생이 들의 꽃과 같다는 말씀은 팔레스틴과 한국의 지리적인 기후 차이로 인해 금방 시드는 것의 속도가 다른 차원에서 이해해야 한다. 한국과는 달리 이곳은 우기 때(특히 2-3월) 꽃이 만발하다가 열풍이 불면 하루 아침에 사라진다. 가장 흔한 꽃인 아네모네는 7일간 꽃이 핀다.

015-1 만발한 아네모네, 이스라엘

3. "4D로 푸는 성경의 맥과 흐름"를 위한 숙지 연습

(1)성경의 역사 흐름 익히기: 7×2=14, 〈에레츠 성경통독연대표 사용〉
①7대 제국▶애굽-앗수르-바벨론-페르시아(바사)-헬라-로마-7머리 10뿔(계 17:3-18)
②2개 문명▶메소포타미아 문명과 이집트 문명
③14개 시대 구분▶원역사-족장시대-애굽이주시대-광야방랑시대-정복시대-사사시대-통일왕국시대-분열왕국시대-남유다잔존시대-바벨론포로시대-귀환시대-중간시대-복음시대-사도시대 이후

(2)성서지리 익히기(부록 참조)
①신구약성서에서 지점적으로 언급되는 지역의 범위
＊동으로는▷이란과 이라크 지역(수산), 더 넓게는 인도까지(에 1:1, 8:9)
＊서로는▷이탈리아 로마까지, 더 넓게는 서바나(스페인과 포루투갈)까지
＊남으로는▷중부 아프리카(테베=룩소)
＊북으로는▷터키, 이란, 이라크 북부
＊성서에서 언급하고 있는 지역은 넓게는 유프라테스와 디그리스 두 강에서부터 서쪽으로 로마까지, 오늘날의 이란, 이라크, 터키, 그리스, 이탈리아, 시리아, 레바논, 요르단, 이스라엘, 이집트에 이르는 광범위한 지역이다.
그러나 좁은 의미로서 성서의 땅은 오늘날 이스라엘이 자리잡고 있는 팔레스틴이라 불리우는 지역이다. 이곳은 지리적으로 아시아, 아프리카, 유럽 세 대륙의 중심에 위치해 있으며, 고대 문명의 틈바구니 속에서 정치적, 문화적, 종교적으로 주요 길목으로서의 역할을 담당했다.
바로 이런 곳을 하나님은 일찍이 아브라함과 그 후손에게 약속으로 주었다(창 15:17-21).

016-1 성서지도 연습

성서지리의 중심은 오늘날 팔레스틴이라 불리는 가나안 지역이다. 왜냐하면
지리적으로는 아시아, 유럽, 아프리카 3개 대륙의 중심지요,
영적으로는 예수께서 죽으시고 부활 승천한 곳이고, 재림의 약속을 한 곳이기 때문이다.

②전체적 지역 익히기▶현대 국가를 기준으로 이해하기

*고대근동(이란, 이라크, 시리아, 레바논)▷유프라테스와 티그리스강을 기준으로 이해하기

*팔레스틴(이스라엘, 요르단)▷남북 지형으로 이해하기

*아프리카, 터키, 그리스, 이탈리아 등은 지역과 도시로 이해하기

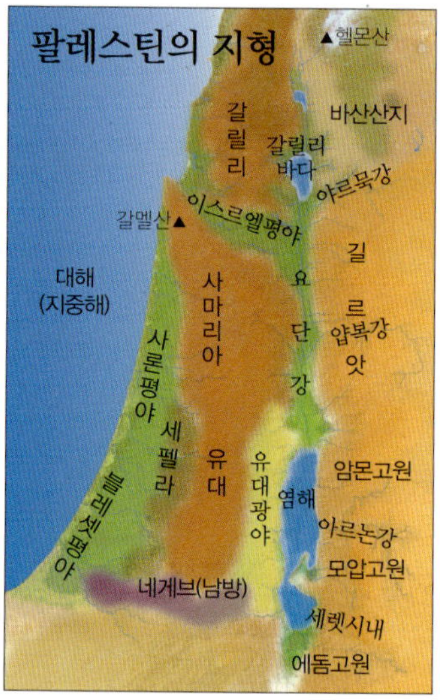

017-1 팔레스틴의 지형

③세부 지역 익히기

*고대근동(이란, 이라크, 시리아, 레바논)▷갈대아 지역, 메소포타미아 지역, 밧단 아람, 아라랏산, 유프라테스강과 티그리스강

*팔레스틴(이스라엘, 요르단)
해안평야지대(블레셋 지역), 중앙산악지대(갈릴리산지, 사마리아산지, 유대산지), 네게브(남방), 세펠라(경사지) 지역
요르단고원지대(바산=골란고원, 길르앗과 얍복강, 모압과 암몬, 아르논강, 에돔과 세렛 시내)

*아프리카(이집트, 리비아)▷고센 지역, 나일강, 시나이반도 지역, 홍해

*터키, 그리스(지역별로)
터키–길리기아, 갑바도기아, 아시아(소아시아), 밤빌리아, 무시아, 비두니아, 루기아, 브루기아
그리스–아가야, 마케도냐, 트라키아

*이탈리아, 지중해
이탈리아–로마, 시칠리아섬 지중해–구브로섬, 로도섬, 그레데섬, 멜리데섬 에게해–밧모섬, 사모스섬

④주요 도시 지명 익히기=총계 56개

*고대근동(이란, 이라크, 시리아, 레바논, 요르단)=14개
우르, 수산, 바벨론, 앗수르, 니느웨(이상 이란, 이라크), 두로, 사르밧, 시돈(이상 레바논), 다메섹(시리아)
요르단: 에시온게벨과 엘랏, 헤스본, 랍바(암만), 길르앗라못

*팔레스틴=20개
해안평야지대▷악고, 가이사랴, 욥바, 가사
중앙산악지대▷나사렛, 므깃도, 세겜과 사마리아, 벧엘, 예루살렘, 베들레헴, 헤브론, 브엘세바
요단계곡지대▷단, 하솔, 가버나움, 디베랴, 벧산, 여리고, 엔게디

*이집트=6개
라암셋, 노아몬(룩소, 테베), 마라, 르비딤, 시내산, 가데스 바네아

*터키=10개
안디옥(수리아), 다소, 하란, 버가모, 사데, 에베소, 밀레도, 드로아, 앗달리아, 버가

*그리스=10개
네압볼리, 빌립보, 아볼로니아, 암비볼리, 데살로니가, 베뢰아, 아덴, 고린도, 겐그레아, 니고볼리

*이탈리아, 지중해=3개 섬, 5개 도시
로마, 수라구사, 구브로섬(살라미, 바보), 그레데섬(미항), 멜리데섬

4. 팔레스틴의 도로

018-1 팔레스틴의 도로

팔레스틴은 지리학상 메소포타미아와 이집트의 두 고대 문명 사이에 있어 이 지역의 도로는 고대근동에 있어 국제적인 동맥이 되었다. 그렇기 때문에 이 지역의 도로망은 고대근동에 있어 정치적, 문화적, 종교적으로 매우 중요한 위치를 차지했다. 더구나 팔레스틴의 굴곡과 특수한 지형으로 인해 새로운 길을 개발하거나 옛길을 보수하기가 극히 어려웠기 때문에 주요 도로를 장악하는 것은 경제적, 군사적으로 그 중요성이 상당히 오랫동안 지속되었다. 특히 해안평야, 중앙산악, 요단계곡, 요르단 고원지대로 형성된 동서의 뚜렷한 지형으로 동서간 도로보다는 남북으로 이어지는 도로가 더 용이하게 생기게 되었다. 이 중에서 남북과 동서간의 도로의 가장 중요한 요충지는 므깃도였다. 그리고 성서에서 언급되고 있는 길의 이름들은 대부분 그 종착지의 성읍 이름에 의해 명명되고 있다.

019-1 바닷길 이정표, 이스라엘

5. 팔레스틴의 기후

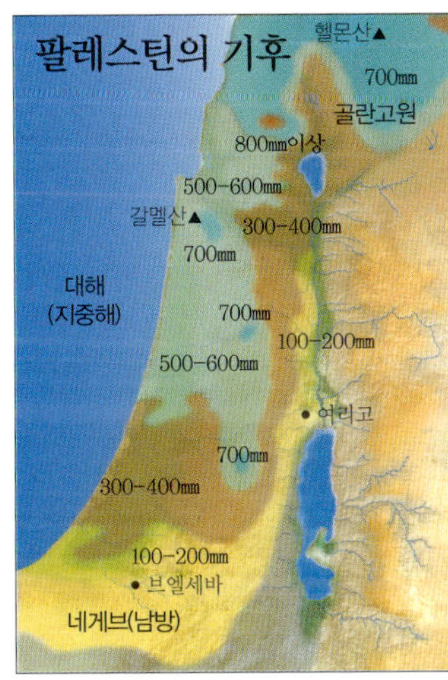

020-1 팔레스틴의 기후

남북으로 뚜렷한 지형을 갖고 있는 팔레스틴은 기후 또한 심한 변화를 갖게 한다. 전체적으로는 온화한 지중해성 기후에 속하며, 일년은 건기와 우기의 구분이 뚜렷하다. 건기는 계절적으로 여름에 해당되는 5(4)-10월에 속하며, 우기는 겨울에 해당되는 11-4(3)월에 해당된다. 성경에서 말하는 이른비와 늦은비(렘 5:24)는 겨울에 내리는 우기의 첫 번째 소나기와 나중의 소나기를 말한다. 그리고 건기와 우기 사이에는 특수한 일기의 과도기가 있다. 그러나 팔레스틴에서의 건기와 우기는 변화가 매우 심하여 비는 짧은 기간에 집중적으로 내릴 수도 있고 그렇지 않을 수도 있다.

비는 농경문화에 절대적인 영향을 미치는데 팔레스틴의 강우량은 남북으로 큰 차이를 보인다. 갈릴리 지역은 상부가 연간 평균 1000㎜ 정도로 매우 많은편이나, 사마리아와 세겜 지역의 중앙산악지대는 600-700㎜ 정도가 되며, 남부의 유다 지역은 400㎜ 정도로 갈릴리의 절반도 되지 않는다. 이보다 더 남쪽으로 내려가 네게브(남방) 지역에 이르면 200㎜ 정도밖에 되지 않는다. 그리고 요단 계곡지대는 같은 위도인 해안평야지대와 중앙산악지대보다 더욱 낮아 사해 주위에서는 25㎜ 밖에 되지 않는다. 그리고 대부분의 팔레스틴의 강우량은 지대의 높이에 따라 좌우되는데 중앙 능선의 경우 연간 강우량은 해안 평지보다 약간 낮으며, 능선 중심을 지나면서는 급속히 감소해 사막(광야)에 가까워진다.

전체적으로 볼 때 팔레스틴은 강우량이 매우 적은편이다. 그래서 이 지역의 강우량으로서 풍부한 이슬을 빼놓을 수 없다. 이슬이 가장 많이 내리는 지역은 갈멜 산 일부와 이스르엘 평야의 서쪽, 그리고 가사 남쪽 지역으로 일년 중 250여일 가량 이슬이 내린다. 그외 해안평야지대와 이스르엘 평야 지역은 200여일, 중앙산악지대는 150-180일 정도 이슬이 내려 밀과 보리를 경작하기에 충분하다.

6. 결론

성경은 성경이 쓰여진 배경, 곧 4D(역사, 지리, 영상, 메시지)로 이해되어야 한다.

1과 하나님의 천지창조

본문말씀▷창 1-2장

핵심말씀▷태초에 하나님이 천지를 창조하시니라(창 1:1).

새찬송가 478장

배경 바라보기

시대적 고찰

천지창조의 시기에 대해 창세기의 저자는 '태초(베레쉬트)' 라는 말로 표현하고 있다. 이는 창조의 연대에 관심을 갖고 있는 것이 아니라 창조의 주체에 대하여 말하려고 하는 것이다. 그러므로 하나님의 천지창조에 대한 연대의 측정은 성경에서 큰 의미가 없다. 역사에 대해 의미를 찾을 수 있는 것은 아브라함으로부터 시작되는(창 12장) 족장시대부터이다.

지리적 고찰

하나님은 인류역사의 무대를 오늘날 중동 지역, 특별히 메소포타미아 지역에서 시작하였다. 최초의 인간 아담과 하와를 만드시고 그들을 위해 따로 에덴동산을 창설하셨는데 성경은 에덴동산에서 네 강이 흘렀다고 기록하고 있다. 그러나 이 네 강이 오늘날 어디에 위치했는지는 아무도 모른다. 다만 오늘날 중동 지역의 어느 한 지역(대체로 아라랏산 근교)을 말할 뿐이다. 그래서 일부 학자들은 에덴동산을 단지 상징적인 의미로만 생각하기도 한다. 그러나 에덴동산은 분명히 지상위에 건설된 것이며, 노아홍수 때에 땅과 함께 사라졌다.

문화적 고찰

◐히브리인들의 하루의 시작은 아침이 아니라 저녁에서부터였다. 그것은 빛에서 어두움으로가 아니라 어두움에서 빛으로의 시작을 의미한다. 성경도 "저녁이 되며 아침이 되니 이는 첫째 날이니라."고 하루의 시작을 저녁부터 말하고 있다.

◐성경에서 손은 상징적으로 일을 나타낸다. 미켈란젤로는 하나님이 인간을 창조하는 모습을 하나님의 손끝으로 그리고 있다. 이는 하나님의 전능하심을 표현한 것이다. 또 많은 예술가들은 에덴동산을 주제로 화폭에 담았다. 우리는 그 표현들을 통해 에덴동산에 대한 문화적인 고찰을 간접적으로 접할 수 있다.

단어해설

태초(in the begining, 太初, 창 1:1) '시작' 이라는 뜻. 시간의 시작을 의미한다.

혼돈하고 공허하며(2) 아직은 땅이 황폐하여 생물이 살지 못하는 상태임을 이중적으로 강조한 표현

하나님의 영(the Spirit of God, 2) '영' 에 해당하는 히브리어 '루아흐' 는 일반적으로 '바람', '숨' 등을 의미한다. 성경적으로는 성령을 가리킨다(욥 33:4).

궁창(6) 하늘의 공간, 우리가 눈으로 볼 수 있는 머리 위의 하늘과 그 너머의 광대한 우주 공간

날과 해(14) 날짜와 연수(年數)

형상(26) 외형의 모양이라기보다 하나님의 신적성품을 가리킨다. 인간이 하나님과 같은 영성(靈性), 도덕성을 지닌 인격체로 지음받았음을 뜻한다(9:6).

생령(2:7) Living Bible은 '살아있는 인격체' 로 번역하고 있다. 하나님은 인간을 창조하실 때 코에 생기를 불어넣으므로 생령이 되게 하셨다.

호마노(12) 값비싼 보석인 홍옥수의 일종. 대제사장은 이것으로 만든 장신구를 옷에 달았다.

본문 탐구하기

내용개요 하나님이 우주만물을 창조하셨다. 땅이 혼돈하고 공허하며 흑암이 있었으나 하나님은 말씀으로 6일간 만물을 창조하셨다. 첫째 날에는 영적인 빛을 창조하셨고, 둘째 날에는 궁창을, 셋째 날에는 육지와 바다를, 넷째 날에는 해와 달과 별을, 다섯째 날에는 물고기와 새들을, 여섯째 날에는 땅의 짐승들과 사람을 창조하셨다. 특히 사람은 자신의 형상대로 만드시고 생기로 생명을 주었으며, 따로 에덴동산을 창설하여 사람으로 하여금 그곳에 거하며 생육하고 번성하여 땅에 충만하고 모든 생물을 다스리도록 축복하였다. 그리고 에덴동산의 중앙에 생명나무와 선악을 알게하는 나무의 열매를 두시고, 오직 선악을 알게하는 나무의 열매는 먹지말도록 금하셨다. 6일간 창조의 일을 마치고 일곱째 날에 안식하셨다.

QA 본문탐구

1 하나님의 천지창조

1.창조의 때(창 1:1)

(1)과학자: 방사능 연대측정법을 주장하는 사람들은 50-100억년 전을
단기설을 주장하는 사람들은 12000년 전이 채 못된다고 주장한다.

(2)성서학자들: 많은 성서학자들은 성경에 나타난 예수의 족보에 근거하여 6000년을 주장하고 있다.
아브라함부터 다윗까지 14대, 다윗부터 바벨론 이주 때까지 14대, 바벨론 이주 후부터 그리스도까지 14대(마 1:17), 아담부터 아브라함까지가 20대로 1세대를 50년 기준으로 하면 66대×50년=3300년이 된다. 그리고 예수부터 지금까지 약 2000년을 합하여 대략 5000-6000년 전으로 생각한다.

(3)성서: 창세기 1:1의 태초는 숫자의 개념이 아닌 시간의 한 시점으로의 태초를 말한다.
성경에서 말하는 아브라함 이전의 세대는 지금의 한 세대와는 기간이 다른 것이며
아담부터 아브라함까지 20대 역시 정확한 대수가 아닌 대표적인 인물을 기록하고 있다고 보아야 한다.
그러므로 성서에서는 창조의 시기에 대해서는 직접적으로 언급하고 있지 않다.

001-1 해시계, BC 1세기, 터키

(4)태초의 두 가지 의미(창 1:1)

* 요한복음 1:1의 태초(헬, 알쎄)▶ '시작' '기원'의 뜻으로 시간의 개시 이전, 곧 창조 이전의 영원 전부터의 태초를 의미한다.
* 창세기 1:1의 태초(히, 베레쉬트)▶창조의 시작, 시간의 시작의 한 시점을 의미한다. 따라서 창 1:3의 '하나님이 가라사대'는 시간의 개시를 공식적으로 알려주는 말이며, 시간의 창조를 암시해주는 말이다(어거스틴). 그러므로 창조는 시간의 시작이요, 종말은 시간의 마지막이다. 창조의 때는 숫자의 개념보다는 시간의 시작으로 봄이 타당하다.

세월을 아끼라. 때가 악하니라(엡 5:16).
시간은 하나님이 인간에게 주신 가장 귀한 선물이다. 그러므로 우리는 시간의 주인이 아니라 시간의 청지기로 살아야 한다. 그래서 성도에게 인생을 낭비하는 것은 죄이다.

2. 창조의 방법(창 1:2-31, 2:7, 19)

(1)말씀으로 창조(창 1:3, 6, 11, 14, 20, 24)

하나님의 말씀은 곧 생명이다. 왜냐하면 말씀으로 만물이 창조되었고, 만물은 그 말씀으로 살아있는 존재(living being)가 되었기 때문이다. 예수의 성육신은 말씀이 육신이 된 사건이다(요 1:1, 14).

(2)무(無)에서의 창조(창 1:2)

어떤 재료를 사용하여 만든 것이 아니라 아무것도 없는데서 만든 것을 말한다.

①창조(creation)는▶없는 것에서(無) 있는 것을(有)

②발명(invention)은▶철로 연장을 만들듯이 있는 것을 가지고(有) 새로운 것을(新有)

③발견(discovery)은▶어부가 고기를 잡는 것처럼 숨겨진 것을 찾아내는 것을 말한다.

그러므로 창조라는 말의 히브리어 '빠라'는 하나님에게만 사용하고, 인간에게는 다른 말을 사용하고 있다.

(3)보시기에 좋은 대로 창조(창 1:4, 10, 12, 18, 21, 25, 31): 사람의 기준이 아닌 하나님이 보시기에 좋음

사람은 외모를 보거니와 나 여호와는 중심을 보느니라(삼상 16:7b).
사람은 보는 기준에 따라 평가가 달라진다. 하나님은 자신이 창조한 창조물을 보시고 "보시기에 좋았더라."고 흡족해 하셨다. 그의 피조물인 인간은 자신이나 다른 사람의 기준이 아니라 하나님이 보시기에 좋은 자로, 좋은 삶을 살아야 한다. 그럴 때 다른 사람이 볼 때도 빛된 삶으로 하나님께 영광을 돌릴 수 있다.

(4)단계별로 창조(창 1:11-12, 2:7, 19)

①식물▶말씀으로(1:11-12)

②짐승▶말씀+흙으로(2:19)

③사람▶말씀+흙+생기로(2:7)

002-1 창세기 사본, 이스라엘, 예루살렘 사본 연구소

생기는 '살아있는 기운'으로 하나님의 형상을 가리킨다.

식물은 말씀만으로 만들었고, 동물은 단순히 흙으로 지었으나, 사람은 도공이 진흙을 빚듯이 하나님이 친히 흙을 빚은 것같이 사람의 모양을 만드시고 자신의 생기를 생령으로 부어 만들었다. 곧 나중에 만들수록 더 섬세하고 기술집약적으로 만들었다.

그리스도의 형상을 이루기까지 다시 너희를 위하여 해산하는 수고를 하노니(갈 4:19)
하나님은 자신의 형상대로 사람을 창조하셨다. 일반적으로 하나님의 형상은 그의 선하신 성품을 가리킨다. 그러므로 우리는 죄로 인해 상실된 하나님의 형상을 회복하기 위해 예수 그리스도의 속죄의 피를 통해 영적으로 다시 태어나는 수고를 해야 한다.

형상과 모양(창 1:26-27)

하나님은 사람을 자신의 형상대로 창조하셨다. 이 형상은 보이지 않는 내적인 하나님의 선한 성품을 뜻한다. 이에 반해 모양은 외적인 모습이나 형태(form)을 가리킨다. 이 하나님의 형상(image)에 대한 해석은 역사적으로 끊임없이 논쟁의 초점이 되어왔는데 초기 개혁주의자들 가운데는 형상(히, 첼렘)과 모양(히, 데무트)을 구분하지 않았다. 그래서 처음 창조된 사람은 형상과 모양을 다 갖추었으나 범죄로 말미암아 모양은 상실하고 형상만 남았다고 주장하기도 했다. 그러나 성서기자들은 하나님의 형상을 신이 인간에게 부여해준 하나의 신적과제(神的課題)로 보았다.

3. 창조의 순서(창 1:3-2:3)

* 제1일(1:3-5): 빛(영적 차원의 빛) ⟶ * 제4일(1:14-19): 해, 달, 별(가시적인 빛)
* 제2일(1:6-8): 궁창, (물) ⟶ * 제5일(1:20): 새, 물고기
* 제3일(1:9-13): 땅, 바다, 식물 ⟶ * 제6일(1:24-31): 짐승과 사람
* 제7일(2:1-3): 안식하심

┌영역을 먼저 창조하고(제1, 2, 3일), 그 바탕위에 통치대상을 창조했다(제4, 5, 6일).
├단순한 구조에서 점차 복잡한 구조로 창조했다.
└단순한 방법에서 점차 복잡한 방법으로 창조했다.

예컨대, 궁창을 먼저 만들고 그 궁창에 나는 새를 창조함, 또한 바다를 먼저 만들고 그 바다에서 사는 물고기를 창조, 땅을 먼저 만들고 그 땅위에 사는 짐승을 창조하였다. 그러므로 나중에 만든 것일수록 기술집약적이다. 여자는 남자보다 더 구조가 복잡하다. 그래서 여자는 섬세하고 사려가 깊다.

첫째 날의 빛은 "너희는 세상의 빛이요"(마 5:14)라는 것과 같은 영적인 빛이다.

고대 히브리인들은 왼쪽 그림과 같이 하늘에 창문(궁창)이 있다고 생각했으며, 해와 달과 별들은 하늘에 매달려있다고 생각했다. 그리고 눈으로 볼 수 있는 머리 위의 하늘과 그 너머의 광대한 우주공간의 하늘로 생각했다. 또한 하늘위에는 우박과 물 등과 같은 창고가 있다고 생각하여 우박창고의 문이 열리면 우박이 내리고, 물 창고의 문이 열리면 비가 온다고 생각했다. 음부는 죽은 자가 가는 곳으로 땅 속 깊은 곳에 있다고 생각했으며, 그 밑은 거대한 깊은 바다의 원천이 있다고 생각했다. 구약시대, 특히 창세기는 이런 히브리인들의 우주관에 의해 이해해야 한다.

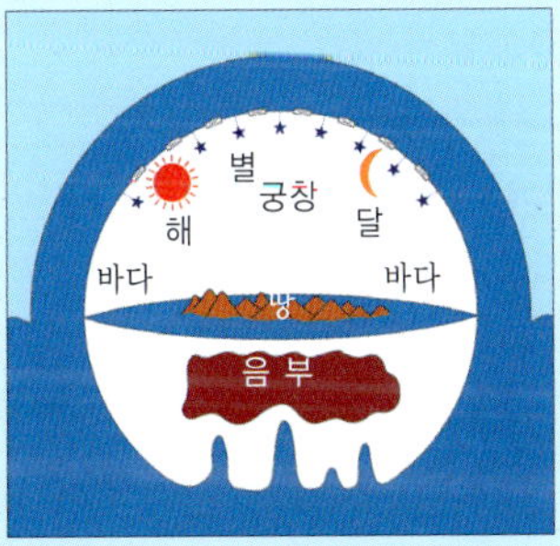

003-1 히브리인의 우주관

하나님은 무질서의 하나님이 아니시요, 오직 화평의 하나님이시니라(고전 14:33).
하나님은 천지만물을 질서있게 창조하셨다. 그래서 바울 사도는 모든 것을 품위 있게 하고 질서 있게 하라(고전 14:40)고 말하고 있다. 그러므로 우리는 교회에서나 사회에서 일정한 규범을 떠나서는 안된다.

4. 창조의 기간(창 2:1-2)

004-1 곡식단을 든 여인, 이스라엘

* 창조의 기간에 대해서 성경은 몇 년 혹은 몇 억년 전이라는 어느 한 시점을 말하고 있지 않고 "저녁이 되고 아침이 되니 이는 첫째 날이니라."라는 일광(floodling)적인 표현으로 6일을 말하고 있다.
  그래서 이 6일은 오늘날의 6일과 같다.
* 히브리인들의 하루의 시작은 아침이 아니라 저녁에서부터였다.
  그것은 빛에서 어두움으로가 아니라, 어두움에서 빛으로의 시작을 의미한다. 하나님의 사역은 항상 미래지향적이다.

울며 씨를 뿌리러 나가는 자는 반드시 기쁨으로 그 곡식 단을 가지고 돌아오리로다(시 126:6).
성경은 어둠에서 빛으로의 시작이다. 그러므로 성도의 삶은 마지막이 중요하다. 비록 지금은 어둡고, 좁은 길로 가고 있으나 그 마지막이 영원한 생명이기에 힘들고 어려워도 끝까지 가야한다.

5. 창조의 목적(창 1:14-18, 26-28, 2:8-25)

(1)궁창에 광명(해, 달, 별)을 둔 목적(창 1:14-18)

①주야(晝夜)를 나누고, 징조와 계절과 날과 해(年)를 이루도록 하기 위해

②해로 낮을 주관하게 하고, 달로 밤을 주관하게 하기 위해서

004-2 하나님의 인간창조, 바티칸

(2)사람을 만든 목적(창 1:26-28, 2:18-25)

①모든 생물을 다스리게 하기 위해(1:26-28)

②남자와 여자로 만든 이유(2:24)▶둘이 연합하여 한몸을 이루므로 서로 도우면서 살도록 하기 위해

③여자를 만든 목적▶남자를 돕는 자가 되기 위해(창 2:18), 그래서 하나를 둘로 나누어 서로 돕도록 했다.

④하나님의 영광을 위해▶사 43:21 **이 백성은 내가 나를 위하여 지었나니 나를 찬송하게 하려 함이니라.**

(3)에덴동산 창설(창 2:8-17)

①창설목적(2:8, 15)▶사람을 그곳에 두어 경작하며 지키게 하기 위해서

②창설시기(2:15)▶여섯째 날, 에덴동산은 같은 날 인간보다 늦게 다른 장소에 창설되었다.

③위치(2:10-14)▶비손, 기손, 힛데겔, 유브라데의 4강의 발원지

005-1 에덴동산 추정지 중 한곳인 반 호수, 터키

*비손 강▷금이 있는 하윌라 온 땅을 두르고, 베델리엄(진주)과 호마노(다이야몬드)가 생산되는 곳, 하윌라 온 땅을 둘렀다에서 '둘렀다' 라는 말은 히브리어 '사바브' 로 '돌면서 흘러갔다' 라는 의미다. 그러므로 비손강은 산악지대를 굽어 흘러들어간 것을 뜻한다.

*기혼 강▷구스 온 땅을 두름, 이 강 역시 비손 강처럼 강물이 둘렀기 때문에 산악지대에 있음을 말하며, 오늘날 아라랏산 서쪽에서 북쪽을 지나 카스피해로 흐르는 아라스 강으로 보고 있다. 오래전부터 이곳은 '기혼-아라스' 라고 표기되었다.

*힛데겔 강▷앗수르 동편을 흐르는 강, 오늘날 티그리스강을 가리킨다.

*유브라데 강▷오늘날 유프라테스 강과 동일하다.

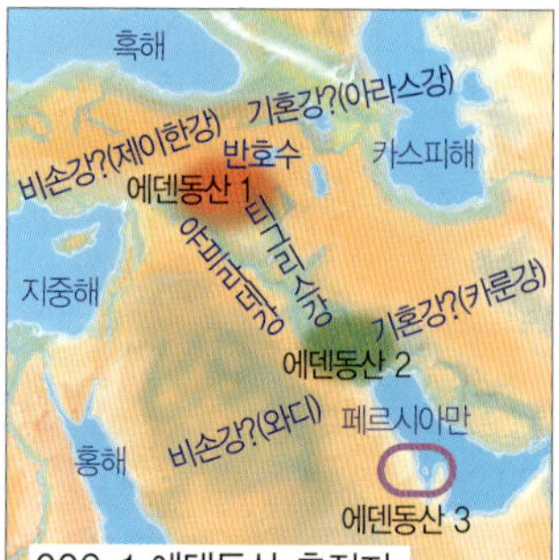

006-1 에덴동산 추정지

④크기(참조 2:8, 15, 1:28)▶울타리를 칠 정도의 과수원, 곧 아담과 하와가 관리할 수 있는 정도의 정원이다.

2:15 **여호와 하나님이 그 사람을 이끌어 에덴동산에 두어 그것을 경작하며 지키게 하시고**

007-1 앗수르 옆 티그리스강, 이라크

*에덴과 에덴동산과는 차이가 있다. 에덴동산은 에덴 지역의 한 부분(에덴의 동쪽)이다. 영역본 NIV에는 "Now the Lord God had planted a garden in the east, in Eden", 히브리어에서 에덴동산에서 동산은 'gan' 으로 그 뜻은 "울타리 혹은 담으로 둘러싸인 정원"을 의미한다.

2:8 **여호와 하나님이 동방의 에덴에 동산을 창설하시고 지으신 사람을 거기 두시니라.**

*에덴이란 말은 초원지대를 의미하는 슈메드 아카트어 '에디누' 에서 유래했는데 70인역에서는 동사 아라즈(기뻐하다)를 어원으로 하여 '파라데이그스' 로 쓰였다. 이 말이 그리스말로 번역될 때 동산을 '파라데이소스' 로 했는데 그 의미는 '초원' 이다. 참고로 수메르어에서 아담은 '초원에 사는 사람' 이란 의미이다. 그리고 파라데이소스는 페르시아어 '파이리다에자' 에서 유래한 말로 그 뜻은 "울타리로 둘러

싸인 초원"으로 왕과 귀족들의 정원을 일컫는 단어이다. 곧 에덴동산을 페르시아 개념으로 표현하면 울타리로 둘러싸인 초원으로 물이 흐르며 각종 나무가 우거진 왕의 정원 같은 곳이다.

⑤에덴동산은 어떤 곳인가(2:9-17)?

＊생명이 넘치는 곳이다. ▷동산 중앙에는 생명나무가 있었다(9).

＊풍요로운 곳이다. ▷네 강의 근원이 되는 물이 풍부한 곳이다(10-14).
에덴에서 흐른 네 강물은 세상 사방을 향한 하나님의 축복을 나타낸다.

＊영적교제가 넘치는 곳이다. ▷하나님과 직접적인 대화가 이루어졌던 곳이다.

＊일의 기쁨이 있는 곳이다. ▷정복하고 다스리고, 경작하며 지키는 가운데 기쁨이 있는 곳이다.

＊에덴동산은 관리(경작하며 지키도록)하도록 창설되었다(2:15).
그러므로 에덴동산은 인간이 마땅히 살아야 할 삶의 최초의 장이다.

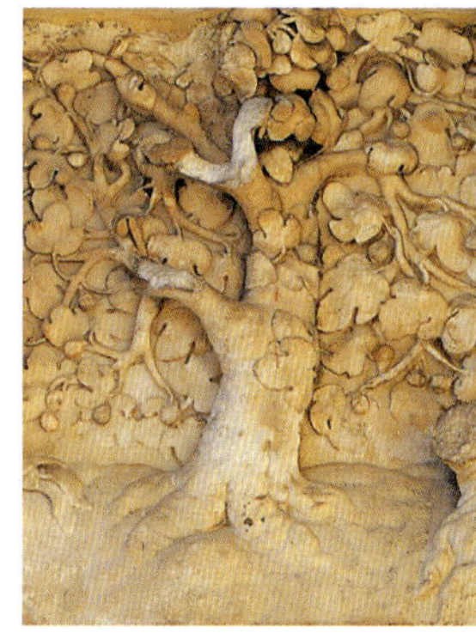

008-1 생명나무, 이탈리아 밀라노

⑥현재 에덴동산이 지구상에 없는 것은(6:13)?

에덴동산은 일부 학자들이 말하는 것처럼 상징적인 의미가 아니라 실제 땅위에 창설된 것이며 에덴동산이 지구상에 남아 있지 않은 이유는 노아홍수 때 땅과 함께 멸망되었기 때문이다.

적용과 실천

실천을 위한 묵상

하나님은 만물의 근원자이시며, 생명의 창조자이시다(창 1:1).

우리의 존재는 오직 하나님께 달려 있다. 그러므로 살고 죽는 것은 생명의 근원자이신 하나님께 있음을 인식하며 바울 사도처럼 사나 죽으나 오직 주의 것임을 알고(롬 14:6-8) 일평생 예수께 바쳐진 삶을 살자. 예수는 길이요, 진리요, 생명이시다(요 14:6).

하나님은 에덴동산을 삶의 최초의 장으로 주셨다(창 2:7).

그러므로 에덴동산은 인간이 마땅히 살아야 할 삶의 장이다. 에덴에서 흐르는 네 강물은 세상 사방을 향한 하나님의 축복을 나타낸다. 에덴동산에서 주었던 하나님의 축복을 회복하기 위해 십자가에 달리신 예수께로 나아가자. 그래서 에덴동산에서 이루어졌던 하나님과의 영적교제의 기쁨을 누리자.

Thinking 자신이 생각하는 가장 행복한 삶의 조건에 대해 이야기해보자.

핵심 Key word

첫째날 창조	둘째날 창조	셋째날 창조	넷째날 창조	다섯째날 창조	여섯째날 창조
영적인 빛	궁창	땅, 바다, 식물	해, 달, 별	새, 물고기	짐승, 사람 에덴동산

일곱째 날에는 안식하심

2과 인간의 범죄, 노아홍수, 바벨탑

본문말씀▷창 3:1-11:25 새찬송가 528장
핵심말씀▷여호와 하나님이 아담을 부르시며 그에게 이르시되 네가 어디 있느냐(창 3:9)?

배경 바라보기

시대적 고찰

이 시대에 연대를 부여하는 사람들이 많다. 심지어 아담 창조를 BC 4004년으로 말하기도 하나 아브라함 이전의 연대는 말하지 않는 것이 통례이다. 고대 문명은 아브라함 이전에 이미 일어 났으나 성경의 역사는 아브라함 이전에 대해 역사적인 의미를 찾을 만한 것이 없다. 역사에 대해 의미를 찾을 수 있는 것은 아브라함으로부터 시작되는 족장시대부터이다. 그러므로 창 11-12장은 연대적 의미를 생각할 수 있는 분기점이다.

지리적 고찰

아담과 하와는 하나님께 범죄함으로 에덴동산에서 쫓겨났다. 아담과 하와가 에덴동산에서 나와 거주한 곳이 어디인지는 알 수 없으나 그것은 에덴동산의 크기에 따라 달라질 것이다. 가인이 동생 아벨을 죽인 후 하나님의 낯을 피해 거주한 곳을 성서는 에덴의 동편이라고 기록하고 있는데 에덴동산이 유프라테스와 티그리스강과 나머지 두 강의 중심지라면 가인이 거한 놋땅은 그 동쪽 지역(현재 이란 서쪽 우르미예 호수 근처)일 것이다. 노아홍수 후 새로 시작된 아라랏산은 터키 극동부에 위치한다. 홍수 후 노아의 후손들이 바벨탑을 쌓은 곳은 고대 바벨론 도시 근처로 보고 있으며, 이 경우 바벨론 남쪽 20㎞를 중심으로 두 곳이 주장되고 있다. 시날 평지 역시 이 지역에 있다.

문화적 고찰

◐조상(아버지)이라는 말의 의미(창 4:20-21) 고대근동에서는 새로운 풍습이나 새로운 것을 발명한 사람을 '아버지' 라고 불렀다. 예를 들면 긴 수염을 가진 사람은 '수염의 아버지' 라고 불렀다. 따라서 야발은 "장막에 거하여 육축치는 자의 조상이 되었다."라는 말은 그가 장막을 발명했기 때문일 것이다.

012-1 아벨과 멜기세덱의 제사, 산 비탈레교회, 이탈리아

◐왼쪽의 그림은 하나님이 아벨의 제사를 지켜보는 것을 그의 손가락으로 표현하고 있다. 중세의 기독교 화가들은 대개 하나님의 모습을 손가락으로 표현하고 있다. 손은 일을 하는 대표적인 지체이다. 사 59:1 "여호와의 손이 짧아 구원하지 못하심도 아니요"

◐바벨탑을 쌓은 메소포타미아 중남부 지역은 흙으로 된 평지이다. 바벨탑은 일종의 신전이다. 당시 가장 높은 곳에는 신전을 세웠으나 평지인 이곳은 벽돌로 탑을 쌓았는데 모양과 높이를 추정할 수 있는 것이 오늘날 이라크의 고대 유적지 우르에 있는 지구랏트와 사라마의 회교 첨탑이다.

단어해설

간교(창 3:1) 나쁜 의미에서는 '교활하고 기회주의적인 것' (욥 5:12)을 뜻한다.

여자의 후손(her seed, 15) 단순히 하와의 자손들을 가리키는 말이 아니라 범죄한 인간들을 구원하기 위해 장차 인간의 혈통을 좇아 세상에 오실 예수 그리스도를 가리킨다(눅 3:23-38).

계보(系譜, 5:1) 족보를 기록한 책을 가리킨다.

역청(11:3) 오늘날 아스팔트의 원료로 사용되는 피치

내용개요 하나님이 창조한 처음 인간 아담과 하와는 뱀의 유혹을 받아 하나님의 계율을 어기고 선악을 알게하는 나무의 열매를 따먹음으로 에덴동산에서 쫓겨났다. 그리고 근원된 땅을 갈며, 해산하는 수고를 겪다가 결국 죽게 되었다. 그러나 이들의 범죄는 생물학적으로 출생한 최초의 사람 가인에 이르러는 친족 살인으로까지 커져갔다. 이후 인간은 평균 수명 800-900년을 살며 번성하였으나 그들의 죄악은 날로 증가되어 갔다. 에녹만이 하나님과 동행하며 살다가 죽지 않고 승천했다. 결국 계속되는 죄의 증가로 인류는 셋의 후손 노아 때 홍수로 인해 심판받아 노아의 가족 외에 모두 멸절했다. 홍수 후 다시 인류가 번성하기 시작했으나 바벨탑을 쌓는 교만으로 인류는 흩어지게 되었다.

QA 본문탐구

1 인간의 최초 범죄

1.아담과 하와의 범죄(창 3장)

(1)범죄의 동기순서(창 3:6)

여자가 그 나무를(범죄대상) 본즉(유혹) 먹음직도 하고, 보암직도 하고,(대상에 대한 관심) ……… 여자가(주체) 그 열매를(객체) 따먹고(행동)

자기와 함께 있는 남편에게도 주매(타인에게 전달) 그도 먹은지라.(범죄의 악순환)

악은 어떤 모양이라도 버리라(살전 5:22).
하와의 범죄는 자신에게 머무르지 않고 남편에게도 주어 죄를 짓게 했다. 그리고 그들의 혈육으로 태어난 모든 사람들은 부모의 죄와 함께 출생하여 죽음에 이르게 되었다. 죄는 전염성이 강하다. 그러므로 쉽게 끊을 수 있도록 초기에 잘라야 한다. 그렇지 않으면 죄를 끊기도 어렵고, 다른 사람까지 전염시킨다.

(2)범죄의 대상(선악을 알게하는 나무의 열매)를 만든 이유는(창 2:16-17, 3:1-5)?

①순종 안에서의 자유를 주기 위해▶자유가 방종이 되지 않기 위해서는 자유의 테두리가 있어야 한다. 내 자유가 있으면 타인의 자유도 있다.
자유의 테두리는 내 자유와 타인의 자유가 동시에 보장될 수 있는 범위이다.
②금단의 계율은 피조물에게 준 엄청난 자유에 대한 최소한의 계율이다.
③금단의 계율은 창조주와 피조물간의 경계선이다(참조, 토기장이 비유).

009-1 선악을 알게하는 나무, 이탈리아

(3)범죄의 결과(창 3:7-24)

①남자(아담)▶수고해야 그 소산을 먹고, 흙으로 돌아감(죽음), 에덴동산에서 쫓겨 남
②여자(하와)▶임신의 고통과 해산의 수고, 뱀과 원수되게 함, 남편을 원하고 다스림을 받음(여기서 사모한다는 것은 남자를 통해 자신의 여러 가지 욕구를 채워보려는 좋지 못한 마음과 행동을 말하기도 한다.)
남녀공통▶흙으로 돌아감(죽음), 에덴동산에서 쫓겨남

내가 나를 전제로 드릴지라도 나는 기뻐하고, 너희 무리와 함께 기뻐하리니(빌 2:17)
일은 하나님이 주신 축복 가운데 하나이다. 하나님은 범죄 전에도 아담과 하와에게 만물을 다스리고 관리하는 일을 주셨다. 그러나 범죄한 인간에게 일은 더이상 축복이 되지 못했다. 그것은 가시와 엉겅퀴가 생겼기 때문이다. 그러므로 일의 기쁨을 회복할 수 있는 것은 오직 주님이시다(시 97:12).

③짐승(뱀, 사탄)▶배로 기어다님, 종신토록 흙을 먹음
여자와 원수되게 함(3:15)
④자연(땅)▶저주를 받아 가시덤불과 엉겅퀴를 냄

010-1 엉겅퀴, 이탈리아 로마

011-1 가시, 요르단

(4)타락으로 인한 영적결과(창 3:10-11, 22)
①하나님의 형상을 상실하였다.
②자유의 무능력을 가져왔다.
선을 행할 자유는 있으나 그것을 행할 능력은 상실되었다(창 11:6 참조).
딤후 3:17 **이는 하나님의 사람으로 온전하게 하며, 모든 선한 일을 행할 능력을 갖추게 하려 함이라.**
③눈이 밝아졌다(3:7). 그래서 자신의 벌거벗은 모습에 수치(부끄러움)를 느꼈다.
④하나님과의 관계가 파괴되었다(3:10). 그래서 아담과 하와는 범죄한 후 하나님을 피해 숨었다.

내가 원하는 바 선은 행하지 아니하고, 도리어 원하지 아니하는 바 악을 행하는도다(롬 7:19).
선악을 알게하는 나무의 열매를 따먹은 아담과 하와는 선악을 판단하는 능력이 생겼다. 그러나 악을 제어하고 물리칠 능력이 약한 인간에게 그것은 축복이 아니라 비극이었다. 영적 판단력이 밝아진 것이 아니라 선과 악에 대한 관심이 높아진 것이다. 그러므로 선을 행할 능력을 회복하자(딤후 3:17).

저주와 벌(창 3:14, 17)

범죄한 인간은 하나님으로부터 벌을 받고 죄를 짓게 한 뱀은 저주를 받았다. 한글개역성경에는 저주와 벌을 구분하고 있지 않으나 벌(cursed, NIV)은 일정한 대가를 치루면 원상대로 회복할 수 있는 상태를 말하고, 저주는 대가를 치루어도 회복할 수 없는 상태를 말한다. 그러므로 인간이 받은 벌은 예수 그리스도께서 십자가의 죽으심을 대가로 인간은 대속의 예수님을 믿는 조건하에서 원상대로 회복하여 영생을 얻는 하나님의 백성으로 회복될 수 있다. 그러나 사탄은 대가를 치루어도 회복이 불가능한 존재이다.

2.가인과 아벨(창 4:1-17)

013-1 가인과 아벨의 제사, 11세기, 상아 세공, 루브르박물관, 하나님의 손이 아벨의 제사를 향하고 있다.

(1)가인과 아벨이 제사를 드림(창 4:1-5)
①가인▶농사꾼, 땅의 소산으로 제사를 드림, 제사가 열납되지 않음
②아벨▶목동, 양의 첫 새끼로 제사를 드림, 제사가 열납됨
양을 치는 목축업은 인류의 시작부터 있었다.
③가인의 제사가 열납되지 않은 이유는(4:7)?
제물의 종류나 가치가 달랐기 때문이 아니다. 아벨은 정성이 담긴 첫 새끼를 드렸으나, 가인은 첫 이삭으로 드리지 않았기 때문이라는 이유는 근거는 있다. 창 4:7에는 선을 행하지 않았기 때문이라고 말하고 있다. 그러나 히브리서 기자는 믿음으로 드리지 않았기 때문이라고 말하고 있다(히 11:4). 롬 14:23 **믿음을 따라 하지 않는 것은 다 죄니라.**

(2)가인의 살인(창 4:8-17)

①살인의 배경▶동생의 제물은 열납받았으나 자신의 제물은 열납받지 못함
으로 시기하는 미움이 싹텄기 때문에

②살인의 결과▶벌을 받아 땅을 유리하게 됨, 표를 주어 죽임을 면하게 함
죄는 하나님을 떠나게 만든다.

③살인 후 생활▶동쪽의 놋 땅에 거하며 에녹성을 쌓음
성을 쌓은 것은 정착생활을 말하며, 인구집중의 도시를 형성하게 한다.

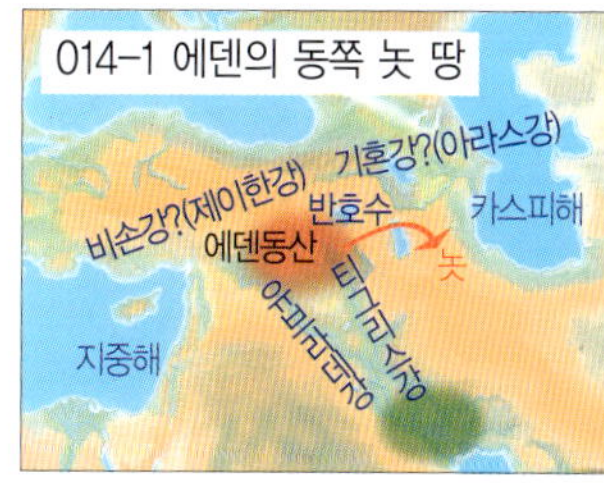

014-1 에덴의 동쪽 놋 땅

> **그 형제를 미워하는 자마다 살인하는 자니(요일 3:15)**
> 가인은 자기의 제사가 열납되지 않은 것보다 동생의 제사만 열납된 것을 보고 시기하여 동생을 살해했다. 예수님의 말씀처럼 미움은 방치하면 살인으로까지 자란다. 그러므로 미움과 시기를 자라지 못하게 하라.

3.가인과 아벨 이후의 인물(창 4:18-5:32)

(1)가인의 후손(창 4:18-24)

①에녹▶가인의 아들, 셋의 5대손인 에녹과는 다른 인물

②라멕▶최초의 일부다처제(아내는 아다와 씰라)

③야발▶육축치는 자의 조상(목축업의 시작)

④유발▶수금과 퉁소잡은 자의 조상(최초의 음악가)

⑤두발가인▶동철로 각양 날카로운 기계를 만드는 자(금속문화)

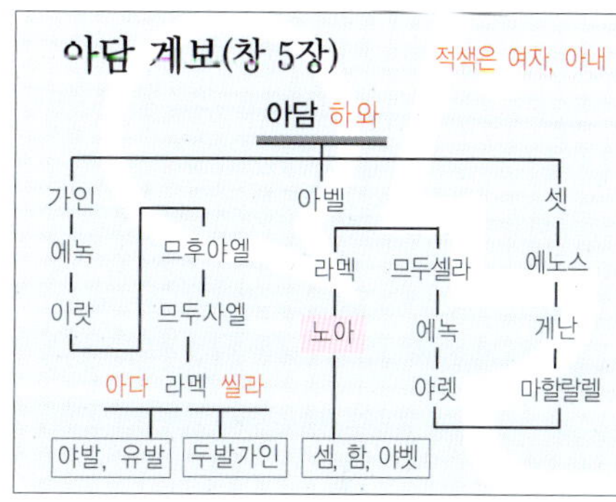

015-1 아담의 계보

(2)셋의 후손(창 4:25-5:32)

①에노스▶셋의 아들, 향년 905년

②에녹▶하나님과 300년 동안 동행한 후 죽지 않고 승천함

③므두셀라▶최고의 장수자, 향년 969세 ④라멕▶므두셀라의 아들, 향년 777세

⑤노아▶라멕의 아들, 셈, 함, 야벳의 아버지, 향년 950세

> **한 마음과 한 길을 주어 자기들과 자기 후손의 복을 위하여 항상 나를 경외하게 하고(렘 32:39)**
> 가인의 후손은 라멕이 살인하는 죄를 범하기까지 저된 후손이었다. 반면 아벨대신 주신 셋의 후손은 하나님과 동행한 에녹을 비롯하여 노아에 이르기까지 신앙의 맥을 이어갔다. 믿는 자에게 중요한 것은 믿음의 자손을 이어가는 것이다. 그것은 신앙을 유산으로 물려주는 데서 가능하다.

2 인류의 타락과 홍수심판

1.노아 당시의 상황(창 6:1-5, 11-12)

(1)하나님의 아들들이 사람의 딸들의 아름다움을 보고 결혼했다(창 6:1-2).

*하나님의 아들들 하나님을 경외하는 경건한 셋의 자손들을 가리킨다.
때로 천사들을 뜻하기도 하나 신약성경에서는 대개 성도들을 가리킬 때 이 말이 사용되었다(롬 8:16).

*사람의 딸들 일반적으로 하나님을 불신하는 가인의 자손들을 가리킨다. 사람이 번성할 때 딸들이 출생
하나님의 아들들(믿는 자)의 결혼 기준이 외적 아름다움에 있었다.

(2)죄악이 세상에 가득찼다(창 6:3-5a).

아담으로부터 시작된 원죄는 가인 때에는 살인으로 까지 커졌고, 노아 때에는 세상에 가득할 정도로 죄악이 넘쳤다. 이후 죄는 점점 늘어났다. 그러므로 악은 처음부터 잘라버려야 한다.

(3)마음에서 생각하는 모든 계획이 항상 악했다(창 6:5b).

행동뿐만 아니라 마음으로 생각하고 계획하는 것까지도 순간적인 것이 아니라 항상 악했다.

> **자기의 마음을 다스리는 자는 성을 빼앗는 자보다 나으니라(잠 16:32).**
> 노아홍수 이전의 사람들은 마음으로 생각하는 모든 것이 악했다. 마음에 있는 것은 언젠가는 행동으로 나타나기 마련이다. 행동은 마음에서부터 나온다. 악한 마음을 다스리는 것이 악의 근원을 근본적으로 제거하는 가장 우선된 것이다. 그러므로 성령께서 우리의 마음을 주관하도록 기도하자.

(4)하나님 앞에 부패하여 포악함이 땅에 가득했다(창 6:11-12).

사람에 대해서 뿐만 아니라 신앙적으로 하나님 앞에서도 부패하여 포악함이 땅에 가득했다.

2. 노아와 홍수심판(창 6:6-10, 6:13-9:29)

(1)심판계획(창 6:6-7)

①사람지음을 한탄하심(6:6-7)

*한탄한 이유▷마음으로 생각하는 모든 계획이 항상 악하기 때문에(5)

*한탄한 결과▷홍수로 심판하여 지면의 생물들을 모두 진멸하기로 계획함

한탄이란? 신인동인동형적인 표현으로 하나님이 인간처럼 후회했다는 것이 아니다.

민 23:19 **하나님은 사람이 아니시니 거짓말을 하지 않으시고, 인생이 아니시니 후회가 없으시도다.**

②노아가 은혜를 입음▶노아 가족을 구원하려고 하심

(2)노아의 사적(창 6:8-10)

①하나님께 은혜를 입은 자

②의인▶의롭다함을 받는 것은 행함이 아니라 믿음이다.

③당대에 완전한 자▶그 시대에서 완전한 사람

도덕적 성실에서의 완전을 의미한다.

④하나님과 동행한 자▶에녹 이후 하나님과 동행한 자

⑤가족▶아내, 셈, 함, 야벳의 세 아들과 세 자부로 8명

> **그의 마음은 … 정직하지 못하나 의인은 그 믿음으로 말미암아 살리라(합 2:4).**
> 노아는 당시 심판을 받을 만큼 부패하고 타락한 시대와 사람들에 비해(당대에) 의로운 사람이었다. 하나님은 그 시대에 의로운 사람을 찾으신다. 노아 때보다도 더 불신이 찬 이 시대에 의인이 되자. 하나님이 보시는 의는 도덕적으로 완전한 의가 아니라 믿음으로 인한 의이다.

(3)방주건조(창 6:13-16)

①설계자▶하나님, 구원의 계획은 하나님으로부터 나옴

②제작자▶노아와 그 가족

③방주의 규모▶장(길이)-300규빗(약 135m), 광(넓이)-50규빗(약 22m), 고(높이)-30규빗(약 13.5m)

3층으로 되어 있고 창문이 있었다. 가로 세로의 비율이 6:1인 경우는 가장 안정된 비율로 방주는 짐을 싣기에 가장 적절하게 설계되었다.

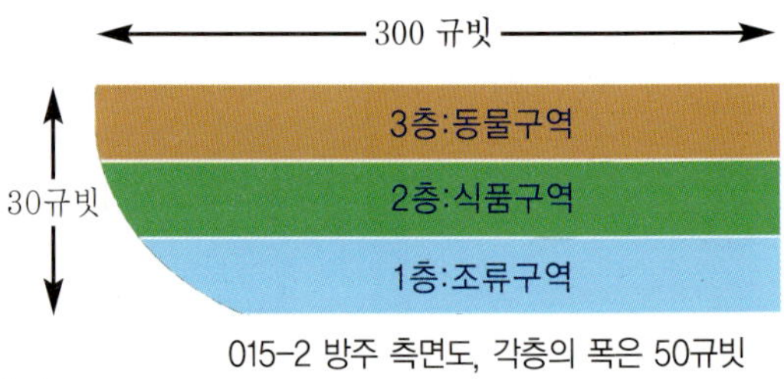

015-2 방주 측면도, 각층의 폭은 50규빗

④방주의 재료▶고페르 나무, 역청(pitch): 방수용
⑤방주의 건조기간▶120년간(창 6:3)
⑥방주 건조기간의 노아▶의를 전했다(벧후 2:5).
⑦홍수 전 준비(6:17-7:5)▶먹을 양식을 저축하라.

홍수사건의 여정 성경 외 날짜는 추정된 것임

날 짜		일 수	성경(창)
	2월 17일	7일 기다림	7:4,10
150일 물이 창일(7:24)	2월 17일	40일간 계속	7:4-6,12
	3월 26일	40일이 끝남	7:4-12
	7월 17일	150일이 끝남	7:24-8:4
150일간 땅에 물이 줄어듦(8:3)	10월 1일	40일 기다림	8:5-6
	11월 10일	1일을 기다림	8:7
	11월 11일	7일을 기다림	8:8,9
	11월 19일	7일을 기다림	8:10,11
	11월 27일		8:12
	12월 17일	150일이 끝남	8:3
	1월 1일		8:12
	2월 27일		8:14-19

(4)홍수가 내림(창 7:6-19)
①심판의 시작(7:6-16)▶노아가 600세 때, 2월 17일
②홍수사건 일지(7:17-24)▶방주에서 보낸 날은 377일
7일(기다림)+150일(물이 창일)+150일(물이 줄어듦)+70일(땅이 마름)
③홍수의 마침(8:1-19)▶노아 601세 때, 1월 1일 물이 걷히고 방주가 아라랏산에 머뭄, 2월 27일 방주에서 나옴
목축의 가장 좋은 여건(1000-2000m 평지)

들어와라와 들어가라(창 7:1)

창세기 7:1에 나오는 방주로 '들어가라'의 히브리어(보아 엘)는 들어오라(come into)에 가까운 뜻이다. 그러나 한글개역성경에는 '들어가라'(go in)로, NIV는 '들어와라'(go into)로 번역하였다. 방주는 오늘날 교회를 상징한다. 예수께서는 교회 안에 계시고 너희는 교회로 들어오라고 말씀하시는 분이지, 교회밖에서 계시면서 우리만 교회로 들어가라고 말씀하시는 분이 아니시다.

(5)홍수 후의 노아(창 8:20-9:29)
①제사를 드림(8:20-22)▶정결한 짐승과 새를 제물로 드림
*제물은 홍수시 방주(구원받은 것)에 있던 것으로 드림
②하나님의 축복(9:1, 7)▶생육하고, 번성하여, 땅에 충만하라.
③식물의 변화(9:2-6)▷땀을 흘려야 먹을 수 있기 때문에 과일과 채소에서 고기도 먹도록 허락되었다.
④무지개 언약(9:8-17)▶하나님의 끝없는 사랑을 보여줌
⑤노아의 포도농사와 세 아들에 대한 예언(9:18-29)▶농경문화의 확산
*셈에 대한 예언(아버지의 하체를 덮음)▷셈의 하나님을 찬송하리로다.
*함에 대한 예언(아버지의 수치를 드러냄)▷형제의 종들의 종이 되기를 원하노라.
*야벳에 대한 예언▷야벳을 창대케 하사 셈의 장막에 거하게 하시고

016-1 방주 머문 곳, 터키 아라랏산

017-1 아라랏산 전경, 터키

허물의 사함을 받고, 자기의 죄가 가려진 자는 복이 있도다(시 32:1).
노아의 둘째 아들 함은 벌거벗고 술에 취해 자고 있는 아버지의 허물을 그대로 형제에게 말함으로 인해 아버지로부터 저주를 받았다. 다른 사람의 허물을 덮어줄 때 나의 허물도 드러내지 않고 덮어짐을 기억하라. 이사야 선지자는 예수께서 우리의 모든 허물 때문에 찔림을 받았다고 외쳤다(사 53:5).

⑥평균 수명이 단축됨▷홍수 이전에는 833세(셋-라멕)였으나 홍수 후에는 약 347세(셈-나홀)였다.
이상은 창 10장을 참조

3. 홍수 후의 노아 후손(창 10장, 11:10-25)

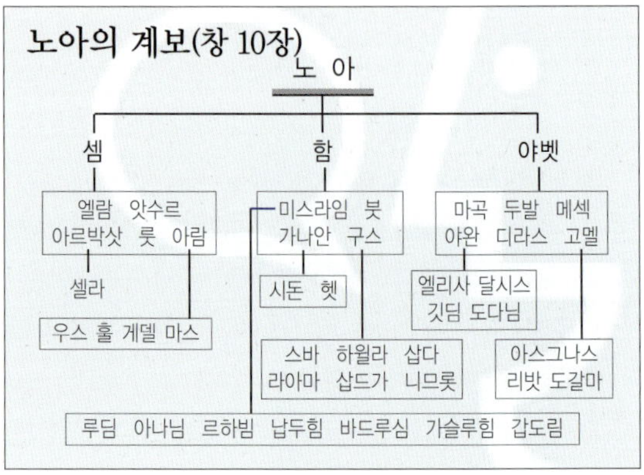

018-1 노아 후손들과 민족(창 10장)

3 바벨탑 건설

1. 바벨탑을 쌓게된 동기(창 11:4)

(1)우리의 이름을 내고(창 11: 4): 교만과 명예욕이다.

019-1 바벨탑 추정지, 이라크 보르십파

(2)흩어짐을 면하기 위해(창 11: 4): 도시(성읍과 탑)를 건설하여
①홍수로 심판하지 않겠다는 하나님의 약속에 대한 불신적인 생각이다.
②땅에 편만하라는 축복된 약속에 대한 불신적인 생각이다.
그러나 결국 흩어지게 되었다.
③바벨탑을 쌓을 수밖에 없는 이유▶평지로 인한 홍수의 두려움 때문에

020-2 역청으로 쌓은 벽돌, 이라크

네 발이 행할 길을 평탄하게 하며(잠 4:26)
바벨탑을 쌓았던 사람들은 홍수가 나면 피할 곳이 없는 평지에 살고 있었기 때문에 홍수로 심판하지 않겠다는 하나님의 약속을 믿기 어려웠다. 오늘날에도 바벨탑을 쌓은 사람들처럼 믿음을 갖기에는 어려운 환경에 있는 자들이 있다. 그러므로 먼저 믿는 자는 그런 자들이 쉽게 믿음을 가질 수 있도록 그 앞에 놓인 장애물들을 제거해 주는 자가 되어야 한다.

2. 쌓은 방법과 결과(창 11:1-9)

021-1 바벨탑을 연상시키는 탑, 이라크 사마라

(1)같은 언어와 말로써(창 11:1): 언어의 기원을 알 수 있다.

(2)장소(창 11:2): 시날 평지(티그리스와 유프라테스 두 강 사이의 남쪽 평지 지역)
서쪽은 시리아 사막 지역으로 바벨탑 건설자들은 사막에서 동쪽으로 이동하다가 시날 평지를 만났다.
11:2 **이에 그들이 동방으로 옮기다가 시날 평지를 만나 거기 거류하며**

(3)재료와 높이(창 11:3-4)

①벽돌을 굽고▶구운 이유는 좀더 높이 쌓기 위해, 굽는 것은 사람의 마음이 강팍함을 말한다.
②역청으로 바르고▶역청(pitch)은 진흙보다 접착력이 강하다.
③성과 탑을 하늘에까지 쌓으려 했다.▶하나님을 대적하는 인간의 교만한 대적행위를 본다.
하늘에 닿기까지 쌓으려고 했다는 것은 상대적인 표현으로 우리가 생각하는 높이가 아니다.
11:4 **성읍과 탑을 건설하여 그 탑 꼭대기를 하늘에 닿게 하여 우리 이름을 내고 온 지면에 흩어짐을 면하자.**

(4)바벨탑을 쌓은 결과(창 11:5-9)
①언어가 혼잡하게 되었다.▶도시 건설이 멈추게 됨, 도시 건설의 목적이 실패함, 방언은 언어의 통일
②서로 흩어지게 되었다.
③하고자 하는 일을 막을 수(절제) 없게 되었다.▶그들이 하는 바벨탑을 쌓는 일(하나님을 대적하고 죄의 성을 쌓는일)을 멈출 수도, 시작을 금할 수도 없는 죄의 종이 된다는 뜻이다.
롬 6:12 **그러므로 너희는 죄가 너희 죽을 몸을 지배하지 못하게 하여 몸의 사역에 순종하지 말고**

(5)바벨탑이 주는 교훈
①인간의 교만의 성은 반드시 무너진다.
잠 16:18 **교만은 패망의 선봉이요, 거만한 마음은 넘어짐의 앞잡이니라.**
②하나님께 도전하는 행위는 이루지 못한다.
③하나님은 자신의 일을 위해 때로 초자연적으로 역사하신다.

누구든지 나의 이 말을 듣고 행하는 자는 그 집을 반석 위에 지은 지혜로운 사람 같으리니(마 7:24)
탑은 기초만큼 높이 쌓을 수 있다. 세상의 것은 모래위에 쌓는 것과 같다. 세상의 기초위에는 하늘의 것을 쌓을 수 없다. 하늘의 것은 오직 믿음의 기초위에 쌓아야 무너지지 않는다.

적용과 실천

실천을 위한 묵상

하나님은 죄인된 인간을 용서하시기 위해 부르신다(창 3:9).
비록 아담과 하와가 죄를 짓고 나무 뒤에 숨었으나 하나님은 그들을 찾아와 부르신다. 그것은 그들을 책망하기보다는 용서를 구함으로 다시 이전의 관계로 회복하기 위함이다. 그러나 아담과 하와는 책임을 전가하므로 회복의 기회를 놓치고 말았다. 보라 지금은 은혜받을 만한 때요 구원의 날이라고 성경은 말하고 있다.

Thinking 세상에 살면서 세상에 속하지 않는 생활을 위해서 어떻게해야 하는가?

핵심 Key word

아담하와범죄	에덴동산추방	가인과 아벨	홍수심판	홍수 이후	바벨탑건설
선악과 따먹음	에덴동쪽 거주	제사, 살인, 셋	방주제조	무지개 약속	언어혼란

3과 아브라함의 생애 1(가나안까지)

본문말씀▷창 11:26-12:20　　새찬송가 491장
핵심말씀▷너는 너의 고향과 친척과 아버지의 집을 떠나 내가 네게 보여 줄 땅으로 가라(창 12:1).

배경 바라보기

시대적 고찰

족장시대라 함은 창세기 12장 이후에 나오는 아브라함, 이삭, 야곱 등 이스라엘 선조(족장)들이 살던 시대를 중심으로, 그 전후인 약 BC 2000-1600년 사이의 400여년 간을 말한다. 구약성서에서 히브리인이라 일컬음을 받은 사람은 아브라함이었으며(창 14:13, 17:5), 그가 갈대아의 우르에서 하나님의 부름을 받아 고향을 떠날 때는 아라비아에서 아모리족이 그 지역으로 물밀듯 침투해 올 무렵(BC 20세기경)으로 우르 제3대의 쇠퇴기였다. 그리고 그가 강줄기를 따라 하란을 거쳐 가나안에 들어 갔을 때 애굽은 중왕국대(BC 2000-1700년)로서 대략 제12왕조인 아멘넴헷(Amenemhet) 왕으로 팔레스틴과 수리아의 남부를 제압하고 있었다(4과로 계속).

지리적 고찰

아브라함이 살던 갈대아 지역은 오늘날 유프라테스와 티그리스강의 하류 삼각지로서 인류 최초의 문명이 일어난 곳이다. 일찍이 아브라함은 문명이 발달된 곳에서 살다가 하나님의 부름을 받아 갈대아의 우르를 떠나 유프라테스 강을 따라 북쪽으로 가다가 오늘날 터키 남동부 울파 근처인 하란을 거쳐 하나님이 약속한 가나안 땅에 거하게 된다. 가나안은 오늘날 팔레스틴이라 불리는 지역으로 성서에서 이스라엘은 자기들의 땅을 '단에서 브엘세바까지'로 말하고 있다. 가나안의 세겜에 도착한 아브라함은 계속 남쪽으로 내려가 벧엘을 거쳐 더 남쪽으로 내려간 후 기근으로 인해 애굽으로 내려갔다.

문화적 고찰

◐족장시대의 상황을 잘 알 수 있는 것은 우르 제3왕조(BC 2113-2006년?)의 제2대 왕 슐기에 의해 편찬된 법전이다. 이것은 함무라비 법전의 원형이 되었는데 이 토판으로 된 법전에는 당시의 경제와 교역활동을 전해준다.

023-1 우르의 기장, BC 2400년경, 우르 출토

◐아브라함 당시 우르의 생활상을 가장 잘 이해할 수 있는 것은 우르에서 발견된 기장이다. 이 기장(Standard of Ur)은 평화시의 수메르인들의 생활상을 그림을 통해 상세히 보여주고 있다. 왼쪽 그림에서 보는 것처럼 고기를 들고 있는 어부, 황소를 몰고가는 사람, 양과 염소들, 통치자의 파티, 악기 연주와 가수가 노래하는 모습 등이 새겨져 있다.

단어해설

단(altar, 壇, 창 12:8) 흙이나 돌로 쌓아올려 하나님께 제사를 드린 곳으로 제물의 대속 죽음을 통해 하나님과 화해하는 장소였다.

기근(famine, 饑饉, 10) 물이 귀한 팔레스틴에서는 건기와 우기가 뚜렷하게 나타나는데 우기라 할 수 있는 10-3월에 강우량이 부족하면 기근이 온다.

바로(15) '궁전', '큰 집'이란 뜻이다. 이것은 개인의 고유 인명이 아니라 애굽 왕을 일컫는 일반적인 칭호이다. 성경에서 이름이 밝혀진 애굽의 바로는 4명뿐이었다(왕상 11:40, 왕하 17:4, 렘 44:30).

내용개요 갈대아의 우르에서 살고 있던 아브라함은 고향을 떠나라는 하나님의 부름에 조카 롯과 함께 우르를 떠나 하란에 도착한다. 상당 기간이 지난 후 아브라함은 하란에서 얻은 많은 소유를 가지고 계속해서 남하하여 마침내 가나안 땅 세겜에 도착한다. 그리고 그곳에서 하나님이 나타나 약속의 땅을 자손에게 주겠다고 한 곳에 여호와를 위하여 첫 제단을 쌓았다. 그리고 계속 남하하여 벧엘에서 장막을 치고 다시 제단을 쌓고 여호와의 이름을 불렀다. 그러나 가나안에 기근이 들자 애굽으로 이주한다. 애굽에서 아브라함은 아내의 아름다움 때문에 자기가 죽임을 당할 것을 염려한 나머지 아내를 누이라 하여 애굽의 바로에게 아내를 빼앗길 위험을 겪은 후 많은 재물을 얻어 가지고 애굽을 나왔다.

QA 본문탐구

1 아브라함의 소명과 가나안 도착

022-2 우르의 지구랏트 유적, 이라크

1.갈대아 우르에서(→ 하란, 창 11:26-30, 12:1-3)

(1)아브라함의 가계(창 11:26-30): p.55 도표 참조

(2)아브라함의 고향 우르(창 11:31)

①우르의 역사

우르는 도시를 의미하나 '해 떠오르는 땅,' 불'을 뜻하기도 한다. 우르는 고대 수메르의 도시로 BC 4000년경에는 문화가 발전했으나 홍수로 멸망했고, BC 2600-2400년경에는 고대 바빌로니아(수메르)의 강력한 도시국가로 등장하였다가 같은 수메르의 도시국가인 라기슈에 멸망당했다. 제3왕조(BC 2500-1950) 때 다시 융성하여 고대 바빌로니아의 지배자가 되었다. 그후 고대 바빌로니아 전역은 함무라비의 제1왕조에 의해 통일되었다. 이때 우르는 철저히 폐허가 되고 후에 신 바벨로니아 때 재건되었으나 BC 4세기경에 폐허가 되었다.

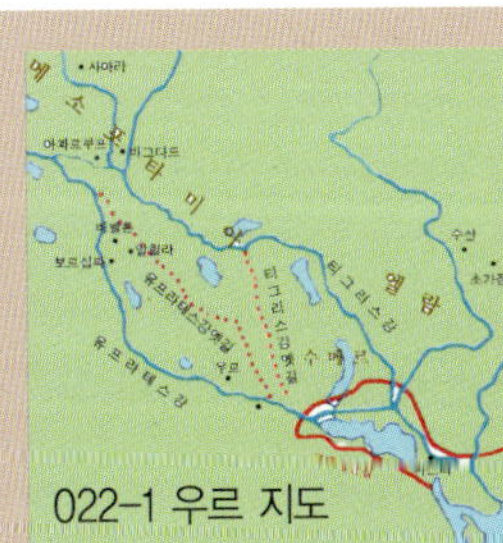

022-1 우르 지도

②우르의 위치

*희랍의 에데시(Edessa, Sanli Urfa), 하란 근교 외 몇 곳이 주장되나 가장 설득력이 있는 곳은 유브라데스 강과 티그리스강 하류로 보고 있다.

022-3 아브라함 집터, 이라크 우르

③아브라함 당시(BC 2070-1960년) 갈대아인의 우르는?

*메소포타미아 문명 중에도 가장 비옥한 곳이다. ▷메소포타미아 하류

*항구 혹은 항구 근처로 문화가 가장 발달된 도시였다. ▷
발굴결과 60㎢에 인구는 약 25만 명의 최대 도시였다. 우르에서는 왕궁터, 수세식 화장실, 온수 시설, 포장도로, 2층 발코니 등이 발굴되었고, 우르의 성곽은 두께 2.1m , 높이 2.4m, 길이 약 4㎞였다. 신전과 궁전이 있는 성역은 길이 365m, 폭 182m의 성벽으로 둘러싸여 있었다.

*달신을 섬긴 우상의 도시였다. ▷고고학적 발굴결과 잡신과 달신의 숭배지임이 밝혀졌다.

*도박(오락)이 성행한 도시였다. ▷당시 이곳에서는 도박(오락)판이 발견되었다.

(3)아브라함을 부르신 내용(창 12:1)

①고향, 친척, 아비의 집을 떠나▶당시 고향을 떠나는 것은 안전보장을 받지 못하고, 안락과 단절을 의미

②내가 네게 보여 줄 땅으로 가라.▶목적지를 정해 주지 않은 땅(보여 줄 땅)으로의 부름이다.

024-1 우르(Ul) 왕릉에서 발견된 도박판(혹은 오락판)과 알, 우르 출토, 대영박물관 소장
이 도박판은 BC 2600년경의 것으로 나무판에 청색 물감과 조개껍질, 뼈, 적색 점토, 석회석 등의 모자이크로 장식되어 있다.

(4)아브라함을 부르신 이유(창 12:2-3)

①큰 민족을 이루고▶믿음의 조상이 되었다. 성도는 믿음으로 아브라함의 자손이 되었다(갈 3:7).

②이름을 창대하게 하리니▶아브람(존귀한 아비란 뜻)에서 아브라함(열국의 아비란 뜻)의 새 이름을 받음

③복의 근원이 될지라.▶아브라함을 축복하는 자는 축복을 받고, 저주하는 자에게는 저주를 받게 할 것임
곧 아브라함으로 인해 만민이 복을 받게 하기 위해

(5)아브라함이 우르를 떠남(창 11:31, 12:1-3)

①갈바를 알지 못하고 갔다(히 11:8).▶그러나 믿음으로 순종하여 나아갔다.

②의의▶죄악된 세상을 떠나 하나님을 마음껏 섬길 수 있는 새로운 세계로의 출발을 의미한다.

③동행한 사람▶사라, 아버지 데라, 동생 나홀과 가족, 조카인 롯의 가족

④우르에서 하란으로 가는 길은?▶점차 척박한 곳으로 가는 것이었다. 거리는 1135km 정도

좁은 문으로 들어가라. 멸망으로 인도하는 문은 크고 그 길이 넓어 그리로 들어가는 자가 많고, 생명으로 인도하는 문은 좁고 길이 협착하여 찾는 자가 적음이라(마 7:13-14).
하나님은 좋은 환경에 살고 있는 아브라함을 불러 비가 내려야만 살 수 있는 가나안으로 이끌어 새로운 시작을 하셨다. 세상의 좋은 환경에서는 신앙의 새로운 출발이 어렵다는 것을 하나님은 아시기에 때로 우리를 하나님만을 의지할 수밖에 없는 환경으로 이끄신다.

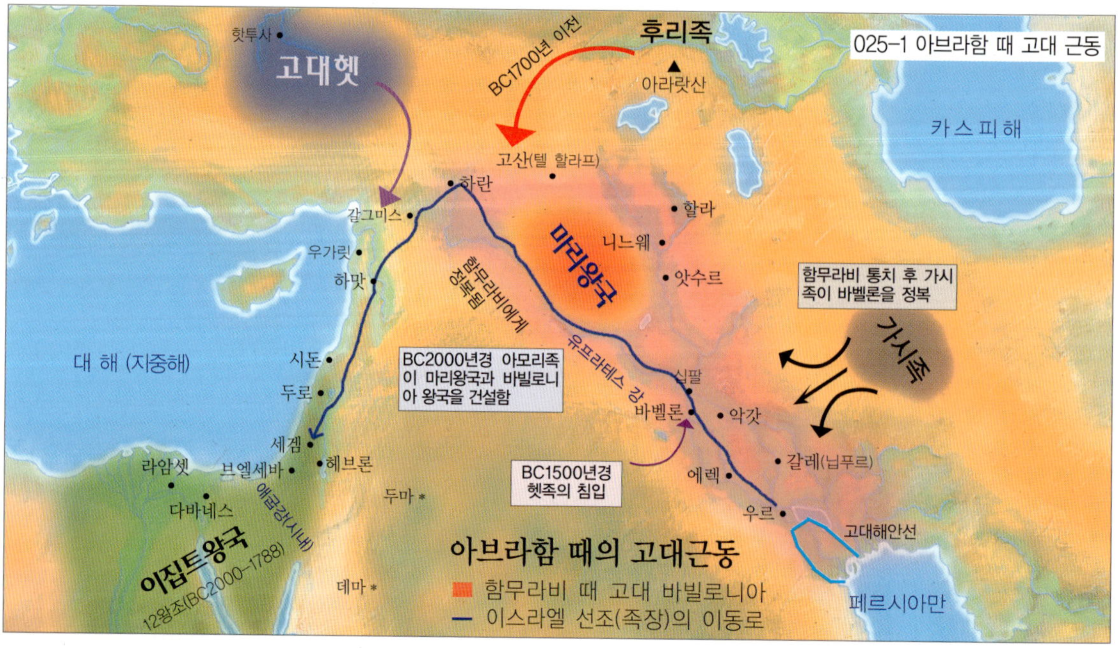

025-1 아브라함 때 고대 근동

2. 하란에서(➞ 세겜, 창 11:31-32, 12:4)

(1)하란의 역사(창 11:32)

026-1 하란의 흙집, 터키

하란은 메소포타미아 문명의 발생지인 유프라테스강 상류, 곧 비옥한 초생달 지역의 북부 가장자리에 위치했다. 하란은 지배권을 두고 쟁탈전을 벌인 요충지로서 함무라비 당시에는 아모리 왕의 지배를 받았으며, BC 1307-1275년에는 성채를 요새화했다. 디글랏빌레셋 1세(BC 1115-1077년)는 달신전(月神殿)을 치장했으나 BC 763년 앗술-단(Asshur-dan)에 의해 파괴되었다. 그러나 사르곤 2세(BC 721-705년)에 의해 복구되었고, BC 609년 바벨론에 의해 함락될 때까지 앗수르제국의 수도로 남아 있었다. 신바벨론 당시의 하란에 대해서는 두로와 무역하는 상업도시로 언급될 뿐(겔 27:23) 특별한 기록은 없다.

(2)아브라함이 상당기간 거주함(창 12:4)

①"하란에서 모은 모든 소유와 얻은 사람들"(창 12:5)이란?▶하란에서 상당한 기간을 지냈음을 보여준다.
아브라함 나이 75세 때, 아버지 데라의 나이 145세(70세 출생+75세 하란 출발) 때 하란을 떠남
이는 하나님의 약속을 믿고 따라가는 여정이 점차 어려운 환경이었음을 알 수 있다.
②하란을 떠난 사람과 남은 사람▶아브라함과 조카 롯과 그 가족은 떠나고, 형과 아버지와 그 가족은 남음
③아버지 데라의 사망▶아브라함 135세 때(창 11:26), 향년 205세로 세상을 떠남

3. 세겜에서(➞ 벧엘, 창 12:5-7)

027-1 고대 세겜, 이스라엘

(1)세겜은 어떤 곳인가(창 12:5-7)?

①세겜의 위치와 명칭▶세겜은 에발 산과 그리심 산 사이의 비옥한 골짜기에 위치한 곳으로 예루살렘 북쪽 약 48㎞ 지점에 위치했던 성읍이다.
세겜성은 히위 족속이 세웠거나 그들의 이름을 따서 지은 것이다(34:2).
②세겜은 아브라함이 하나님께서 약속한 땅에 첫발을 딛고 첫 번째 제단을 쌓은 곳이다.
③아브라함은 어떻게 약속의 땅까지 갈 수 있었는가?
*말씀을 따라 갔기 때문에(창 12:4) 가능했다. *믿음으로 순종했기 때문에(히 11:8) 가능했다.

> **누구든지 나의 이 말을 듣고 행하는 자는 그 집을 반석 위에 지은 지혜로운 사람 같으리니(마 7:24)**
> 아브라함이 하란을 떠나 약속의 땅으로 가는 길은 갈수록 환경이 어려운 길이었고, 목적지를 알지 못하고 가는 길이었다. 그럼에도 아브라함이 마침내 약속의 땅까지 간 것은 외적인 환경이 아니라 믿음을 갖고 말씀을 따라갔기 때문에 가능했다. 우리 역시 하나님의 말씀을 따라갈 때 환경을 뛰어 넘을 수 있음을 기억하자.

(2)하나님의 언약(창 12:5-7a)

①언약장소▶세겜의 모레 상수리나무에서 ②언약내용▶이 땅을 네 자손에게 주리라.

(3)단을 쌓음(창 12:7b)

①가나안에서 첫 번째 제단을 쌓음▶이후 새로운 거주지마다 제단을 쌓았다. 이전에는 없었다.
②제단을 쌓은 이유▶하나님이 나타나 약속의 땅을 자손에게 주겠다고 한 곳에 여호와를 위해

(4)하나님은 왜 가나안을 약속의 땅으로 삼았는가?

①당시 가나안의 경계는(10:19)?

북▶레바논 지역의 시돈부터, 남▶블레셋 지역의 그랄, 동▶소돔과 고모라까지의 요르단 지역

②가나안 땅을 새로운 시작지로 정한 이유는(신 11:11-12, 28:12 참조)?

신 11:11-12 **너희가 건너가서 차지할 땅은 산과 골짜기가 있어서 하늘에서 내리는 비를 흡수하는 땅이요, 네 하나님 여호와께서 돌보아 주시는 땅이라. 연초부터 연말까지 네 하나님 여호와의 눈이 항상 그 위에 있느니라.**

> **우리는 주만 의지하고, 주의 이름을 부르리이다(사 26:13).**
> 하나님은 가나안을 약속의 땅으로 정하셨다. 그곳은 하늘에서 비가 내려야 살 수 있는 곳이요, 역사적으로 강대국 사이에 위치해 있는 곳이다. 따라서 하나님을 의지해야 살 수 있는 곳이다. 지리적으로 좋은 환경이 영적인 축복의 장소가 아니라, 하나님을 의지할 수 있는 곳이 영적인 축복의 장소이다.

4. 벧엘에서(→ 애굽, 창 12:8-10)

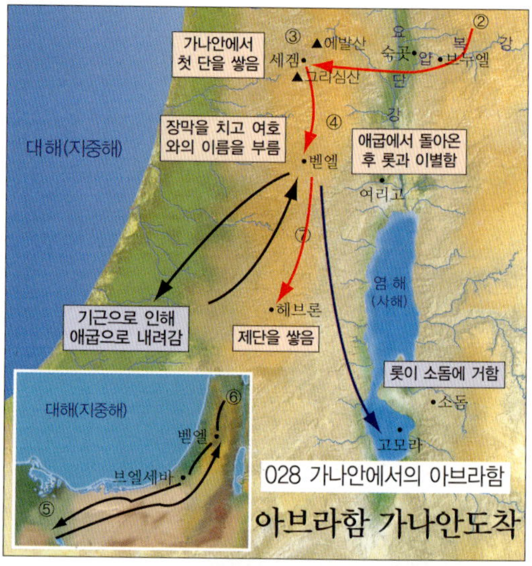

028 가나안에서의 아브라함

(1)벧엘은 어떤 곳인가(창 12:8)?

①벧엘은 '하나님의 집'이란 뜻으로 예루살렘 북쪽, 실로 남쪽 약 16㎞ 지점에 있던 성읍으로 본래는 루스였다.

(2)장막을 침(창 12:8a)

①세겜을 떠난 아브라함은 벧엘 동쪽 산으로 옮겨 장막을 쳤다. 이때 세겜은 이미 많은 사람들이 거주했다(12:6).

(3)제단을 쌓음(창 12:8b)

①세겜에서 단을 쌓은 아브라함은 벧엘에 와서도 여호와를 위하여 단을 쌓았다.

> **이것이 장래에 자기를 위하여 좋은 터를 쌓아 참된 생명을 취하는 것이니라(딤전 6:19).**
> 아브라함은 어디를 가나 거주지를 옮길 때마다 가장 먼저 하나님께 제단을 쌓았다. 반면 야곱은 고난에 처할 때 제단을 쌓았다(창 35:1, 7, 46:1). 이사를 하든지, 새로운 직장을 얻든지, 상황에 상관없이 새로운 삶의 터전을 주신 주님께 가장 먼저 제단(예배)을 쌓는 자가 되자.

029-1 벧엘, 이스라엘

(4)여호와의 이름을 부름(창 12:8c)

030-1 아브라함이 애굽으로 내려갔던 길, 이스라엘 네게브(남방)

(5)가나안(약속의 땅)을 떠남(창 12:9-10)

①이유▶기근 때문에

팔레스틴은 우기(10-3월)에 물을 얻지 못하면 기근이 닥친다.

②교훈▶약속의 땅이라도 고난이 있음을 보여준다.

③가나안(약속의 땅)에 기근이 있을 때 족장들의 대처는?

＊아브라함은 자신의 뜻대로 애굽으로 내려감(12:10)▷대가를 치름

＊이삭은 하나님이 허락하지 않음으로 내려가지 않음(26:2-6)▷하나님이 막아주심

*야곱은 하나님께 물어보고 허락하에 애굽으로 내려감(창 46:1-4)▷하나님이 함께가겠다고 하심
*요셉은 형들에 의해 강제로 내려감(창 37:28, 36)▷그러나 총리가 되어 만민을 구원함

걸음도 주의 길을 떠나지 아니하였으나(시 44:18) 악한 길, 악한 행위를 떠나서 돌아오라(슥 1:4).
가나안은 약속의 땅이요, 천국을 상징하며, 개인적으로는 믿음의 테두리이다. 신앙생활에 어려움과 고난이 있다고 해서 약속의 땅과 같은 믿음의 범위를 벗어나서는 안된다.

2 애굽에서

030-2 피라미드와 스핑크스, 이집트

1. 애굽에서(→ 벧엘, 창 12:11-20)

(1)애굽의 역사(창 12:11)

애굽은 아브라함 이전의(BC 2700-2200년, 피라밋대) 고왕국대에 문화의 절정기를 이루었는데 이때 왕을 태양신의 화체라 하여 감히 그 이름을 부르지 못하고 왕이 살고 있는 궁전의 이름을 따라 바로(Parao)라고 불렀는데 그 뜻은 '큰 집' 이란 뜻이다. 또한 이러한 왕의 시체는 썩지 않게 해야한다고 하여 피라밋을 세웠는데 가장 큰 피라밋은 제4왕조 쿠후(Khuru)가 건축한 것으로 밑넓이 2반평 위에 2.5 t의 돌 230만개를 밑변 230m, 높이 146.5m로 쌓았다.

(2)아내를 누이라고 거짓말을 함(창 12:11-20)
①거짓말을 한 이유(12:11-13)▶아내의 아름다움으로 애굽 사람이 자기를 죽일 것이라고 생각했기 때문에
②결과(12:17-20)▶자기 부인의 순결을 위태롭게 하였으며, 타인에게 시험이 들게 하였다.
결국 사래의 연고로 바로와 그 집에 재앙이 내렸고, 바로는 아브라함을 애굽에서 내어 보냈다.

적용과 실천

실천을 위한 묵상

복의 근원이 가장 큰 축복이다.
하나님은 아브라함으로 하여금 복의 근원이 되게 하므로 그를 통해 만민이 복을 받도록 축복하셨다(창 12:3). 실제로 아브라함은 믿음의 조상이 되었고, 그의 후손을 통해 예수 그리스도께서 나셨다(마 1:1). 우리는 믿음으로 아브라함의 자손이 되었다. 그러므로 나로 인해 가족, 친척, 친구, 이웃과 민족이 복을 받는 자가 되자. 4명의 친구들에 의해 중풍병자가 예수께 나와 고침 받았고, 백부장에 의해 그 하인이 고침을 받았으며, 아브라함 때문에 롯이 구원받았다. 예수님은 주는 것이 받는 것보다 더 복되다고 말씀하셨다(행 20:35).

Thinking 하나님 나라를 향해 가는 자가 고난을 당할 때 어떤 태도를 가져야 하는가?

핵심 Key word

아브라함 부름	하란 도착	세겜 도착	벧엘 도착	애굽 이주
고향(우르) 떠남	상당기간 머뭄	제단 쌓음	기근이 옴	아내 위험

4과 아브라함의 생애 2(애굽귀환부터)

본문말씀▷창 13-19장

새찬송가 429장

핵심말씀▷아브라함은 강대한 나라가 되고, 천하 만민은 그로 말미암아 복을 받게 될 것이 아니냐(창 18:18)?

배경 바라보기

시대적 고찰

(4과에서 계속) 그래서 팔레스틴은 아브라함과 같은 유목민들이 살기에 적합했다. 마므레(헤브론), 벧엘, 세겜, 도단과 같은 곳은 히브리 족장의 중요한 살림처로서 깊은 연관을 갖고 있었다. 특히 창세기의 족장설화는 BC 2000년대의 시대적 상황과 일치하며, 당시 애굽(이집트)은 중왕조시대(BC 2040-1786년)이다. 성경에서 바로(파라오)로 나온 이집트 통치자의 명칭은 보통명사로 왕을 가리킨다(5과에서 계속).

지리적 고찰

아브라함의 후반부 생애의 무대는 가나안의 남쪽 지역이다. 애굽에서 다시 가나안으로 들어와 처음 거주한 곳은 가나안 중부 지역의 벧엘이다. 이곳에서 롯과 헤어진 후 다시 점차 남쪽으로 내려가 헤브론을 중심으로 거주했다. 그러던 중에 조카 롯을 구출하기 위해 북쪽의 호바(다메섹 근교)까지 갔다가 돌아왔다. 계속해서 헤브론에서 거주하는 동안 약속에 대한 재보증의 축복을 받았다. 그리고 소돔과 고모라성의 구원을 위해 간구했다.

문화적 고찰

◐나의 상속자(창 15:2) 고대 팔레스틴 풍습에 의하면, 후사로 삼을 친혈육이 없을 경우 가문의 명예와 유산상속 및 사후의 장례를 책임질 것을 전제로 가까운 친척이나 신실한 종을 선택, 입양하여 후사로 삼는 관례가 있었다(누지문서). 자녀가 없던 부유한 가정에서는 종을 양자로 삼아 그를 상속자로 세웠었다. 본문에서 아브람은 종을 자신의 상속자로 삼으려 하고 있다(15:3).

◐젖을 떼는 날(8) 세 살 정도되었을 때를 가리킨다(삼상 1:22-24). 히브리인들은 이때에 하나님께 기쁜 제사를 드리는 동시에 큰 잔치를 베풀어 이웃과 함께 그 기쁨을 나누었다.

031-2 아브라함 당시 설형문자로 된 소송에 관한 점토서판, 하솔 발굴

◐깊이 근심이 되었더니(11) 아브라함은 누지문서(서판)에 나와 있듯이 여종의 아들을 사사로이 추방하는 것을 금지한 당시의 사회적, 법률적 관습을 알고 있었다. 그는 이런 규범과 이스마엘에 대한 애틋한 부정(父情) 때문에 근심했을 것이다. 아브라함 당시의 문화와 생활상을 가장 잘 이해할 수 있는 누지문서에는 아카드시대(BC 2334-2154년)에 고대 메소포타미아 도시인 누지에서 발견된 3500여개의 토판이다.

단어해설

네게브(창 13:1) '남방', '건조한 땅'으로 불리는 곳이다. 가나안 남부에 위치한 광야 지역으로 연간 강우량은 100-200㎜에 불과하다. 애굽으로 향하는 '가데스 바네아 길'은 이 네게브를 지난다.

여호와의 동산(10) 고대 히브리인들은 최상의 것을 가리킬 때 여호와의 이름을 붙여서 표현했다(시 104:16). 아름답고 비옥한 땅을 의미한다.

당시(14:1) 아브람의 나이 84세쯤 되었을 때이다.

세 스아(18:6) 고체의 부피를 측정하는 단위로서 1스아는 7.3리터에 해당한다.

본문 탐구하기

내용개요

가나안에 다시 돌아온 아브라함은 롯과 헤어진 후 자손번성에 대한 재약속을 받는다. 이후 염곡에서 세계전쟁이 일어나 사로잡힌 롯을 구출한 아브라함은 돌아오는 길에 살렘(예루살렘) 왕 멜기세덱을 만나 영접을 받는다. 롯을 구출한 후 아브라함은 상속자에 대한 약속을 받고 제사를 드리지만 그 후손은 이방에서 400년 동안 객이 될 것을 예언받는다. 그러나 사래는 몸종을 통해 아브람에게서 이스마엘을 얻지만 훗날 가정 분쟁의 불씨가 된다. 아브람은 99세 때 아브라함으로 새 이름을 받고 언약의 표징으로 할례를 베푼다. 이후 세 천사를 대접한 아브라함은 소돔과 고모라의 구원을 위해 기도하지만 결국 두 성은 멸망당하고, 성을 빠져나온 롯은 두 딸로 인해 모압과 암몬 조상을 갖게 된다.

QA 본문탐구

③ 다시 가나안으로 돌아 옴

032-2 롯이 선택한 소알들, 요르단

1. 벧엘에서(➡ 헤브론, 창13:1-17)

(1)롯과 헤어짐(창 13:1-17)

①이유(13:6-7)▶각자의 소유가 많아서, 축복이 오히려 분열의 원인이 됨

②아브라함의 양보와 롯의 선택(13:8-11)

13:9 **네가 좌하면 나는 우하고, 네가 우하면 나는 좌하리라.**

*아브라함의 선택은 세상의 좋은 환경보다 신앙을 앞세운 것이었다.▷두 문명을 겪은 후 깨달음

*롯의 선택은 세상 것에 우선을 둔 것이었다(13:10-11).

13:10 **롯이 눈을 들어 요단 지역을 바라본즉 소알까지 온 땅에 물이 넉넉하니 … 여호와의 동산같고, 애굽 땅과 같았더라.** 13:13 **소돔 사람은 여호와 앞에 악하며 큰 죄인이었더라.**

③선택의 결과(13:12-13)▶롯은 소돔과 고모라성에 거하고, 아브라함은 거친 들판에 거함(약속의 땅)

(2)롯과 헤어진 후 아브라함에게 준 축복(창 13:14-17)

①보이는 동서남북의 땅을 아브라함과 그 자손에게 줄 것을 약속함

②자손번성에 대한 축복▶ *땅의 티끌같이(13:16) *하늘의 별같이(15:5) *바다의 모래같이(22:17)

> **내가 주의 법도들을 택하였사오니 주의 손이 항상 나의 도움이 되게 하소서(시 119:173).**
> 아브라함과 조카 롯의 선택기준의 차이는 어느 것을 우선으로 하느냐에 있다. 아브라함은 세상적인 조건보다 하나님을 경외할 수 있는 환경을 선택했으나, 롯은 세상적인 조건을 먼저 고려하여 선택했다. 그 결과 롯은 모든 것을 잃었으나, 아브라함은 선택하지 않은 곳까지 얻었다.

033-1 마므레, 이스라엘 헤브론

2. 헤브론에서(➡ 단과 호바, 창13:18-14:12)

(1)아브라함이 주로 거주한 곳은 헤브론이었다(창 13:18).

반면 이삭은 브엘세바를 중심으로 살았다.

①제단을 쌓음▶헤브론 마므레 상수리 수풀에서

(2)세계전쟁(창 14:1-12)

①전쟁원인(14:4)▶소돔과 고모라 왕을 비롯한 주위 왕들이 메소포타미아 지역에 있는 엘라 왕 그돌라오멜을 12년 동안 섬기다가 13년째 배반을 하자 그 이듬해에 그돌라오멜과 그 동맹한 왕들이 배반한 가나안 지역의 왕들을 치게 되었다.

②전쟁장소와 왕들(14:1-3)▶싯딤 골짜기(염해 근처)에서 시날 왕 아므라벨, 엘라살 왕 아리옥, 엘라 왕 그돌라오멜, 고임 왕 디달의 연합군과 소돔 왕 베라, 고모라 왕 비르사, 아드마 왕 시납, 스보임 왕 세메벨, 소알 왕 벨라의 연합군간 싸움

③결과(14:5-12)▶그돌라오멜과 동맹 왕들이 아스드롯과 여러 족속들을 치고 계속 남하하여 소돔, 고모라, 아드마, 스보임, 소알 등 5왕과 교전하여 소돔과 고모라의 두 왕을 싯딤 골짜기의 역청 구덩이에 빠지게 하고, 그들의 재물을 빼앗았다.
이때 아브라함의 조카인 롯이 사로잡혀 갔다.

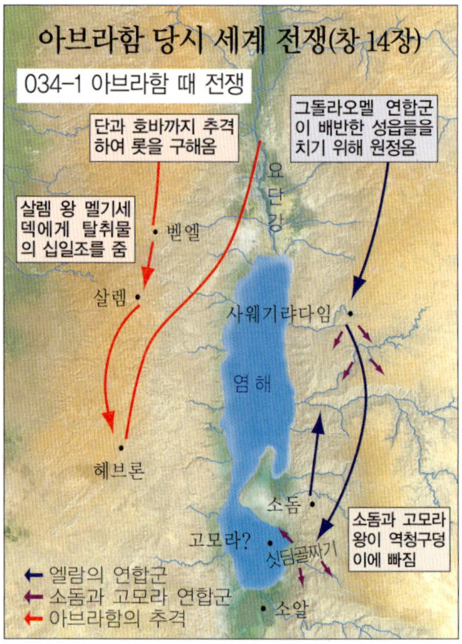

3. 단과 호바로 갔다가 옴(→ 헤브론, 창 14:13-24)

035-1 다메섹 서쪽 호바 지역

(1)롯의 구출작전(창 14:13-16)

아브라함이 집에서 길리운 자 318명을 데리고 단과 호바까지 추격하여 밤에 그돌라오멜군을 무찌르고 롯과 빼앗긴 재물을 되찾아 왔다.

(2)귀환도중의 사건(창 14:17-24)

①살렘 왕 멜기세덱의 영접을 받음(14:18-20)▶축복을 받고 탈취물 중에서 1/10을 주었다.

②멜기세덱의 제사장 직분에 대해(창 14:18, 시 110:4)

*멜기세덱은 살렘의 왕이요, 지극히 높은 하나님의 거룩한 제사장이었다(18).

*그는 시작과 끝이 알려지지 않은 신비로운 존재이다(히 7:3).

*그는 하나님의 비밀이신 그리스도를 예표한다(히 7:3).

멜기세덱은 모세 율법이 제정되기 이전에 하나님의 제사장인 것과 그리스도께서 멜기세덱의 반차를 좇는 영원한 제사장이 된다는 것은 그리스도께서 불완전한 아론의 혈통이 아닌 영원하고 완전한 제사장직을 수행하실 것을 시사한다.

③소돔 왕의 영접을 받음(14:17, 21-24)▶탈취물 중 싸움에 나간 자의 분깃을 제외하고 돌려주었다.

일꾼이 자기의 먹을 것 받는 것이 마땅함이라(마 10:10).
아브라함은 마땅히 전리품을 가질 권한이 있었으나 그것으로 인해 부자가 되었다는 소리를 듣기 싫었다. 그래서 싸움에 나간 자의 몫을 제외하고 모두 소돔 왕에게 돌려 주었다. 이는 자신의 노력 이상의 것을 바라는 오늘날 투기나 도박 같은 불로소득을 추구하는 자들에게 좋은 귀감이 된다.

4. 헤브론에서(→ 그랄과 브엘세바, 창 15:1-18:15)

(1)축복에 대한 재보증(창 15:1-4)

①네 몸에서 난 자가 네 후사가 될 것임(15:4)

②아브라함이 종을 상속자로 삼으려고 한 것은(15:1-4)?

족장 때의 기록물(BC 2334-2154년)인 누지문서(1925-31년 발굴)에 의하면 자식이 없는 사람은 자신이 죽었을 때 장사를 지내고 슬퍼해줄 사람을 위해 종을 양자로 삼아 상속자로 세울 수 있었다. 또 양자를 삼은 후 본처가 아들을 낳으면 양자는 상속자의 권리를 상실하였다.

036-1 애굽강에서 유브라데강까지

(2)아브라함과 횃불언약을 세움(창 15:5-21)

①언약내용(15:5-11)

*자손을 하늘의 별과 같이 번성케 하겠다(15:5).

*가나안 땅을 주겠다.▷그 약속의 증거로 제사를 드리도록 함(15:7-11)

②언약결과(15:12-21)

*후손이 400년 동안 이방에서 객이 될것이라는 예언을 받음(15:12-17)

*애굽 강(시내)에서 유브라데 강까지를 약속의 땅으로 받음(15:18-21)

037-1 애굽 강, 이집트 와디 엘 알리스

(3)사래와 하갈(창 16장)

①사래는 몸종인 하갈을 첩으로 줌(16:1-3)▶가나안 거주 10년 만에 이는 하나님의 약속을 기다리지 못했기 때문이다.

②하갈의 사래 멸시와 사래의 하갈 학대(16:4-6a)

③하갈의 도망(16:6b-14)

*하나님이 여주인에게 돌아가라고 명함▷브엘라해로이에서

*자손번성의 축복을 받음▷자손이 크게 번성하여 그 수가 많게 할 것임

④하갈이 이스마엘을 낳음(16:15-16):▶아브라함 86세 때

038-1 유브라데 강, 시리아 북부

> **인내를 온전히 이루라. 이는 너희로 온전하고 구비하여 조금도 부족함이 없게 하려 함이라(약 1:4).**
> 아브라함의 아내 사라는 하나님의 약속이 이루어질 때까지 인내하지 못하고 자신의 방법으로 약속을 이루기 위해 하갈을 통해 자식을 얻게 되었다. 이로 가정의 불행은 물론 인류 역사상 가장 큰 분쟁의 씨앗이 되었다.

039-1 사라가 몸종 하갈을 남편의 첩으로 줌

(4)자손번성에 대한 재언약을 세움(창 17:1-27)

①언약시기(17:1-2)▶아브라함이 99세 때

②언약내용(17:3-21)▶

*너로 심히 번성케 하고, 많은 민족과 왕들이 나오리라(2, 6).

*아브람에세 '아브라함' 이란 새 이름을 줌(4-5).

*나는 너와 네 후손의 하나님이 되리라(7).

*가나안 지역을 너와 후손에게 영원한 기업으로 주리라(8).▷그러므로 내 언약을 후손 대대로 지키라.

*사래에게 '사라' (열국의 어미란 뜻)라는 새 이름을 줌(15)

*사라에게서 이삭을 낳을 것이고, 그와 언약을 세울 것이다(19, 21).

*이스마엘이 12두령이 낳을 것이다(20).

③언약기간(17:7)▶아브라함과 후손 사이의 영원한 언약

④언약의 표징(17:10-13)▶할례를 받으라(출생한지 8일 만에 행함).

⑤언약의 조건(17:14)▶할례를 받지 않은 남자는 언약의 백성 중에서 끊어지게 됨, 언약을 배반한 것이므로
⑥언약을 시행함(17:23-27)▶언약을 받은 날에 아브라함과 이스마엘과 모든 남자들이 할례를 시행

040-1 아브라함 상수리나무, 헤브론

(5)아브라함이 세 천사를 대접(창 18:1-15)
①천사를 대접함(18:1-9)▶마므레(헤브론) 상수리나무 아래에서 날이 뜨거운 때에 빵과 고기와 치즈와 우유로
②천사의 소식(18:10)▶1년 후에 내가 돌아올 때 사라에게 아들이 있을 것임
③사라의 반응(18:11-15)▶속으로 웃고 천사의 말을 믿지 못함

성서시대의 나그네 대접(창 18:1-15)
당시 유목민들이 나그네를 잘 대접하는 것은 당연한 것이었다. 족장시대에 광야에서 양을 치는 유목민들은 풀이 한정되어 있기 때문에 사회적 집단의 거대한 팽창은 불가능했다. 또한 양의 먹이 이동을 위해 언제나 이동이 가능한 간편한 구조를 가진다. 그리고 자신의 안전을 위한 보장이 필요했다. 따라서 이런 욕구를 충족시키기 위해 종족(혈연) 관계가 절대적으로 필요했다. 그래서 이동할 때는 영접을 받을 수 있는 가능성이 있어야 했기 때문에 나그네를 잘 대접하는 것이 후에 자신도 안정권을 보상받는 것이기도 했다.

성도들의 쓸 것을 공급하며, 손 대접하기를 힘쓰라(롬 12:13).
아브라함은 대가를 기대하지 않는 마음으로 부지중에 천사를 대접했다. 이를두고 히브리서 기자는 손님 대접하기를 잊지 말라(히 13:2)고 하였다. 예수께서는 대접을 받고자 하는 대로 대접하라고 말씀하셨다.

4 소돔과 고모라

1. 소돔과 고모라를 위한 아브라함의 간구(창 18:16-33)

(1)하나님이 소돔과 고모라에 대한 심판계획을 아브라함에게 알림(창 18:16-21): 천사가 떠난 후에

(2)소돔을 위한 아브라함의 간구(창 18:22-33)
①의인을 악인과 함께 멸하려 하시나이까(18:23)?
②50명⇨45명⇨40명⇨30명⇨20명⇨10명(18:24-33)▶마지막 10명까지 6번 간구

병이 낫기를 위하여 서로 기도하라. 의인의 간구는 역사하는 힘이 큼이니라(약 5:16).
아브라함은 구원의 열정이 있는 사람이었다(창 18:22-33). 그는 비록 소돔과 고모라가 멸망받아야 하지만 그곳에 있는 믿음의 사람을 구하기 위해 6번씩이나 간절히 기도했다. 우리도 멸망당할 예루살렘을 보며 눈물을 흘리며 간구했던 예수님의 심정으로 죽어가는 영혼구원을 위해 아브라함과 같은 기도를 올리자.

2. 천사의 소돔과 고모라 방문과 소돔과 고모라의 멸망(창 19장)

(1)천사가 롯 가정을 방문함(창 19:1-16)
①소돔 사람들의 횡포(19:1-7)▶롯에게 찾아온 손님(천사)을 요구함(동성연애를 위해)
창 19:5 '상관하리라' 는 영어의 withsex로 동성연애를 말한다.
유 1:7 **소돔과 고모라와 그 이웃 도시들도 그들과 같은 행동으로 음란하여 다른 육체**(동성연애)**를 따라 가다가 영원한 불의 형벌을 받음으로 거울이 되었느니라.**

②롯의 제안(19:8)▶롯은 왜 자기 딸을 손님 대신 주기로 했을까(창 19:8)?, 손님들을 보호하기 위해서 당시 딸의 결혼은 아버지의 절대적인 권한이었다(야곱 때 설명). 고대 사회의 베두인들에게는 자기 부족이 강하다는 것을 외적으로 보여져야 했다. 그래야 다른 부족으로부터 자기 부족을 지킬 수 있었다. 따라서 자기 집에 온 손님을 지키지 못하면 약한 부족으로 취급되어 다른 부족의 침입을 당하기 쉬웠다. 롯 역시 자기 집에 온 손님들을 보호하기 위해 두 딸을 내어주려고 하였다.

③롯의 제인을 기절(19:9-11)▶소돔인은 롯의 제안을 거절했고, 천사는 소돔인의 눈을 어둡게 하였다.

(2)롯의 소돔성 탈출과 소돔 주위 성 멸망(창 19:12-29)

①천사의 부탁(19:17)

＊돌아보지 마라.▷세상의 재물이나 쾌락에 미련을 두어서는 안됨

＊들에 머물지 마라.▷신앙은 계속 성장해야 하고, 머무를 때 위험함

＊산으로 도망하라.▷죄는 무서워서가 아니라 더러워서 피하는 것이다.

②롯의 탈출(19:18-23)▶소알성으로 피함

③소돔과 주위 성들을 멸함(19:24-29)▶유황불로
이때 롯의 처는 뒤를 돌아봄으로 소금기둥이 됨(19:26)

041-3 소돔 지역, 요르단 밥 에드 디라

> **하나님과 재물을 겸하여 섬길 수 없느니라(눅 16:13).**
> 롯의 처는 세상의 미련을 버리지 못함으로 구원을 받지 못했다. 롯 처의 이런 행위는 후세대에 두고두고 교훈이 되었다(눅 17:31-32). 신앙은 양자택일이 아니라 오직 하나님 한분만을 선택하는 것이다.

042-2 롯이 두 딸과 함께 머물렀던 소알 산성의 동굴, 요르단

(3)이후의 롯(창 19:30-38): 두 딸로 인해 자손이 이어짐

①큰딸에게서▶모압 족속의 조상이 된 모압을 낳음

②작은딸에게서▶암몬 족속의 조상이 된 벤암미를 낳음

적용과 실천

실천을 위한 묵상

아브라함은 양보를 통해 더 큰 축복을 받았다(창 13:6-18).

아브라함은 조카 롯과 소유가 많음으로 동거할 수 없게 되자 양을 치기에 좋은 소돔과 고모라를 롯이 먼저 선택하도록 양보하였다. 그러나 그곳은 부패하고 타락한 도시였다. 무엇을 선택하느냐에 따라 인생이 결정된다. 후에 하나님은 보이는 모든 곳을 아브라함과 그의 후손에게 영원한 기업으로 주셨다.

Thinking 양보를 통해 더 많은 것을 얻을 수 있었던 경험에 대해 이야기해보자.

핵심 Key word

벧엘에서	헤브론에서	단과 호바	헤브론에서	소돔 멸망
롯과 헤어짐	세계전쟁 발발	조카 롯 구출	횃불언약, 천사대접	롯 탈출

5과 아브라함의 생애 3(소돔 멸망 이후)

본문말씀▷창 20:1-25:18 새찬송가 311장
핵심말씀▷내가 이제야 네가 하나님을 경외하는 줄을 아노라(창 22:12b).

배경 바라보기

시대적 고찰

아브람(Abram)이란 이름이 바벨론 제1왕조의 문헌에 나오는 같은 철자를 포함하고 있는 이름과 나홀(Nahor)이 하란(Haran) 부근의 한 성읍의 이름(Nakhur)으로 마리 문서(BC 1700년경 시대의 산물)에 나타난 것을 보면 창세기 12-50장에 반영된 사건들은 대략 BC 20세기부터 17세기 혹은 16세기 초까지의 역사적인 사건과 잘 부합된다는 사실만을 알 수 있다.

지리적 고찰

아브라함은 소돔과 고모라성이 멸망한 후 한동안 블레셋 지역에 있는 그랄에 잠시 거주했다. 그리고 가나안 최남단인 브엘세바에서 말년을 보내는 동안 이삭이 출생했다. 이삭 출생 후 하갈을 추방하고 아비멜렉과 언약을 맺었다. 그후 이삭을 번제로 드리라는 명령을 받고 헤브론에서 북쪽으로 35㎞ 떨어진 모리아산(예루살렘)으로 가서 이삭 대신 숫양으로 제사를 드리고 브엘세바로 돌아온 아브라함은 사라를 헤브론에 있는 막벨라 굴에 장사하고 자신도 죽어 같은 곳에 장사되었다. 모리아는 '예배' 또는 '높은 것' 이란 뜻으로 히브리어 '모리' 와 '야' 의 복합어이다. 이 말은 "하나님은 나의 스승이시다"를 의미하는데 후에 여호와의 '계시', '선택된 것' 을 뜻했다.

문화적 고찰

047-2 이삭 희생, 네덜란드 암스텔담

◐ 자식 번제(22:2) 아브라함 당시에는 어린아이를 제물로 바치는 일이 많았다. 암몬 족속의 신 몰록(밀곰, 다곤)을 훗날 왕정시대에는 힌놈의 골짜기에 있는 도벳에서 자녀를 불 가운데로 지나가게 했다(왕하 23:10). 여호사밧 때 모압 왕은 북이스라엘의 여호람 왕과 남유다의 여호사밧 왕의 연합군의 공격을 받았을 때 장자를 번제로 드렸다(왕하 3:26-27). 그러나 본문에서 하나님이 이삭을 번제로 드리라고 한 것은 이방 풍습과 같은 것이 아니라 이방신을 섬기는 사람들 이상으로 하나님을 사랑하는지를 알기 원했지, 아들을 바치기를 원하신 것은 아니다. 그래서 아브라함이 아들을 바치려고 했을 때 숫양을 미리 준비하셨다. 이것은 하나님은 이방신들처럼 아이를 제물로 바치는 것을 원하지 않는다는 것을 보여준다.

아브라함은 하나님의 명령이 그때는 자기의 상식에 맞지 않는다고 할지라도 순종함으로 믿음의 조상이 되었다(문화성경 참조, 이원희 공동편찬).

단어해설

고향 땅(창 24:7) 갈대아 우르를 떠난 데라의 가족이 정착해 산 메소포타미아 지방의 하란을 가리킨다.
발 씻을 물(32) 고대근동 지방에서는 손님에게 손수 발을 씻어줌으로 최대 예의를 표했다(19:2).
동방(25:6) 팔레스틴, 곧 가나안 동쪽에 위치한 나라를 가리킨다. 아라비아 전역에 산재한 나라들을 말함
나이가 높고 늙어서 기운이 다하여(8) 직역하면 '백발의 나이로 연수가 충만하여 만족했다.'
세대대로(the order one's birth, 13) '출생 순서에 따라서' 라는 의미이다.

내용개요 아브라함은 블레셋 지역의 그랄 왕 아비멜렉에게 애굽에서와 같이 아내를 누이라고함으로 다시 어려움을 겪지만 하나님의 도움으로 위기를 벗어난다. 이후 이삭이 출생하고, 하갈과 이스마엘은 집에서 쫓겨난다. 또한 아비멜렉과 평화의 언약을 맺는다. 이 일후 이삭을 바치라는 하나님의 명령에 순종한 아브라함은 재차 축복에 대해 보증을 받는다. 그리고 127세에 아내가 죽자 헷 족속에게서 막벨라 굴을 사서 그곳에 장사를 지낸다. 그후 이삭을 위해 종을 하란으로 보내 리브가를 며느리감으로 데려오고, 이삭은 리브가를 아내로 맞이한다. 이후 아브라함은 후처를 통해 6명의 아들을 얻은 후 이삭에게 모든 유산을 물려주고 175세에 죽어 사라가 묻힌 헤브론의 막벨라 굴에 장사되었다.

QA 본문탐구

5 소돔과 고모라 멸망 이후의 아브라함

1. 그랄에서(→ 브엘세바, 창 20장)

043-1 그랄, 이스라엘

(1)그랄(창 20:1)

그랄은 유대산악지대에 위치한 가사 남동쪽 약 17.6㎞ 지점에 있는 작은 언덕이다. 이곳은 대체로 청동기시대에 최초로 사람들이 정착했으며 청동기시대(족장시대)에 상당히 번성했다.

(2)사라의 위험(창 20:2-18)

①원인(20:2)▶애굽에 갔을 때와 같이 자기 아내를 누이라 하여 아비멜렉이 사라를 자기에게 데려옴으로

②아비멜렉에게 내린 재앙(20:18)▶하나님은 사라의 연고로 아비멜렉 집에 태를 닫으셨다.

③아비멜렉의 뉘우침(20:14-16)▶꿈에 사라를 돌려 보내라는 명령을 받고 아브라함에게 돌려 보냈다. 이때 양과 소와 종들을 함께 돌려 보냄

④회복(20:17-18)▶아브라함의 기도로 아베멜렉 집의 모든 태를 다시 여심

> **우리가 알거니와 하나님을 사랑하는 자, 곧 그의 뜻대로 부르심을 입은 자들에게는 모든 것이 합력하여 선을 이루느니라(롬 8:28).**
> 하나님은 아내를 누이라 하여 위험에 빠진 아브라함에게 오히려 재물과 함께 아비멜렉에게 아내를 돌려 받도록 했다. 이는 하나님은 악을 선으로 바꾸시는 분임을 보여준다. 하나님을 사랑하는 자에게는 비록 자신의 잘못과 실수로 어려움에 처했을지라도 하나님은 합력하여 선을 이루시는 분임을 기억하자.

2. 브엘세바에서?(→ 블레셋 지역, 창 21장)

044-1 할례를 행한 이집트인 이집트 고고학박물관

(1)이삭 출생(창 21:1-8)

①출생시기(21:1-5)▶아브라함이 100세, 사라가 90세 때

②출생장소(24:62-67 참조)▶대체로 그랄에서 브엘세바에 이르는 지역이다.

③할례를 베품(21:4)▶난지 8일 만에 할례를 베푼 것은 하나님과의 언약에 의한 것이다.

④잔치 배설(21:6-8)▶이삭이 젖을 떼는 날(당시는 3세 때 젖을 뗌)

(2)하갈이 추방당함(창 21:9-21)

①원인(21:9-13)▶애굽 여인 하갈이 아브라함에게서 낳은 이스마엘이 사라에게서 낳은 이삭을 놀리므로

*사라는 왜 하갈을 직접 쫓아내지 못했을까(창 21:10)?
당시 문화를 알려주는 누지문서에는 본처에게는 종과 종의 자식을 내쫓을 권한이 없었다(길림 니누는 그-종-의 자식을 내쫓을 수 없다). 그래서 사라는 남편인 아브라함으로 하여금 쫓아내도록 했다.

044-5 하갈과 이스마엘이 샘물을 마신 브엘라해로이, 이스라엘 예루함

②하갈의 통곡(21:16)▶쫓겨나 브엘세바들에서 물이 없어 죽게 되었을 때

③하갈에게 준 축복(21:18)▶눈을 밝혀 샘물을 찾게 하여 마시게 한 후 큰 민족을 이루겠다고 약속함
후에 큰 민족을 이루게 하셨는데 이들의 후예가 바로 오늘날의 아랍인들이다.

(3)아비멜렉과 언약(창 21:22-32)

①언약을 제의한 이유(21:22)▶하나님이 아브라함과 함께 계시는 것을 보고

②언약내용(21:23)▶아브라함은 아비멜렉과 그의 아들과 손자에게 거짓되이 행하지 않기를 하나님께 맹세하고, 아비멜렉이 아브라함에게 후대한대로 이곳에서 거하는 땅에서 아브라함이 후대하기로

045-1 아브라함 우물, 브엘세바

③언약의 대가(21:28-30)▶아브라함이 양과 소를 줌, 아브라함이 판 우물임을 인정하는 표로 7마리 암양 새끼를 아비멜렉에게 줌

④언약장소(21:31-32)▶브엘세바('맹세의 우물', '7개의 우물' 이란 뜻)

(4)에셀나무을 심음(창 21:33-34)

①말년에 에셀나무를 심은 이유는?
에셀나무는 그늘을 위해 심는다. 그러므로 말년에 에셀나무를 심은 것은 자신을 위해서가 아니라 후손을 위해 심은 것이다.

046-1 에셀나무, 이스라엘 브엘세바

선을 행하고, 선한 사업을 많이 하고, 나누어 주기를 좋아하며, 너그러운 자가 되게 하라. 이것이 장래에 자기를 위하여 좋은 터를 쌓아 참된 생명을 취하는 것이니라(딤전 6:18-19).
브엘세바는 네겝 사막의 중심지에 있는 성읍으로 이 지역에는 그늘이 귀하다. 에셀나무는 열매나 땔감으로 사용하는 나무가 아니며 그늘을 위해 심는다. 그러나 이 나무가 그늘이 되려면 수 십년 이상 자라야 한다. 그런데 아브라함이 노년에 자신이 사용하지 못할 수도 있는데 이 나무를 심은 것은 자신을 위해서가 아니라 후손 혹은 나그네의 그늘을 위해서 심은 것이다. 곧 미래를 심은 것이다.

②나무를 심은 후 영원하신 여호와의 이름을 부름

③이후 블레셋 지역에서 여러 날을 지냄▶블레셋 지역에서 브엘세바로 온 후 모리아산으로 갔다.

3.모리아산에 갔다가 돌아옴(→ 브엘세바, 창 22:1-18)

(1)아브라함의 시험(창 22:1-18)

①하나님의 시험 내용(22:2)▶네 아들 독자 이삭을 모리아산으로 데리고 가서 그를 번제로 드리라.
이삭을 희생제물로 드리라는 명령은 아브라함은 물론 이삭의 절대 순종을 요구하는 것이다.
이것은 장차 온 인류를 위해 친히 대속제물이 되신 예수 그리스도의 구속사역을 예표하고 있다.
자신을 태워 번제로 드릴 나무를 등에 지고 올라가는 이삭은 마치 자신이 매달릴 십자가를 지고 골고다 언

덕을 올라가는 예수님과 유사하며, 내신 제물이 된 수양은 구레네 시몬을 연상케 한다. 이때 이삭의 놀라운 순종은 마치 털 깎는 양같이 순순히 십자가를 지신 예수님의 모습을 보는 듯하다. 그래서 이삭을 예수의 예표로 보기도 한다.

두 가지 시험(test와 temptation)

하나님은 아브라함을 시험하기 위해 독자 이삭을 번제로 바치도록 했다. 하나님이 아브라함에게 하신 시험은 죄를 짓도록 유혹한 것이 아니라 영적상태를 점검하기 위해 시험(test)한 것을 가리킨다. 그러나 마귀는 넘어뜨리기 위해 시험한다. 그래서 하나님은 아무도 시험(temptation)하지 않으며, 사람이 시험받은 것은 자신의 욕심 때문이다. 마귀는 인류에 대한 구원을 이루지 못하도록 3번씩이나 예수를 시험(temptation)했다.

②부자(父子)의 순종과정(22:3-10)▶아브라함의 믿음의 단계와 이삭의 순종

*말로 순종 → 순종을 위한 준비(나귀 안장을 채우고 쓸 나무를 준비) → 행동으로 옮김(아침 일찍 출발) → 제단을 쌓고(돌로) → 나무를 벌여놓고 → 이삭을 결박하여 → 이삭을 나무 위에 놓고 → 칼을 잡고 → 아들을 잡으려 함

047-1 이삭 희생장소, 예루살렘 황금돔 사원

*아브라함이 이틀 길을 3일 만에 간(아침 일찍 떠난) 이유는(3-4)?

· 브엘세바에서 헤브론, 헤브론에서 모리아산까지 각각 35km(하룻길)로 당시 치안은 안전한 숙소가 있는 곳까지 낮동안에 가야만 했다. 그런데 아브라함은 많은 고민과 갈등으로 인해 더 걸려 모리아산에 도착했다.

*아브라함은 어떻게 이삭을 바칠 수 있었는가?

히 11:19 **그가 하나님이 능히 이삭을 죽은 자 가운데서 다시 살리실 줄을 생각한지라.**

③장소(22:2)▶모리아산(예루살렘 황금돔 사원)

④결과(창 22:11-18)▶

*하나님으로부터 신앙을 인정받음

*이삭 대신 하나님이 준비한 숫양을 제물로 드림

*여호와이레▷"여호와께서 준비하심"란 뜻

*축복을 새로운 믿음▷자손번성(하늘의 별과 같고, 바닷가의 모래와 같세), 복의 근원이 됨

048-1 아브라함 말년

부끄러울 것이 없는 일꾼으로 인정된 자로 자신을 하나님 앞에 드리기를 힘쓰라(딤후 2:15).

아브라함이 가장 아끼는 아들을 드렸을 때 하나님으로부터 그 신앙을 인정받았다(창 22:12). 하나님은 그러나 아브라함에게 신앙은 받고, 이삭은 도로 주셨다. 살고자 하는 자는 죽을 것이요, 죽고자 하는 자는 살리라는 예수님의 말씀을 생각하자(눅 17:33). 하나님은 가장 귀한 것을 요구하신다.

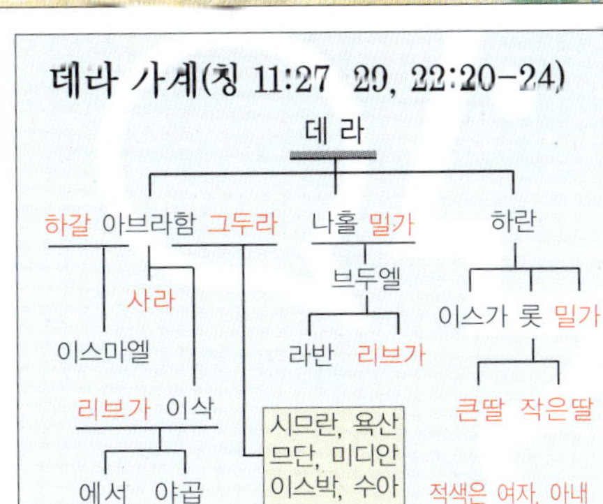

4. 브엘세바에서(➡ 헤브론, 창 22:19-24)

(1)모리아산에서 브엘세바로 돌아옴(창 22:19)

(2)아브라함의 친척(창 22:20-24): 오른쪽 도표 참조

4. 헤브론에서(→ 브엘세바, 창 23:1-25:18)

049-1 막벨라굴 위에 세워진 아브라함 사원, 이스라엘

(1)헤브론= 기럇아르바(창 23:2, 헤브론 중심지 근처)
마므레(창 23:19)는 오늘날 헤브론 외곽
브엘세바에서 헤브론으로 왔다는 직접적인 성서의 기록은 없다.

(2)사라의 사망(창 23:1-20)
①향년(23:1)▶127세
②장지(23:19)▶헤브론의 막벨라 굴에 장사되었다.
이곳은 아브라함이 헷 족속에게 은 400세겔을 주고 산 곳이다.
아직 화폐가 주조되지 않았던 고대에는 중량을 달 수 있는 은이나 금 등을 화폐로 사용했다. 1세겔은 11.4g 정도이다.
당시 한 사람의 몸값이 은 30세겔이었으므로(출 21:32), 400세겔은 큰 액수이다.

050-2 사라 무덤, 헤브론 아브라함 사원

③사라의 죽음과 막벨라 굴과 굴에 딸린 밭을 구입(23:2-20)
*왜 에브론은 굴뿐만 아니라 굴이 속한 밭까지도 구입하도록 했는가(23:11)?
헷의 법전에는 새로운 주인이 재산의 일부만을 구입하면 봉건적 의무는 전 주인이 지게된다. 특히 밭에 딸린 나무도 거래 내역에 함께 언급하였다. 아마 당시 이런 관례가 헷 족속인 에브론과 아브라함의 거래에서 적용되었을 것이다. 그래서 에브론은 봉건적인 의무를 지지 않기 위해 굴뿐만 아니라 굴에 딸린 밭까지도 구입하도록 했고, 아니면 구입하지 않기를 원했던 것이다. 그래서 아브라함은 굴과 그 밭에 딸린 나무까지도 함께 구입했다(창 23:17).

(3)이삭의 결혼(창 24:1-67)
①아브라함의 며느리감 구하기(24:1-9)
아브라함은 늙은 종에게 자기 족속에게서 며느리감을 구해오도록 환도뼈에 손을 얹고 맹세시켰다.
*환도뼈에 손을 얹고 맹세한 것은?
┌후손의 근원으로써 환도뼈는 약속의 후손인 그리스도를 지칭한다(Augustine).
├생식기관에 대한 것으로 생각하여 언약의 징표에 의한 서약으로 간주했다(Jonathan, Tuch).
└환도뼈를 주권이나 권위의 상징으로 해석하여 충성 맹세나 상급자에 대한 복종을 의미한다(Calvin).

환도뼈에 손을 얹고 맹세한 고대 풍습(창 24:2)

고대근동 사회에서 남자의 생식기(한글개역에는 환도뼈)에 손을 넣는 것은 충성과 헌신을 맹세하는 행위로 인정되었다. 곧 남자의 생식기는 번성의 상징으로 이에 손을 얹는 것은 후손에게 이르기까지 충성을 맹세하는 강한 의미를 담고 있다(Luther). 또한 생식기 포피를 자르는 할례를 명하신 하나님의 언약의 징표를 기억하므로 엄숙하게 서약한다는 뜻도 있다(Jonathan). 더 나아가 권위의 상징인 남자의 생식기에 손을 얹으므로 주권에 대한 철저한 복종을 의미한다(Calvin). 따라서 아브라함이 며느리감을 얻기 위해 자기 종에게 자신의 생식기에 손을 얹어 맹세하게 한 것은 그가 며느리 선택을 얼마나 중요하게 생각했는가를 보여준다. 이는 하나님의 언약에 대한 강한 신뢰의 바탕 속에서 나온 것이다. 참고로 야곱이 천사와 씨름할 때 위골이 된 환도뼈는 생식기가 아닌 엉치 부분을 가리킨다. 이 경우는 힘의 근원을 상징한다.

②주인의 며느리감을 위한 늙은 종의 하란으로의 여행(24:10-60)

*기도▷24:12 **오늘 나에게 순조롭게 만나게 하사, 내 주인 아브라함에게 은혜를 베푸시옵소서.**

*리브가를 만남▷우물가에서

*라반의 응락▷24:50 **이 일이 여호와께로 말미암았으니 우리는 가부를 말할 수 없노라.**

*리브가의 승락▷얼굴도 모르고 단지 친척이라는 사실 하나만 믿고 늙은 종을 따라갔다.

③이삭의 결혼 승락(24:61-67a)

아버지의 뜻에 따라 늙은 종이 데리고 온 리브가를 아내로 맞아들인 것은 모리아산에서 순종한 것과 같이 그가 순종의 사람임을 보여준다. 그는 결혼까지도 아버지의 마음을 기쁘게 했다.

그러나 에서는 이방 여인을 아내로 맞이함으로 부모의 근심이 되었다(창 26:34-35).

④결혼으로 어머니 장례 후 위로를 얻음(24:67b)

(4)아브라함의 자식(창 25:1-6): 55페이지 도표 참조

①사라(본처)에게서 난 자식▶이삭

②하갈(첩)에서서 난 자식▶이스마엘

③그두라(후처)에게서 난 자식▶시므란, 욕산, 므단, 미디안, 이스박, 수아

(5)아브라함의 죽음과 장사(창 25:7-11)

①향년▶175세 ②장지▶사라가 묻힌 헤브론의 가족묘지인 막벨라 굴

(6)이스마엘과 그 후손(창 25:12-18)

①자녀▶아들 12명, 딸 2명 ②향년▶137세

③자손들의 거주지▶하윌라에서 앗수르로 통하는 애굽 앞 술(수르)까지

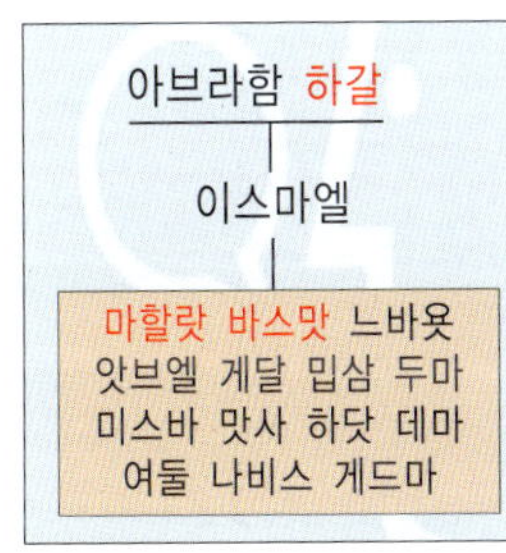

적용과 실천

실천을 위한 묵상

아브라함의 늙은 종은 임무에 우선순위를 둔 사람이었다(창 24:33).

그는 장거리 여행으로 피곤한 가운데 있었으나 자기 앞에 놓인 음식을 먹기 전에 먼저 주인이 자기에게 맡긴 며느리감에 대한 문제를 진술하기를 원했다. 또 자기에게 주어진 임무를 속히 감당하기를 원한 사람이었다(창 24:54-60). 그는 라반과 리브가의 승락을 받은 후 10일 동안만이라도 머물고 출발하라는 그 어머니의 부탁에 바로 주인에게 돌아가기를 원했던 사람이었다. 신앙인에게 우선순위는 생명과도 같다.

Thinking 하나님이 인정하는 신앙의 우선순위에 대해 이야기해보자.

핵심 Key word

그랄에서	브엘세바에서	모리아산	브엘세바	헤브론에서
아내의 위험	이삭출생	이삭희생제사	돌아옴	사라, 아브라함사망

6과 이삭의 생애

본문말씀▷창 25:19-27:40

새찬송가 549장

핵심말씀▷그들이 이르되 여호와께서 너와 함께 계심을 우리가 분명히 보았으므로 우리의 사이, 곧 우리와 너 사이에 맹세하여 너와 계약을 맺으리라 말하였노라(창 26:28).

배경 바라보기

시대적 고찰

이스라엘 족장인 아브라함의 팔레스틴 이주는 BC 2000년대 초기에 이루어졌다. 아브라함의 가나안 이주 후 100세 때 이삭을 낳고, 이삭이 40세에 결혼하여 60세에 야곱을 낳았다. 그동안 가나안에는 아브라함 때와 별다른 변화가 없이 지냈다. 성경에 보면 이삭 때 이집트의 영향력도 없었고, 메소포타미아 지역의 팔레스틴에 대한 영향력도 없었다. 단지 가나안에 자리잡고 살던 7족속이 균형을 이루고 있었다. 그중에 블레셋은 가장 강한 족속이었으나 국가 형태는 갖추지 못했다.

지리적 고찰

이삭의 중심무대는 남방의 중심지인 브엘세바이다. 아버지와 함께 북쪽의 예루살렘(모리아산)에 갔다온 후 기근으로 한때 서쪽에 있는 블레셋 지역의 그랄에 거주했지만 그것은 잠시 뿐이었다. 그랄은 팔레스틴 남쪽, 가사 부근에 있던 블레셋의 주요 성읍이다. 또 아버지의 장례를 위해 북쪽으로 35㎞ 떨어진 헤브론에 잠시 갔다가 왔지만 아브라함과 달리 대부분을 브엘세바에서 보냈다. 브엘세바는 헤브론 서남쪽 45㎞ 지점, 현재의 비르세바시 동쪽 약 6.4㎞ 지점인 네겝 지방의 주요 성읍이다. 이곳은 일찍이 이스라엘 조상 때부터 종교적인 성소이며 작은 도성이지만 BC 10세기까지 그 성벽이 존속되었다가 BC 9세기 초에 파괴되어 다시 세워졌고, BC 8세기에 완전히 파괴되었다.

문화적 고찰

◐젊은 여자(창 24:43) 고대근동 사회에서 배우자 선택은 아버지의 절대적인 권위에 있었고, 팔레스틴에서는 여자가 12세를 넘기면 결혼시키는 조혼 풍습이 성행했다.

051-2 면박한 여자 복장을 한 순례객, 이집트 돕가

◐너울(65)과 결혼예물 너울은 얼굴을 가리는 면박으로 고대의 관습에 의하면 기혼녀는 면박을 하지 않았으나(20:16), 미혼녀는 결혼 전까지 남편될 사람 앞에서 얼굴을 가렸다. 이는 겸손과 존경의 표시였다. 오늘날도 아랍 여성들이 얼굴과 몸 전체를 가리는 차도로와 같은 것이 바로 그것이다. 고대 세계에서 결혼 예물로는 금고리(겔 16:12)가 많이 사용되었다. 그런데 결혼 예물은 여자 집안의 어른 동의없이는 제공될 수 없었다(창 24:50-53).

단어해설

법도(laws, 法道, 창 26:5) '하나님께서 친히 가르치시고 교훈하신 선민의 도덕 원칙'을 뜻한다.

세바(26:33) '일곱'이라는 뜻

오늘까지(33) 모세가 창세기를 기록하던 때까지

복(27:12) 여기서 복은 하나님의 대리자로서의 신적인 결과를 지닌 축복을 뜻함

네가…원하노라(29). 야곱이 아브라함 언약의 계승자가 됨을 선언한 말이다(12:3).

네 주소는…멀 것이며(27:39) 에서는 이슬도 내리지 않는 척박한 땅에서 살 것이라는 예언이다.

몇 날 동안(44) 그러나 실상 야곱의 피신 기간은 20년이나 되었다(31:38).

본문 탐구하기

내용개요 아브라함이 늙고 아내가 죽은 후에 아브라함은 며느리를 구하기 위해 자기의 늙은 종을 하란으로 보낸다. 주인의 명을 받고 하란으로 가던 늙은 종은 순조롭게 리브가를 만나고 쉽게 허락을 받아 주인에게로 돌아온다. 이삭은 리브가를 아내로 맞고 어머니 장례 후에 위로를 얻었다. 이후 아브라함은 그두라를 후처로 취해 6명의 아들을 낳았으며, 죽기 전에 서자들에게도 유산을 주어 동국(東國)으로 보낸 후 175세에 죽어 막벨라 굴에 장사되었다.

아버지 사후 이삭은 쌍둥이 에서와 야곱을 얻었다. 그후 흉년이 들어 그랄에 거하게 될 때 아내로 인해 그랄 왕에게 책망을 받았으며, 그곳에서 농사로 거부가 되었다. 그러자 블레셋 사람들의 시기로 그곳을 떠나 골짜기에 거하면서 우물을 팠으나 소유권 문제로 논쟁이 일어난 후 브엘세바에 와서 살게 된다. 브엘세바에서 그랄 왕과 화해의 계약을 맺은 이삭은 늙어 눈이 어두운 가운데 에서 대신에 야곱에게 장자의 축복을 준다. 이에 에서는 야곱을 죽이려고 하사 리브가는 야곱을 하란으로 피난시키고자 한다.

QA 본문탐구

1 아버지와 함께한 시절

1. 이삭의 출생과 성장

(1)출생지: 정확한 근거는 없으나 대체로 그랄에서 브엘세바에 이르는 지역이다(창 24:62-67).

(2)출생

①이삭은 아브라함이 노년에 낳은 아들로 이름의 뜻은 '그는 웃는다' 혹은 '그는 웃을 것이다.' 로 시 105:9, 렘 33:26, 암 7:9 등에 나오는 뜻과 같다.

②할례를 받음▶할례를 행하도록 명하신 이유는? 하나님의 언약백성이 된 표(標)로 삼게 하기 위해서

(3)모리아산에서(창 22:1-14)

①아버지와 함께 희생번제가 되기 위해 모리아산으로 갔다.

*이삭이 모리아산에 오를 때- 창 22:7 **불과 나무는 있거니와 번제할 어린양은 어디 있나이까?**

*아브라함- 창 22:8 **번제할 어린양은 하나님이 자기를 위하여 친히 준비하시리라.**

②모리아산에서 브엘세바로 돌아옴(22:18).

> **순종이 제사보다 낫고, 듣는 것이 숫양의 기름보다 나으니(삼상 15:22)**
> 이삭은 순종의 사람이었다. 이삭은 모리아산에서 번제물로 드려지는 가운데에서도 반항하지 않고 순종했다. 아브라함이 믿음의 사람이라면 이삭은 순종의 사람이었다. 순종은 하나님이 가장 기뻐하시는 제사임을 기억하자. 하나님은 불순종하며 드리는 제사를 결코 받지 않으신다.

2. 결혼

(1)아브라함의 며느리감 구하기(창 24:1-61): 늙은 종을 하란으로 보냄

(2)이삭의 결혼(창 24:62-67): 40세, 어머니 장례 후에 위로를 얻음

(3)부친 장사(창 25:7-11): 헤브론의 막벨라 굴에 장사

051-3 이삭과 리브가의 결혼

2 아버지 사후의 여정

1. 브엘세바에서(창 25:19-34)

(1)자식을 위한 기도(창 25:19-23)
①40세에 리브가와 결혼했으나 자식이 없자 기도함(25:21)
②잉태한 두 아들에 대한 하나님의 예언(25:23)
*두 국민이 네 태중에 있구나. 두 민족이 네 복중에서부터 나누이리라.
*이 족속이 저 족속보다 강하겠고, 큰 자가 어린 자를 섬기리라.

053-1 브엘세바, 이스라엘

(2)쌍둥이 출생(창 25:24-26): 결혼 20년 만에 이삭이 60세 때 기도를 통해 쌍둥이 에서와 야곱을 얻음
①에서▶장자, 붉고 전신이 털옷 같음, 사냥꾼으로 자람, 이삭이 더 사랑함, 후에 에돔 족속의 조상이 됨
②야곱▶차자, 형의 발꿈치를 잡고 나옴, 조용한 사람, 리브가가 더 사랑함, 후에 이스라엘이 됨

(3)에서가 장자의 명분을 동생에게 팜(창 25:27-34)
①상황▶사냥한 후 집에 왔을 때 피곤하고 배가 고파 동생의 팥죽을 먹는 대신에 장자의 명분을 팔았다.
②장자에 대한 태도(25:32)▶가볍게 여김(**내가 죽게 되었으니 이 장자의 명분이 내게 무엇이 유익하리요.**)

장자의 권리(창 25:31)

장자의 명분(창 25:31)이란 아내에게서 태어난 첫 아들에게 주어지는 장자의 상속권을 가리킨다. 구약시대에 있어 장자는 가계를 승계하여 가장으로서 가문의 대소사에 주도권을 갖게 되었다. 그리고 유산 상속시 다른 형제보다 두 배의 몫을 받았다(신 21:17). 뿐만 아니라 족장으로부터 내려오는 영적축복 계승권도 내포되어 있다. 그런데 에서는 순간의 배고픔을 해결하기 위해 장자의 권리를 가볍게 여겨 동생에게 팔았다.

정한 음식보다 그의 입의 말씀을 귀히 여겼도다(욥 23:12).
에서는 장자의 명분이 얼마나 귀한 것인지를 알지 못하고 동생에게 팥죽 한 그릇에 장자의 명분을 팔았다. 그는 귀한 것을 귀한 것으로 여기지 않는 자였다. 반면 야곱은 귀한 것을 귀한 것으로 여길 줄 알았다. 예수께서는 진주를 돼지 앞에 던지지 말라(마 7:6)고 말씀하셨다. 돼지에게는 진주보다 구정물이 더 귀하다. 하늘의 것을 세상의 것보다 더 귀한 것으로 여기고 하늘의 것을 구하자.

2. 그랄에서(창 26:1-22)

054-1 그랄의 농토, 이스라엘

(1)그랄로 간 이유(창 26:1-6)
①흉년이 들어서(26:1)▶아브라함 이후 두 번째
②하나님의 명령에 의해(26:2)
③하나님의 축복 재보증(26:3-5)▶이 땅에 거류하면(조건) ⇨

* 내가 너와 함께 있어 네게 복을 주고
* 내가 이 모든 땅을 너와 네 자손에게 주리라.
* 네 자손을 하늘의 별과 같이 번성하게 하며
* 네 자손으로 말미암아 천하만민이 복을 받으리라.

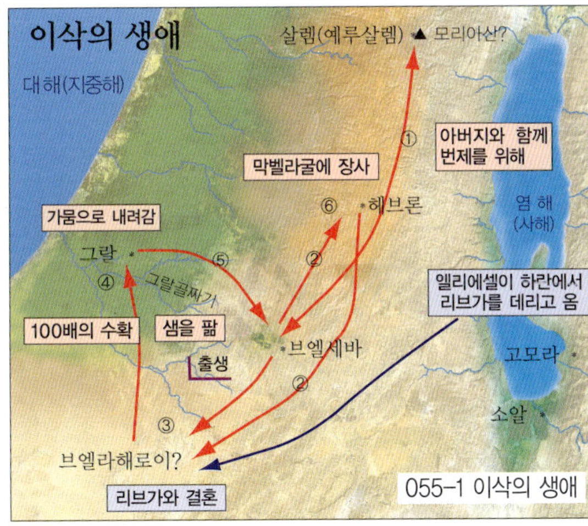

055-1 이삭의 생애

(2)아비멜렉의 책망(창 26:6-11)

①책망내용(26:9-10)과 이삭의 변명(26:9b)

아내의 미모로 자기를 죽일 것이라고 생각하여 아내를 누이라고 했기 때문에

②시기▶이삭이 거기 오래 거주하였더니(창26:8)

(3)농사 풍년(창 26:12)

①상황과 수확▶그랄에 거주한 기간 가뭄 중에도 100배의 수확을 거둠

②이삭이 가뭄 중에서도 100배의 수확을 할 수 있었던 것은(26:12)?

이삭은 가뭄이 들사 아브라함처럼 애굽으로 내려가려고 했다. 그러나 하나님의 명령에 순종하여 블레셋 지역에 머무는 가운데 100배의 수확을 하였다. 이는 우물 때문이었다. 물이 귀한 팔레스틴 지역의 특징상 우물의 발견은 농사의 절대적인 요건이었다. 우물 하나로 사방 1km 정도까지 농사가 가능했다.

너희가 즐겨 순종하면 땅의 아름다운 소산을 먹을 것이요(사 1:19)

이삭은 가뭄 중에서도 하나님의 명령에 따라 애굽으로 내려가지 않고 블레셋 지역에 거주하자 하나님은 이삭에게 우물을 주셨다. 그리하여 그해 가뭄 중에서도 100배의 결실을 얻었다. 이해되지 않아도 하나님의 말씀에 순종할 때 이해하지 못하는 큰 축복을 받을 수 있음을 이삭을 통해 깨닫게 된다.

(4)블레셋 사람들의 시기(창 26:13-17)

①이유▶자기들 땅에서 농사를 지어 거부가 된 것을 보고(26:13-14): 양과 소와 종이 심히 많으므로

②결과▶아브라함 때 파 놓은 우물을 막아 버렸고, 아비멜렉은 출국 명령을 내렸다(26:15-16).

056-2 그랄 골짜기, 이스라엘

(5)이삭이 판 우물(창 26:18-22)

그랄을 떠나 그랄 골짜기에 거하면서 우물을 파자 그랄 목자들과 다투고 샘이름을

①에섹 (다툼)이라고 했고, 두 번째도 다투자

②싯나(대적)라고 했고, 세 번째는 다투지 않았으므로

③르호봇(장소가 넓음)이라고 불렀다.

057-1 이삭의 우물, 브엘세바

성경시대의 우물(창 26:17-22)

고대근동 지역에서는 적은 강우량으로 인해 우물은 생존을 위한 가장 중요한 요건 중의 하나였다. 그래서 고대에서는 우물을 중심으로 마을이 형성되었으며, 우물에 대한 소유권 주장으로 종종 다툼이 일어났다(창 26:20-21). 이삭은 그랄 골짜기에서 우물을 팠으나 블레셋 사람들과 우물의 소유권으로 인해 다투었다(창 26:19-22). 보통 우물은 깨끗하게 보존하고 짐승이 빠지는 것을 막기 위해 돌로 덮었다(창 29:3). 고대에는 우물속에 영들이 살고 있었다고 생각했다(창 16:14).

온유한 자들은 땅을 차지하며, 풍성한 화평으로 즐거워하리로다(시 37:11).
이삭은 자기가 판 샘의 소유권 때문에 블레셋 사람과 다투는 대신 두 번씩 다른 곳에 우물을 팠다. 결국 하나님은 그런 이삭에게 더 넓은 지역을 주셨다. 이삭은 다툼보다는 화평을 원하는 온유하고 양보하는 사람이었다. 하나님을 위한 양보는 당장은 손해 보는 것 같으나 결국은 더 많은 것을 얻게 한다.

3.브엘세바에서(창 26:23-27:46)

(1)하나님의 축복의 재보증(창 26:23-25)
①하나님은 약속에 대한 믿음이 약해질 때마다 약속을 상기시키기 위해 약속에 대한 재보장을 하신다.
②아브라함에게는 수차례나 자손번성에 대한 약속을 하셨고
③이삭에게도 두 번씩이나 약속을 재확인시키셨다.
④축복에 대한 응답으로 단을 쌓음▷축복에 대해 항상 감사하고 응답하는 생활을 하자.

(2)아비멜렉과 계약을 맺음(창 26:26-31)
①계약을 제기한 동기▶아브라함 때와 마찬가지로 하나님이 이삭과 함께 하시는 것을 보고
②계약내용▶서로 해치지 말자.

우리는 구원받는 자들에게나 망하는 자들에게나 하나님 앞에서 그리스도의 향기니(고후 2:15)
아비멜렉의 수하들이 이삭이 판 우물을 메웠음에도 아비멜렉이 이삭을 찾아와 화평조약을 제기한 것은 하나님이 이삭과 함께 하는 것을 보았기 때문이었다. 이는 그리스도인의 생활이 불신자에게 큰 영향을 끼치는 것을 보여준다. 그러므로 믿는 자들은 생활로 불신자들에게 좋은 영향을 끼쳐야 한다.

(3)브엘세바라는 이름의 기원(창 26:32-33)
아비멜렉과 화해의 계약을 치룬 날 이삭의 종들이 우물을 파 샘을 얻은 것을 인하여 '세바'라고 불렀다. 브엘세바는 '7개의 샘'이란 뜻이다. 현재지명은 텔 비르세바이다.

058-1 텔 브엘세바 우물, 이스라엘

(4)이삭의 근심(창 26:34-35)
①원인▶장자인 에서가 이방 여자인 헷 족속의 유딧과 브에리의 두 여자를 아내로 삼은 일로 인해

(5)이삭의 축복(창 27:1-40)
①축복을 위한 준비(27:1-4)▶에서에게 사냥한 것으로 내가 즐기는 별미를 만들어 먹게하여 축복하게 하라.
②리브가의 계략(27:5-25)▶에서보다 야곱을 더 사랑한 리브가는 염소 새끼 두 마리로 별미를 만들어 에서가 들어오기 전에, 야곱으로 하여금 에서의 의복을 입고 들어가, 아버지를 속이고 장자의 축복을 받도록 하였다. 이에 야곱은 아버지를 속이고 장자의 축복을 받았다.
③장자의 축복을 받은 야곱(축복내용, 27:26-29)▶
*27 **내 아들의 향취는 여호와께서 복 주신 밭의 향취로다.**
*28 **하나님은 하늘의 이슬**(영적 축복)**과 땅의 기름짐**(땅의 축복)**이며 풍성한 곡식과 포도주를 네게 주시기를 원하노라.**
팔레스틴, 특히 산악지대에서는 서풍이 몰고 온 바다 수분을 내포한 공기가 저녁에 급속히 냉각되어 이슬이 비처럼 내린다(신 32:2).

059-1 팔레스틴 중부 지역의 이슬

한편, 사막에서 이슬은 하나님의 축복으로 간주되었다(미 5:7, 슥 8:12).

*형제들과 열국의 주가 되리라.

*복의 근원이 되리라.

*이삭은 야곱을 모르고 축복했는가?

이삭은 에서와 야곱이 태중에 있을 때 큰 자가 작은 자를 섬길 것이라는 말을 하나님으로부터 들어 알고 있었다(창 25:23).

060-1 아버지를 속이고 축복받는 야곱

④에서의 간청과 축복(27:30-40)

동생이 자기에게 돌아올 축복을 빼앗은 것을 알고 소리내어 울며 남은 축복만이라도 받기 위해 간청함

에서가 장자의 명분을 판 것은 재산에 국한된 것으로만 생각했던 것 같다.

훗날 동생의 예물을 거절한 것을 보면 재물의 욕심은 크지 않았다.

*27:39 **네 주소는 땅의 기름짐에서 멀고, 내리는 하늘 이슬에서 멀 것이며**

이슬도 내리지 않는 척박한 땅에서 살 것이라는 예언이다.

*칼을 믿고 생활할 것이다.

*네 아우를 섬길 것이다. 이미 태중에서 예언된 것이다(창 25:23).

*27:40 **네가 매임을 벗을 때**(강해져서 이스라엘로부터 해방될 때)**에는 그 멍에를 네 목에서 떨쳐 버리리라.**

성취: 유다 여호람 왕 때(왕하8:20-22)

4.사망까지의 이삭의 내용은 야곱의 생애에서(창 35:28-29)

(1)이삭은 180세에 헤브론에서 죽어 막벨라 굴에 장사됨(창 35:28-29)

적용과 실천

실천을 위한 묵상

에서는 부모에게 근심을 끼친 사람이었다(창 26:34-35).

에서는 이방인 여자를 아내로 맞이 함으로 부모의 마음에 근심이 되었다(창 26:34-35). 반면 이삭은 리브가를 처음 보았음에도 아버지의 뜻에 순종하여 아내로 삼았고 그로 인해 어머니 장례 후 위로를 얻었다. 때로 우리는 내 생각과 내 판단에 따라 주님을 기쁘시게 하려고 하지는 않는가?

Thinking 어떤 것이 하나님(또는 부모)의 마음을 기쁘게 하는지 이야기해보자.

핵심 Key Word

부모와 함께	브엘세바에서	그랄에서	브엘세바에서
출생부터 결혼까지	에서와 야곱 출생	흉년, 100배 결실	아비멜렉언약, 야곱축복

7과 야곱의 생애 1(하란까지)

본문말씀▷창 27:41-31:16　　새찬송가 338장
핵심말씀▷야곱이 잠이 깨어 이르되 여호와께서 과연 여기 계시거늘 내가 알지 못하였도다(창 28:16).

배경 바라보기

시대적 고찰

앞서 5과에서 살펴본 것처럼 아브라함부터 야곱과 요셉에 이르기까지 역사적인 배경은 마리문서에 근거하면 이 시대의 사건들은 대략 BC 20세기부터 17세기 혹은 16세기 초기까지의 역사적인 사건과 잘 부합된다는 사실만을 알 수 있다. 마리문서는 족장시대의 관습과 풍습들과 유사한 내용들이 있다. 아브라함과 야곱과는 대략 160년 차이가 나나 이때 팔레스틴 지역에서의 정치적인 큰 변화는 없었다.

지리적 고찰

야곱은 아버지와 함께 브엘세바를 중심으로 살았다. 그러다가 장자의 축복을 가로챈 후 형을 피해 중앙산악지대의 벧엘을 거쳐 유프라테스강 상류에 있는 브엘세바에서 직선 거리로 800km 거리인 하란까지 갔다. 그는 그곳에서 20년을 보냈다. 벧엘은 '하나님의 집' 이란 뜻으로 예루살렘 북쪽, 실로 남쪽 약 16km 지점에 있던 성읍이다. 아브라함이 가나안에 입성해 하나님 앞에 제단을 쌓은 곳도 바로 이곳이다(창 12:8).

문화적 고찰

◐성경에 나오는 일부다처제의 생활방식(창 29:21-30:24) 본래 성경의 정신은 일부일처제이다. 그러나 성경은 일부다처제의 경우가 등장하고 있다. 라멕은 최초로 일부다처제를 두었으며, 아브라함은 본처 외에 첩 그두라와 후처를 두었다. 다윗을 비롯한 이스라엘의 역대 왕들 역시 다른 이방 왕들처럼 여러 명의 아내와 수많은 첩과 후궁들을 두었다. 본문에서 야곱은 두 명의 아내와 그의 시녀들을 첩으로 맞았다. 이런 일부다처제에서 남편은 각각의 아내에게 각각의 집이나 장막을 주었으며 잠자리는 특별한 경우를 제외하고는 순서를 지켰다. 그래서 라헬은 언니이자 남편의 아내이기도 한 레아에게 합환채를 얻기 위해 자신의 잠자리를 언니에게 양보했다.

◐결혼 지참금(29:20-21) 이스마엘의 조상은 아랍 사람들이며, 아랍 사람들의 결혼 풍속에는 남자가 여자측에 주는 지참금 제도가 있었다. 이 결혼 지참금은 신부측의 부모가 받아서 관리해 주는 돈이다. 만일 결혼한 딸에게 변고가 생겨서 남편이 죽거나 이혼당해 과부가 되어 생계가 어려워지게 되면 이 지참금으로 살아갈 수 있도록 도와주는 역할을 했다. 당시의 누지문서에는 아내를 얻기 위해 30-40세겔(목동의 3-4년 품삯)을 지참금으로 주었다.

단어해설

서원(vow, 창 28:20) '하나님 앞에서 맹세하여 소원을 세우다' 라는 뜻이다. 이 서원은 하나님의 사랑과 은총에 대한 인간의 적극적인 신앙 반응으로서, 하나님 앞에서 자신을 온전히 헌상하는 행위이다.

섬기리이다(serve, 18). 원뜻은 '노예가 되다' 이며, 여기서 '섬기다' 는 의미가 파생되었다. 이는 대가를 바라지 않고 충심으로 섬긴다는 의미를 내포한다.

내 무릎에 두리니(30:3) 다른 사람이 낳은 아이를 양육하여 자신의 자식으로 삼겠다는 말이다(16:2).

내 부끄러움(23) 아이를 낳지 못한 것을 가리킨다.

본문 탐구하기

내용개요 형의 분노를 피해 밧단 아람으로 도피하던 야곱은 벧엘에서 꿈에 하나님을 만나고 그곳에 제단을 쌓고 십일조 서원을 하게 된다. 마침내 하란에 도착한 야곱은 외삼촌 라반의 둘째 딸 라헬을 사랑하여 그를 아내로 삼는 대가로 7년간 라반을 섬긴다. 그러나 결혼 첫 날 라반이 첫째 딸을 신혼방으로 들임으로 야곱은 다시 7년을 섬기고 라헬도 아내로 맞는다. 이후 6년 동안 재산을 위해 일했다. 그리고 20년 만에 라반의 안색이 변함을 알았고 하나님의 말씀에 따라 하란을 떠날 계획을 세운다.

QA 본문탐구

1 출생에서 집을 떠날 때까지

1. 출생(창 25:24-26)

(1)쌍둥이 중 동생으로 출생(창 25:24-26): 이삭이 40세에 결혼하여 20년 만에, 기도를 통해 낳음

(2)큰자는 어린 자를 섬기리라는 예언 속에 출생(창 25:23)

(3)형의 발꿈치를 잡고 출생함(25:26): 그래서 이름을 '발꿈치를 잡았다' 라는 뜻의 야곱으로 지었다.

2. 성장(창 25:27-34, 27:1-40)

(1)어머니 리브가의 사랑을 받으며 자람(창 25:27-28)
①형 에서가 들사람 사냥꾼으로 자란 것에 비해
②야곱은 조용한 사람으로 집안 일을 돌보며 어머니 리브가의 사랑을 더 받으며 자람

U61-1 성경에서 팥죽의 재료인 붉은 팥, 이스라엘

(2)형 에서에게 장자의 명분을 삼(창 25:29-34)
①사냥한 후 피곤하고 허기진 형에게 팥죽을 주고 장자의 명분을 샀다.
②장자에 대한 애착과 집념이 대단한 사람이었다.

(3)장자의 축복을 받음(창 27:1-40)
①자신에게 장자의 축복을 받게하려는 어머니의 계략에 아버지를 속이고 장자의 축복을 받았다(27:1-29). 24절의 '그러하니이다' 는 야곱의 거짓말이 절정을 이루는 부분이다.
②하나님은 왜 에서가 아니고 야곱을 선택하셨는가(25:23)?
*하나님은 귀한 것을 귀한 것으로 여길 줄 아는 사람을 선택하신다. 그러나 에서는 그렇지 못했다.
*야곱은 하나님의 축복을 받았으나, 교활한 인간적인 방법은 후에 많은 대가를 치루었다(47:9).

정한(작정한) 음식보다 그의 입의 말씀을 귀히 여겼도다(욥 23:12).
야곱은 장자권을 위해 형의 배고픈 약점을 이용했고, 후에는 어머니의 제안을 받아들여 아버지를 속이고 장자의 축복권을 받았다. 하나님은 에서 대신에 그런 야곱을 선택하셨다. 바로 하나님은 방법보다는 귀한 것을 귀한 것으로 여기는 목적(내용)을 우선적으로 선택하신다. 이것은 이미 태중에서 예언된 것이기도 했다.

2 집을 떠난 때부터 하란에서의 생활

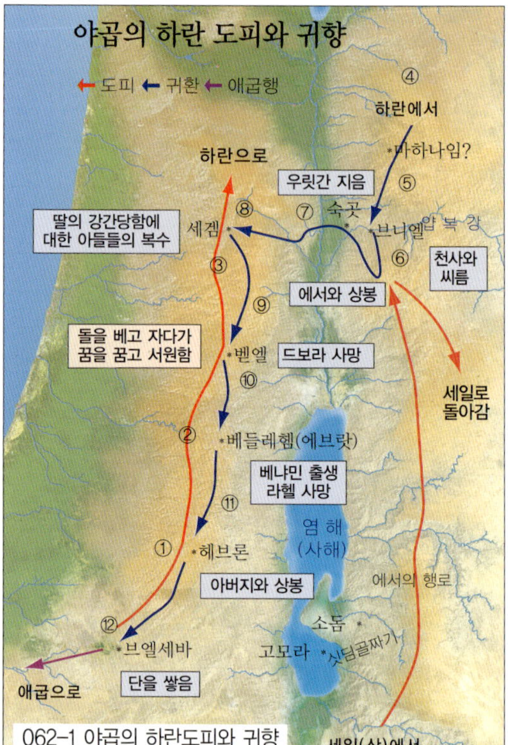

062-1 야곱의 하란도피와 귀향

1. 형을 피해 도피함(➡ 벧엘, 창 27:41- 28:9)

(1)도피한 이유(창 27:41-42)
①장자의 명분을 빼앗긴 형의 보복을 피하기 위해
②에서의 분노(27:41)▶
아버지가 죽으면 동생을 죽이려고 마음 먹음

(2)에서의 분노와 야곱의 도피계획(창 27:43-46)
①리브가의 야곱 도피계획(27:43-45)▶형이 동생을 죽이려는 것을 눈치챈 어머니 리브가가 형의 노가 풀리고 자기에게 행한 것을 잊어버릴 때까지 몇날 동안(27:44-45) 야곱을 도피시키려고 했다.
그러나 20년 후에 돌아 왔다.
②리브가의 부탁(27:46)▶남편에게 야곱의 아내감을 이 지역(헷 족속)의 딸들에게서 맞이하지 않도록 함

(3)도망할 때 아버지의 부탁과 축복(창 28:1-5)
①가나안 사람의 딸들을 아내로 삼지 말고, 네 외삼촌 라반의 딸 중에서 아내를 취하라.
②생육하고 번성하여 여러 족속을 이루기를
③하나님이 아브라함에게 주신 땅을 차지하게 하시기를

(4)야곱의 하란행에 대한 에서의 반응(창 28:6-9)
①아버지의 이복 형인 이스마엘의 딸인 마할랏을 아내로 삼은 이유는?
*아버지가 동생으로 하여금 친척의 딸을 아내로 삼게 하기 위해 밧단 아람의 하란으로 보내고
*가나안 사람의 딸들로 에서의 아내가 된 자들이 아버지 이삭을 기쁘게 하지 못하므로

2. 벧엘에서(➡ 하란, 창 28:10-22)

063-1 야곱이 꿈을 꾼 벧엘, 이스라엘

(1)야곱의 꿈(창 28:10-15)
①꿈 내용(28:10-12)▶사닥다리가 땅 위에 서 있는데
하나님의 사자들이 그위에서 오르락내리락함
②꿈속에서의 축복과 약속(28:13-15)
*네가 누워있는 땅을 ➡ 너와 네 자손에게 줄 것임
*자손이 번성하고 그 자손으로 하여금 ➡ 모든 족속이 복을 받을 것임
*어디로 가든지 ➡ 너를 지키며, 너를 이끌어 이 땅으로 돌아오게 할 것임
*내가 네게 허락한 것을 다 이루기까지 ➡ 너를 떠나지 아니할 것임
브엘세바에서 벧엘까지는 108㎞ 정도로 당시 집을 떠나면 하나님도 떠나는 것으로 생각하며 불안해 하던 야곱에게는 벧엘에도 하나님이 계신다는 것이 놀라운 것이었고, 힘과 용기를 주는 사건이었다.

네가 여호와의 성전공사의 모든 일을 마치기까지 여호와 하나님, 나의 하나님이 너와 함께 계시사 네게서 떠나지 아니하시고, 너를 버리지 아니하시리라(대상 28:20).
집을 떠나면 하나님도 떠난다는 생각을 가진 야곱이 루스(벧엘)에서 꿈에 하나님을 만났을 때 하나님은 그에게 "내가 네게 허락한 것을 다 이루기까지 너를 떠나지 아니하리라"는 약속을 해주셨다. 야곱의 하나님은 오늘 우리를 통해 이루고자 하시는 일을 이룰 때까지 결코 우리를 떠나지 않는 분임을 확신하며 살자.

(2)제단을 쌓고 십일조 서원을 함(창 28:16-22)
①제단을 쌓음(28:18)▶베개로 삼았던 돌을 기둥으로 세우고, 그위에 기름을 붓고 '벧엘' 이라고 부름
본래 이름은 루스였고, 벧엘은 '하나님의 집' 이란 뜻이다.
②서원내용(28:20-22)▶내가 평안히 아비 집으로 돌아가게 하시면
*여호와께서 나의 하나님이 되실 것이요
*내가 기둥으로 세운 이 돌이 하나님의 집(전)이 될 것이요
*하나님이 주신 것 중에서 십분의 일을 하나님께 드리겠습니다.

3. 하란에서(→ 하란, 창 29:1-31:16)

(1)라헬과의 만남(창 29:1-12)
①장소(29:2)▶하란 근교의 들에 있는 우물에서
②상황(29:10-12)▶우물을 덮은 돌을 옮긴 후 라반의 양떼에 물을 먹임
라헬에게 입을 맞추고 소리내어 움, 자신이 라반의 생질임을 밝힘

064-2 야곱이 라헬을 만난 우물, 하란 근교

(2)라반과의 만남(창 29:13-20)
①한 달 동안 라반 집에서 일하며 거주
②한 달 후 품삯 대신 라헬을 아내로 주기로 약속함▶7년간 일하는 조건
③야곱은 7년을 수일같이 지냄▶라헬을 사랑하기 때문에

065-1 야곱이 라반의 양떼를 친 곳, 터키 하란

(3)결혼(창 29:21-30)
①아내를 위한 봉사(29:21-22)▶라헬을 아내로 맞기 위해 7년간 봉사
당시의 누지문서에는 아내를 얻기 위해 30-40세겔(목동의 3-4년 품삯)을 지참금으로 주었다.

새 계명을 너희에게 주노니 서로 사랑하라. 내가 너희를 사랑한 것같이 너희도 서로 사랑하라(요 13:34).
야곱은 사랑하는 아내를 얻기 위해 14년을 봉사했다. 당시의 기준으로 아내를 얻는데 목동 3년의 품삯에 비하면 두 배도 넘는 액수를 주고 아내를 얻은 것이다. 우리가 하는 사랑은 너무 감정에만 치우치는 싸구려 사랑은 아닌가? 예수 그리스도는 자신의 생명을 주는 값비싼 사랑을 우리에게 주었다. 그런 사랑을 받은 우리 역시 희생적인 사랑을 하는 것이 마땅하다.

②라반의 속임(29:23-24)▶7년 후 야곱을 속이고 라헬 대신 레아를 줌
7일 후 라헬을 먼저 아내로 삼고 다시 7년을 봉사함
③야곱은 첫 날 밤에 왜 라헬인지 알지 못했을까(29:25-26)?
*당시 여자들은 결혼하지 않은 남자 앞에서는 면박을 했다.
히잡(머리만 가림)-니깝(입까지 가림)-차도르(눈만 보이게)-부르카(눈까지 가리고 망으로 덮음) 단, 반드시 노출 정도가 기준이 되는 것은 아니다.

066-1 면박한 베두인, 이집트

24:65 **리브가가 너울을 가지고 자기의 얼굴을 가리더라.**

*결혼축제 때 라반에게 속아 술에 취해서?

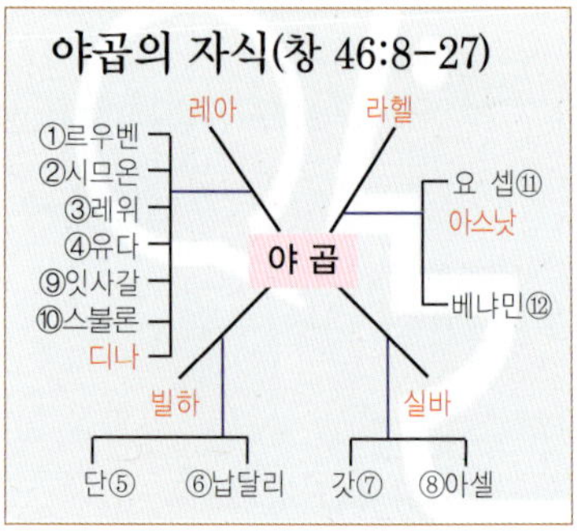

(4)야곱의 자녀 출생(창 29:31-30:24)

①레아의 소생▶르우벤, 시므온, 레위, 유다, 잇사갈, 스불론, 디나(딸)

②빌하의 소생(라헬의 시녀)▶단, 납달리

③실바의 소생(레아의 시녀)▶갓, 아셀

④라헬의 소생▶요셉, 베냐민

*라헬의 태를 닫은 이유는(창 29:31)?

언니인 레아가 총이 없어 야곱의 사랑을 받지 못하고 라헬에게 차별적인 사랑을 함을 보았기 때문에 그래서 레아가 첫 아들을 낳고 르우벤이라 했다. 그 이유는 여호와께서 나의 괴로움을 돌보셨으니 이제는 남편이 나를 사랑하리라(창 29:32)고 말한 것에서 알 수 있다.

*라헬의 투정과 시기(30:1)▷잉태치 못함으로 레아를 투기하여 남편에게 자식을 낳게하라고 투정함

*라헬이 자기 시녀 빌하를 남편에게 첩으로 줌(30:3-8)▷빌하가 야곱으로 인해 단과 납달리를 낳음

*레아도 자기 시녀인 실바를 남편에게 첩으로 줌(30:9-13)▷실바가 야곱으로 인해 갓과 아셀을 낳음
이런 아들 낳기 경쟁은 기도로 얻은 이삭과는 전혀 다른 인간적인 방법에 의한 것이다.

*라헬이 언니인 레아의 아들이 캐온 합환채를 삼(30:14-16)▷대신 레아에게 남편과의 잠자리를 양보함

합환채(mandrakes, 合歡菜, 창 30:14)는 '사랑의 과실'이라고도 불려지며, 성적(性的) 감흥을 일으키는 일종의 정력제요, 최음제로 알려졌다. 고대근동 지역에서는 임신촉진제로 알려져 있다. 팔레스틴 남부에 많이 자생하며, 잎은 진한 녹색이고, 꽃은 희고 붉으며, 감귤 정도 크기의 열매를 맺는다.

068-1 합환채 열매, 이스라엘

067-1 합환채, 이스라엘

(5)재산 축적을 위해 일함(창 30:25-43)

①야곱으로 인해 라반의 재산이 더욱 번성함(30:27, 30)

30:30 **내 발이 이르는 곳마다 여호와께서 외삼촌에게 복을 주셨나이다.**

②야곱의 제안(30:32-33)▶라반의 짐승을 치는 대가로 양떼 중 아롱지고, 점이 있고, 검은 것과 염소 중에 아롱지고 점있는 것이 태어나면 자신의 소유가 되기로 약정함, 그러나 10번이나 품삯을 변경했다.
품삯은 금액을 깎은 것이 아니라 품삯 방법을 바꾼 것이다.

068-2 살구(아몬드)나무, 이스라엘 텔 단

여호와께서 주시는 복은 사람을 부하게 하고, 근심을 겸하여 주지 아니하시느니라(잠 10:22).

라반은 야곱과 품삯을 정한 후 10번이나 변경했다. 그럼에도 하나님은 야곱에게 돌아올 양떼를 번성하게 하셨다. 결국 하나님이 축복하기로 작정하면 인간이 결코 막을 수 없음을 야곱에게서 발견한다. 그래서 예수께서도 저주하는 자를 위해 오히려 축복하라고 말씀하셨다(눅 6:28).

068-3 신풍나무로 알려진 프라타너스 껍질, 이스라엘

③야곱의 계책(30:37-42)

*튼튼한 양이 새끼를 밸 때는 개천의 양떼 눈 앞에 버드나무와 살구나무와 신풍나무의 껍질을 벗겨 흰 무

뇌를 낸 나뭇가지를 놓아 새끼를 배게 하고
약한 양이면 그 가지를 두지 않게 하여 튼튼한 양이 자기의 것이 되게 했다.

④결국 야곱은 큰 재부가 되었다(30:43).

(6)하란을 떠날 계획(창 31:1-16)

①떠나게 된 동기(31:1-3)

*라반의 아들들이 아버지의 재산을 빼앗았다고 생각함(1)▷아버지 것으로 재물을 모았다고 생각
*야곱이 라반의 안색이 변한 것을 봄(2)▷야곱의 재산이 늘어나자 대하는 것이 이전과 다름
*하나님이 야곱에게 떠나라고 함(3)▷네 조상의 땅, 네 족속에게로 돌아가라.

②아내의 응락(31:4-16)

*야곱이 이제까지의 일을 아내에게 설명(5-13)▷라반에게 한 것과 하나님의 하란 출발 명령
*아내가 하란 출발을 허락(14-16)

14-15 **우리가 우리 아버지 집에서 무슨 분깃이나 유산이 있으리요. 아버지가 우리를 팔고 우리의 돈을 다 먹어버렸으니 아버지가 우리를 외국인처럼 여기는 것이 아닌가?**

16 **이제 하나님이 당신에게 이르신 일을 다 준행하라.**

당시 딸을 보내는 대가로 받은 지참금은 딸이 이혼을 당했을 경우 딸의 생활을 위해 딸의 아버지가 보관해 놓았다. 그런데 라반은 자신이 모두 써버렸다.

적용과 실천

실천을 위한 묵상

하나님은 어디나 계시는 분이다(창 28:16).

아브라함으로부터 시작된 야웨(여호와)에 대한 신앙은 야곱 때까지도 족장의 범위를 벗어나지 못했다. 곧 야곱은 조부로부터 가족신으로 섬겨오던 하나님은 집을 떠나면 자신을 지켜주시는 하나님 곁을 떠난다고 생각했다. 그런데 형을 피해 도망하다가 자기 집과는 2-3일 길이나 되는 루스(벧엘)에도 하나님이 계신 것을 알고 큰 충격을 받았다. 그래서 그는 "과연 이곳에도 하나님이 계셨으나 내가 알지 못했다(창 28:16)"라고 고백했다. 그렇다. 하나님은 우리의 생각밖에도 계시다. 나의 삶의 영역뿐만 아니라 그 영역 밖에서도 계신다. 나의 안에 계실 뿐만 아니라 나의 밖에도 계시는 분이시다. 하나님은 인간의 가시적인 눈에 보이는 제한적인 분이 아니다. 벧엘에서의 야곱의 하나님은 결코 인간의 삶의 영역 안에만 계시는 분이 아니시다. 다만 인간이 자기의 영역 안에 하나님을 가두기 때문에 자기의 영역 밖에 계신 전능한 하나님을 믿지 못하는 것이다.

Thinking 목적이 좋은데 방법이 나쁠 때 하나님의 선택은 어떤 것인지 이야기해보자.

핵심 Key word

야곱의 도피	벧엘에서	하란에서(20년)
장자축복, 하란으로 도피	꿈에 하나님 만남, 서원	라헬만남, 결혼, 자식출산, 재산축적

8과 야곱의 생애 2(귀향부터)

본문말씀▷창 31:17-36:43　　새찬송가 435장

핵심말씀▷우리가 일어나 벧엘로 올라가자. 내 환난 날에 내게 응답하시며, 내가 가는 길에서 나와 함께 하신 하나님께 내가 거기서 제단을 쌓으려 하노라(창 35:3).

배경 바라보기

시대적 고찰

야곱이 하란에 도착하고 떠날 때까지 20년 동안은 당시 야곱이 지냈던 밧단 아람 지역이나 남쪽의 이집트는 물론 가나안 지역까지 특별한 정치적인 변화는 없었다.

지리적 고찰

야곱은 하란에서 나와 귀환하던 도중에 요단동쪽 길르앗 미스바에서 라반의 추격을 받아 그와 언약을 맺은 후 계속 남하하여 마하나임을 거쳐 브니엘 앞의 얍복강을 건넌 후 에서를 만났다. 에서와 헤어진 후 숙곳을 거쳐 요단강을 건너 세겜에서 머무는 동안 두 아들의 살인사건으로 벧엘로 가서 제단을 쌓고, 남쪽으로 내려가 브엘세바에서 이삭과 상봉한다. 부친 사후에는 요셉을 만나기 위해 애굽으로 이주했으나 가나안으로 돌아오지 못하고 그곳에서 죽어 헤브론 막벨라 굴에 장사되었다.

성서에 나오는미스바(Mizpah)는 길르앗 미스바(창 31:49), 유다 미스바(수 15:38), 모압 미스바(삼상 22:3), 베냐민 미스바(렘 40:6) 등이 있는데 야곱이 라반과 맹세한 곳은 길르앗 미스바로 그 위치는 정확히 알 수 없고 북부 길르앗인 것으로 말하고 있다. 얍복강은 사해 북쪽 32km 지점에서 요단강 서쪽으로 흐르는 강으로 오늘날 요르단에 있는 '와디 제르카' 이다.

문화적 고찰

◐양털깎기(창 31:19) 고대근동 지역은 양과 염소를 치는 목축업이 생업의 중심이었다. 따라서 양털깎기는 봄철마다 행해지는 축제로 일정한 장소에서 이웃을 초청하여 잔치를 베풀며 하는 행사였다(창 31:19, 삼상 25:2, 삼하 13:23).

069-1 염소털 깎기(창 31:19-20) 레바논 남부 르홉

◐신상 도둑(31:32) 함무라비 법전에 의하면 신전의 물건이나 신상을 훔치는 자는 사형에 처해졌다. 따라서 라헬이 드라빔을 훔친 것은 죽음에 해당되었다(창 31:32).

◐돌 … 무더기 곁에서 먹고(46) 계약을 체결한 쌍방이 계약 이행을 보다 더 굳게 다짐하기 위해 함께 식사했던 의식을 가리킨다.

◐양치는 목자의 책임 한계(38-39) 함무라비 법전에 야생동물이 양을 해친 경우에는 목자에게 책임이 없음을 규정하고 있다. 누지문서에서는 15%를 손실로 처리하는 규정을 말하고 있다. 그런데 야곱은 손실분까지 보충해서 라반에게 채웠다(창 31:38-39).

함무라비 석비, 대영박물관

단어해설

하나님의 군대(God's host, 32:2) '하나님의 무리, '하나님의 진(陣)' 이라는 뜻으로 영적존재인 천사들로 구성된 천군(天軍)의 무리라고 할 수 있다.

이르되(9) 문자적 의미는 '기도하다'

전제물(drink-offering, 35:14) 포도주나 피 혹은 기름 등으로써 하나님 앞에 부어드리는 제사의 제물들

본문 탐구하기

내용개요 야곱은 자신의 재산이 늘어난 것에 대해 라반의 태도가 변하자 하나님의 명령에 따라 라반 몰래 하란을 떠난다. 그러나 10일 만에 라반의 추격을 받아 길르앗 산에서 두 사람은 상봉하나 꿈속에서 하나님께 책망을 받은 라반은 야곱을 해치지 않는다. 다만 훔쳐간 드라빔을 찾지 못하고 야곱과 라반은 서로 해치지 않을 것을 계약하고 헤어진다. 이후 남하하던 야곱은 마하나임에서 하나님의 군대를 만난다. 그리고 형이 올라온다는 소식에 불안을 느끼고 형을 위해 예물을 보낸다. 그리고 얍복강가에서 홀로 남아 천사와 씨름(기도)하여 '이스라엘' 이란 새 이름을 받았다. 마침내 에서를 만나 화해의 상봉을 한 후 헤어지고, 숙곳을 지나 세겜에 도착한다. 세겜에서 딸 디나의 강간당함과 아들의 살인 후 하나님의 명령에 따라 세겜을 떠나 벧엘에 도착하여 단을 쌓는다. 계속해서 남쪽으로 내려간 야곱은 베들레헴 길에서 베냐민을 얻지만 라헬을 잃는다. 그리고 헤브론으로 가서 아버지와 상봉한 후 아버지를 장사지낸다.

QA 본문탐구

3 야곱의 귀향 여정

1. 하란을 떠남(창 31:17-20)

(1)떠난 시기(창 17-20): 라반이 양털을 깎으러 멀리 갔을 때 몰래 떠남

유목민에게 1년 중 가장 큰 행사는 양털을 깎을 때이다. 야곱과는 3일 길 거리에 있었다.

이때는 이웃과 친구를 초청하여 잔치를 베풀고 축제로 보낸다(삼상 25:4, 삼하 13:23, 문화적 고찰 참조).

(2)야곱이 라반의 집에서 떠날 때 라헬이 드라빔을 훔침(창 31:19)

라헬이 훔친 드라빔(창 31 : 34)

070-2 드라빔, 이란 테헤란고고학박물관

070-1 드라빔, 시리아 알렙포

드라빔은 '평안하게 사는 것' 이란 뜻으로 모양은 사람의 형상을 닮은 작은 것(창 31:34)과 거의 사람의 키와 같은 것도 있다(삼상 19:13). 재료는 대부분 나무로 만드나 은으로도 만든다(삼상 19:13-16). 이것을 신으로 섬겨 신탁의 소원을 구했으며(삿 18-24), 인간의 행복을 주관하고 증진하는 것으로 믿었다. 후에 이것을 섬기는 것은 우상숭배로 정죄되었다(삼상 15:23, 왕하 13:24). 고대의 드라빔은 가신(家神)이었다. 누지(Nuzi)문서(서판)에 의하면 고대 세계에서 드라빔은 한 가정의 축복이나 신의 계시 및 점술 등에 관련되었던 일종의 가정 수호신이었다. 드라빔은 아들만이 상속을 받을 수 있고, 종교적인 기능뿐 아니라 권위의 정통성과 재산권까지 지녔기 때문에 서로 가지려고 했다.

2. 길르앗 산에서(➞ 마하나임과 브니엘, 창 31:21-55)

(1)라반의 추격(창 31:21-24)

①추격 일정(31:21-23)▶3일 후 추격하여 7일 만에 길르앗산에서 만남

②하나님의 경고(31:24)▶야곱에 대하여 선악간 말하지 말도록 함

071-1 길르앗산지, 요르단 디셉

(2)라반이 야곱을 만남(창 31: 25-35)

①라반의 책망과 힐문(31:26-30)

*내 딸들을 칼에 사로잡힌 자같이 끌고 갔느냐(26)?▷그래서 내 딸들에게 입맞추지 못하게 하였느냐?

*나를 속이고 가만히 도망갔느냐(27)?▷내가 노래와 북과 수금으로 즐겁게 보냈을 것이다.

*어찌 내 신(드라빔)을 도둑질하였느냐(30)?▷이는 죽음에 해당되었다.

②야곱의 대답(변명, 31:31-35)

*외삼촌이 외삼촌의 딸들을 내게서 억지로 빼앗으리라고 생각하여 두려워했기 때문입니다(31).

*외삼촌의 신(드라빔)을 훔친 사람은 살지 못할 것입니다(32a).▷야곱은 라헬이 훔친 것을 몰랐다.

*외삼촌의 것이 발견되거든 외삼촌에게로 가져가소서(32b).

*나의 허물이 무엇이니이까(36)?▷라반이 드라빔을 찾지 못한 것을 보고
라헬이 드라빔을 훔친 것은 죽음에 해당되었다(창 31:32, 34-35, 문화적 고찰 참조).

(3)야곱이 라반을 책망함(창 31:36-42)

①외삼촌의 짐승을 훔치지도 않았고, 잃어버린 것은 배상했으며(31:38-39)

②외삼촌을 위하여 눈붙일 겨를도 없이 지냈으나(31:40)

③외삼촌은 품삯을 10번이나 바꾸셨습니다(31:41).▷품삯을 바꾼 방법은(7-9, 41)?

④그래서 하나님이 내 고난과 수고를 보시고 외삼촌을 책망하셨나이다(31:42).

> **여호와는 의인을 감찰하시고, 악인과 폭력을 좋아하는 자를 마음에 미워하시도다(시 11:5, 잠 15:3).**
> 하나님은 하란에서 야곱이 당한 고난과 그의 수고를 감찰하셨기 때문에 그를 해하려고 하는 라반을 책망하여 야곱을 해치지 못하게 하셨다. 그런 야곱의 하나님은 우리의 하나님이시다. 그러므로 주를 위해 당하는 고난과 주를 위한 수고를 하나님이 알고 계신다는 사실를 믿고 더욱 희망 속에 용기를 잃지 말자.

(4)라반과 야곱의 언약(창 31:43-55)

①언약내용(31:50-52)▶라반은 자기 딸을 박대하거나 다른 여자를 아내로 삼지 않을 것과 언약한 장소를 넘어 서로 해하지 않을 것을 조상의 하나님 이름으로, 야곱은 아버지 이삭의 하나님의 이름으로 맹세함

②언약장소(31:43-49)▶이곳을 미스바라고도 함(31:49)
야곱은 '갈르엣' (히브리 방언으로 '증인의 무더기' 란 뜻)으로
라반은 '여갈사하두다' (아람 방언)라고 불렀다.

③언약 후에 제사를 지내고 떡을 먹음(31:53-54)
당시에는 언약이행을 확실하게 하기 위해 음식을 함께 했다.

072-1 돌무더기

072-2 마하나임의 옛 지역, 요르단

2. 마하나임에서(→ 브니엘, 창 32:1-2)

(1)라반과 헤어진 후 그곳을 떠나 마하나임에 도착함

①하나님의 사자를 만나 '이는 하나님의 군대' 라고 하여 그곳 이름을 마하나임이라고 불렀다.

3. 얍복강가 브니엘에서(→ 숙곳, 창 32:3-33:15)

(1)야곱이 에서에게 사자를 보냄(창 32:3-6)

①사자를 보낸 이유(32:5)▶내 주(형)께 은혜를 받기 위해서(용서와 화해를 위해)
②사자의 보고(32:6)▶에서가 400인을 거느리고 올라온다는 보고를 받음

(2)야곱의 간구(창 32:7-12)
①이유(32:7a)▶형 에서의 보복이 두렵고 답답하여
②상태(32:7b-8)▶모든 사람과 짐승을 두 떼로 나누고, 한 떼를 치면 남은 한 떼는 피할 생각을 갖고
③간구내용(32:9-12)▶에서의 손에서 나를 건져내시옵소서(11).

(3)에서에게 예물을 보냄(창 32:13-21): 550마리

야곱이 에서를 위해 준비한 예물(550마리)

종 류	수 량	종 류	수 량	종 류	수 량
암염소	200	수양	20	황소	10
수염소	20	약대	30	암나귀	20
약 대	200	암소	40	새끼나귀	10

(4)얍복강가에서의 씨름(창 32:22-32)
①장소(32:22)▶얍복강변 북쪽 제방 브니엘
②때와 상황(32:22-24)▶밤(밤은 영적 싸움의 시기)
③상대자(32:24)▶어떤 사람(하나님 혹은 천사로 봄)
④결과(32:25-32)▶이스라엘('하나님과 겨루어 이김' 이란 뜻)이란 새 이름을 받았다. 이름은 사람의 전인격의 표현으로 전인격의 변화를 의미한다.

072-3 브니엘과 얍복강, 요르단

(5)형 에서와의 상봉과 화해(창 33:1-16)
①야곱과 에서의 상봉 모습(33:1-4)
*앞에서부터 여종과 그 자식들, 레아와 그 자식들, 라헬과 요셉을 맨 뒤에 둠
*형 앞에 나가 7번 땅에 굽혀 절한 후 가까이 갔다. 이는 형의 마음을 부드럽게 하기 위해서
②에서의 태도(33:4-7)▶야곱을 안고 입맞추고 서로 울었다. 이는 야곱의 간구로 인한 하나님의 역사이다.
③야곱이 예물 받기를 강권하자 에서가 받음(33:8-11)
④에서가 길잡이가 되어 주겠다는 것을 거절했다(33:12-16).▶이는 야곱이 형을 믿지 못한 것이다.

이스라엘 자손이 심히 두려워하여 여호와께 부르짖고(출 14:10)
형의 보복 때문에 불안하고 초조한 야곱에게 에서가 관대하고 호의적인 태도로 나오자 야곱은 얍복 나루에서 드린 기도의 응답으로 확신하였다. 하나님은 얍복강가의 기도를 통해 에서의 마음을 바꾸셨다. 그래서 그는 에서의 얼굴에서 하나님의 은혜스러운 얼굴을 연상한 것이다. 인간에 대한 두려움은 기도를 통하여 해결된다(창 32:24-32).

3.숙곳에서(→ 세겜, 창 33:17)

(1)집과 우릿간을 지음(창 33:17): 상당 기간 거주했음을 알 수 있다.

073-1 숙곳, 요르단 텔 데이르 알라

4.세겜에서(→ 벧엘, 창 33:18-35:5)

(1)장막을 치고 단을 쌓음(창 33:18-20)
①장막을 친 밭을 세겜의 아들들에게서 은 100개(100크시타)를 주고 구입(33:18-19)
*땅을 구입한 것은 벧엘에서 하나님께 한 약속을 망각한 행위이다(28:20-22).
*땅을 구입한 것은 형 에서를 만나겠다는 약속이 거짓임을 보여주는 것이다(33:13-14).

②제단을 쌓음(33:20)▶그곳을 엘엘로헤 이스라엘('전능하신 하나님은 이스라엘의 하나님')이라고 부름

(2)딸 디나가 강간을 당함(창 34:1-4): 하몰의 아들 세겜에게

074-2 세겜의 고대 성문, 이스라엘

(3)시므온과 레위의 복수(창 34:5-29)
①복수이유(34:5)▶하몰의 아들이 자기 누이를 강간했기 때문에
②복수방법(34:6-29)▶누이를 강간한 후 서로 통혼하자는 제의에 대해
*남자는 모두 할례를 받아야 한다는 조건을 내걸은 후
*그들이 할례를 받아 3일째 고통 중에 있을 때 기습하여 살해함
*재물을 빼앗고 그들의 자녀와 아내들을 사로 잡음

(4)하나님의 명령(창 34:30-35:5)
①명령을 한 때(34:30-31)▶딸 디나를 강간한 자들과 세겜성 남자들을 죽였을 때
②명령한 내용(35:1)▶형을 피해 도망하다가 내가 나타났던 벧엘로 올라가 제단을 쌓으라.
*벧엘로 올라가라는 말은(행 21:15, 눅 2:4-5)?
지리적으로는 남쪽으로 내려가는 것이나 예루살렘 중심으로 표현한 것이다.
③야곱의 가정의 종교개혁과 말씀에의 순종(35:2-5)▶정결케 함
*이방신상을 버리고-이때까지도 라헬은 드라빔을 갖고 있었다.
*자신을 정결하게 하고-몸과 정신과 신앙을 정결하게 하는 것을 의미함
*의복을 바꿔 입으라.-의복은 상징적으로 신분과 삶의 행함을 나타냄
의복을 바꾸다는 것은 옛것을 버리고 새것을 입는 회개를 의미한다.
*이방 신상들과 귀고리 등을 상수리나무 아래에 묻음
상수리나무 아래는 우상숭배의 장소였다(사 57:5).
*하나님은 주위 고을들로 두렵게 하여 야곱이 세겜을 무사히 떠나도록 보호하셨다.

075-1 벧엘의 상수리나무, 이스라엘

내게로 돌아오라. 그리하면 나도 너희에게로 돌아가리라(말 3:7).
야곱이 숙곳에서 집과 우릿간을 지은 것은 길잡이가 되어주겠다는 형의 제의를 거절하고 나중에 만나겠다고 했던 얍복강가에서의 말이 거짓이었음이 분명하게 드러난다. 야곱이 세겜에서 땅을 산 행위 역시 형이 자신을 용서해 준 것에 대한 불신이요, 또한 벧엘에서 말씀하신 하나님에 대한 불신의 행위였다. 이런 야곱이 완전히 이스라엘로서 하나님의 축복을 받을 사람이 된 것은 벧엘로 올라가는 길에서 있은 가정의 종교개혁이 이루어진 때부터이다. 진정한 회복은 세상의 우상을 버리고 오직 하나님께로 돌아올 때 이루어진다.

5. 벧엘과 베들레헴 길에서(→ 헤브론, 창 35:6-26)

(1)벧엘에서 단을 쌓고 드보라를 장사 지냄(창 35:6-8)
①엘 벧엘이라 부름▶형의 낯을 피해 도망할 때 이곳에서 하나님을 보았기 때문에 부른 이름
②리브가의 유모인 드보라를 장사 지냄▶상수리나무 아래에 묻고 그 나무를 '알론바굿'이라고 부름

(2)벧엘에서 야곱에게 복을 주심(창 35:9-15)
①야곱 대신 이스라엘로 부르심(35:10)▶야곱이 변한 것을 하나님이 공식적으로 인정해준 것을 보여줌
②생육하고 번성하라(35:11).▶많은 국민이 나고 왕들이 나올 것임

③아브라함과 이삭에게 준 땅을 너와 후손에게 주리라(35:12).
④단을 쌓고 벧엘이라 부름(35:14-15)

076-2 라헬의 무덤, 베들레헴 근교

(3)베들레헴 길에서 라헬이 죽음(창 35:16-20)
①베냐민 출생(35:16-18)▶모친은 베노니라 했으나 부친은 베냐민이라 함
②라헬의 죽음과 장사(35:19-20)▶베냐민 출산 후 죽어 에브랏 길에 장사함

(4)르우벤의 통간과 야곱의 자식(창 35:21-26)
①서모와 통간(35:22)▶이로 인해 장자의 축복을 받지 못함(창 49:3-4)
②야곱의 가계(35:23-26)▶5과 도표를 참조

077-1 이삭과 리브가 무덤, 헤브론

6. 헤브론에서(창 35:27-29)

(1)아버지와 상봉(창 35:27): 상봉 후 얼마 되지 않아 아버지가 죽음

(2)이삭을 장사 지냄(창 35:28-29)
①이삭 향년▶180세 ②장지▶헤브론 막벨라 굴의 조상 묘지

7. 이후 야곱의 생애는 요셉의 생애에서

8. 에서의 자손(창 36장): 오른쪽 도표

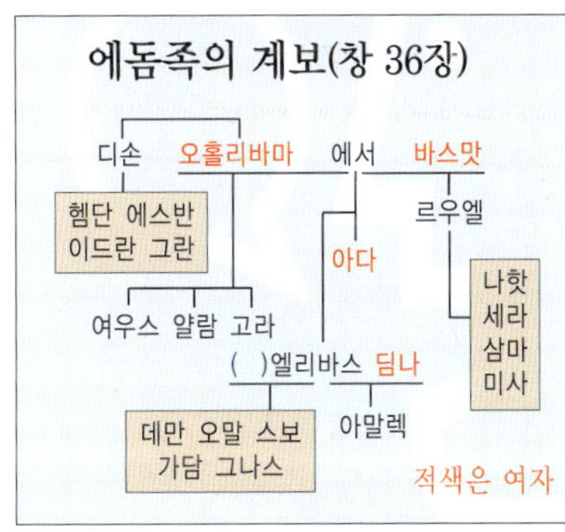

적용과 실천

실천을 위한 묵상

환난 때에 하나님의 첫사랑을 기억하라(창 34:30-35:5).
야곱은 세겜에서 강간과 살인사건으로 인해 극히 불안한 상태에 있었다. 그때 하나님은 처음 자신에게 나타났던 '벧엘로 올라가라' 고 말씀하셨다. 우리가 환난 가운데 있을 때 기억해야 할 것은 하나님이 베푼 첫사랑이다. 주님은 첫사랑을 잃어버린 에베소교회를 향해 첫사랑을 회복하라고 말씀하셨다(계 2:4-5).

Thinking 지금 나에게 가장 필요한 것이 무엇인지 서로 이야기해보자.

핵심 Key Word

하란 출발	길르앗 산	마하나임	얍복강, 브니엘	숙곳
드라빔 훔침	라반과 언약	하나님의 사자	천사와 씨름, 에서상봉	우릿간 지음
세겜	종교개혁	벧엘	베들레헴 길	헤브론
딸 강간당함	라반과 언약	제단 쌓음	라헬죽음, 르우벤통간	부친상봉과 장사

9과 요셉의 생애

본문말씀▷창 37-50장 새찬송가 490장

핵심말씀▷여호와께서 요셉과 함께 하심이라. 여호와께서 그를 범사에 형통하게 하셨더라(창 39:23).

배경 바라보기

시대적 고찰

아브라함, 이삭, 야곱, 요셉으로 이어지는 이스라엘의 족장시대와 가장 밀접한 관계를 갖고 있는 애굽(이집트)은 일찍이 바로(왕)에 의해 통치되는 정치제도를 갖고 있었다. 아브라함보다 700년 전에 이미 피라밋의 건축이 이루어진 발달된 문명 속에 있었다. 요셉이 애굽에 팔렸을 때 애굽은 제2중간시대로 셈족인 힉소스족에 의해 통치(BC 1720년)되고 있었다. 따라서 같은 셈족인 요셉(현대 견해 BC 1680년 전후)에게는 총리가 되는데 혈통상 문제가 없었다. 가나안 북쪽에서는 고대 헷족이 출현하기 직전이었고, 메소포타미아에서는 고대 바벨론이 전성기를 이루고 있었다.

지리적 고찰

요셉은 메소포타미아 북부 지역에 있는 하란에서 출생하여 아버지를 따라 가나안 땅에 살던 중 가나안 중북부 지역에 있는 도단에서 형들에게 팔려 애굽으로 내려갔다.

요셉이 죽을 때까지 살았던 주요무대인 애굽 고센 지역의 정확한 위치와 범위는 확실하지 않으나 대체로 나일강 삼각주의 북동 지역으로 목축하기에 좋은 곳이다. 좁게는 '땅의 좋은 곳'(창 47:6)으로 성서의 라암세스로 나타나 있는 곳이다. 이곳은 궁전과 비교적 가까운 곳에 위치해 있는데(창 45:10) 이유는 요셉이 멤피스에서 바로 왕을 섬겨야했기 때문이었다.

문화적 고찰

◐채색옷(창 37:3) 채색옷은 일반적으로 색이 있는 옷이라기보다 소매가 긴 옷으로 가장과 상속자만이 입을 수 있었다. 그러나 후대에는 결혼하지 않은 고귀한 처녀도 이 옷을 입었다(삼하 13:18). 당시 물감은 벌레나 나무 진에서 채취했고, 자주물감은 레바논 해안가의 뼈고동에서 채취했다. 그래서 자주물감은 금값과 비슷했다. 자주색은 왕의 색으로 대제사장 의복에도 자주색이 있다.

◐내 머리의 광주리(40:17) 애굽에서는 짐을 남자는 머리로, 여자는 어깨로 날랐다.

◐수염을 깎고(41:14) 애굽인들은 수염을 깎는 것이 일반적인 관습이었으나, 이스라엘인은 그 반대였다(삼하 10:5, 렘 41:5). 요셉은 애굽 왕 앞에 나아가면서 예의를 갖추기 위해 수염을 깎았다.

◐너보다 높은 것은 내 왕좌뿐(40) 당시 애굽의 바로는 즉위하자마자 무덤인 피라밋을 건설하는데만 집중했으며 나머지 모든 정치, 외교, 경제는 총리가 맡아서 했다. 이는 오늘날 총리보다 높은 권한이다.

단어해설

족보(generation, 37:2) '대략적으로 기록한 전기(傳記)' 라는 뜻. '간추린 족보', '계보'

이스마엘 사람(25) 아브라함과 하갈 사이에서 태어난 아들인 이스마엘(25:12)의 후손들이다.

스올(35) 죽은 사람의 영혼이 머무르는 히브리인이 생각하는 사후 세계이다. 때로는 '무덤'을 가리키는 말로도 사용되었다. 한글성경에는 '음부'

땅에 설정하매(38:9) 체외에 사정한 것을 가리킨다.

담보물(pledge, 約條物, 17) '맹세의 표시나 담보로 잡히는 물건' 또는 '조건을 붙여 약속한 물건'

본문 탐구하기

내용개요

야곱은 그의 12아들 중 라헬이 낳은 요셉을 다른 아들들보다 특별한 사랑을 베풀었다. 이로 인해 요셉은 형들의 시기를 받게 되었고, 여기에 요셉의 꿈 이야기는 형들에게 더욱 미움을 받게 하여 결국 애굽으로 팔려가게 되는 원인이 되었다. 요셉이 애굽으로 팔려간 후에 유다는 며느리로 인해 베레스와 세라를 낳는다. 한편, 애굽으로 팔려간 요셉은 보디발의 집에서 신임을 받아 가정총무의 일까지 맡았으나 보디발 아내의 유혹을 거절함으로 누명을 받고 감옥에 갇힌다. 그러나 감옥에서 같이 갇혀 있는 바로의 두 관원장의 꿈을 해석하는 계기를 통해 만 2년 후에 바로의 꿈을 해석함으로 애굽의 총리가 되고 애굽 제사장의 딸과 결혼하여 7년의 풍년기간 동안에 두 아들을 낳는다.
흉년 때 형들과 아버지를 상봉한 후 아버지와 형들의 가족으로 하여금 애굽의 고센 땅에서 살도록 했다. 아버지 야곱은 요셉의 두 아들과 자신의 12아들에게 예언을 하고 죽자, 요셉은 부친을 가나안에 장사지낸 후 자신도 애굽에서 죽어 애굽에 장사되었다. 훗날 그의 뼈는 가나안 세겜 땅에 장사되었다.

QA 본문탐구

1 가나안 땅에서

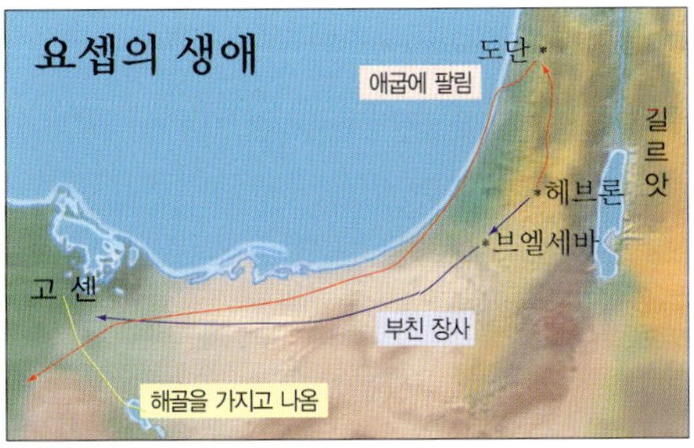

078-1 요셉의 생애

1. 애굽에 팔릴 때까지(창 37장)

(1)출생(창 30:22-24)
하란에서 야곱의 11번째 아들로 라헬에게서 출생했다.

079-4 도딘, 이스라엘

(2)이복형들에게 미움을 받음(창 37:1-28)
①미움과 시기를 받은 이유(37:1-11)
*형들의 과실을 아버지에게 고자질함(2)▷17세 때
*아버지의 편견된 사랑을 받음(3-4)▷노년에 얻은 아들이므로(이유)
채색옷을 입고(소매긴 옷, 가장과 상속자가 입음), 집안에서 거함
*꿈꾼 것을 말함(5-11)▷형들의 단이 자기 단에 절을 하고(7-8)
해와 달과 11별이 자기에게 절을 하는 꿈(9-11)
②미움받은 결과(37:12-28)▶미디안 대상에게 팔린 후 다시 애굽에 팔림
*언제, 어디에서-아버지의 심부름으로 형들이 양을 치고 있는 도단에 갔을 때(12-17)
- 형들▷꿈꾸는 자가 오는도다. 그를 죽여 그의 꿈이 어떻게 되는 지를 우리가 볼 것이니라(19-20).
- 르우벤▷우리가 그의 생명은 해치지 말자. 그를 광야 구덩이에 던지고 손을 그에게 대지 말라(21-22).
- 유다▷(구덩이에 빠진 요셉에) 그를 이스마엘 사람들에게 팔고 우리 손을 그에게 대지 말자(26-27).

*거리로 본 당시 양치는 어려움
헤브론에서 도단까지는 200km(혹은 128km) 정도로 건기에는 풀을 찾아 이렇게 먼곳까지 이동했다.
그래서 야곱도 하란에서 제한된 풀 때문에 라반의 양떼와 3일 길을 거리에 두고 양을 쳤다(창 30:36).
*누구에게(27-28)▷처음에는 미디안 상인들에게 팔리고, 나중에는 애굽 보디발에게 팔림
*얼마에(28)▷은 20개에 미디안(이스마엘) 상인들에게, 예수께서는 가룟 유다에게 은 30개에 팔림

(3)아버지를 속인 아들들(창 37:29-35)

①요셉의 채색옷에 숫염소의 피를 발라 짐승에게 찢겨 죽은 것처럼 아버지를 속임(37:31-32)

②야곱의 애통(37:34-35)▶자기 옷을 찢고, 굵은 베로 허리를 묶고, 오래도록 아들을 위하여 애통함

주 예수 그리스도에 대한 믿음을 너희가 가졌으니 사람을 차별하여 대하지 말라(약 2:1).
야곱은 두 아내와 자식에게 편견된 사랑을 했고((창 29:30), 그것은 아내로 하여금 자식 낳기 경쟁을 하게 만들었다. 또 요셉에 대한 편견된 사랑은 형제들로 하여금 미움을 받아 요셉이 애굽으로 팔리는 비운을 낳게 했다. 편견된 사랑은 비극을 낳게 한다. 그러나 예수 그리스도의 사랑은 온 인류를 구원하셨다.

(4)요셉이 애굽에 팔림(창 37:36)

미디안 사람들이 요셉을 애굽 바로의 친위대장 보디발에게 팔았다.

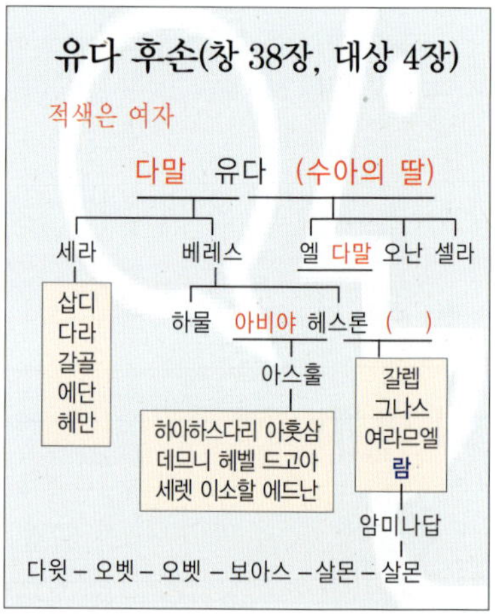

2. 유다와 다말(창 38장)

(1)유다의 결혼과 자녀(창 38:1-5)

유다가 수아의 딸과 결혼하여 엘, 오난, 셀라를 낳음(38:1-5)

(2)유다와 다말 사건(창 38:6-30)

①엘이 다말을 아내로 맞았으나 자녀없이 죽자(38:6-7)

②다말은 형의 씨를 위해 당시의 관습대로 오난과 동침함(38:8-10)
오난이 땅에 설정함으로 하나님이 죽이심

고대의 수혼제도(창 38:8-10)

고대의 중동 사회(누지문서)에는 형이 자녀가 없이 죽었을 경우 가문의 대가 끊어지지 않게 하기 위해 아우가 그 형수를 아내로 맞이하도록 하는 수혼제가 있었다. 후에 이 제도는 율법에 의해 확정되었다(신 25:5-10). 유다는 장자인 엘이 아들 없이 죽자 수혼제의 풍습에 따라 동생인 오난으로 하여금 형수에게 들어가 형의 씨를 받도록 했다. 그러나 오난은 낳을 자식이 자기의 씨가 되지 않음을 알고 땅에 설정하였고, 하나님은 이를 악하게 여겨 오난을 죽이셨다. 헷의 법전과 중앙 앗수르에서는 수혼 의무를 이행할 시동생도 없는 경우 시아버지에게 수행할 책임이 있음을 보여준다(첫째에 한해).

③막내 셀라가 장성했으나 시부인 유다가 막내를 다말에게 주지 않자(38:11)

④며느리인 다말은 시부를 속이고 시부와 동침하여 쌍둥이인 세라와 베레스를 낳았다(38:12-30).
다말이 동침 대가로 받은 담보물로 유다의 도장과 그 끈과 지팡이를 요구함(18)

2 애굽에서

1. 보디발의 집에서(창 39:1-18)

(1)종으로서의 요셉(창 39:1): 애굽의 보디발 장군에게 다시 팔림

(2)가정총무로서의 요셉(창 39:2-18): 가정총무로 삼은 이유는?

①여호와께서 요셉과 함께하고 그의 범사에 형통하게 하심을 보고(39:2-3)

080-1 요셉 당시 고관의 모습, 이집트 카이로 고고학박물관

②가정총무가 된 후(39:4-5)▶주인의 모든 재산에 여호와께서 복을 주심

> **아브라함에게 이르시기를 땅 위의 모든 족속이 너의 씨로 말미암아 복을 받으리라 하셨으니(행 3:25)**
> 요셉으로 인해 바로의 시위대장 보디발 집은 복을 받았다. 요셉의 조상 아브라함은 복의 근원이 되는 축복을 받았다. 자신이 복을 받는 것도 중요하나 나로 인해 다른 사람이 복을 받는 것은 더욱 복되다. 그러므로 예수 그리스도로 말미암아 구원에 이르게됨을 잊지말고 나로 인해 불신자가 예수께 나오도록 하자.

③보디발의 신임(39:6)▶자기가 먹는 음식 외에 모든 소유를 전적으로 요셉에게 위탁함

④보디발 처의 유혹과 요셉의 거절(39:7-13)

*눈짓하며 동침 요구▷"주인이 금한 것은 오직 당신뿐입니다."라고 거절(사람에게)

"내가 어찌 이 큰 악을 행하여 하나님께 죄를 지으리까?"하며 거절함(하나님에게)

*날마다 요셉에게 동침을 요구▷말도 듣지 않고, 함께 있지도 않음

*옷을 잡고 동침하기를 강력히 요구함▷옷을 버려두고 방에서 나옴(적극적인 도피)

⑤보디발 처가 누명을 씌움(39:14-18)▷요셉이 동침하러 들어왔다가 소리 지르자 도망했다고 거짓말을 함

2. 감옥에서(창 39:19-41:36)

> **좁은 문으로 들어가라. 멸망으로 인도하는 문은 크고 그 길이 넓어 그리로 들어가는 자가 많고(마 7:13)**
> 요셉은 비록 억울한 누명을 받아 감옥에 갇혔으나 성경은 "여호와께서 요셉과 함께 하시므로 그가 형통한 자가 되어"(창 39:21)라고 말하고 있다. 성경에서 말하는 형통이란 어려움이 없이 잘풀리는 상태가 아니라 비록 어려움 가운데서도 하나님이 함께하시는 방향으로 나가는 것을 말한다. 왜냐하면 하나님이 없는 형통은 일시적인 것이요, 하나님이 함께하시면 그 마지막은 형통하기 때문이다.

(1)갇힌 이유와 갇힌 곳(창 39:19-20)

①갇힌 이유▶겁탈하고자 했다는 보디발 아내의 누명을 받고

②갇힌 장소▶바로 왕의 죄수를 가두는 곳

(2)수감생활(창 39:21-23)

①여호와께서 요셉과 함께함으로(39:21a)▶범사에 형통케 하심
하나님이 주시는 형통은 하나님의 방향대로 가는 것이다.

(3)바로의 두 관원장의 투옥과 꿈(창 40:1-23)

①술 맡은 관원장의 꿈(40:9-11)▶포도나무에 3가지가 있고 포도가 열려 즙을 만들어 바로에게 드렸다.

*요셉의 해석(40:12-15)▷3가지는 3일로, 3일 안에 바로에게 드린 것같이 바로가 전직을 회복시킬 것임

②떡 굽는 관원장의 꿈(40:16-17)▶3광주리 중 바로를 위해 만든 각종 구운 음식이 있는데 새들이 먹었다.

*요셉의 해석(40:18-19)▷3광주리는 3일로, 3일 안에 새들이 당신의 고기를 뜯어 먹을 것임

③바로의 생일에 요셉의 해석대로 이루어짐(40:20-22)

*왜 술 맡은 관원장은 복직되었는가(21)?
고대에 왕의 술을 담당한 관원은 왕이 가장 신임하는 사람이었다. 왜냐하면 왕을 독살하는 방법으로 술을 즐겨 사용했기 때문이다. 그래서 이집트에서는 포도주를 담근 자의 이름을 포도주를 담은 항아리 뚜껑에 이름을 새겼다. 그래서 훗날 포도주를 잘 담갔으면 상을 주고, 잘못되면 옥에 갇히기도 했다. 아마 복직된 술맡은 관원장은 잘못되었던 제조자의 이름이 바로 판명되었기 때문에 복직되었을 것이다.

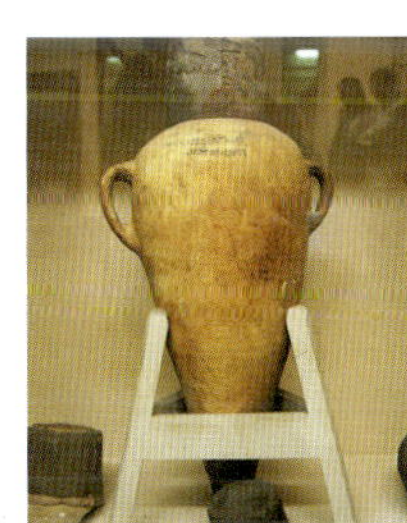
081-1 제조자 이름이 새겨진 포도주 질그릇, 이집트 고고학박물관

④요셉의 부탁(40:14-15)▶그러나 술 맡은 관원장은 2년 동안 요셉의 부탁을 잊었다.

(4)바로의 꿈과 요셉의 해석(창 41:1-36): 술맡은 관원장이 복직한 지 만 2년 후에

①바로의 꿈(41:1-7, 17-24)▶나일강가에 섰을 때 아름답고 살진 7마리 소가 풀을 뜯고 있는데 흉하고 마른

7암소가 올라와 살진 7마리 소를 잡아 먹었다. 또 한줄기에 무성하고 충실한 7개의 이삭이 나오고 다시 동풍에 마른 7개의 이삭이 나오더니 충실한 7개의 이삭을 삼켰다.

②술맡은 관원장의 요셉 기억과 바로 앞에 선 요셉(창 41:9-16)

*술 맡은 관원장이 복직된 후 2년 후에나 기억하게 된 하나님의 섭리(창 41:9-13)

*요셉이 술 맡은 관원장의 꿈을 해석한 것은 28세였고, 애굽 왕 바로 앞에 설 때는 30세였다.

우리가 선을 행하되 낙심하지 말지니 포기하지 아니하면 때가 이르매 거두리라(갈 6:9).

요셉은 자신의 꿈 해몽으로 복직된 술 맡은 관원장이 2년 동안이나 자신의 은혜를 잊었을 때 배은망덕한 사람이라고 생각했을 것이다. 그러나 애굽의 법에 따르면 총리는 30세가 넘어야 했다. 이는 때를 맞추어 역사하시는 하나님의 섭리였다. 하나님은 가장 좋은 때에 이루어주심을 믿고 그 때까지 기다리는 자가 되자.

③요셉의 해석(41:25-32)▶7이란 수는 7년을 나타내는 것이요, 7마리의 아름답고 살진 암소와 무성하고 충실한 7이삭도 같은 뜻인데 7년의 풍년이 올 것을 보여주는 것입니다. 흉하고 마른 7마리의 암소와 마른 7이삭은 7년의 흉년이 올 것을 보여주는 말로 7년의 흉년은 7년의 풍년의 곡식을 다 먹고도 부족할 것임을 나타내는 것입니다. 두 번 겹쳐서 꾼 것은 하나님이 반드시 행할 것임을 보여주는 것입니다.

④요셉의 제안(41:33-36)
- 명철하고 지혜있는 자를 택하여 애굽 땅을 다스리게 하시고
- 7년 동안의 풍년 때 수확의 1/5을 거두고 저장하여 흉년을 대비토록

3.총리로서의 요셉(창 41:37-50:14)

082-1 인장반지

(1)총리가 된 요셉: 총리로 임명한 이유와 치리 시작(창 41:37-52)

①너와 같이 하나님의 영에 감동된 사람을 찾을 수 없다(41:38).

②너와 같이 명철하고 지혜 있는 자가 없다(41:39).

③요셉의 지위를 견고케 함(41:40-43)▶41:40 **내가 너보다 높은 것은 내 왕좌뿐이니라.**

*인장반지를 요셉의 손에 끼우고, 세마포 옷을 입히고, 금사슬을 목에 걸어줌

*왕의 버금수레를 태움▷버금수레는 왕 다음으로 타는 수레로 요셉이 서열 2위임을 보여준다(에 6:11).

④요셉의 애굽치리 시작(창 41:44-49)▶30세에 총리가 됨

*요셉의 결혼(45, 50-52)▷온(On) 지역 제사장의 딸 아스낫과 결혼

*7년 풍년시작(47-49)▷흉년을 대비해 성과 성읍에 곡식을 저장함

083-1 곡식창고, 이집트 민속촌

(2)7년 흉년의 시작과 요셉 형들의 애굽방문(창 41:53-45:28)

①곡식을 팜(41:53-57)▶자국과 타국 백성에게

②애굽에 온 요셉의 형들(42:1-45:28)

*1차 방문(42장)▷야곱이 베냐민을 빼고 아들들을 보냄, 요셉이 형들을 시험함
정탐꾼으로 추궁: 막내를 데려와 진실을 증명하게 하고 한 사람을 볼모로 가둠

*2차 방문(43-45장)▷유다의 강한 요청에 야곱이 베냐민을 데리고 애굽에 가도록 허락함
요셉이 형들을 만나 보낼 때 베냐민 자루에 은잔을 넣어 다시 잡아온 후 자기 정체를 밝힘
45:5 **하나님이 생명을 구원하시려고 나를 당신들보다 먼저 보내셨나이다.**
그리고 아버지로 하여금 애굽에 오도록 양식과 수레를 보냈다(45:16-24).

084-1 당시 은잔

(3)야곱 가족의 애굽이주(창 46:1-27, 출 1:1-5)

①애굽으로 가는 도중 브엘세바에서 제사를 드림(46:1)▶브엘세바는 국경을 넘는 의미가 있음
②야곱 가족의 애굽 이주(46:2-27)▶70명

085-1 브엘세바 돌제단

(4)애굽에서의 야곱(창 46:28-50:14)
①야곱 가족의 애굽도착과 요셉과 상봉(46:28-34)과 바로의 대면(47:1-12)
47:9 **우리 조상의 나그네 길의 연조에 미치지 못하나 험악한 세월을 보내었나이다.**
②기근이 계속됨(47:13-26)▶백성들이 돈(14) → 가축(16) → 몸과 토지(18)를 주고 곡식을 삼
③야곱의 마지막 부탁(47:27-31)▶애굽거주 17년 만에(147세), 자신을 가나안에 장사지내도록 함
④요셉의 두 아들에게 축복함(48장)▶오른손을 차남인 에브라임에, 왼손은 장남 므낫세에 얹고 축복
⑤야곱의 유언과 아들들에 대한 예언(49장)▶각 사람의 분량대로 축복(28)
⑥야곱의 죽음(50:1-14)▶야곱의 시신은 40일을 향으로 처리함, 애굽인은 70일을 곡함(미라 제작기간)
곡하는 기간이 지난 후 애굽을 떠나 가나안 막벨라 굴에 장사됨

4.부친 사후의 요셉(창 50:15-26)

(1)요셉이 형들을 위로함(창 50:15-21): 두려워하지 마소서.
50:20-21 **당신들은 나를 해하려 하였으나 하나님은 그것을 선으로 바꾸사 오늘과 같이 많은 백성의 생명을 구원하게 하시려 하였나니 당신들은 두려워하지 마소서. 내가 당신들과 당신들의 자녀를 기르리이다.**

(2)요셉의 죽음과 장례(창 50:22-26)
①요셉은 애굽의 총리였기 때문에 조상의 묘에 묻히지 못했다.
②그러나 훗날 자기의 뼈를 가지고 나가 가나안에 장사하도록 후손들에게 단단히 맹세시켰다(50:25).

086-1 사자의 서, 이집트 파피루스 그림
고대 이집트인들의 사후 세계관을 보여주는 125장으로 된 심판 그림 중 일부이다. 재칼(Jackal)의 모습을 한 지하분묘의 신 아누비스가 죽은 자의 심장과 진리를 나타내는 새의 깃털을 천칭(평형 저울)에 얹어 측량하고 있다.
왼쪽 재판의 방에는 죽은 아니와 그 아내 투토가 있다. 고대 이집트 사람들은 죄를 지으면 심장이 무거워진다고 생각했다. 그리고 죽은 후에는 42명의 재판관과 함께 심판대에 앉아 있는 오시리스 앞에서 심판을 받게 된다. 그래서 심장을 새 깃털에 달아 깃털보다 가벼워 깃털쪽으로 기우려지면 그는 다시 부활하게 된다.

적용과 실천

실천을 위한 묵상

하나님은 악을 선으로 바꾸시는 분이시다(창 37:3-4).
야곱의 요셉에 대한 편애는 요셉이 애굽에 팔리는 좋지 못한 결과를 초래했다. 그러나 하나님은 모든 것을 합력하여 선을 이루신다(롬 8:28). 악을 선으로 바꾸시는 분이시다(창 50:20). 그래서 자손번성의 기초를 마련했고, 요셉을 통해 기근으로 죽어가는 수많은 사람을 살렸다(창 45:5).

Thinking 요셉과 예수와 닮은 점을 이야기해보자.

핵심 Key word

미움받음	애굽에 팔림	유다와 다말	애굽에서	야곱애굽이주
꿈, 고자질	도단, 미디안	수혼제	팔림, 총리됨, 형제상봉	부친상봉, 죽음

10과 욥의 이야기

본문말씀▷욥 1-42장 새찬송가 342장
핵심말씀▷내가 가는 길을 그가 아시나니 그가 나를 단련하신 후에는 내가 순금같이 되어 나오리라(욥 23:10).

배경 바라보기

시대적 고찰

욥이 실제 인물이냐라는 문제와 더불어 욥의 시대 역시 어느 시대라고 단정지을 수 없다. 또한 욥이 살던 시대와 욥기를 기록한 시대 역시 자료가 거의 없어 더욱 어려움을 겪는다. 따라서 욥의 시대는 족장 때라고 주장하는 견해와 이스라엘 통일왕국시대의 산물이라는 견해만 있을 뿐이다. 여기서는 빈약하지만 욥기 자체가 주는 내용에 근거하여 족장시대에 넣었다.

지리적 고찰

욥기의 배경이 되는 욥의 고향인 우스의 위치에 대해서는 정보가 빈약하다. 다만 성경 자체와 전승에 의하면 우스(Uz)는 풀이 많은 목초지였고(욥 1:3), 경작지로 사용될 수 있는 곳이었으며(욥 1:14), 사막과 광야 근처에 위치해 있었다(욥 1:19). 그리고 여러 족속들을 다스리는 왕이나 족장들이 군림할 만큼 넓은 지역을 가진 곳이었다(렘 25:20). 이 우스 땅에는 에돔의 식민지(에돔의 딸)가 있었던 곳이다(애 4:21). 고대 전승에 의하면 아라비아 국경 지역인 이두매(에돔)에 있었다고 하는데 이곳은 사해 남쪽의 제벨 에드 드루즈(Jebel ed Druz) 남동쪽에 위치한 와디 시르한(Wadi Sirhan) 지역에 해당된다. 이곳은 암만 동부 80㎞ 지점에 있는 아즈라크(Azraq)에서 시작하여 남동쪽으로 중앙 아라비아의 교착 지점인 야우르(Jaur) 16㎞ 지점의 넓은 지역이다. 또 한곳은 오늘날 하란의 입구에 있는 터키의 울파 지역으로 주장되기도 하나 앞의 장소보다는 설득력이 약하다.

문화적 고찰

◐흙집(욥 4:19) 흙문화의 특징을 가진 하란을 포함한 메소포타미아 지역은 무더운 날씨로 인해 고대에는 모두 흙벽돌과 진흙을 발라 집을 만들었다. 문자적으로 흙으로 빚어진 육신을 입고 사는 연약한 인간의 실상을 상징한다.

090-2 지계석 윗부분(욥 4:19)
이란 고고학박물관

◐지계석(boundary stone, 24:2) 혹은 경계석은 고대근동 지방에서 전답이나 행정구역 또는 국가들 간의 경계를 표시하기 위해 나무나 돌을 세워 놓은 것을 말한다(창 31:51-52). 메소포타미아와 이집트에서는 이런 돌에 정교하게 글자를 새겨 놓은 경우가 많았다. 율법에서는 지계석을 옮겨 자기의 지역을 부당하게 넓히는 행위를 큰 범법 행위로 규정하고 있다(신 19:14).

단어해설

하나님의 아들들(sons of God, 욥 1:6) '천상의 피조물들'이란 뜻이다. 이는 하나님께 헌신하는 천사들을 가리킨다. 신약시대에는 믿는 자들을 가리킨다.

띠를 푸시며(12:21) '띠'는 때로 하나님의 공의와 성실, 기쁨 등을 상징한다. 이는 '강한 힘'을 가리키는 것으로 권력자의 세력을 무너뜨린다는 의미이다.

사망의 장자(first-born of death, 18:13) 아라비아 지역에서는 악성 질병을 가리켜 '사망의 아들', '운명의 딸'이라고 불렀다. 그중 '사망의 장자'는 가장 무섭고 끔찍한 질병을 뜻한다.

기골(氣骨, 20:11) 기혈(氣血)과 골격

엉긴 젖(17) 우유로 만든 치즈나 버터를 말함

본문 탐구하기

내용개요 우스에 욥이라는 사람이 있었다. 그는 경건하고 하나님을 경외하는 자였다. 그러나 사탄의 항변으로 인해 욥은 하나님의 허락하에 사탄으로부터 재산과 자녀와 자신의 몸에 시험을 받아 극심한 고난과 고통을 당했다. 그를 찾아온 세 친구와 엘리후는 욥을 위로하기는 커녕 오히려 죄 때문이라고 나그친다. 욥과 세 친구와의 긴 항변과 변론이 끝나자 마지막으로 가장 나이 어린 엘리후가 욥에 대해 말한 후 마침내 하나님이 나타나셔서 결론을 맺는다. 그리고 욥은 고난 이전에 누렸던 것보다 배나 더하는 재산의 축복을 받았고, 자녀의 축복을 받은 후 장수하다가 죽었다.

QA 본문탐구

1 욥의 개인 신상과 사탄의 시험

086-10 회교 전승에 욥의 집터로 여겨지는 곳, 시리아 가르나임

1. 욥은 어떤 사람인가?(욥 1:1-5)

(1)도덕적으로(욥 1:1a, 2-3)
①흠이 없는 자(1:1a) ②정직한 자(1:8b) ③악을 행하지 않는 자(1:1c)
④동쪽 지역 중 가장 훌륭한 자(1:3b)▶고향은 우스

(2)신앙적으로(욥 1:1 b, 4-5)
①하나님을 경외하며 악에서 떠난 자(1:1b)
②자녀가 잔치로 인해 죄를 안짓도록 함(1:4-5)
*이유▷아들들이 잔치를 배설 중에 마음으로 하나님을 원망하여 죄를 짓지 않나 염려되어
*방법▷번제를 드림으로 정결케 함

그가 그 부요함으로 강하여진 후에는 모든 사람을 충동하여 헬라 왕국을 칠 것이며(단 11:2).
욥은 부요한 중에서도 하나님을 경외한 자였다. 성경과 일반 역사는 부요하면 하나님을 떠나고 타락하는 것을 보여준다. 그러므로 부요한 중에 좋은 신앙을 갖는 것은 가난한 중에 지키는 것보다 더 어렵다. 그러므로 형통하고 부요할 때 더욱 하나님을 두려워 하는 신앙을 갖자. 그럴 때 계속적인 축복을 누릴 수 있다.

(3)가정적으로(욥 1:2, 9)
①아들 7명과 딸 3명을 둔 자(1:2) ②신앙이 약한 아내를 둔 자(2:9)

(4)재산(욥 1:3)
①양 7천 마리, 낙타 3천 마리, 소 1천 마리, 암나귀 500마리
②많은 종

087-1 욥의 자녀들의 잔치, 9세기 그리스 성경사본의 삽화, 바티칸도서관

2. 하나님의 질문과 사탄의 대답(욥 1:6-12)

(1)하나님의 질문과 사탄의 첫 번째 항변(욥 1:6-11)
Q 네가 어디서 왔느냐?
A 땅을 두루 돌아 여기저기 다니다가 왔습니다.
Q 네가 내 종 욥을 자세히 살펴 보았느냐? 욥처럼 온전하고 정직하여 나를 경외하며 악에서 떠난 자가 없다.
A 욥이 이유없이 하나님을 경외하겠습니까? 하나님이 그와 그의 집과 소유물을 보호해 주셨기 때문입니다.

(2)하나님이 욥의 시험을 허락하심(욥 1:12)
①허락내용▶너는 욥의 모든 소유물을 다 네 손에 맡기노라.
②조건▶다만 그의 몸에는 네 손을 대지마라.
사탄의 모든 행위는 하나님의 허락 범위안에 있다.

> **두려워하지 말라. 내가 너와 함께 함이라(사 41:10).**
> 하나님은 욥에 대해 항변하는 사탄에게 처음에는 몸을 상하지 않는 조건에서 재물을 치도록 했고, 두 번째는 생명은 상하지 않은 조건에서 그의 몸을 치도록 허락했다. 따라서 하나님을 믿는 자들이 고난을 당할 때 그것은 언제나 하나님의 허락하에 있음을 기억해야 한다. 사탄의 시험은 하나님의 허락 범위 안에서만 허용된다(욥 1:12, 2:6). 그러므로 믿는 자에게는 어떤 시험이 와도 두려워할 필요가 없다.

3. 사탄의 첫 번째 시험(욥 1:13-22)

(1)시험내용(욥 1:13-19)
①재산을 빼앗음(1:13-17)
*스바 사람이 급습하여 짐승들을 빼앗고 종들을 죽임
*하나님의 불이 떨어져서 양과 종들을 불살라 죽임
*갈대아(메소포타미아 지역) 사람이 세 무리를 지어 급습하여 낙타를 빼앗고 종들을 죽임
②자녀들이 몰살됨(1:18-19)
*상황▷맏아들의 집에서 음식을 먹으며 포도주를 마실 때
*큰 바람이 불어 집 모퉁이를 쳐 집이 무너져 자녀가 모두 죽음

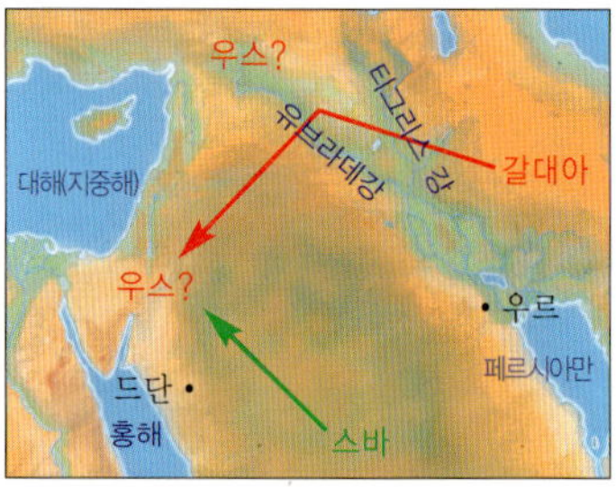

088-1 우스와 스바와 갈대아 지역

(2)욥의 반응(욥 1:20-22)
①일어나 겉옷을 찢고, 머리털을 밀고, 땅에 엎드려 예배했다(1:20).
②일어난 일로 인해 범죄하지 않고, 하나님을 원망하지도 않음(1:21-22)
1:21 **내가 모태에서 알몸으로 나왔사온즉 또한 알몸이 그리로 돌아가올지라. 주신 이도 여호와시요, 거두신 이도 여호와시오니, 여호와의 이름이 찬송을 받으실지니이다.**

4. 하나님의 질문과 사탄의 대답(욥 2:1-6)

(1)하나님의 질문과 사탄의 두 번째 항변(욥 2:1-5)
Q 네가 어디서 왔느냐?
A 땅을 두루 돌아 여기저기 다녀왔나이다.
Q 네가 내 종 욥을 자세히 살펴 보았느냐?
욥처럼 온전하고 정직하여 나를 경외하며 악에서 떠난 자가 세상에 없느니라.
네가 나를 충동하여 까닭없이 욥을 치게 해도 그가 여전히 자기 온전함을 굳게 지켰다.
A 만일 그의 뼈와 살을 치면 틀림없이 주를 원망할 것입니다.
이유▷가죽으로 가죽을 바꾸는 것이니 자기 소유물로 자기 생명을 바꿀 것이기 때문입니다.
만일 하나님이 그의 뼈와 살(1차에는 소유물)을 치면 틀림없이 주를 향해 욕(저주)할 것입니다.

> 당시는 가죽과 가죽을 서로 교환하는 물물교환이 이루어졌다. 따라서 욥도 자기 소유물과 생명을 바꿀 것이다라는 뜻이다(모든 소유를 팔아서라도 자기 생명을 건질 것이다). "가죽으로 가죽을 바꾸올지라"는 당시의 격언이었다.

(2)하나님이 욥의 시험을 허락하심(욥 2:6)
①허락내용▶내가 욥을(몸을) 너에게 넘겨 주겠다.

②조건▶다만 그의 생명은 해치지 말라.

몸은 죽여도 영혼은 능히 죽이지 못하는 자들을 두려워하지 말고, 오직 몸과 영혼을 능히 지옥에 멸하실 수 있는 이를 두려워하라(마 10:28).
하나님이 사탄에게 욥의 고난을 허락했지만 그의 생명만은 해치지 못하도록 하셨다. 이는 생명은 오직 생명의 주인(주체)이신 하나님께 달려 있음을 보여준다. 사람의 생명이 그 소유의 넉넉한 데 있지 아니하리라"고 주님은 말씀하셨다(눅 12:15). 그러므로 소유로 인해 생명의 주인되신 하나님을 버리지 말자.

5. 사탄의 두 번째 시험(욥 2:7-10)

089-1 욥에게 고통을 주는 사탄

(1)시험내용(욥 2:7)
①욥의 몸을 침▶발바닥에서 정수리까지 종기가 나게 함

(2)욥의 반응(욥 2:8-10)
①재 가운데 앉아서 질그릇 조각으로 몸을 긁음(2:8)
②아내는 하나님을 욕하고 죽으라고 저주함
③고난에 대해 입술로 범죄하지 않음(2:10b)
2:10 **그대의 말이 한 어리석은 여자의 말 같도다. 우리가 하나님께 복을 받았은즉 화도 받지 아니 않겠느냐하고 이 모든 일에 입술로 범죄하지 아니하니라.**

090-1 욥과 세 친구, 성경삽화, 바티칸도서관

2 욥의 세 친구 방문과 욥의 탄식

1. 욥을 찾아온 세 친구(욥 2:11-13)

(1)욥을 찾아온 세 친구 비교(욥 2:11a): ①데만 사람 엘리바스 ②수아 사람 빌닷 ③나아마 사람 소발

이 름	엘리바스	빌 닷	소 발	엘 리 후
출신지	데만 사람	수아 사람	나아마 사람	
나이	가장 많음			가장 적음
이름의 의미	하나님의 금(십행사)	다툼의 아들	털이 많은	그는 나의 하나님
인격	사려가 깊음	논쟁적임	직설적임	예리함
논리적 사고방식	철학(죄를 지으면 고난을 당한다)	역사(네가 죄를 지었음이 틀림없다)	정통(네가 죄를 범하고 있다)	논리(하나님은 순결케 하시고 가르쳐줌)
욥에게 준 충고	악한 자만이 고난을 당한다.	악한 자는 언제나 고난 당한다.	악한 자는 징수하지 못한다.	하나님 앞에서 스스로 낮추라
특징과 성격	경험 신학자 실용주의자	역사 신학자 율법주의자	도덕가 교리적 독단론자	신학자, 지성인 태도가 좋지 못함

(2)친구들이 찾아온 목적(욥 2:11b-13)
①욥을 위문하고 위로하기 위해
②반응▶욥을 보고 큰소리로 울며, 각각 자기의 겉옷을 찢고, 하늘을 향해 티끌을 날려 머리에 뿌림
밤낮 7일 동안 한마디도 하지 않고 함께 땅에 앉아 있음(욥의 고통이 심한 것을 보고)

2. 욥의 탄식(욥 3장)

(1)자기의 생일을 저주함(욥 3:1-23): 내가 태어난 날이
①멸망하였더라면(3:2), 그 날이 캄캄하였더라면(3:4,6), 그 밤에 자식을 배지 못하였더라면(3:7)
②어찌하여 내가 태에서 죽어 나오지 아니하였던가(3:11)? 어찌하여 내가 젖을 빨았던가(3:12)?
③내가 죽었으면(그렇지 아니하였던들, 3:13), 내가 평안히 누워서 자고 쉬었을 것이니
④어찌하여 마음이 아픈 자에게 생명을 주셨는고(3:20)

(2)자신의 처지를 한탄함(욥 3:24-26)
①나는 음식 앞에서도 탄식이 나며(3:24) ②내가 두려워하는 그것이 내게 임했구나(3:25)
③나에게는 평온과 안일도 없고, 휴식도 없고, 다만 불안만이 있구나(3:26)

3. 욥과 세 친구와의 변론(욥 4-25장)

차	욥	엘리바스	빌 닷	소 발
1차	*들나귀가 풀이 있으면 어찌 울겠느냐(6:5)? *너희가 두려운 일을 본즉 겁내는구나(6:21). *나의 허물된 것을 깨닫게 하라. (그러면) 내가 잠잠하리라(6:24). 욥 6-7, 9, 10, 12-14	*죄 없이 망한 자가 누구인가(4:7)? 내가 보건대 악을 밭 갈고 독을 뿌리는 자는 그대로 거둔다(4:8). *사람이 어찌 하나님보다 의롭겠느냐(4:17)? *사람은 고생을 위해 났다(5:7). 욥 4-5장	*왕골이 진펄 아닌 데서 크게 자라겠느냐(8:11)? (고난을 당하는 데는 이유가 있다) *네 자녀들이 주께 죄를 지었으므로 주께서 그들을 죄에 버려두셨다(8:4). 욥 8장	*하나님은 허망한 사람을 아시나니 악한 일은 상관하지 않으시는 듯하나 다 보신다(11:11). *네 손에 죄악이 있거든 멀리 버리라(11:14). 그리하면 네가 평안이 쉴 것이다(11:15-19). 욥 11장
2차	*나의 원망이 사람을 향한 것이냐? 나를 보면 놀라리라 (21: 4-5). *너희는 나를 헛되이 위로하려느냐? 너희 대답은 거짓일 뿐이니라(21:34). 욥 16-17, 19, 21장	*너는 하나님 경외하는 일을 멈추고 그 분 앞에 묵도하기를 그치게 한다(15:4). *너를 정죄한 것은 내가 아니라 네 입이다. 네 입술이 네게 불리하게 증언한다(15:6). 욥 15장	*울분을 터뜨리며 자기 자신을 찢는 사람아, 너 때문에 땅이 버림을 받겠느냐(18:4)? *악인의 빛은 꺼지고 악인의 장막 위의 등불은 꺼질 것이다(18:5-6). 욥 18장	*악인이 이기는 자랑이 잠시요, 불경건한 자의 즐거움도 잠깐이다(20:5). *악인이 당하는 재앙은 하나님께 받을 분깃이요 정한 기업이다(20:29). 욥 20장
3차	*내가 가는 길을 그가 아시나니 그가 나를 단련하신 후에는 내가 순금같이 나오리라(23:10). *전능자는 때를 정해 놓지 아니하셨는고 그를 아는 자들이 그의 날을 보지 못하는고(23:1) 욥 23-24장	*네가 의로운들 전능자에게 무슨 기쁨이 있겠으며, 네 행위가 온전한들 그에게 무슨 이익이 되겠느냐? 하나님이 너를 책망하시며 너를 심문하심이 너의 경건함 때문이냐(22: 4-5)? 욥 22장	*하나님은 주권과 위엄을 가지셨고 높은 곳에서 화평을 베푸시느니라(25:2). *네가 하나님 앞에서 사람이 어찌 의롭다 하며, 여자에게서 난 자가 어찌 깨끗하다 하랴(25:4). 욥25장	

4. 욥의 독백과 회상과 호소(욥 26-31장)

(1)욥의 항변과 독백(욥 26-27장)과 지혜(28장)

①결코 내 입술이 불의를 말하지 아니하며, 내 혀가 거짓을 말하지 아니하리라(27:4).

②나는 결코 너희를 옳다 하지 아니할 것이다(27:5).

③나의 원수는 악인같이 되고, 일어나 나를 치는 자는 불의한 자같이 되기를 원하노라(27:7).

④하나님 주시는 지혜와 명철(28장)

*지혜는 어디서 얻으며, 명철이 있는 곳은 어디인고

*그 길을 사람이 알지 못하나니, 사람 사는 땅에서는 찾을 수 없구나(13).

내가 곧 길이요, 진리요, 생명이니, 나로 말미암지 않고는 아버지께로 올 자가 없느니라(요 14:6).

세상이 주는 지혜는 삶의 도움이 되지만, 하나님이 주시는 지혜는 생명이 된다. 그 길은 하나님만이 아신다(욥 28:26). 왜냐하면 생명은 하나님이 창조하신 것이기 때문이다. 그러므로 생명을 얻기 위해 하나님께 나아가야 한다. 그리고 그 길은 오직 예수 그리스도를 통해서만 가능하다.

(2)과거에 누렸던 복에 대한 회상(욥 29장)

①나는 지난 세월과 하나님이 나를 보호하시던 때가 다시 오기를 원하노라(29:1).

*하나님은 내 장막에 기름을 발라 주셨다(4). *전능자가 나와 함께 있었다(5).

②내가 원기 왕성하던 날과 같이 지내기를 원하노라(29:4).

③모든 사람들이 나를 존경했다(29:5b-11). ▶존경한 이유(29:12-25)

09-1 애굽의 수금, 루브르박물관

(3)현재의 고난에 대한 호소(욥 30장)

①사람들이 비웃음(30:1-14)

*젊은이들이 비웃음(1), 나를 노래로 조롱함(9), 내 얼굴에 침을 뱉음(10),

*내 발에 덫을 놓고 대적하여 내 길을 헐음(12-13)

②정신적인 고통(30:15-16, 31)

*공포가 나를 에워쌈, 내 품위가 바람같이 날려버림

*내 수금은 통곡이 되었고, 내 피리는 애곡이 되었다(31).

③육신의 고통(30:17, 30)

*밤이 되면 내 뼈가 쑤시고 아픔이 계속됨(17)

*6:2-3a **나의 괴로움을 달아보며, 나의 파멸을 저울 위에 모두 놓을 수 있다면, 바다의 모래보다도 무거울 것이라.**

092-1 평형 저울, 영국 대영박물관

④신앙적인 고통(30:19-23)

*하나님이 나를 진흙 가운데 던지셨고 티끌과 재같이 하셨나(19).

*내가 주께 부르짖으나 주께서 대답하지 않으셨다(20).

*주께서 무서운 힘으로 나를 던져 버리셨다(22).

*결국은 주께서 나를 죽게 하실 것이다(23).

(4)자신의 의로움을 주장하는 욥(욥 31장)

①육신적인 정욕에 빠지지 않았다(31:1-4, 9-12). ②나는 정직하게 살았다(31:5-8, 33, 35-40).

③나는 세상 것에 소망을 두지 않았다(31:24-28). ④나의 대적의 멸망조차도 기뻐하지 않았다(31:29-30).

5. 엘리후의 변론(욥 32-37장)

(1)화를 내는 엘리후(욥 32장)

①욥에게(32:2)▶욥이 하나님보다 더 의롭다고 한 것에 대해

②세 친구에게(32:3)▶욥의 말에 능히 대답하지 못하면서 욥을 정죄한 것에 대해

③자신이 말을 하게된 이유(32:4-22)▶

*사람의 속에는 영이 있고, 전능자의 숨결이 사람에게 깨달음을 주신다(8).

*그러므로 어른이라고 지혜롭고, 노인이라고 정의를 깨닫는 것이 아니다(9).

*내가 보니 당신들은 욥을 꺾어 그의 말에 대답하는 자가 없다(12).

*따라서 나이가 어린 나지만 말할 것이다.
당신들의 이론이 아니라, 사람의 낯을 보지 않고, 사람에게 영광을 돌리지 않을 것이다.
왜냐하면 나는 아첨할 줄 모르기 때문이다(14, 21-22).

(2)엘리후의 변론(욥 33-37장)

①첫 번째 변론(욥 33장)

*내 위엄으로는 그대를 두렵게 못하고, 내 손으로도 그대를 누르지 못한다(33:7).

*그대는 자신은 깨끗하고, 하나님이 자기를 원수같이 여겼다고 말한다(33:9-11).

*그러나 하나님은 사람보다 크시다(33:12).

②두 번째 변론(욥 34장)

*그대는 사람이 하나님을 기뻐하지만 그것이 무익하다고 한다(34:9).

*그러나 하나님은 사람의 행위에 따라 갚으신다(34:11).

*그런데 그대는 다시는 범죄하지 않는다라고 말하지 않았다(34:31).

③세 번째 변론(욥 35장)

*그대는 범죄하지 않는 것이 내게 무슨 유익이 있겠느냐고 말한다(35:1-2-3).

*그대가 범죄하거나 의로운 것이 하나님 앞에 얼마나 영향이 있겠느냐(5:6-7)?

*그런데 나를 지으시고 밤에 나에게 노래를 주시는 자가 어디 계시냐고는 말하지 않는다(35:10).

④네 번째 변론(욥 36-37장)

*하나님은 사람의 모든 행위를 알게 하시고 교훈을 듣게 하신다(36:9-10).

*그러므로 그대는 순종하고(욥 36:11), 하나님께서 하신 일을 기억하고, 그의 일을 찬송하라(36:24).

*그러면 형통한 날을 보내며, 즐거운 해를 지낼 것이다(36:11).

3 하나님의 등장과 결론

1. 질문을 통해 말씀하시는 하나님의 권능과 욥의 대답(욥 38-39장)

(1)하나님이 폭풍우 가운데 나타나심(욥 38:1)

(2)욥에게 말씀하심(욥 38:2-3)

38:3 **너는 대장부처럼 허리를 묶고 내가 네게 묻는 말에 대답할지니라.**

(3)하나님의 질문(욥 38:4-41:34)

만물에 나타난 하나님의 권능에 대해 질문하심, 41:1 **네가 낚시로 리워야단**(악어?)**을 끌어낼 수 있겠느냐?**

(4)욥의 대답(욥 40:3-5)

욥 40:4 **보소서. 나는 비천하오니 무엇이라 주께 대답하리이까? 손으로 내 입을 가릴 뿐이로소이다.**

2. 욥의 고백과 회복(욥 42장)

(1)욥의 고백(욥 42:1-6)

①나는 깨닫지도 못하면서 말했습니다(42:3). ▶자신의 기준과 입장에서만 말했기 때문에

②내가 주님에 대해 듣기만 했으나 이제는 눈으로 주를 뵈옵니다(42:5). ▶고난이 주는 영적 유익

③그러므로 내가 티끌과 재 가운데서 회개합니다(42:6). ▶자신의 무능과 무지함으로

(2)욥의 세 친구들에게 하신 말씀(욥 42:7-9): 너희 말은 옳지 않다.

(3)욥의 회복(욥 42:10-17): 세 친구가 드린 번제 후 욥을 기쁘게 받으심

①재신▶이전 모든 소유보다 갑절이나 주심(42:10)

형제자매와 지인들이 찾아와 음식을 먹고 예물을 줌(42:11)

②자식에 대한 복을 주심(42:13-15)▶아들 7명과 딸 3명을 주심

③장수하며 이후 140년을 더 살며 자손 사대를 보았다(42:16-17).

093-1 전승에 의한 욥의 무덤, 시리아 가르나임

고난 당한 것이 내게 유익이라. 이로 말미암아 내가 주의 율례들을 배우게 되었나이다(시 119:71).

하나님은 의인이 당하는 고난에 반드시 보상(회복)해 주신다(욥 42:10-17). 사탄은 욥이 세상적인 조건 때문에 하나님을 경외한다고 항변했지만 욥은 결국 사탄이 주는 고난을 극복했고, 그런 그에게 하나님은 고난 이전보다 갑절이나 더 축복했다. 고난은 축복을 받는 그릇이다.

적용과 실천

실천을 위한 묵상

인간적인 변론은 하나님의 뜻을 이루지 못한다(욥 1:1).

사람의 지혜는 세상에서 당하는 이유없는 고난을 이해하거나 그 문제를 해결할 수 없다. 오직 하나님의 지혜만이 가능하다. 그러므로 서로 인간적인 변론보다 주님 앞에 겸손히 무릎을 꿇는 태도가 중요하다. 주를 경외함이 지혜요, 악을 떠남이 명철임을 기억하자(욥 28:28).

Thinking 이해하기 어려운 고난이 왔을 때 기억해야할 가장 중요한 것에 대해 이야기해보자.

핵심 Key Word

욥의 신상	사탄 시험	욥의 세 친구	엘리후	하나님 질문	욥의 회복
부자, 의인	재산, 몸	변론과 욥 호소	4차례 변론	욥의 고백	이전보다 갑절

11과 이스라엘의 자손번성과 모세 등장

본문말씀▷출 1:1-7:13 새찬송가 363장
핵심말씀▷그러나 학대를 받을수록 더욱 번성하여 퍼져나가니(출 1:12a)

배경 바라보기

시대적 고찰

애굽의 힉소스 통치 당시 애굽에 입주한 야곱 가족 70명은 힉소스가 추방(Ahmose, BC 1500년경)되는 정치적인 변화 속에서 이스라엘의 급격한 인구증가는 힉소스를 추방한 바로를 불안하게 하는 요인이 되었다. 결국 히브리인에 대한 인구억제 정책은 출애굽 직전 더욱 심해져 라암셋과 비돔성을 건축하는데 이스라엘은 강제노역 속에 신음하게 되었다. 이때 하나님은 모세를 통해 이스라엘을 애굽에서 탈출시키는 역사를 베풀었는데 모세를 나일강에서 건진 바로의 공주는 투트모세 2세의 왕후인 핫셉슈트(BC 1490-1468년)로 알려져 있다.

지리적 고찰

요셉이 애굽의 총리로 있을 때 야곱 가족이 이집트의 고센 땅으로 이주한 후 사는 동안 하나님의 축복대로 자손이 크게 번성해갔다. 그러자 힉소스를 추방시킨 바로는 인구억제를 위해 라암셋과 비돔 등 국고성을 건설하는데 이스라엘을 강제로 동원시켰다.

●라암셋(Raamses)은 일반적으로 하부 애굽의 북동부 델타(삼각주) 지역에 위치한 현재의 산 엘 하가르(San el Hagar), 곧 성경의 소안(Zoan)과 이보다 남쪽 약 20㎞ 지점에 있는 헬리오폴리스 또는 카이로 북동쪽 100㎞ 지점에 있는 텔 엘 다바(T. el Daba) 두 곳이 주장되고 있다. 비돔 역시 삼각주에 있는 오늘날 팀사 호수 근교의 텔 엘 마스쿠타(T. el Maskhutah)이다. 반면 모세가 애굽에서 도망한 미디안 지역(출 2:15)은 아카바만 홍해를 기준으로 오늘날 사우디아라비아의 서쪽 지역과 시나이반도 동쪽 지역이다.

문화적 고찰

라암셋 직인이 찍힌 흙벽돌(출 1:14) 대영박물관

◐고대 이집트의 벽돌굽기(출 1:14) 고대 이집트에서 벽돌제조는 정부가 독점하고 있었는데 고센 땅에 있던 이스라엘 자손들은 벽돌을 굽는 고역을 담당했다. 진흙으로 만든 벽돌은 가장 값싸고 보편적인 건축자재였으나 내구성이 강하지는 못했다. 그래서 불에 구운 벽돌들이 포장도로나 비싼 건축재료로서 메소포타미아 지역에서 많이 제조되었다.

고대 이집트에서는 벽돌을 만드는 데 짚을 섞어 사용했다. 그러나 농작물이 부족할 때는 짐승의 사료로 사용된 골풀을 짚 대신에 사용하기도 했다. 고대의 벽돌에는 정부의 인(印)을 찍었거나 신전의 인을 찍는 것이 보통이었다. 그리고 상자 모양의 틀에 진흙을 넣는데 틀의 사면에는 벽돌이 쉽게 빠져 나올수 있도록 마른 흙을 뿌렸다. 그리고 단단해 질 때까지 햇빛에 말렸다.

단어해설

상자(ark, 箱子, 출 2:3). '방주' '궤짝'이라는 뜻이다. 노아가 대홍수 심판을 피하기 위해 만든 방주를 가리키는 말로도 사용된 이 단어는 당시 갈대로 엮어 만든 궤짝을 지칭하기도 했다. 방주나 갈대상자 모두 하나님의 구원을 상징적으로 암시한다.

현인(7:11) 히브리어 하카밈으로 '지혜로운 자' '인간적, 신적 지혜로 교육을 받은 자'(델리취)라는 뜻이다. 곧 애굽의 지식인을 가리킨다.

본문 탐구하기

내용개요 요셉 때 야곱 가족 70명이 가뭄으로 애굽으로 내려간지 250년 정도가 지났다. 그동안 이스라엘은 크게 번성했다. 그러나 애굽에서 힉소스족이 추방되자 이스라엘의 번성에 대한 두려움에 새 왕조를 세운 바로는 이스라엘의 인구억제를 위해 라암셋과 비돔성을 건축하는데 강제로 무거운 짐을 지게 했으며, 농사의 힘든 일을 시켰다. 그래도 계속 자손이 번성하자 남자 아이가 출생하면 나일강에 던져 죽도록 했다. 이런 상황 속에서 모세가 태어났다. 모세 역시 나일강에 던져 졌으나 방수로 된 갈대상자 덕분에 바로의 공주에게 발견되어 바로 궁에서 양자로 자란다. 40년 후 애굽인을 죽인 사건으로 인해 미디안 광야로 도망한다. 광야 40년이 지난 어느 날 호렙산에서 이스라엘 백성을 애굽에서 이끌어내라는 하나님의 부름을 받았다. 그리고 애굽으로 돌아와 바로 앞에서 하나님의 말씀을 전한다.

QA 본문탐구

1 학대받는 이스라엘

1. 이스라엘의 자손번성(출 1:1-7)

001-1 애굽의 고센 지역

(1)아브라함에 대한 자손번성의 축복은 어디에서 이루어졌는가(출 1:1)?

①장소▶약속의 땅이 아닌 이국 땅, 애굽의 고센 지역에서 이루어졌다. 이는 이미 아브라함 때 예언되었다(창 15:13).

②왜 하나님은 후손에 대한 인구증가를 이방에서 이루셨는가?

*고센은 인구증가(출산율)의 좋은 환경이다.

*야곱에게도 재차 고센에서의 자손번성을 말씀하셨다(창 46:3).

46:3 **하나님이 이르시되 나는 하나님이라. 네 아버지의 하나님이니 애굽으로 내려가기를 두려워하지 말라. 거기서 너로 큰 민족을 이루게 하리라.**

002-1 애굽의 고센 지역

(2)자손번성은 얼마나 되었는가(출 1:7)?

①생육하고 불어나 번성하고 ②매우 강하여 ③온 땅에 가득하게 됨

생각하건대, 현재의 고난은 장차 우리에게 나타날 영광과 비교할 수 없도다(롬 8:18).
하나님은 메소포타미아의 갈대아 우르에 살던 아브라함을 이끌어내어 가나안 땅을 약속의 땅으로 주셨다. 그러니 그 후손들은 애굽으로 내려가 그곳에서 400년중 250여년을 온갖 힘든 일과 고통을 겪어야 했다. 그러나 그런 가운데서도 하나님은 그 자손이 하늘의 별과 같이 번성케 하리라는 약속을 이루어가셨다. 하나님은 고난 중에서도 약속을 이루어 가신다(출 1:12). 그러므로 고난을 바라보지 말고 그 속에서 역사하시는 하나님의 섭리를 바라보자.

2. 학대받는 이스라엘(출 1:8-22)

(1)학대받은 시기(출 1:8): 요셉을 알지 못하는 바로가 등장했을 때(출 1:8)

곧 BC 1580년부터 이스라엘은 노예로 전락했다. 따라서 애굽 거주 400년중에 노예로 전락한 기간은?

출애굽 15세기설에 의하면 133년(BC 1580-1446년), 13세기설에 의하면 300년(BC 1580-1280년)이다.

요셉을 알지 못하는 새 왕(출 1:8)

일반적으로 요셉 당시에는 요셉과 혈통이 같은 셈족이 이집트에 들어와 정권을 잡았던 힉소스대로 본다. 힉소스대는 BC 1668년(혹은 BC 1720-1550년)부터 약 100여년간 동안의 제15-17왕조로 애굽의 중왕조(BC 21-18세기)와 신왕조(18왕조부터) 사이로 본다. 따라서 요셉을 알지 못하는 왕은 이후 힉소스 왕조를 추출하고 새로운 신왕조를 연 18왕조(BC 1580-1314년)의 세 번째 왕인 투트모세 1세(BC 1539-1514년)로 본다. 이 경우 출애굽 당시의 바로는 투트모세 3세의 아들 아멘호텝 2세이다. 이는 출애굽을 BC 15세기설로 보는 경우이다. 투트모세 1세는 요셉이 자기와 동족이 아닌 힉소스족과 같은 이방족이었기 때문에 그를 경멸하고 무시한 것으로 볼 수 있다. 이는 출 1:8의 '일어나서'라는 말이 본래 "반기를 들고(힉소스 왕조에) 일어나서"라는 뜻에서 알 수 있다.

(2)학대한 이유(출 1:9-10)

①이스라엘 자손이 애굽보다 많고 강하게 되기 때문에(1:9)

②전쟁이 일어나면 자기들과 싸우고 이 땅에서 나갈까 두렵기 때문에(1:10)

003-1 흙벽돌로 쌓은 벽, 이집트 비돔, 오늘날 텔 엘 마수쿠타

(3)학대한 내용(출 1:11-22): 인구억제 정책

①감독들을 세워 무거운 짐을 지우게 함(1:11a)

②국고성 건축을 위해 강제 동원시킴(1:11b-12)▶라암셋과 비돔

③힘든 노동으로 일을 엄하게 시킴(1:13-14)

*흙 이기기, 벽돌 굽기, 농사의 여러 가지 힘든 일 등을 엄하게 시킴

*그러나 학대를 받을수록 오히려 자손이 더욱 번성함

1:11-14 **감독들을 그들 위에 세우고 그들에게 무거운 짐을 지워 괴롭게 하여 그들에게 바로를 위하여 국고성 비돔과 라암셋을 건축하게 하니라. 그러나 학대를 받을수록 더욱 번성하여 퍼져나가니 애굽 사람이 이스라엘 자손으로 말미암아 근심하여 이스라엘 자손에게 일을 엄하게 시켜 어려운 노동으로 그들의 생활을 괴롭게 하니 곧 흙이기기와 벽돌굽기와 농사의 여러 가지 일이라. 그 시키는 일이 모두 엄하였더라.**

004-1 고센 지역의 농사일, 이집트

(아브라함은) 약속하신 그것을 또한 능히 이루실 줄을 확신하였으니(롬 4:21)

바로는 이스라엘의 인구증가를 막기 위해 힘든 고역을 시켰으나 오히려 이스라엘의 자손은 더욱 번성했다. 이는 하나님이 인간의 상식으로는 이해되지 않는 어려운 상황 속에서도 자신의 약속을 이루어가심을 보여준 것이다. 그러므로 자신의 생각으로 상황을 판단하여 좌절하지 말고 고통과 고난 속에서도 하나님의 약속을 바라보는 자가 되자. 아브라함은 오래 참는 중에 약속을 받았다(히 6:15).

④남자 아이 출생시 죽이도록 함(1:15-22)

*히브리 산파(십브라와 부아)로 남자는 죽이도록 함(15-16), 그러나 산파들이 남자 아이를 살림(17-19)

*이에 하나님이 산파들에게 은혜를 베품(20-21), 그러자 바로가 남자 아이를 나일강에 던져 죽게 함(22)

(4)학대를 받게 된 배경(출): 애굽에서 400년이나 거주하게 된 하나님의 섭리

①왜 애굽에서 400년이나 거주하게 되었는가? 야곱 때 가뭄이 끝났으면 약속의 땅으로 돌아왔어야 했다.

*그러나 약속의 땅보다 세상적인 조건이 좋은 애굽이기에 약속의 땅에 대한 갈망이 사라졌다.

②애굽에서 준비시킴(출애굽 당시의 상황)▶노예로 전락한 상황(고난) 속에서 약속을 이루어가심
*시 105:12절▷그 때에 그들의 사람의 수가 적어 그 땅의 나그네가 되었고(약한 것을 아시고)
*시 16절▷그가 또 기근이 들게 하사 그들이 의지하고 있는 양식을 다 끊으셨도다(하나님의 의도).
*시 19절▷곧 여호와의 말씀이 응할 때까지라. 그의 말씀이 그를 단련하였도다(준비기간).
③출애굽의 시기는 가나안 족속의 죄악이 관영한 때이다(신 9:4).
*창 15:16 네 자손은 사대만에 이 땅으로 돌아오리니
이는 아모리 족속의 죄악이 아직 가득차지 아니함이니라 하시더니

005-1 고대 이집트의 갈대상자

2 모세의 출생과 도피

1.모세의 출생(출 2:1-10)

006-1 모세를 건진 곳, 나일강

(1)출생배경과 경위(출 2:1-4)
①배경▶히브리 남자가 출생하면 나일강에 던져 죽게하는 상황 속에서
②출생▶레위 지파의 두 부모에게서 아론과 미리암 다음으로 출생
③잘생긴 모습을 보고 바로의 명령을 어기고 3개월을 숨겨 길렀다.
④숨길 수 없게 되었을 때▶갈대상자에 역청을 발라 나일강에 띄움

(2)모세의 성장(출 2:5-10)
①바로 공주의 양자가 됨(2:5-6)
*당시 애굽은 투트모세 1세(18왕조 5대, BC 1526-1512년)의 통치하에 있었고
그의 딸 핫셉슈트(BC 1504-1483년)는 불임 여성으로 알려져 있다.
②미리암의 유모 추천으로 친어머니의 젖을 먹으며 자람(2:7-10)

007-1 핫셉슈트상

2.모세의 도피와 결혼(출 2:11-25)

(1)도피배경(출 2:11-15a)
①애굽 사람을 쳐 죽임▶자기 동족을 치는 것을 보고
②동족간 싸움을 말리는 가운데 살인한 것이 드러남
③바로(투트모세 3세)가 모세를 죽이려고 함

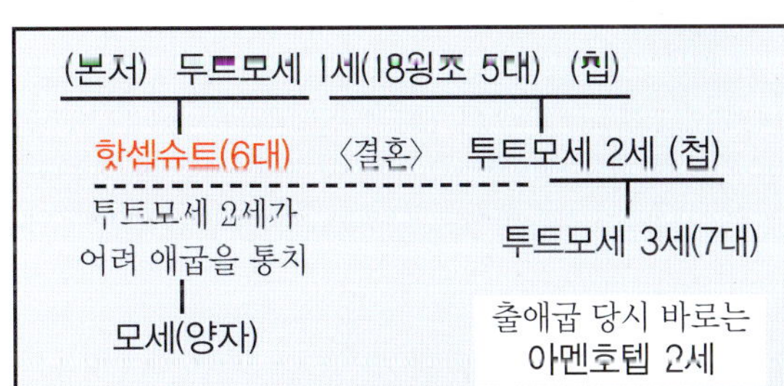

008-1 모세 당시 정치 상황

(2)도피장소(출 2:15b): 미디안 광야
①양자이기는 하지만 왕자의 신분인 모세가 애굽인
한명을 죽였다고 도망해야 했는가?
이는 정치적 세력에서 밀렸기 때문이다.
②미디안 광야는 오늘날 시나이반도 동쪽과 사우디아라비아의 서쪽 지역

009-1 광야의 우물, 이집트 시나이 반도

(3)모세의 결혼(출 2:16-22): 모세가 도망하여 미디안 광야에 있을 때
①우물에서 양떼에게 물을 먹이는 가운데 십보라를 만남(2:16-20).
②미디안 제사장의 딸 십보라와 결혼(2:21)▶게르솜을 낳음(2:22)

(4)이스라엘의 신음(출 2:23-25)
①이스라엘의 탄식과 부르짖음(2:23)▶고된 노동으로 인해
②하나님이 신음 소리를 들으심(2:24-25)▶아브라함과 이삭과 야곱에게 한 언약을 기억하심

3 모세의 소명과 애굽귀환

010-1 이드로 우물, 이집트 시나이반도 캐더린 수도원

1.모세의 소명(출 3:1-4:17)

(1)소명받은 상황(출 3:1a)
①이드로의 양떼를 치는 가운데(3:1a)▶자기 양을 치는 것이 아님
②모세의 결혼생활은 비참한 처가살이였다.
왜냐하면 당시 결혼은 결혼지참금을 장인에게 주어야 했으나 모세는 지참금 없이 결혼했다.
그래서 결혼 후 자기 양을 치는 것이 아니라 장인의 양을 치며 살았다.
이는 모세의 광야생활이 자기 인생을 산 것이 아니었음을 보여준다.
③하나님은 왜 모세를 광야 40년 생활 후에 쓰셨는가?
하나님은 출애굽을 위한 지도자의 훈련기간으로 삼으셨으나 모세는 그런 하나님의 섭리를 알지 못했다.

네가 왕후의 자리를 얻은 것이 이 때를 위함이 아닌지 누가 알겠느냐(에 4:14)?
하나님은 이스라엘 백성을 위해 모세를 보내셨다. 그리고 그 모세를 바로의 궁에서 40년의 평안한 가운데 장성할 때까지 성장하게 하셨다. 그런다음 애굽에서 이끌어내어 광야의 포기된 인생 가운데서도 40년을 준비시키셨다. 모세에게 있어 미디안 광야 40년은 인생을 포기한 기간이었다. 그러나 하나님은 그런 광야생활을 통해 모세를 세상에서 가장 온유한 자로 만드셨으며, 이스라엘을 광야에서 이끄는 영적인 지도자로 훈련시키셨다(출 3장). 그런 하나님은 오늘날도 마찬가지로 이 시대에 필요한 사역자로 당신을 사용하시기 위해 평안할 때나 고난 중에서나 훈련시키신다. 이런 고난중에 숨겨진 하나님의 뜻을 보는 자가 되자.

(2)소명받은 장소(출 3:1b-6)
①미디안 광야 서쪽, 하나님의 산 호렙(3:1b)▶시내산
②떨기나무 가운데 나오는 불꽃 안에서(3:2)
③여호와의 사자가 나타나 말씀하심(3:3-6)
*가까이 오지 말라(5). *네 발에서 신을 벗으라(5).▷거룩한 땅이므로
*나는 네 조상의 하나님이다(6).▷두려워하여 모세가 얼굴을 가림

011-2 떨기나무, 이집트 시나이반도 캐더린 수도원

(3)소명받은 내용(출 3:7-4:17)
①모세를 부르신 목적(3:7-10)
*내가 애굽에 있는 내 백성의 고통을 분명히 보고(7)
*그들이 그들의 감독자로 말미암아 부르짖음을 듣고(7)
*그 근심을 알고(7)
②하나님의 계획(3:8-9)
*내가 내려가서 그들을 애굽인의 손에서 건져내고(8)
*그들을 그 땅에서 인도하여(8)
*아름답고 광대한 땅, 젖과 꿀이 흐르는 땅으로 데려가려 하노라(8).

012-1 미디안 지역

7족속: 가나안 족속, 헷 족속, 아모리 족속, 브리스 족속, 히위 족속,
여부스 족속의 지방에 이르게 하려고 함(기르가스 족속)

*그러므로 이제 가라(9). 이스라엘 자손의 부르짖음이 내게 달하고 애굽 사람이 그들을 괴롭히는 학대도 내가 보았다.

③부름의 내용과 모세의 대답(3:10-4:17)

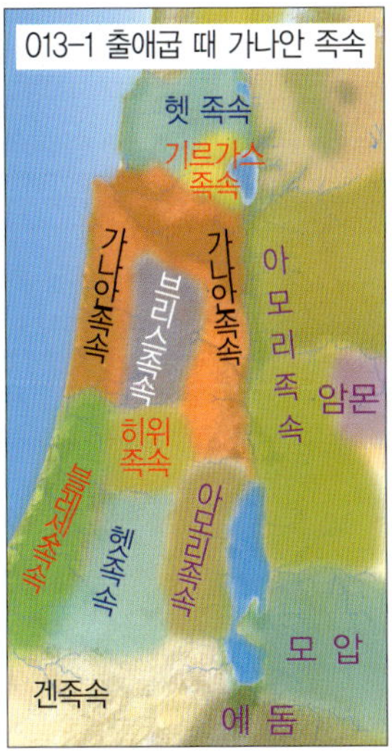

013-1 출애굽 때 가나안 족속

너는 아이라 말하지 말고 내가 너를 누구에게 보내든지 너는 가며(렘 1:7)
애굽으로 내려가 백성을 이끌어내라는 하나님의 부르심에 모세는 하나님이 화를 낼 때까지 거절했다. 지나친 겸손은 자기 비하이며, 하나님의 능력에 대한 불신이다. 자신의 부족함을 느낀다해도 하나님은 이미 광야에서 준비시키시고 또 능력을 보여주셨다. 주님의 일은 내 힘과 자신감으로 하는 것이 아니라 주님의 능력과 믿음으로 하는 것이다. 그러므로 때로 이사야 선지자의 고백처럼 "주여 나를 보내소서"(사 6:8)라는 소명감이 필요하다.

하나님의 부르심과 모세의 답변(출 3:10-4:13)

◐하나님▶내가 너를 바로에게 보내 내 백성 이스라엘 자손을 애굽에서 이끌어 낼 것이다(3:10).
◐모세▷내가 누구이기에 바로에게 갑니까(3:11)?
◐하나님▶내가 반드시 너와 함께 하겠다(3:12).
◐모세▷너를 우리에게 보낸 이의 이름이 무엇이냐고 물으면 내가 무엇이라고 대답할 수 있겠습니까(3:13)?
◐하나님▶나는 스스로 존재하는 자이다. 그가 너를 너희에게 보냈다고 말하라(3:14).
◐모세▷이스라엘 백성들이 내 말을 믿지 않고 그 증거가 무엇이냐라고 물을 것입니다(4:1).
◐이에 하나님이 능력을 보여주심(4:2-9)▶지팡이가 뱀이 되고, 나병 걸린 손이 치유되게 하심
◐모세▷나는 본래 입이 뻣뻣하고 혀가 둔하여 말을 잘하지 못합니다(4:10).
◐하나님▶누가 사람의 입을 지었느냐? 나 여호와가 아니냐(4:11)? 내가 할 말을 가르칠 것이다(4:12).
◐모세▷주여, 보낼 만한 자를 보내십시오(4:13). 여호와께서 화를 내심

(4)하나님의 분노와 약속(출 4:14-17)
①노한 내용(4:14-16)▶말 잘하는 네 형 아론이 있지 않느냐? 내가 너희에게 행할 일을 가르칠 것이니.
*너는 그에게 말하고, 그가 너를 대신하여 백성에게 말할 것이다(15a, 16a).
*너는 아론에 대하여 하나님같이 될 것이다(16b).
②너는 이 지팡이로 이적을 행하라(4:17).

2. 애굽으로의 귀환(출 4:18-31)

(1)모세가 장인에게 애굽으로 갈 것을 이야기 함(출 4:18): 이드로가 허락함
내가 애굽에 있는 내 형제들에게로 돌아가서 그들이 아직 살아있는지 알아보려 하오니 나로 가게 하소서.

(2)하나님의 명령(출 4:19, 21-23)
①너를 죽이려 하던 자(투트모세 3세)가 죽었다. 그러므로 애굽으로 돌아가라(4:19).
②애굽으로 돌아가면 내가 준 지팡이로 바로에게 이적을 행하라(4:21).
③그러나 바로가 백성을 보내지 않을 것이다(4:21).▶하나님이 그의 마음을 완악한 채로 내버려 두므로

(3)모세의 애굽행(출 4:20, 24-26)

①아내와 아들을 데리고 애굽으로 떠남(4:20)

②십보라가 아들에게 할례를 행함(4:24-26)

하나님이 모세를 죽이려 하자 할례한 아들의 포피를 모세 앞에 던짐(이로 십보라가 피의 남편이라고 함)

014-1 모세의 애굽행, 미켈란젤로 작, 바티칸 시스티나예배당, 중앙에 지팡이를 든 모세와 천사, 오른쪽은 게르솜 할례

(4)애굽에서의 모세와 아론(출 4:27-31)

①하나님이 아론에게 말씀하심▶광야에 가서 모세를 맞으라(4:27).

②모세가 아론에게 말함▶하나님이 자기에게 하신 말씀과 모든 이적을 말함(4:28)

③아론이 백성들에게 말함▶여호와께서 모세에게 한 말씀을 전하고 이적을 행함(4:29-30)

④백성들의 반응▶모세와 아론의 말(하나님이 고난을 살피셨다는 말)을 믿고 하나님께 경배함

4 바로 앞에서 선 모세와 아론

1.모세가 처음으로 바로 앞에 섬(출 5:1-6:25)

(1)모세가 바로에게 이스라엘 백성들을 애굽에서 내보내라고 요구함(출 5:1-21)

◐모세(5:1, 3)▶하나님이 말씀하셨다. 내 백성을 보내라. 광야에서 하나님 앞에 절기를 지킬 것이다.

◐바로(5:2)▶내가 여호와를 알지 못하니 이스라엘을 보내지 않을 것이다.

*바로가 이 말로 이스라엘 백성들에게 더 강한 고역을 시킴(5:5-14)▷짚을 스스로 구해 벽돌을 만들게 함

*이스라엘 자손들의기록원들이 바로에게 호소함(5:15-21)▷

바로▷ 모세가 자기 백성들을 보내라고 한 말로 인한 것임을 말함(17-19)

(2)모세가 하나님께 아뢲(출 5:22-23)

①어찌하여 이 백성이 학대를 당하게 하셨나이까(5:22a)?

②어찌하여 나를 보내셨나이까(5:22b-23)?

015-1 곡초더미, 이스라엘은 짚을 구하기 어려워 곡초더미로 짚을 대신하여 벽돌을 만들었다.

(3)하나님이 모세에게 말씀하심(출 6:1-9, 10-13)

①이제 내가 바로에게 행하는 일을 보리라(6:1a).

②바로가 결국 내 백성을 그의 땅에서 쫓아낼 것이다(6:1b).

③나는 조상에게 한 언약을 기억한다(6:2-8). 그래서▶

*너희를 내 백성으로 삼을 것이며(7-8)

*나를 여호와인 줄 알게 될 것이며

*조상에게 준 약속의 땅을 기업으로 삼게 하리라.

016-1 라암셋의 직인이 찍힌 흙벽돌, 대영박물관

(4)모세가 하나님의 말씀을 전했으나 백성이 듣지 않음(출 6:9)

(아브라함은) 약속하신 그것을 또한 능히 이루실 줄을 확신하였으니(롬 4:21)

이스라엘 백성들은 애굽에서 이끌어낼 것이라는 하나님의 말씀을 들었으나 모세의 말로 인해 바로의 고역이 더 강해짐으로 하나님의 말씀을 따르지 않았다. 고난은 하나님의 말씀을 막는다. 그러나 욥의 고백처럼 때로 고난을 통해 하나님을 더 확실히 알게 되기도 한다. 여러분은 어떤 경우인가?

①마음이 상하고 ②가혹한 노역으로 인해

(5)이스라엘 조상 중 레위인의 목록(출 6:14-25)

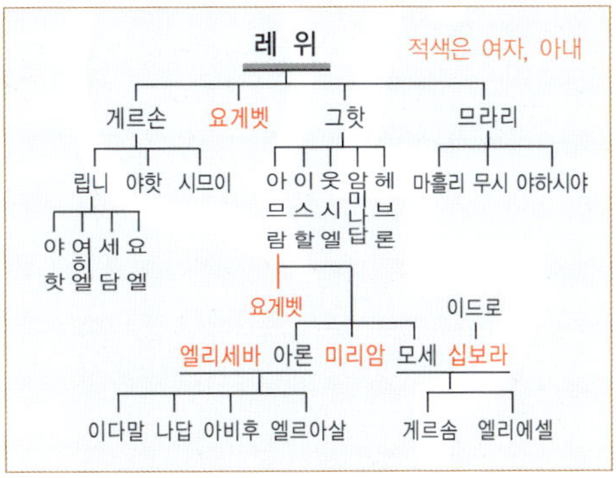

2. 모세가 두 번째로 바로 앞에서 섬(출 6:26-7:13)

(1)하나님의 재차 명령(출 6:26-7:5)
①내가 너를 바로에게 신 같은 존재가 되게 하겠다.
②네 형 아론을 네 대언자가 되게 하겠다.
그러므로 너는 아론에게, 아론은 바로에게 말할 것이다.
③내가 바로의 마음을 완악한 채로 내버려 두겠다.
그래서 표징과 이적을 많이 행할 것이다.
④그런 후에 내 백성을 애굽에서 이끌어 내겠다.
⑤바로가 이적을 보이라고 하면 지팡이를 던져 뱀이 되게 하라.

017-1 뱀에게 마술을 부리는 애굽인
고대 애굽의 마술사들은 뱀이 뻣뻣하게 굳어 지팡이처럼 되게 하는 마술을 행했다.

(2)바로에게 두 번째로 나감(출 7:6-13)
①아론이 지팡이를 던져 뱀이 되게 함(7:8-11)
그러나 애굽 마술사(요술사)도 똑같은 기적을 행함
②뱀이 된 아론의 지팡이가 애굽 요술사가 행한 뱀을 잡아 먹음(7:12)
③이를 본 바로는 모세의 말을 듣지 않음(7:13)

적용과 실천

실천을 위한 묵상

하나님은 당신의 사역을 감당할 수 있도록 능력을 주신다(출 4:1-8, 7:10).
하나님은 자신의 능력을 믿지 못하는 모세에게 지팡이가 뱀이 되게 하고, 나병이 발생했다가 치유되는 능력을 보여주셨다. 하나님은 우리에게 일을 맡겨주실 뿐만 아니라 그 일을 감당할 수 있는 능력을 주시는 분이시다. 우리가 주님께 받은 사명은 사람을 살리는 것이다. 그것은 악한 사단의 영에 사로잡힌 자들을 이끌어내어 하나님께로 돌아오게 하는 영적 싸움이다. 육신을 갖고 있는 우리가 이런 영적 싸움을 이길 수 있는 길은 오직 주님으로부터 영적 능력을 받는 길밖에 없다. 그래서 주님은 우리에게 성령을 보내사 우리로 하여금 영적 싸움에서 이기도록 하셨다. 그러므로 늘 성령충만을 위해 기도하자.

Thinking 고난을 통해 약속을 이루어가시는 하나님의 섭리에 대해 이야기해보자.

핵심 Key word

자손번성	바로학대	궁중의 모세	광야생활	호렙산 소명	애굽귀환
고센 땅	모세출생	40년 왕자로	미디안 40년	80세	바로와 면담

12과 10가지 재앙과 출애굽 여정 1

본문말씀▷출 7:14-14:4 새찬송가 379장
핵심말씀▷블레셋 사람의 땅의 길은 가까울지라도 하나님이 그들을 그 길로 인도하지 아니하셨으니(출 13:17).

배경 바라보기

시대적 고찰

모세를 나일강에서 건진 바로의 공주로 알려진 투트모세 2세의 왕후인 핫셉슈트(BC 1490-1468년)가 죽고 모세는 미디안 광야에서 40년을 보냈다. 그동안 모세를 죽이려고 했던 바로(투트모세 3세)가 죽고 새로운 바로(아멘호텝 2세)가 정권을 이어간다. 이때의 바로는 출애굽 BC 15세기설에 의하면 아멘호텝 2세가 되고, BC 13세기설에 의하면 라암셋 2세(BC 1290-1224년)가 된다. 이 바로는 모세를 잘 알았던 자였을 것이다. 그렇기 때문에 모세가 도망한 후 40년이 지나 애굽으로 돌아왔을 때 바로를 쉽게 만날 수 있었다. 당시 이스라엘이 지나갔던 시나이반도 남쪽 지역은 본토와 멀리 떨어져 있는 사막 지역이었기 때문에 군사적인 중요성은 없었다. 따라서 군사를 주둔 시킬 필요도 없었다.

지리적 고찰

애굽에서 미디안 광야로 도망온 모세는 하나님의 명령을 따라 애굽으로 내려간다. 그리고 이스라엘 백성들이 애굽에서 탈출하여 시내산까지의 여정에서의 지리적인 범위는 오늘날 이집트의 나일강 하류에서 시나이반도 서쪽에 국한된다. 출애굽 출발지인 라암셋에서 시내산까지는 대략 450km 거리요, 이스라엘은 45일(2-3개월) 정도 걸려 시내산에 도착했다. 라암셋의 위치는 두 곳 정도 주장되나 두 지점이 근거리에 있기 때문에 별 문제가 되지 않는다. 그러나 라암셋 이후 시내산까지의 여정지에 대해서는 정확한 위치를 알 수 없으며, 사건 정황에 근거하여 시나이반도 서쪽 지역으로 본다.

문화적 고찰

◐이집트 신들의 모습(출 7-10) 출애굽 당시 애굽에 내린 10가지 재앙은 단순한 징계의 차원을 넘어 이집트 신들에 대한 하나님의 징계이자 승리를 보여준다. 고대 이집트 사람들은 섬기는 신들도 많았고 그 형상들도 많았다. 사람의 형상, 동물의 형상, 거룩한 물건과 태양과 같은 우주적 상징들이 신의 모습으로 표현되었다.

매의 모양을 한 이집트의 호루스 신

특히 동물들은 대부분 신들로 섬겼는데 그중에 대표적인 것들로는 황소로 된 하토르 신, 매로 된 호루스 신, 풍뎅이와 관련된 케프리 신 등이 있다. 이외에도 멍청이 모양의 코프리 신, 개구리와 고양이 등으로 된 신들이 있다. 고대 이집트에서는 신의 모습을 이런 여러 형상과 요소들을 합쳐서 표현하는 것이 신의 모습을 표현하는 일반적인 방법이었다.

단어해설

완악하여(was hardened, 출 7:22) 이는 고집이 세고, 마음이 돌처럼 단단하게 굳어 결코 깨달음이 없는 무감각한 상태를 말한다.

바로의 장자로부터 맷돌 뒤에 있는 몸종의 장자(11: 5) 바로의 장자는 가장 높은 계층에 있는 사람의 아들을 말하고, 맷돌질은 가장 낮은 계층에 있는 사람들이 하는 것으로 하나님의 마지막 10째 재앙은 차별없이 임할 것을 예고한 것이다. 그러나 양의 피를 바른 집은 죽음을 당하지 않았다. 이는 어린양되신 예수 그리스도의 피가 구원을 얻게하는 것을 의미한다.

본문 탐구하기

내용개요 하나님은 이스라엘 백성을 애굽에서 보내라는 모세가 전한 말을 거절하자 10가지 재앙을 내린다. 이때 하나님은 마지막 10번째의 죽음 재앙을 앞두고 유월절을 제정하여 이스라엘로 장자 죽음에서 건짐을 받게 하였다. 결국 마지막 열 번째인 장자 죽음 재앙을 당하자 바로는 이스라엘 백성들을 애굽에서 내보냈고, 이스라엘은 라암셋에서 출발하여 요셉의 유골을 갖고 숙곳에서 장막을 친다. 다시 숙곳에서 출발한 이스라엘은 에담에 두 번째 장막을 쳤다. 이때부터 하나님은 이스라엘 백성 앞에서 구름기둥과 불기둥으로 길을 인도하셨다. 그리고 에담을 떠난 이스라엘은 비하히롯 앞의 홍해 바닷가에 세 번째로 진을 쳤다.

QA 본문탐구

1 출애굽 직전까지의 사건

1. 열가지 재앙(출 7:14-11:10, 12:29-36)

(1)열가지 재앙과 애굽 신과 관련(출 7:14-11:10, 12:29-30)

순	재앙	관련된 애굽의 신	순	재앙	관련된 애굽의 신
1	피	나일강 신=하피(Hapy)	6	독종	메이스(Meith) 여신, 의술 신=임호텝
2	개구리	개구리 모양의 머리를 한 헤카(Heka) 신	7	우박	공중의 이시스(Isis) 신, 누트(Nut) 신
3	이	땅의 신=겝(Geb)	8	메뚜기	곡물 신=세트(Seth)
4	파리	멍청이 모양의 코프리(Khopri) 신	9	흑암	태양 신=아몬-라(Amon-Ra)
5	가축악질	황소 신=아피스(Apis), 하토르	10	죽음	생명 신=프타(Path)

* 10가지 재앙은 애굽 신에 대한 하나님의 징벌을 의미한다.
* 10가지 재앙 중 미리 예고된 재앙▷1, 2, 4, 5, 7, 8, 10번째 재앙
* 시행자▷아론은 1, 2, 3번째이고, 모세는 6-9번째이며, 4, 5, 10번째는 하나님이 직접 시행하심
* 장소▷1번째는 물에, 3번째는 땅에, 4번째는 곤충에, 5번째는 생축에, 6번째는 짐승에
  7번째는 하늘에, 8번째는 식물에, 9번째는 하늘에, 10번째는 사람과 짐승

(2)열가지 재앙과 바로의 태도(출 7:14-11:10, 12:29-30)

◐1번째▶관심도 갖지 않음(7:23)
◐2번째▶말로만 제사를 드리도록 하고
재앙이 끝나자 보내지 않음(8:8)
◐3번째▶모세의 말을 듣지 않음(8:19).
◐4번째▶광야가 아닌 이 지역에서 제사를 드리라.
광야로는 가되 너무 멀리 가지 말라(8:25, 28).
◐5번째▶모세의 말을 듣지 않음(9:7).
◐6번째:▶모세의 말을 듣지 않음(9:12).
◐7번째▶내가 범죄했다. 네 백성을 보낼 것이다
재앙이 끝나자 보내지 않음(9:27, 35)
◐8번째▶장정만 가서 제사를 드리라.
재앙이 끝나자 보내지 않음(10:10-11, 20).
◐9번째▶가축은 놓고 사람은 다 가도 좋다.
다시 나를 보는 날에는 죽을 것이다(10:24, 28).
◐10번째▶가축과 모든 사람들을 보냄
유월절 제정, 출애굽 한 달을 첫 달로 하도록 함

> **항상 경외하는 자는 복되거니와 마음을 완악하게 하는 자는 재앙에 빠지리라(잠 28:14).**
> 사람의 마음이 완악할수록 하나님의 징계는 커진다(출 7-12장). 하나님이 내린 재앙에도 불구하고 바로가 계속 이스라엘 백성들을 보내지 않자 결국 사람의 장자와 짐승의 첫 새끼까지 죽게하는 10번째 재앙을 받게 된다. 미련한 사람은 실패를 한 후에야 깨닫는다. 그러나 지혜로운 사람은 시행착오를 겪지 않기 위해 하나님의 말씀에 귀담아 듣는다. 말씀에 마음을 완악하게 할수록 하나님의 오래참음과 징계가 똑같이 커짐을 잊지 말자.

2. 유월절(무교절) 제정(출 12:1-28, 42-51, 13:3-10)

019-1 양을 잡아 유월절을 지키는 사마리아인, 이스라엘 그리심산

(1)준비과정(출 12:1-10, 13:3-5)
①아빕월(태양력 3-4월) 10일에(12:1-3a)▶아빕월을 첫 달이 되게 하고
②흠없고 1년된 수컷 중 양이나 염소를 취해(12:3-5, 21)
가족 식구의 분량대로 어린양을 취함
③14일까지 4일간 간직한 후 14일 저녁 해질 때 잡아(12:6)
④우슬초 묶음으로 양의 피를 묻혀 문설주와 문 인방에 바르고
문밖으로 나가지 말라(12:7, 22).
⑤고기는 구워서 무교병과 쓴나물과 같이 먹고(12:8-9, 19-20, 13:6-7)
머리와 다리와 내장은 불에 구워 먹으라.
⑥남은 것은 태워 버리라(12:10).

019-2 문설주에 양의 피를 바름, 이스라엘 타이베(성경의 에브라임)

(2)먹을 때의 태도(출 12:11): 빠른 출발 위해
①허리에 띠를 띠고 ②발에 신을 신고
③손에 지팡이를 잡고 급히 먹으라.

020-3 쓴나물, 치거리 종류

020-1 우슬초, 이집트 시나이반도

(3)기간(출 12:15-20, 42, 13:6-10)
①매년마다 1회 7일간 행하며(12:15)▶영원한 규례로 지키라(12:14, 42)
②7일 동안(14-21일) 무교병을 먹으며(12:17-20) 지키라.
③성회(예배)로 모이고(12:16)▶첫날과 마지막 날은 아무 일도 하지 말라.

(4)후에 추가된 내용(지키는 자의 자격): 12:43-51
①이방인과 품꾼은 먹을 수 없고
②남자는 할례를 받은 후에 먹을 수 있다.
③돈으로 산 종은 먹을 수 있다.

> **묵은 누룩을 내버리라. 우리의 유월절 양, 곧 그리스도께서 희생되셨느니라(고전 5:7).**
> 하나님은 이스라엘 백성들을 애굽에서 이끌어내기 위해서 사람의 장자와 짐승의 첫 새끼를 죽이는 재앙을 내리셨다. 이때 죽은 애굽 사람은 바로의 장자뿐만 아니라 죄없는 가장 낮은 계층의 장자까지도 죽이셨다. 이를 기념하도록 출애굽 전에 양을 잡아 그 피를 문설주와 좌우 인방에 바르도록 하는 유월절을 제정하셨다. 애굽은 죄악된 멸망의 자리이다. 주님은 애굽과 같은 사탄과 죄의 종, 멸망의 자리에 있던 우리를 이끌어 내기 위해 예수께서 친히 유월절 어린양으로 애굽에 내린 장자 죽음의 희생 제물이 되셨다. 우리는 그런 대가를 치르므로 구원받는 하나님의 백성이 된 것이다. 그러므로 천국(가나안)에 들어갈 때까지 아무리 힘들고 고통스런 광야와 같은 삶이라할지라도 주님의 그런 사랑의 능력으로 능히 이겨나가자.

3. 초태생 규례(출 13:1-2, 11-16)

(1)초태생 규례의 배경(출 13:14-16)
①이스라엘을 애굽에서 이끌어낼 때 처음 태어난 사람의 장자나 짐승을 모두 죽일 때에
②이스라엘 자손은 죽이지 않았기 때문에

(2)초태생의 대상 범위(출 13:1-2, 12-13): 후손이 기억하도록
처음 태어난 모든 장자와 짐승의 수컷은 모두 하나님의 것이므로 하나님께 드려야 한다.

너희 몸은 너희가 하나님께로부터 받은 바 … 너희 자신의 것이 아니라 값으로 산 것이 되었으니 그런즉 너희 몸으로 하나님께 영광을 돌리라(고전 6:19b-20).
출애굽 직전 애굽에 사람의 장자와 짐승의 처음 태어난 것을 죽일 때 이스라엘은 어린양의 피로 인해 죽임을 당하지 않았기 때문에 장자는 마땅히 하나님의 것으로 하나님께 드려야 한다. 그러므로 예수 그리스도의 피로 구원을 받은 자들은 마땅히 사람의 종이 아니라(고전 7:23) 주님께 드려진 삶을 살아야 한다.

2 출애굽 여정 1(라암셋에서 홍해까지)

1. 라암셋에서(➡ 숙곳, 출 12:31-41, 13:17-19)

021-3 출애굽 여정

(1)출애굽 당시 애굽에서 가나안으로 가는 길(출 13:17)
①첫 번째는 가장 빠른 길로 지중해변을 따라가는 소위 '블레셋 길' (바닷길의 일부)이다.
*이집트인들은 호루스길(The way of Horus)이라고 불렀다. 이 길은 마지막에 가장 강력한 블레셋이 있는 길이다.
*신앙적으로 이 길은 짧고 쉬운 길이지만 가장 큰 장애물이 있는 길이요, 마지막은 갈 수 없는 길이다.
②두 번째는 고센 지방에서 술(수르) 광야 중심부를 통과하여 가나안 남부의 중앙으로 가는 술(Sur) 길이다.
*이 길은 하갈이 사라를 피해 살던 길이나(창 16:7). 이 길 마지막에는 에돔이 있다.
*신앙적으로 어느 정도 고난이 따르는 길이요, 하나님이 허락하지 않는 길이다(신 2:5).
③세 번째는 온(On)을 떠나 수에스만의 북단을 거쳐 시나이반도 중앙부를 통과하며 아카바만에서 북진하는 길이다.
*소위 순례자의 길(Pilgrim's way)로 마지막에는 모압족이 있는 길이다.
*신앙적으로 가장 힘든 길로 하나님이 허락하지 않는 길이다(신 2:9).
④이스라엘의 출애굽 경로는 하나님의 명령에 따라 난 위와는 전혀 다른 홍해의 광야 길이다(출 13:18).
*이 길은 시나이반도를 기준으로 서쪽과 동쪽 해안을 따라 평행한 길이다. 이 길의 일부는 당시 바로가 사용한 광산 길이며, 대부분 사막의 와디 길이다.
*신앙적으로 인간이 닦은 길이 아닌 하나님이 인도하시는 길이다.

022-1 블레셋길, 이집트 와디 알리스

(2)하나님은 왜 홍해의 광야 길로 인도하셨는가(출 13:17-18)?

출 13:17 **바로가 백성을 보낸 후에 블레셋 사람의 땅의 길은 가까울지라도 하나님이 그들을 그 길로 인도하지 아니하셨으니**

이는 하나님이 말씀하시기를 이 백성이 전쟁을 하게 되면 마음을 돌이켜 애굽으로 돌아갈까 하셨음이라.

①다른 길(바닷길)로 가게 되면 바로의 진지가 있어 전쟁을 하게 되고

②전쟁을 하게 되면 마음을 돌이켜 다시 애굽으로 돌아가려고 할 것이기 때문이다.

③그래서 가나안에 들어갈 자격있는 백성으로 만들기(훈련) 위해

이기기를 다투는 자마다 모든 일에 절제하나니 그들은 썩을 승리자의 관을 얻고자 하되 우리는 썩지 아니할 것을 얻고자 하노라(고전 9:25).

하나님은 애굽에서 나온 이스라엘을 당시 사용한 길이 아닌 전혀 다른 가장 힘든 홍해 광야 길로 인도하셨다. 이는 가나안을 정복할 수 있는 강한 자신의 백성으로 훈련시키기 위함이었다. 이스라엘에게 있어 광야는 극기훈련이 아니다. 그것은 광야라는 훈련장에서 하는 하나님 백성으로의 영적훈련이다. 그러므로 믿는 자는 세상에서 극기훈련이 아닌 강한 믿음의 군사로서 영적훈련을 소화해야 천국에 들어갈 수 있다.

(3)출애굽의 시기와 인구(출 12:37-38, 40-41, 13:4)

①출애굽의 시기(12:40-41, 13:4)▶애굽에 거주한지 400(430)년 후에

종교력으로 아빕월 1월 15일(태양력으로 3-4월)로 이때는 우기가 막 끝난 일년 중 가장 좋은 시기이다. 곧, 광야를 가기에 가장 좋은 계절이다. 하나님의 훈련과정은 단계적이다.

②출애굽 인구(12:37-38)▶장정만 60만 명 가량(어린아이와 여자를 합하면 250만 명 정도)과 잡족(12:38)

(4)출애굽 출발지인 라암셋(출 12:37, 13:19)

①이스라엘이 출애굽할 당시 첫 출발지는 라암셋인 것을 성서는 분명히 말하고 있다(출 12:37).

②출애굽 때 요셉의 유골을 가지고 나옴(13:19)▶이는 요셉의 유언에 따른 것이다(창 50:25).

023-1 라암셋상이 있는 라암셋

라암셋의 위치에 대한 논쟁은 두 장소에 대한 것이다. 일반적으로 하부 애굽의 북동부 델타(삼각주) 지역에 위치한다는 것에는 의견이 일치하지만 정확한 장소에 대해서는 현재의 산 엘 하가르(San el Hagar), 곧 성경의 소안과 이보다 남쪽 약 20km 지점에 있는 헬리오폴리스 또는 카이로 북동쪽 100km 지점에 있는 텔 엘 다바(T. el Daba)로 주장하고 있다. 옛 힉소스족의 수도는 아바리스 소안(Avaris Zoan)으로, 세티 1세와 라암셋 2세가 강제노동으로 재건하여 다시 수도로 삼았다. 라암셋 2세는 '라암셋의 집' 이라 칭하였는데 이 명칭은 11세기까지 불리다가 그후에 타니스(Tanis)라고 불리웠다.

2. 숙곳과 에담에서(➞ 비하히롯 앞 홍해, 출 13:20-14:4)

024-1 숙곳, 이집트 라바타

숙곳은 나일강 하류 삼각주 동부 지역의 와디 투메이랏에 있는 텔 엘 라타바(T. el Rataba)와 같은 곳으로 여겨진다. 이곳은 현재 비돔으로 알려진 텔 엘 마스쿠타에서 서쪽으로 약 15km 정도 떨어진 곳에 있다. 그러나 텔 엘 마스쿠타를 숙곳으로 보기도 하며, 숙곳과 비돔을 동일한 곳으로 보는 견해도 있다. 참고로 요단강 동편의 야곱이 우릿간을 지은 숙곳(창 33:17)과는 다른 곳이다.

(1)숙곳은 처음 장막을 친 곳(출 13:20): 숙곳의 뜻은 '오두막집' 이다.

024-2 광야의 구름, 이집트 시나이 반도

(2)에담은 숙곳을 떠나 장막을 친 곳(출 13:20-14:4)

①이때부터 하나님은 낮에는 구름기둥으로 밤에는 불기둥으로 길을 인도하셨다.

②하나님의 말씀과 명령(14:1-4)

* 바알스본 맞은편 홍해 바닷가에 진을 치라(출 14:1-2). 바다와 믹돌 사이의 비하히롯 앞
* 바로는 (마음이 변해) 너희가 광야에서 갇혔다고 생각할 것이다(3).
* 내가 바로의 마음을 완악하게 할 것이다(3-4). ▷바로의 마음을 완악한 채로 내버려 둔 것을 의미

에담의 위치에 대해서는 출 13:20과 민 33:6-8에서 광야의 끝이라고만 말하고 있다. 이 에담은 술(수르, 에담) 광야의 일부(민 33:8)로 고센 동쪽 경계에 있는 이집트의 한 성읍이다. 정확한 위치는 알 수 없으나 성경의 사건에 비추어 보면 오늘날 와디 투밀랏(Wd. Tumilat)을 기준으로 동쪽에 있는 팀사 호수 북쪽에 있는 것만은 틀림이 없다. 노트(Noth)는 수에즈만 북부의 물이 있는 지역 내에 있다고 주장하고 있다.

적용과 실천

실천을 위한 묵상

천국(가나안)으로 가는 길은 좁은 길이다(출 13:17).

하나님은 애굽을 떠나 가나안으로 향하는 이스라엘을 쉬운 바닷길(블레셋길)이나 조금 더 힘든 수르 광야 길로 인도하지 않고 가장 힘든 홍해의 광야 길로 인도하셨다. 성경은 그 이유를 전쟁을 겪게 되었을 때 다시 애굽으로 돌아가려는 약한 마음을 갖지 않도록 하기 위함이라고 말하고 있다.

오늘 우리를 향한 하나님의 인도하심도 마찬가지다. 죄악으로 상징되는 애굽과 같은 곳을 탈출시켜 천국으로 상징되는 가나안으로 인도하시는 하나님은 우리로 하여금 능히 천국에 들어갈 수 있는 자가 되게하기 위해 광야 같은 세상에서 믿음의 훈련을 시키신다. 천국은 침노하는 자가 빼앗는다고 예수께서 말씀하셨다. 그래서 예수께서는 좁은 길로 가라고 말씀하셨다. 왜냐하면 넓은 길의 마지막은 멸망이요, 좁은 길의 마지막은 영생이기 때문이다.

Thinking 왜 신앙인은 좁은길로 가야하는지에 대해 이야기해보자.

핵심 Key word

출애굽	라암셋에서	숙곳에서	에담에서
10가지 재앙, 유월절제정	출애굽 출발지	첫 번째 장막	두번째 장막, 구름과 불기둥

13과 출애굽 여정 2(홍해에서 르비딤)

본문말씀▷출 14:5-18:27, 민 33:13-15 새찬송가 400장
핵심말씀▷이스라엘 자손이 바다 가운데를 육지로 걸어가고 물은 그들의 좌우에 벽이 되니(출 14:22)

배경 바라보기

시대적 고찰

출애굽 당시의 바로는 출애굽 15세기설에 의하면 투트모세 3세(BC 1504-1450년)의 아들 아멘호텝 2세가 되고, 13세기설에 의하면 라암셋 2세(BC 1290-1224년)가 된다. 이스라엘의 출애굽 후 이집트 정세는 분명 큰 변화가 있음에 틀림이 없다. 그럼에도 이스라엘의 추격에 실패한 바로가 아멘호텝 2세라면 그는 BC 1425년까지 통치했다. 반면 현대 견해에 의한 출애굽 당시의 바로가 라암셋 2세(BC 1290-1224년)라면 그는 출애굽(BC 1280년) 이후 56년이나 더 통치했다.

지리적 고찰

이스라엘이 출애굽한 후 홍해를 건너 신 광야까지의 여정은 고센 지역을 벗어나 오늘날 이집트의 시나이반도 중 서쪽 지역에 해당된다. 이스라엘이 건넌 홍해에 대한 위치 역시 시내산의 위치에 따라 다르게 주장된다. 그러나 정통적인 견해는 오늘날 수에즈 운하 북부 지역의 빅터 호수로 본다. 이후 수르 광야는 지역에 별다른 이의가 없으며 마라, 엘림, 돕가, 알루스 등은 사건 전개 상황에 의거하여 오늘날 와디 무사, 와디 가란달, 세라빔 엘 카딤, 와디 무카탑 등으로 본다.

문화적 고찰

◐눈에는 눈, 이에는 이의 동해(同害) 보복법(출 21:24)

일명 '탈리오의 법칙'(Lex Talionis)과 상통하는 고대 사회의 복수에 관한 법이다. 이 동해 보복법의 용어는 로마 성문법인 십이동판법에서 발견되었으며, 고대 함무라비 법전에서도 언급되었다. 이 법은 남에게 치유될 수 없는 영구한 상해를 입힌 자는 그 대가를 반드시 치러야 한다는 단순한 보복 논리에 근거를 두고 있다. 이는 형법이 발달하지 못한 고대 국가에서 눈을 상하게 하면 그 이상의 살인과 같은 보복이 이루어지는 현실이었기 때문에 기본적인 사회 질서유지를 위해 최소한의 보복이 필요악으로 요청되었다. 그러나 현대에서는 금전적 보상, 금고, 징역형 등으로 대체하고 있다. 그래서 예수께서는 모세 당시에는 너무 악하여 이혼증서를 써주고 이혼하라고 했으나 자신은 음행한 연고 외에는 이혼하지 말라고 가르치셨다.

◀ 함무라비 석비, 파리 루브르박물관
높이 8피트의 이 검정 석비는 족장시대 연구에 귀중한 자료가 된다. 상부에는 태양신이자 정의의 신인 사마스가 바벨론 왕 함무라비에게 법전을 주는 모습이 새겨져 있다. 이 석비에는 '이에는 이, 눈에는 눈'이라는 문귀가 있다.

단어해설

주의 거룩한 처소(출 15:13) 여기서는 하나님께서 이스라엘 자손에게 주신 약속의 땅 가나안을 가리킨다.
주께서 사신 백성(16) '하나님께서 구속하신 백성'이란 뜻으로 애굽에서 건져낸 이스라엘 백성을 가리킨다.
소고(20) 현대 음악에서 탬버린에 해당하는 타악기로 둘레에 방울이 있어 요란한 소리를 낸다.
오멜(omer, 16:16) 원뜻은 '보리 한 단'. 보리 한 단을 탈곡했을 때의 고체량을 측량할 수 있는 부피 단위이다. 에바의 10분의 1로서, 대략 2.2리터에 해당
스러졌더라(21) 녹아 문드러져 먹을 수 없게 된 상태를 가리킨다.

본문 탐구하기

내용개요 홍해 바닷가에서 출애굽 후 첫 번째 위기를 맞은 이스라엘은 홍해를 가르고 바로의 군대를 수장시키는 하나님의 기적으로 무사히 홍해를 건넌다. 그리고 3일 동안 수르(에담) 광야를 걷는다. 그러나 물이 떨어진 상태로 마라에 도착하지만 물이 써서 마시지 못하자 다시 원망한다. 그런 이스라엘을 위해 쓴물을 단물로 바꾸어 마시게 한다. 그리고 "나는 너희를 치료하는 여호와라"고 말씀하신다. 마라를 떠난 이스라엘은 신 광야가 시작되는 엘림을 거쳐 돕가와 알루스에 진을 친다.

QA 본문탐구

③ 출애굽 여정 2(홍해에서 르비딤까지)

1. 비하히롯 앞 홍해에서(➡ 수르 광야, 출 14:5-15:21)

025-1 바로의 병거, 카이로, 이집트 고고학박물관, 투탕크 아멘 때의 것으로 당시 이스라엘을 추격했던 바로의 병거 모습을 볼 수 있다.

(1)바로 군대의 추격(출 14:5-9)
①이유(14:5)▶하나님이 바로의 마음을 완악하게 하시므로(14:8)
바로가 이스라엘을 보낸 것에 대해 마음이 변해
②규모(14:6-7, 9)▶병거 600대와 말들과 마병과 그 군대
③추격 거리(14:9)▶라암셋에서 바알스본 맞은편까지, 곧 이스라엘이 진을 친 비하히롯 옆 홍해 바닷가까지(약 120km)

026-1 구카이로 지역에 있는 오늘날 건물 형태의 무덤들

(2)이스라엘의 원망(출 14:10-12)
①14:11 **애굽에 매장지가 없어서 당신이 우리를 이끌어내어 이 광야에서 죽게 하느냐?**
②애굽에서 당신에게 이렇게 될 것이라고 말하지 않았느냐(14:12a)?
말한 내용▷우리를 내버려 두라. 우리가 애굽 사람을 섬길 것이다.
애굽 사람을 섬기는 것이 광야에서 죽는 것보다 낫다(14:12b).

(3)홍해가 갈라짐(출 14:13-31)
①모세의 말(14:13-14)
*13 **너희는 두려워하지 말고, 가만히 서서 여호와께서 오늘 너희를 위하여 행하시는 구원을 보라.**
*14 **여호와께서 너희를 위하여 싸우시리니 너희는 가만히 있을지니라.**
②여호와의 말씀(14:15-18)
*이스라엘 백성에게 앞으로 나아가게 하라. 그리고 지팡이를 들고 홍해를 갈라지게 하라.
그러면 이스라엘 백성이 홍해를 마른 땅같이 건널 것이다.
*내가 애굽 사람의 마음을 완악하게 할 것이다. 그래서 그들이 바다로 들어가 추격할 것이다.
애굽 사람은 바다에 수장될 것이다. 이로 내가 영광을 얻고, 그들은 나를 여호와인 줄 알 것이다.
③애굽진과 이스라엘진 사이에 구름기둥과 불기둥이 가로막음(14:19-20)
④홍해가 갈라짐(14:21-31)▶이스라엘은 홍해를 건너고, 애굽 사람은 물에 수장됨

＊홍해는 어떻게 건넜는가(출 14:21)?▶새벽에, 큰 동풍을 불게하여(이스라엘 백성에서 보면 맞바람)

⑤이스라엘이 건넌 홍해의 위치는?

027-1 이스라엘이 건넌 홍해로 추정되는 오늘날 빅터 호수의 일출

홍해는 히브리어 얌 수프(Yam Suf, 얌은 '바다'란 뜻)이다. 그런데 본래 홍(붉음)의 히브리어는 '아담'이다. 홍해는 70인역에서 번역된 것으로 이곳에서 영어 Red Sea가 나오게 되었다. 실제로 고대에는 수에즈 운하와 엘랏이 홍해로 알려졌다(참조. 민 21:4, 왕상 9:26, 렘 49:21). 그러나 얌 수프는 '갈대들의 바다'라는 뜻이다. 이스라엘이 건넌 홍해의 가능성 있는 위치로는 바르드윌(Bardwil) 호수, 곧 세르보니티스 호수, 멘잘레(Menzaleh)만의 팀사 호수, 쓴 호수인 빅터 호수, 수에즈만, 엘랏(아카바)만, 등이다. 그 외에 실제 장소가 아닌 신화적인 장소로 주장하는 사람도 있다. 이 경우에는 얌 소프(끝)로 '끝의 바다'이다(창 1:1-2). 이중에 성경의 상황적 근거에 의하면 빅터 호수가 가장 설득력이 있다.

⑥홍해 바닷가의 교훈과 의미

＊이스라엘에게는 절대적인 위기인 동시에 하나님에 대하여 절대 신뢰의 기회였다.

＊홍해 바닷가와 같은 사면초가의 상황에서도 하나님을 믿고 기다리는 믿음이 있는가?

＊출애굽은 은혜를 주신 만큼 믿음을 요구하는 역사이다.

＊10가지 재앙을 베푼 것은 사면초가와 같은 상황에서도 전능하신 하나님을 믿으라는 것이다.

＊홍해도하는 세례를 의미한다(고전 10:1-2).

고전 10:1-2 **형제들아, 나는 너희가 알지 못하기를 원하지 아니하노니 우리 조상들이 다 구름 아래에 있고, 바다 가운데로 지나며, 모세에게 속하여 다 구름과 바다에서 세례를 받고**

기도하여 이르되 여호와여, 원하건대 그의 눈을 열어서 보게 하옵소서(왕하 6:17).

하나님은 사면초가에 있는 이스라엘 백성들을 홍해를 가르는 기적을 통해 바닷 밑에 길을 내어 건너가게 하셨다. 사람들은 자신들이 보는 길만을 가려고 하기 때문에 그 길이 보이지 않으면 주저앉고 만다. 그러나 만물을 창조하신 하나님을 믿는 자들은 바다 밑에 길을 예비하시는 하나님을 믿고 나갈 수 있다.

(4)모세와 이스라엘의 찬양(출 15:1-21)

①여호와를 찬송하라(15:1).▶그는 높고 영화로우시며 말 탄자를 바다에 던지셨기 때문에(찬양할 이유)

②홍해를 건너게 한 여호와는 어떤 분이신가(15:2-19)?

＊나의 힘이요, 노래시며, 구원이시다(2a). ＊그는 기이한 일을 행하신다(11-19).

＊그는 하나님(전능자)이시니(2b) ＊그는 용사이시니(3-10)

③홍해도하 후 미리암의 찬양(15:20-21)▶소고로 연주하며 춤을 춤

2. 수르 광야에서(→ 마라, 출 15:22)

028-1 수르 광야, 시나이반도

(1)수르(에담) 광야를 3일간 걸음(출 15:22)

①에담은 히브리어로 '방위 성벽'이란 뜻, 수르는 '성벽'이란 뜻이다.

②3일 동안 물을 마시지 못함

(2)수르 광야의 교훈

①인생의 길에도 수르 광야처럼 세상 것 때문에 갈증을 느낄 때가 있다.

②하나님 나라를 향해 가는 성도에게도 세상의 것을 얻지 못해 갈증을 느낄 때가 있다.
③그러나 하나님과 세상 것(물질)을 동시에 섬길 수는 없다. 이것은 양자 택일임을 성경은 가르치고 있다.

보라. 내가 새 일을 행하리니 이제 나타낼 것이라. … 내가 광야에 길을, 사막에 강을 내리니(사 43:19)
홍해를 기적으로 건넌 이스라엘은 광야에서 3일을 걸었으나 물을 얻지 못하자 목말라 죽는다고 원망했다. 홍해의 기적은 광야라는 환경에서 3일을 가지 못했다. 그러므로 광야는 기적을 삼키는 곳이다. 인생의 길에도 수르 광야와 같이 세상 것 때문에 갈증을 느낄 때가 있다. 그러나 바다까지도 가른 하나님의 능력을 믿고 기억하면 능히 광야에 기적이 삼킨 바 되는 것이 아니라, 광야에서 기적을 일으키게 될 것이다.

3. 마라(→ 엘림, 출 15:23-26)

(1)쓴물을 단물로 바꿈(출 15:22-25a)
①마라에 도착했으나 물이 써서 마시지 못함(15:23)▶그래서 '쓰다' 라는 뜻의 마라라고 함
②미리에서 원망(15:24)▶우리가 무엇을 마실까?(출애굽 후 두 번째 원망)
홍해에서의 기적은 3일 만에 원망으로 바뀌었다. 이같이 광야는 기적을 삼키는 곳이다.
③쓴물을 단물로 바꿔 마시게 함(15:25a)▶하나님이 지시한 나뭇가지를 우물에 던짐으로(방법)

029-1 마라의 우물, 아윤 무사

마라는 '쓰다', '슬픔' 등이란 뜻으로 오늘날 아윤 무사(Ayun Musa)로 추측하고 있다. 아윤 무사는 '모세의 우물' 이란 뜻이다. 이곳은 홍해(수에즈 해저터널)에서 30km 지점에 위치하나 이보다 남쪽인 수에즈 남동쪽 75km, 홍해에서 동쪽으로 11km 떨어진 아인 하와라(Ain Hawara)로 보기도 한다. 그러나 아인 하와라는 홍해에서 3일 길을 갔다는 여행 거리와 맞지 않는다(출 15:22). 오늘날 마라(아윤 무사)의 오아시스는 홍해에서 200m 정도의 거리에 있다. 이곳에는 7개의 우물이 있다는 기록이 있는데 그 기록에 의해 현재 이집트 정부에서 발굴 결과 4개를 찾았다.

(2)하나님께서 법도와 율례를 정하심(출 15:25b-26)
①조건▶내 말에 순종하고, 하나님 보시기에 의를 행하며, 내 모든 규례를 지키면
②결과▶애굽에 내린 질병을 하나도 내리지 않을 것이다. 나는 너희를 치료하는 여호와임이라.

(여호와께서) 상심한 자를 고치시며, 그들의 상처를 싸매시는도다(시 147:3).
마라는 물이 써서 마시지 못해 붙인 명칭으로 그 뜻은 '쓰다' 이다. 우리의 신앙 여정도 마라처럼 쓴인생의 자리에 있을 때가 있다. 그러나 원망보다 하나님은 인생을 치료하시는 분임을 믿어야 한다. 또 마라 같은 쓴인생에서 엘림 같은 달콤한 인생을 준비하고 계시는 하나님을 믿어야 한다. 하나님은 마라 같은 나오미(기쁨이란 뜻)의 인생을 치료하셨다(룻 1:19-21).

4. 엘림과 신 광야에서(→ 돕가와 알루스, 출 15:27-16:36)

(1)엘림은 어떤 곳인가(출 15:27)?
엘림은 신 광야가 시작되는 곳으로 현재의 와디 가란델(Wadi Charandel)로 추정하고 있는데 마라와 엘림은 가깝게 연결된 지역이었다.
지명의 뜻은 '큰 나무' 로 이는 이곳에 종려나무가 70주나 있다고 하는 성경 본문으로 미루어 보아도 합치되는 말이다.

030-1 엘림으로 알려진 오늘날 와디 가란달의 오아시스

나는 빛도 짓고 어둠도 창조하며, 나는 평안도 짓고 환난도 창조하나니 나는 여호와라(사 45:7).
마라를 떠난 이스라엘이 도착한 엘림은 신 광야의 시작 지점이요, 물샘과 종려나무가 자라는 사막의 오아시스였다. 신앙의 여정에는 마라와 같이 쓴 인생만 있는 것은 아니다. 하나님은 때로 지치고 기진할 때 사막의 오아시스와 같은 인생을 준비하고 계신다. 사막에도 오아시스를 준비하시는 하나님임을 잊지 말자.

(2)신 광야에서 만나와 메추라기를 내림(출 16:1-36)

①신 광야의 범위▶엘림에서 시내산 사이(16:1)

②신 광야에서 원망(16:2-3, 세 번째)

출 16:3 **애굽 땅에서 고기 가마 곁에 앉아 있던 때와 떡을 배불리 먹던 때에 여호와의 손에 죽었더라면 좋았을 것을 너희가 이 광야로 우리를 인도해 내어 이 온 회중이 주려 죽게 하는도다.**

031-1 마나(히, 만나)라는 나무에 붙은 하얀 분비물, 이집트 시나이반도 바바 계곡, 만나라는 이 나무는 에셀나무 마나위성류로 하얀 분비물은 서리같이 희고 세미하다는 성경의 만나를 연상케 한다.

③만나와 메추라기를 먹임(16:4-35)▶만나는 무엇인가(16:13-14)?

하나님이 하늘에서 내려준 양식으로 만나는 히브리어이다.

만나는 깟씨 같고 희고, 맛은 꿀섞은 과자 같다(16:31).

모양은 작고 둥글며 서리같이 세미했다(16:14).

*출처와 시간과 기간▷아침에 하늘에서 이슬과 함께 양식을 비같이 내리고, 저녁에는 고기를 주어 40년동안 먹게 했다(8, 35).

*단위(4)▷만나를 매일같이 내린 이유는?

하나님의 율법을 준행하는지 시험하기 위해서

032-1 깟씨와 비슷한 만나 모형, 이스라엘 팀나 공원

033-1 메추라기

④이스라엘이 광야에서 방황하는 동안 소금은 어떻게 섭취했을까? 만나 속에 주셨다.

⑤안식일 준수 명령(16:5, 22-30)▶안식일에는 만나가 없으므로 여섯째 날에는 갑절을 거두게 했다.

무릇 여호와를 떠나는 자는 흙에 기록이 되오리니 이는 생수의 근원이신 여호와를 버림이니이다(렘 17:13).
싯딤나무는 종려나무와는 달리 뿌리가 깊기 때문에, 광야에서도 자란다. 광야 같은 우리의 생활환경에서 싯딤나무처럼 살 수 있는 것은 뿌리를 지하수 수맥까지 깊게 내리는 것이다. 예수는 생명수 근원이 되신다. 우리의 믿음의 뿌리를 생명수의 근원되신 예수께 내리면 광야 같은 세상에서도 능히 승리하며 살 수 있다.

034-1 신 광야의 싯딤나무, 이집트

(3)광야의 영적 의미(출 16:1-3)

①광야는 애굽에서 나와서 하나님의 약속의 땅으로 가는 훈련의 장이다.

가나안 정복과 하나님을 향한 절대적인 믿음을 위한(육적 고난을 통한) 영적 훈련의 장이다.

②광야는 하나님이 '선물로 주어진 땅' 이요, 이미 경작되어진 땅이 아니다.

생명의 떡은 이미 경작되어진 땅에서 얻어지는 것이 아니다.

오직 하나님이 주셔야만 살 수 있는 광야에서만 주어진다.

③광야는 하나님의 도움이 없이는 살 수 없는 곳이다.

광야는 인간의 노력을 통해 살 수 있는 곳이 아니다.

광야는 제로(zero) 상태에서 100% 하나님만 의지하는 훈련이다.

④광야는 세상의 때(욕심과 우상숭배의 때)를 벗기는 곳이다.

⑤광야는 모든 기적을 삼키는 곳이다. 그래서 기적을 본 이스라엘도 광야에서는 원망할 수밖에 없었다.

5.돕가와 알루스에서(➡ 르비딤, 민 33:13)

(1)돕가는 어떤 곳인가(민 33:13)?

돕가는 시내산 북서 75km 지점인 오늘날 세라비트 엘 하팀(Serabit el Hatim)으로 전해진다. 출애굽한 이스라엘 백성이 시내산으로 향하는 여정 중 한 곳으로 이곳에는 이집트 제12왕조(BC 2000-1780년) 때부터 터키옥과 망간을 채굴했다. 그리고 광산 근처에는 하토르 신전이 있으며, 아직까지도 글과 그림이 새겨진 많은 돌기둥들이 남아 있다. 여기서 고고학자들에 의해 발굴된 전(前) 시내 비문(Proto Sinaitic Inscription, BC 1800년경)은 가장 오래된 알파벳으로 알려져 알파벳 발달사의 중요한 연구자료로 쓰이고 있다.

035-1 돕가의 하토르 신전, 이집트 시나이반도, 모세도 왕자의 신분으로 방문했을 것이다.

①돕가는 엘림을 떠나 진을 친 곳이다.
②돕가로 주장되는 오늘날 세라비트 엘 하팀에는 모세가 들렀던 곳으로 알려진 하토르 신전이 있다.

036-1 알루스로 주장되는 오늘날 와디 무카탑, 이집트

(2)알루스는 어떤 곳인가(민 33:13)?
①돕가를 떠나 진을 친 곳으로 돕가와 르비딤 사이에 있다.
②이곳은 오늘날 와디 무카탑(Wd. Mukatab)으로 알려진다.

6.르비딤에서(➡ 시내산, 출 17-18장, 민 33:14-15)

르비딤(Rephidim)은 신 광야와 시내 광야 사이에 있는 골짜기 및 한 지역이다(출 17:1, 민 33:14-15). 이곳은 시내산 북서쪽 20km 지점인 제벨 세르발(Jebel Serbal)의 북쪽에 전개되는 비옥한 평원 와디 파이란(Wadi Feiran)으로 알려지고 있다. 르비딤은 '평원'이란 뜻이 있다. 이 골짜기의 이름은 파이란 오아시스인데, 홍해를 건너 시내산으로 오는 도중에 가장 큰 오아시스 마을로 도로변을 따라 4km 정도에 걸쳐 대추야자 나무와 잡목들이 우거져 있고, 여러 곳에 물이 있는 꽤 큰 마을이다.

모세가 손을 들고 기도한 곳에서 본 르비딤 골짜기, 와디 파이란

(1)므리바 사건(출 17:1-7, 민 33:14-15): 르비딤에서
①신 광야에서 원망(17:1-3, 네 번째)
*우리에게 물을 주어 마시게 하라(2).▷이것은 여호와를 시험하는 것이었다. 여호와께서 우리 중에 계신가 하여 의심했기 때문에 시험한 것이다.
*출 17:3 **당신이 어찌하여 우리를 애굽에서 인도해 내어서 우리와 우리 자녀와 우리 가축이 목말라 죽게 하느냐?**
②모세의 간구와 하나님의 응답(17:4-6a)
*모세▷내가 이 백성에게 어떻게 하리이까? 내게 돌을 던지겠나이다(4).
*하나님▷네 지팡이를 손에 잡고 가서 호렙산에 있는 반석을 치라. 그러면 물이 나올 것이다(5-6).
③결과(17:6b-7)▶물을 낸 장소를 '맛사' 또는 '므리바'라고 부름

038-2 반석에서 물을 내는 모세

＊하나님의 명령대로 하여 반석에서 물을 내어 마시게 함
＊하나님을 시험한 곳이기 때문에 '맛사'(유혹, 시험이란 뜻)라고 부름
＊또는 이스라엘 자손이 다투었기 때문에 '므리바'(투쟁이란 뜻)라고 부름

039-1 르비딤 골짜기, 이집트

(2)아말렉과의 싸움(출 17:8-16)

①장소(17:8)▶르비딤 골짜기 ②상대(17:8)▶아말렉

③결과(17:9-15)▶이스라엘이 승리한 후 '여호와 닛시' 라고 명명함
르비딤에서의 싸움의 승패는 군사력에 있는 것이 아니라, 모세가 손을 들고 기도하느냐에 달려 있었다.

④르비딤 싸움에서의 교훈(17:6)▶전쟁은 여호와께 달려 있다(삼상 17:47).

040-1 모세가 손을 들고 기도한 곳

우리를 사랑하시는 이로 말미암아 우리가 넉넉히 이기느니라(롬 8:37).
이스라엘과 아말렉과의 르비딤에서 싸움은 숫자가 많은 이스라엘이 수가 적은 정예군인 아말렉과 이길 수 없는 지형에서의 싸움이다. 그런데 이스라엘이 승리했다. 그래서 '여호와 닛시' 라고 불렀다.
신앙인의 여정에서 가장 많이 직면하는 영적 싸움 역시 육적, 세상적인 것으로는 이길 수 없다. 그것은 오직 세상과 죽음까지도 이기신 예수 그리스도를 믿는 믿음과 간구(손을 들고 기도)로만 가능하다.

041-1 이드로의 무덤에 세워진 사원, 이스라엘, 전승에 의한 것이다.

(3)모세의 장인 이드로의 방문(출 18:1-12)

①이드로는 어떤 사람인가(18:1a)?
＊이드로(출 3:1, 4:18)는 미디안의 제사장이며, 모세의 장인이다.
＊그러나 출 2:18, 민 10:29에는 르우엘로, 삿 4:11에는 호밥으로 나온다.
＊그는 시나이반도와 아카바만 동쪽 지역(미디안)에서 제사장 직분을 담당했다.
＊출애굽 당시 모세에게 부장제도를 제안하여 효율적으로 백성들을 재판하도록 모세를 도왔다(출 18:13).
＊이드로는 겐 족속으로 이스라엘의 가나안 점령 후 남쪽 지역에 거주했다(삿 1:16).

②이드로는 여호와께서 모세를 통해 이스라엘 백성을 애굽에서 인도해 낸 소식을 들었다(18:1b).

③이드로가 모세의 아내와 두 아들 게르솜과 엘리에셀을 데리고 옴(18:2-8)

④이드로의 고백(18:9-12)▶여호와는 이스라엘을 애굽에서 인도하신 모든 신보다 크신 분이다.

(4)이드로의 재판제도 제정(출 18:13-27)

①재판제도를 제의한 배경(18:13-23)
모든 재판을 모세가 담당하므로 모세 자신과 백성들이 기진하게 될 것을 보고 중요한 것만 모세가 담당하도록

②제의허락(18:24-27)
재판의 경중에 따라 천부장, 백부장 오십부장, 십부장이 처리하고, 큰 사건은 모세가 담당하도록 함
후에는 5명을 관장하는 패장이 추가되었다.

③재판관(부장)의 자격(18:21)
하나님을 두려워하고, 진실하며, 불의한 이익을 미워하는 자

042-2 출애굽 여정

너희가 짐을 서로 지라(갈 6:2). 각각 자기의 짐을 질 것이라(갈 6:5).
모세의 장인 이드로는 재판을 혼자 담당하는 모세에게 재판의 경중에 따라 재판관을 두어 재판하도록 제의했다. 모세는 제안을 받아들여 천부장, 백부장, 오십부장, 십부장을 두었다. 짐에는 세 종류의 짐이 있다. 자신만이 져야할 짐(책임), 서로 나누어 져야할 짐, 지지 말아야 할 짐(죄의 짐) 등이다. 그리스도인은 서로 짐을 나누어 지는데 주저해서는 안된다. 그것은 하나님의 법을 이루는 것이다.

적용과 실천

실천을 위한 묵상

예수는 생명의 떡이시다(출 16:4, 요 6:32-35).
세상에는 두 종류의 떡이 있다. 하나는 이집트에서의 떡이다. 이는 생활 지원이 되는 곳에서 얻는 떡이다. 또하나는 광야에서의 떡(만나)이다. 이는 생활 지원이 불가능한 땅에서 얻는 떡이다. 세상의 떡은 땅을 통해 얻는 것이나, 광야의 떡은 그렇지 않은 것이기 때문이다. 그것은 이스라엘이 이해력의 범위를 벗어나는 곳에서 얻은 떡이다. 이 떡은 저장이 되지 않는 떡이다(출 16:20-21). 또한 적지도 않고 부족하지도 않는 떡이다. 이런 떡은 광야에서만 얻는 것일까? 오늘날 생존의 근거가 되는 땅에서는 땅을 초월한 떡을 얻을 수는 없을까? 이는 성찬으로서의 떡이다. 예수는 생명의 떡이라고 했다.
그런데도 이스라엘은 하늘에서 내리는 떡을 먹으면서 경작되어 있는 땅을 갈망했다. 곧 땅으로부터 얻는 떡을 갈망했다. 사람이 떡으로만 살 것이 아니요, 하나님의 말씀으로 살것이니라. 이스라엘은 광야에서 얻은 떡(땅으로부터 얻는 떡이 아닌)으로 자신의 떡을 만들 수 있었다(이 부분이 믿음, 행함 등이다). 이는 오직 내일도 주실 것이라는 믿음으로, 하나님이 공급해 주어야 먹을 수 있다는 확신이 있어야 한다.

Thinking 나(신앙인)에게 광야는 어떤 곳인지 서로 이야기해보자.

신 광야

핵심 Key word

홍해	수르광야	마라	엘림
바로추격, 홍해도하	3일길, 목마름	쓴물을 단물로	종려 70주, 물샘 12곳

신광야	돕가	알루스	르비딤에서
엘림-르비딤, 만나	장막침	장막침	므리바물사건, 아말렉싸움, 재판제도

14과 출애굽 여정 3(시내산에서)

본문말씀▷출 19-40장, 레위기, 민 1:1-9:14, 10:1-10, 15-18장, 28-29장 새찬송가 285장

핵심말씀▷세계가 다 내게 속하였나니 너희가 내 말을 잘 듣고 내 언약을 지키면 너희는 모든 민족 중에서 내 소유가 되겠고, 너희가 내게 대하여 제사장 나라가 되며, 거룩한 백성이 되리라(출 19:5-6).

배경 바라보기

시대적 고찰

BC 15세기 애굽의 라암셋에서 출발한 이스라엘은 45일(2-3개월)만에 시내산에 도착했다. 그리고 시내산에서 1년여를 지냈다. 이 짧은 기간 동안 애굽은 바로의 군사가 홍해에서 수몰당한 후 더이상 이스라엘을 추격할만한 여유를 갖지 못했다.

지리적 고찰

출애굽한 후 45일(2-3개월)만에 시내산에 도착한 이스라엘은 아무런 이동없이 시내산 앞 시내 광야에 진을 치고 1년여를 지냈다. 시내산의 위치에 대해서는 12여 곳이 주장되며, 그중에 르비딤 골짜기 근처의 세르발 산, 사우디아라비아의 라오즈 산, 시나이반도 남쪽의 제벨 무사 등 세 곳이 설득력있게 주장된다. 특히 시내산의 위치는 홍해의 위치에 따라 달라지는데 홍해를 오늘날 빅터 호수로 보는 경우에는 제벨 무사가, 오늘날 아카바만 홍해의 누웨바로 보는 경우에는 라오즈 산으로 본다. 이중에서 전통적으로 주장된 곳은 모세의 산이라 불리는 제벨 무사이다.

문화적 고찰

◐몰렉신(레 20:1-5) 남유다 왕국의 후기에 크게 숭배했던 이방신의 이름이다. 이 신은 암몬인의 국가신으로 밀곰(왕상 11:5), 몰록(암 5:26), 말감(삼하 12:30-31)으로도 알려져 있다. 율법에서 몰렉 숭배는 단호하게 금지되었으며(레 18:21, 20:2-5), 자식들을 몰렉에게 불살라 드리는 것을 크게 정죄하였다(신 12:31, 18:10-13).

그러나 아하스 왕은 자기 아들들을 불가운데로 지나게 했으며(왕하 16:3), 아하스의 손자 므낫세는 그의 부친 히스기야가 헐어버린 이방신의 단을 다시 세우고 아하스처럼 자기 아들을 불가운데로 지나가게 했다(왕하 21:6). 엘리사 당시 성경의 길하레셋으로 나오는 오늘날 케락성의 왕은 자신의 아들을 몰렉신에게 드렸다(왕하 3:27).

몰렉신 제사(레 18:21)
군데스트루프 작

◐종된 표시(출 21:6) BC 15세기경에 주어진 율법에서는 평생 종이 되는 표식으로 재판장이 보는 앞에서 문설주나 문 앞으로 가서 송곳으로 귀를 뚫었다. 반면 카르타고인들은 귀걸이를 달았으며, 고대 바벨로니아인들은 이마에 불로 지져서 표식을 삼았다.

단어해설

속전(출 21:11) 일종의 배상금을 말한다. 남의 가축이나 물건을 훼손했을 때, 혹은 종으로 팔린 친척을 되찾아올 때 사용되는 돈을 가리킨다.

왕벌(23:28) 일반적으로 왕벌은 하나님이 택한 이스라엘 백성을 돕기 위해 내리는 자연재해내지는 이적을 가리키는 은유적인 표현이다(신 7:20). 이것이 구체적으로 무엇을 가리키는지에 대해서는 다음과 같은 견해가 있다.

①이스라엘의 광야방랑시 가나안을 침공한 라암셋 3세 ②자연적 재해 ③하나님의 이적에 대한 소문으로 가나안 족속에게 임한 공포와 두려움 ④문자 그대로 벌떼라는 등의 견해가 있다.

내용개요 이스라엘은 애굽에서 나온 지 45일(혹은 2-3개월) 만에 시내산에 도착한다. 이스라엘 자손이 시내산 앞 시내 광야에 진을 치고 있는 동안 모세는 산에 올라가 십계명과 성막제조 명령과 율법을 받는다. 그러나 모세가 산에서 늦게 내려오자 이스라엘 백성들은 금송아지를 만들어 놓고 자기들을 인도할 신이라고 하며 경배한다. 산에서 내려온 모세는 분노하여 받은 십계명 돌판을 깨뜨린다. 다시 십계명을 받기 위해 시내산에 올라갔다가 내려온 모세는 성막제조를 마치고 봉헌한다. 이후 나답과 아비후가 다른 불로 분향하다가 죽었고, 모세는 여러 규례를 선포한다. 얼마 후 첫 번째로 인구조사를 실시하고, 성막봉사를 위해 레위 지파의 인구도 조사한다. 그리고 성막을 중심으로 하여 시내산을 떠났다.

QA 본문탐구

④ 출애굽 여정 3(시내산까지)

1. 시내산에서(➡ 다베라, 출 19-40상, 레, 14과 민수기 본문 말씀)

043-3 시내산(제벨 무사), 이집트

044-1 시내산(제벨 무사) 정상의 모세기념교회, 이집트

(1)시내산 도착(출 19:1-25)

①출애굽 후 걸린 기간은(출 19:1)? 45일(2-3개월)로 봄
라암셋에서 시내산까지 500㎞로 하루에 약 5.5㎞를 간 셈이다.

②백성은 시내산 앞 시내 광야에 진을 치고 모세는 산에 오름(19:1-6)
*하나님의 말씀▷내 말을 잘 듣고 내 언약을 지키면
보배 같은 내 소유가 되고, 제사장 나라가 되며, 거룩한 백성이 될 것임

③모세가 이스라엘 백성에게 하나님의 말씀을 전함(19:7-9)
*백성들의 응답▷우리가 모든 말씀을 이행할 것입니다.
*하나님의 말씀▷내가 빽빽한 구름 가운데서 임하는 이유는?

④백성들에게 여호와의 강림을 준비시킴(19:10-15)
*준비내용▷성결케 하며 옷을 빨게 하고 제 3일을 기다리게 함
*이유▷여호와께서 시내산에서 백성들에게 강림하기 때문에
*주의사항▷사방으로 경계를 정해 산으로 넘어오지 못하게 함-경계를 넘으면 죽기 때문에

⑤여호와의 강림 분위기(19:16-25)
3일 후 아침에, 우레와 번개가 일어나고, 구름이 산위에 빽빽하고, 나팔 소리가 크게 들리는 가운데 연기가 자욱하고, 불 가운데서 여호와께서 강림하심
*강림 시 현상▷연기가 옹기가마 연기같이 떠오르고 산이 크게 진동했다.

⑥출애굽 여정에서 시내산이 갖는 영적 의미(19:5-6): 하나님 백성으로서의 정체성 확립의 장소

> **너희가 내 말을 잘 듣고 내 언약을 지키면 … 내 소유가 되겠고 … 거룩한 백성이 되리라(출 19:5-6).**
> 출애굽 여정 중에서 시내산은 신앙 여정의 반환점이요, 하나님 백성으로서 정체성 확립의 장소이다. 그래서 시내산 이전까지는 용서했으나 이후의 여정에서는 하나님의 선택된 백성답게 가야했고, 그렇지 못할 때는 그에 상응하는 대가를 치루었다. 신앙의 여정은 출애굽한 광야여정과 같다. 이제 하나님의 말씀을 받은 자가 되었으면 마땅히 하나님의 백성답게 원망과 불평 대신에 믿음과 순종의 길을 가야 한다.

(2)십계명 받음과 하나님의 강림(출 20:1-17)

①장소(19:18, 20:18)▶시내산에서

②기록판(31:18, 34:4)▶두 개의 돌판(처음에는 하나님이 직접 깎으신 것)

③내용(20:3-17)▶10계명 중 4가지는 하나님과의 관계, 6가지는 인간과의 관계

045-1 십계명, 이스라엘 팀나 공원

10계명 분석(출 20:3-17)

계명	대상	돌판	내 용	성격	분류	특징
①	하나님 사랑	첫째 돌판	너는 나 이외에는 다른 신들을 네게 두지 말라.	하지 말라	행동에 관한 것	믿음
②			너를 위하여 어떤 새긴 우상이나 형상도 만들지 말라.			
③			하나님 여호와의 이름을 망령되게(함부로) 부르지 말라.		말에 관한 것	
④			안식일을 기억하여 거룩하게 지키라.	하라	행동에 관한 것	
⑤	이웃 사랑	둘째 돌판	네 부모를 공경하라. 그리하면 네게 준 땅에서 장수하리라.		생각에 관한 것	행함
⑥			살인하지 말라.	하지 말라	행동에 관한 것	
⑦			간음하지 말라.			
⑧			도둑질하지 말라.			
⑨			네 이웃에 대하여 거짓 증거하지 말라.			
⑩			네 이웃의 소유(집)를 탐내지 말라.		생각에 관한 것	

(3)우상에 관한 법(출 20:22-26, 22:20, 23:13, 34:17, 레 18:21, 19:4, 20:1-7, 26:1)

①자신을 위해 어떤 신상도 만들지 말라, 주상도 세우지 말라(출 20:23, 34:17, 레 19:4, 26:1).

②제단은 흙으로 쌓고, 돌로 쌓을 경우에는 다듬지 않은 돌로 쌓으라(출 20:24-25).
그 위에 양과 소로 번제와 화목제를 드리라. 그곳에서 복을 주리라.

③다른 신에게 제사를 드리는 자는 죽이라(출 22:20). *다른 신은 이름도 부르지 말라(출 23:13).

*자식을 몰렉에게 바치지 말라(레 18:21, 20:1-5). 그런 자는 돌로 쳐 죽이라.

(4)하나님의 축복약속과 시내산 언약(출 23:20-24:11)

①하나님의 축복약속(23:20-33)▶여호와의 말씀을 청종하고, 그 말대로 행하고, 하나님만을 섬기라.

*내가 왕벌을 네 앞에 보낼 것이며, 내가 준비한 곳에 이르게 할 것이다.

*내가 네 원수와 대적이 될 것이다. 그곳에 있는 자들을 멸절시킬 것이다.

*양식과 물에 복을 내리고, 질병을 없앨 것이다.

*네 경계을 홍해에서부터 블레셋 바다(지중해)까지
광야에서 유프라테스강까지 정할 것이다.

②시내산 언약(24:1-11)▶언약 절차

*모세가 규례를 백성들에게 전하고 백성들은 이행 서약을(응답) 했다.

*모세의 명에 따라 청년들이 번제와 화목제를 드렸다.

*모세가 언약을 기록한 책을 가져다가 백성들에게 낭독했다.

*모세가 제물의 피, 곧 언약의 피를 백성들에게 뿌렸다.

*장로 70인이 시내산 중턱까지 가서 머무름(9-11)

046-1 하나님이 이스라엘에게 축복한 지경

(5)율법을 받기 위해 모세가 시내산에 오름(출 24:12-18)

①이유▶율법과 십계명이 새긴 돌판을 받기 위해서 ②기간▶시내산에서 40일간 머뭄

(6)성막과 제사장 옷 제조명령(출 25:1-31:11)

①성막제조를 위한 예물에 대하여(25:1-9)▶즐거운 마음으로 드리는 자의 예물을 받으라.

품목▷금은놋, 각종 실, 염소털, 숫양 가죽과 해달 가죽, 싯딤나무, 향료와 향품, 각종 보석 등

②증거궤 제조명령(25:10-22)=언약궤, 궤, 법궤

*싯딤나무(조각목)로 길이 2규빗 반, 너비와 높이 각각 1규빗 반 크기로 만들라.

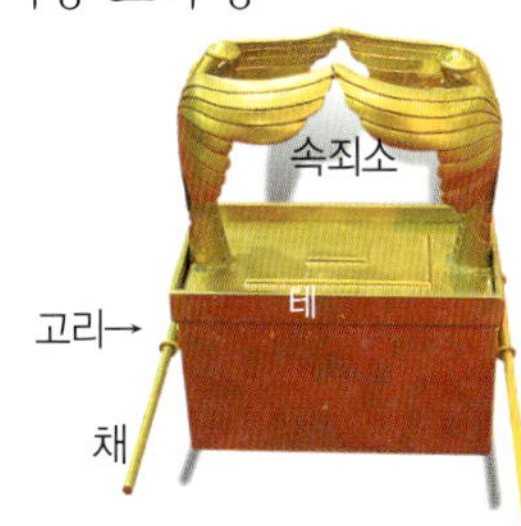

047 증거궤, 한국

③진설병상(떡상) 제조명령(25:23-30)

*싯딤나무로 길이 2규빗, 너비 1규빗

높이 1규빗 반 크기로 만들라.

048 진설병상, 한국

④등잔대와 기구들 제조명령(25:31-40)

*등잔대는 순금으로 만들되 6개 가지로 하고

살구나무(아몬드) 꽃 모양으로 만들라.

*등잔에 따른 다른 기구도 순금으로 만들라.

049 등잔대

⑤휘장 제조명령(26:1-14)

*베실로 매폭의 길이는 28규빗, 너비는 4규빗으로 모두 10폭의 휘장을 만들라.

⑥널판지 제조명령(26:15-30)

*싯딤나무로 각판은 길이 10규빗, 너비 1규빗 반으로

남북으로 각각 20개와 다른 곳에도 만들라.

⑦휘장과 증거궤와 등잔대 위치에 대하여(26:31-37)

*휘장을 중심으로 안쪽은 지성소로 그 안에 증거궤가 있고

입구쪽은 성소로 입구에서 오른쪽에 진설병상, 중앙에 분향단,

왼쪽에는 등잔대가 있다.

050 성소와 지성소 사이에 있는 휘장, 이스라엘 팀나 공원내

⑧번제단 제조명령(27:1-8)

*싯딤나무로 길이와 너비가 각각 5규빗,

높이는 3규빗으로 만들라.

*부속기구로 재를 담든 통, 부삽, 대야,

고기 갈고리를 놋으로 만들라.

051-1 번제단과 뿔, 이스라엘 팀나

⑨성막의 뜰 제조명령(27:9-19)과

등잔불 관리에 대하여(27:20-21)

*성막 뜰은 남북의 너비가 각각 100규빗

동서는 너비가 각각 50규빗으로 만들라.

*올리브 열매로 짠 순수한 기름으로

등불의 불을 밝히라.

052-1 뜰의 고상, 이스라엘 팀나 공원내

⑩제사장 옷 제조명령(28장)

*금실, 청색 실, 자색 실, 홍색 실과 아마 섬유(베)로 짜서 에봇을 만들라.

*판결흉패와 에봇과 겉옷과 반포속옷과 관과 띠 등을 만들라.

흉패에는 12개의 보석에 12지파 이름을 새겨 달아라. 이는 12지파를 상징함

053-1 대제사장 의복 이스라엘 팀나 공원내

⑪제사장 위임식 제정(29장)

*제물을 드림(어린 수소, 흠없는 숫양 2마리, 무교과자와 무교전병)

*위임자를 회막문에서 씻어 정결케한 후, 제사장 에봇을 입히고, 머리에 관유(거룩한 기름)를 부음

*수송아지를 안수한 후 회막문에서 잡아 속제물을 드리고, 그 피는 번제단 뿔에 바름

⑫분향단 제조명령(30:1-10)과 회막봉사를 위한 속전(30:11-16)
*싯딤나무로 길이와 너비를 각각 1규빗, 높이를 2규빗으로 하고 네 모퉁이에 턱을 만들라.
⑬물두멍 제조명령(30:17-21): 크기에 언급이 없음
*놋으로 물두멍을 만들어 성막과 번제단 사이에 두라.
⑭향품과 거룩한 향 제조명령(30:22-38)
*액체 몰약, 육계, 창포, 계피, 올리브 기름 등으로 향품 기름을 만들라.

055-1 물두멍

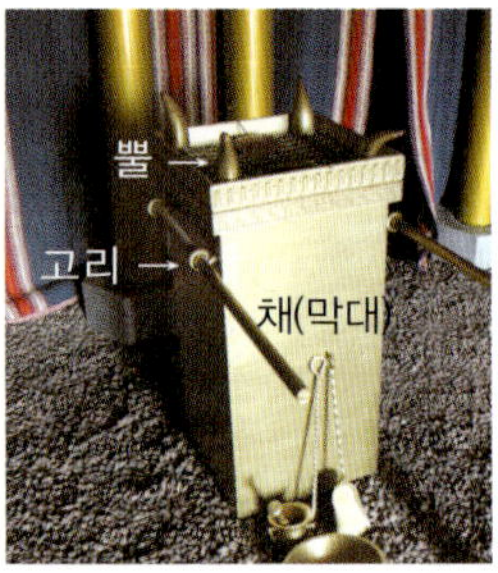

054-1 분향단, 이스라엘 팀나

⑮성막기구 제조명령(31:1-11)
*브살렐로 하여금 만들게 함
⑯인구조사, 생명속전(20:11-16)

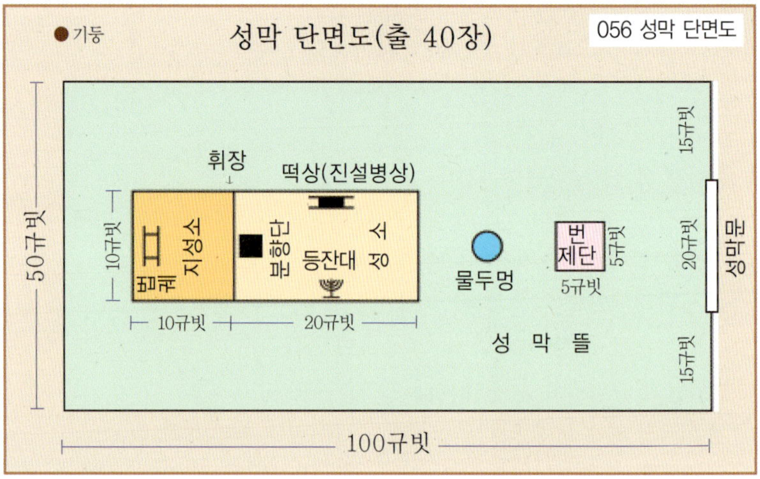

056 성막 단면도

(7)증거판(십계명판)과 금송아지 숭배(출 31:18, 32장)
①금송아지 제작배경(32:1)
모세가 시내산에서 오랫동안 내려오지 않음으로
②금송아지 제작과 숭배(32장)
아론이 백성들이 갖고 온 금으로 송아지 형상을 만들어 숭배
③증거판을 깨트림(32;19)
금송아지 숭배 모습을 본 모세가 분노하여 증거판을 깨뜨림

말하기는 더디 하며, 성내기도 더디 하라(약 1:19).
모세는 성경에서 가장 위대한 신앙의 지도자였다. 그러나 그런 모세도 금송아지를 숭배하는 이스라엘에 대한 의분 때문에 하나님이 직접 만들고 새겨 준 증거판(십계명판)을 던져 깨뜨렸다. 순간적인 분노로 인해 거룩한 증거판을 깨뜨리는 누를 범했다. 분노로 인해 거룩함을 훼손시키지 말라.

성막기구와 그리스도(출 37장)

기구	그리스도와 관계성
번제단	죄에 대한 희생 제물이신 그리스도 (히 9:22, 갈 2:20, 막 10:45)
등잔대	세상의 빛된 그리스도(요 9:5)
물두멍	죄를 깨끗케 하시는 그리스도 (요일 1:7, 엡 5:26, 요 15:3)
진설병상	생명의 떡이신 그리스도(요 6:32f)
분향단	예수 이름으로 기도(요 16:24)
증거궤	하나님이 거하시는 집(롬 6:14)

(8)시내산 출발 명령과 성막(출 33장)
①시내산 출발 명령(33:1-3)▶그러나 하나님이 함께 가지 않겠다고 하심

성막 모형(출 40장)

057-1 성막 모형, 이스라엘 팀나 공원

②모세의 간구로 하나님께서 함께 가겠다고 하심(33:12-23)

(9)증거판(십계명판)을 다시 만들고 언약을 다시 세움(출 34장)
①처음 증거판은 하나님이 직접 깎고 새겨 주셨으나, 두 번째 것은 모세가 깎고 하나님이 새겨 주심(34:1-9)
②언약을 다시 세움(34:10-28)▶들어갈 땅의 주민과 언약을 맺지 말라. 오히려 그들의 우상을 깨뜨리라.
③모세가 40일 후 십계명 돌판을 가지고 시내산에서 내려옴(34:29-35)▶얼굴에서 광채가 남

(10)성막제조를 위한 예물과 성막제작 시작(출 35:4-36:38): 출 25:1-9 참조
(11)성막과 제사장 옷 제작(출 37:1-39:31): 출 28장 참조
(12)성막제작 마침과 봉헌(출 39:32-43, 40:1-33)과 제사장 위임식(레 8-9장): 출 29장 참조

(13)나답과 아비후의 죽음(레 10:1-11)
①죽은 이유(10:1-7)▶여호와께서 명령하지 않은 다른 불로 분향하다가
②성막출입 규례를 말씀하심(10:8-11)▶성막 출입시 포도주나 독주를 마시지 말라.

053-2 일반 제사장 복장, 이스라엘 팀나 공원

(14)성막과 성물과 제사장의 정결규례(레 10:12-20, 22:1-22:16, 24:1-9, 민 8:1-4)
①등잔불▶올리브 기름으로 불을 밝히되, 꺼지지 않도록 계속 켜두라(레 24:1-4, 민 8:1-4).
②진설빵▶12개의 빵을 두 줄에 각각 6개씩 진열하고, 매 안식일마다 바꾸라(레 24:5-9).
③제사장에게 주어지는 성물은 거룩한 곳에서 먹으라(레 10:12-20).
④제사장이 부정하게 된 경우에는 성물을 먹지 못할 것이다(레 22:1-16).
⑤제사장의 정결규례(레 21:1-8)
 *시체로 인해 자신을 더럽히지 말라(21:1-4).
 *머리털을 깎아 대머리같이 하지 말라. 수염 양쪽을 깎지 말라(21:5-6).
 *이혼한 여인이나 창녀를 아내로 삼지 말라(21:7-8).
⑥제사장 성결법(레 16:1-28)

059-1 수염 양쪽을 깎지 않은 유대인, 이스라엘

(15)절기규례(출 23:10-17, 31:12-17, 34:18, 21-22, 35:1-3, 레 16:29-33, 19:3, 30, 23장(p. 133 참조), 25:1-34, 39-43, 47-56, 26:2, 민 9:13-14, 15:32-36, 28:16-31, 29장)
①레위기 23장에 나오는 절기와 성일 날짜는 유대 종교력

절기와 성일	날짜 및 기간	세 부 사 항 (규례)	관련 성경구절
안식일(1-3절)	매주 1일(일곱째날)	일을 하지 말고 있는 곳에서 성회로 지킴	출 31:12-17, 레 23:1-3
유월절(4-8)	정월1 4일	7일간 무교병, 첫 날과 마지막 날은 성회로	출 23:14-17, 레 23:4-8
(무교절 15일부터)	(니산월, 3-4월)	7일 동안 화제로 드림(민 9:1-14)	민 28:16-25, 9:13-14
첫이삭 절기(9-14) (초실절, 칠질절)	보리의 첫 수확기	보리의 첫 이삭 묶음을 지방 성소로 가지고 가서 수확 개시를 축하하는 것	출 23:16, 34:22 레 23:9-14
오순절(15-22)	첫이삭 절기 7주 후	축제가 끝날 때까지 새 곡식을 먹을 수 없음	레 23:15-22
나팔절(23-25)	7월 1일	밀갈이를 마치고 저장한 것을 축하하는 제사	레 23:23-25, 민 29:1-6
속죄일(26-32)	7월 10일	나팔을 불어 기념하는 날(안식일), 노동금지	레 16:1-33, 민 29:7-11
초막절(33-44) (장막절)	7월 15일부터 8일간	스스로 괴롭게 하며 화제를 드림 첫 날과 마지막 날 성회, 7일간 화제를 드림	레 23:33-44 민 29:12-40

②안식년과 희년 규례(출 23:10-12, 31:12-17, 34:21, 레 25:1-34, 39-43, 47-56)

(16)제사규례(출 29:38-46, 레 1-6장, 민 15:22-31, 28:1-15)

①기타 제사규례와 제물(출 23:18, 레 17:1-7, 22:17-25, 34:25, 민 15:1-21)

②제사 형식에 따라▶거제(제물을 들어올려 드리는 제사, 레 7:32)와 요제(제물을 흔들어 드리는 제사) 매일 드리는 상번제(출 29:38-46, 민 28:1-8), 낙헌제, 전제(부어드리는 제사)

③여호와께서 기쁘시게 받으시는 제사는(레 22:17-19)?▶흠이 없는 제물로 드리는 제사

네 자신을 지켜 정결하게 하라(딤전 5:22).
하나님은 흠없는 제물을 기쁘시게 받으신다. 우리가 하나님이 기뻐 받으시는 예배를 드리려면 자신이 하나님 앞에 흠이 없는 자로 나아가야 한다. 그것은 도덕적인 차원을 넘어 온 마음과 정신과 삶 자체까지도 정결한데서 온다. 예수 그리스도의 피는 능히 우리의 양심을 죽은 행실에서 깨끗하게 한다(히 9:14).

④레위기에 나타난 5가지 희생제사(1:1-6:7)

제사종류	뜻(의미)	제물	제사방법	기타 성경구절
번제 (1:1-17)	제물을 불로 태워서 드림 '올라감'을 뜻함	수소, 양(염소) 새(비둘기)	제물에 안수하고 제사장이 제물의 피를 제단에 뿌림	레 6:8-13, 17:8-9 출 29:38-46
소제 (2:1-16)	가루로 드리는 제사	고운가루 첫 이삭	누룩을 넣지 않은 가루를 굽거나 부치거나 삶아서 드림	레 6:14-24
화목제 (3:1-17)	감사로 드리는 제사 '화평의 제사'란 뜻	소, 양, 염소	제물에 안수하고 제사장이 제물의 피를 제단에 뿌림	레 7:11-21, 28-36, 19:5-8
속죄제 (4:1-26)	죄의 속죄를 위해 드리는 제사	수송아지 숫염소, 암염소	제물에 안수하고 제사장이 제물의 피를 제단에 뿌림	레 5:1-13, 6:24-30 민 15:22-31
속건제 (5:14-6:7)	성물을 속하기 위해 드리는 제사	숫양	성물(숫양 값의 1/5을 가산) 배신죄(현물은 1/5을 가산 배상, 속죄제 드림)	레 7:1-10, 37-38

(17)나병과 유출병 규례(레 13-15장, 민 5:1-4)

①나병의 진찰과 정결규례(레 13:1-46, 14:1-32)

②의복과 가죽과 집에 생기는 나병규례(레 13:47f, 14:33f)

③성병과 몽정과 유출병에 대한 규례(레 15:1-33, 민 5:1-4)

(18)식용에 대한 규례(레 11장)

①먹을 수 있는 동물과 없는 동물(레 11:1-23)

②부정한 동물의 접촉에 대한 규례
(레 11:24-47, 20:25-26, 11:39-40)

③식용금지에 대한 규례(출 22:31, 레 7:22-27, 17:10-16)

먹을 수 없는 동물(레 11장)

구 분	종 류
육상 동물	약대, 사반, 돼지(1-8)
물고기	강이나 바다 등 물에 사는 것 중, 지느러미와 비늘이 없는 것(9-12)
조류와 날개 달린 곤충	독수리, 솔개, 어응, 매, 까마귀, 타조, 타흐마스, 갈매기, 새매, 올빼미, 노자, 부엉이, 따오기, 당아, 올응, 학(황새), 대응, 박쥐, 쪽제비, 쥐, 도마뱀, 합개, 육지 악어, 수궁, 칠면석척(13-23)

입으로 들어가는 것이 사람을 더럽게 하는 것이 아니라, 입에서 나오는 그것이 사람을 더럽게 하는 것이니라(마 15:11).
하나님께서 음식에 대한 규례를 제정하신 근본적인 목적은 음식 자체보다 먹는 것까지도 자신의 말에 순종하기를 원하셨기 때문이었다. 예컨대 돼지 고기를 먹지말라고 한 것 등이다.

(19)서원과 배상에 대한 규례(출 21:1-22:15, 레 22:17-22, 24:18-22, 27장, 민 5:5-10, 6:1-21)

①서원제물과 서원한 나실인의 법과 서원한 예물의 값(레 27:1-34, 민 6:1-21)

②종과 사람에 대한 배상법(출 21:1-27, 22:1-4, 레 22:17-22, 24:19-20, 22, 25:44-46)

③죄에 대한 배상법(민 5:5-10)

④재산에 대한 배상법(출 21:28-36, 22:5-15, 레 24:18, 21a)

(20)기타 규례(출 22:16-18, 22:29-30, 23:19a, 34:19-20, 레 18:21-22, 19:2-6b, 23-25, 31, 20:6-8, 27, 24:10-23, 25:35-55, 민 10:1-10)
①점쟁이와 무당에 대하여 ②여호와의 이름을 저주한 자 ③첫 것에 대하여 ④살인과 사형에 관한 법 ⑤간음과 음행과 간통에 대한 법 ⑥은나팔 규례(민 10:1-10) ⑦극빈자 보호 규례(25:35-46)

060 레위인의 성소봉사(민 4장)

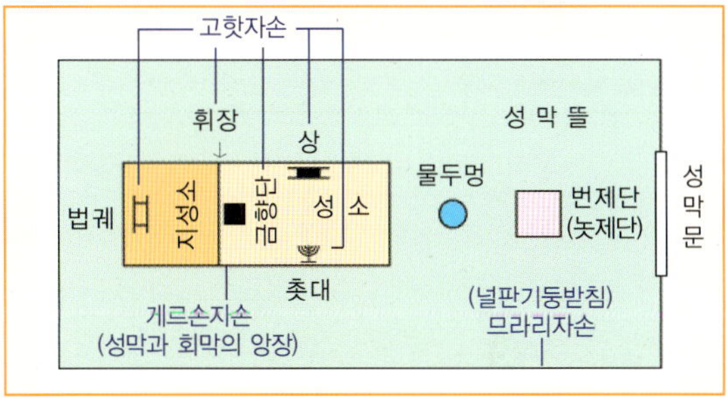

(21)두 번째 유월절을 지킴(민 9:1-14)

(22)첫 번째 인구조사(민 1장, 3:1-5:4)
①시기(1:1)▶출애굽 후 제2년 2월 1일(종교력)
②장소(1:1)▶시내산 앞의 시내 광야에서
③대상(1:2-45)▶20세 이상된 남자
④인구수(1:46)▶60만 3550명
*레위 지파의 인구조사(3:14-3)
*성막봉사를 위해 30-50세 레위인 남자를 조사(4:34-499)

(23)지파별 진 편성과 행진순서(민 2장)
①선봉장은 유다 지파였고, 나머지 지파는 성막을 중심으로 앞과 뒤를 따랐다.
②진 칠 때는 성막이 진 중앙에 오도록 했고, 행진 시에는 성막이 중앙에서 행진토록 함

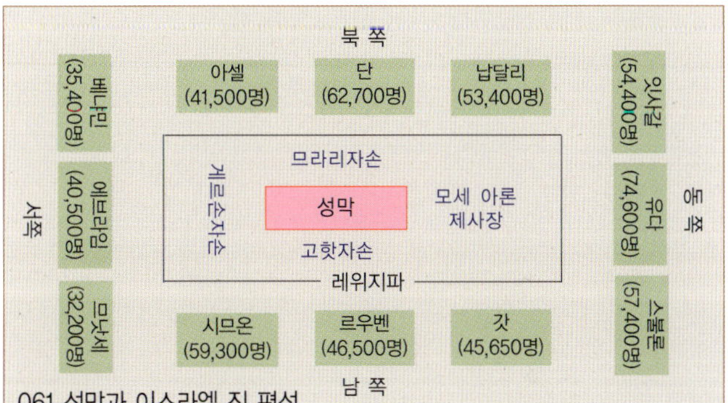

061 성막과 이스라엘 진 편성

적용과 실천

실천을 위한 묵상

하나님은 자기가 선택한 백성답게 살기를 원하신다.
하나님이 이스라엘을 선택하여 큰 기적을 베풀며 애굽에서 나오게 한 이유는 자기 백성으로 삼기 위해서였다. 그리고 시내산까지 온 후에는 자신의 백성답게 약속의 땅을 향해 가도록 하나님 백성으로서의 정체성 확립을 위해 십계명과 율법을 주셨다. 그리고 성막을 만든 시내산 이후부터는 성막 중심으로 진행하고 진을 치도록 했다. 이는 하나님의 백성답게 사는 것이 곧 성막 중심, 하나님 중심의 삶을 사는 것을 말한다.

Thinking 하나님의 백성(믿는 자)답게 사는 것은 어떤 생활인지에 대해 이야기해보자.

핵심 KeY word

시내산도착	시내산언약	시내산등정	성막제조	각종규례제정	인구조사
3개월 소요	십계명, 율법	금송아지숭배	성막봉헌	정결, 제사규례	두번째 유월절

15과 출애굽 여정 4(시내산에서 호르 산)

본문말씀▷민 10:11-14:45, 16:1-20:21, 33:16-36 참조, 38:18-37, 신 1:2, 2:1-8 새찬송가 524장
핵심말씀▷여호와께서 우리를 기뻐하시면 우리를 그 땅으로 인도하여 들이시고 그 땅을 우리에게 주시리라. 이는 과연 젖과 꿀이 흐르는 땅이니라(민 14:8).

배경 바라보기

시대적 고찰

시내산을 출발한 이스라엘은 개인이 가면 11일 길인 가데스 바네아(가데스)로 북진했다. 그러나 도중에 원망하고 비난하는 사건으로 인해 몇 개월이 걸려 가데스에 도착했다. 그리고 가데스에서도 수 개월이 지났으나 그동안의 주위의 역사적인 사건은 별다른 변화가 없었다. 단지 에돔과 가나안 지역의 족속들이 이스라엘의 북진 소식만을 들었을 뿐이었다.

지리적 고찰

시내산 이후 출애굽 여정은 시나이반도 남쪽에서 북쪽으로 올라가는 여정이다. 중심무대는 바란 광야이다. 바란 광야는 오늘날 이스라엘의 미츠페 라못을 경계로 그 남쪽에 위치하고 그 북쪽은 진(Zin) 광야가 짧게 펼쳐진다. 가데스에서의 원망으로 이스라엘은 대부분의 기간을 이 바란 광야에서 방황하며 지냈다.

시내산에서 가데스 바네아까지는 개인이 11일 걸리는 거리로 이스라엘은 이 길로 북상하는 가운데 20여 곳에 진을 쳤다. 진을 친 장소는 대부분 확인할 수 없는 곳이며, 마을이 형성될만한 곳은 하세롯과 브네야아간을 비롯하여 몇 곳을 제외하고는 없다.

문화적 고찰

◐포도즙 틀(민 18:30, winepress) 팔레스틴 지역에서는 포도를 짜기 위해 바위를 파서 만들었다. 그래서 곳곳에 포도즙을 짜는 포도즙 틀이 바위에 남아 있다. 이 포도즙 틀은 그 모양과 크기에 있어 매우 다양하나 보통 원형이나 정방형의 구덩이였다. 제일 높은 곳에 있는 통은 넓고 얕았고, 제일 낮은 곳에 있는 통은 깊었으며 2/3 가량은 땅에 묻혀 있었다. 이때 통과 통 사이에는 서로 포도즙이 흐르도록 골이 패였거나 도관으로 연결되었다. 즙을 짤 때에는 제일 높은 곳에 있는 통에서 위에 매단 줄을 붙잡고 여러 명이 맨발로 밟아서 즙을 짰다. 기드온은 미디안의 압제로 인해 밀을 포도즙 틀에서 몰래 타작했다(삿 6:11).

팔레스틴의 포도즙 틀, 이스라엘 기브온

단어해설

희락의 날(민 10:10, the day of gladness) 한 개인이나 집단의 마음에 기쁨이 충만하고, 영혼에 은혜가 충만한 날로서, 어떤 특정한 절기와는 무관하지만 특별히 기념할 만한 날이다. 승전한 날이나 성전을 수축한 날 등이 이에 속한다.

섞여 사는 다른 인종(11:4) 출애굽 때 이스라엘의 대열에 합세해 나온 이방인들을 가리킨다(출 12:38).

여호와의 형상(12:8, the similitude of the Lord) 초월한 영광으로 인간에게 나타나시는 하나님의 거룩한 현현을 가리킨다. 죄로 타락한 인간은 거룩하신 하나님의 본체를 직접 볼 수 없다. 보는 자는 죽음을 면치 못할 것이다(출 33:18).

스올(16:30, 33) 죽은 자들이 가는 지하세계, 곧 지옥에 대한 시적 표현

본문 탐구하기

내용개요 시내산을 출발한 이스라엘은 3일 길쯤 가서 다베라에 도착했다. 다베라에서 악한 말로 원망하므로 하나님은 진영 끝을 불살랐다. 다시 다베라를 출발한 후 탐욕을 가지고 고기를 구하자 하나님은 엄청난 양의 메추라기를 몰아다 주셨다. 그러나 탐욕으로 고기를 구한 자들은 재앙으로 맛보기도 전에 죽임을 당했다. 계속 북진하던 이스라엘은 하세롯에서 미리암이 모세를 비방하므로 나병에 걸려 7일 머문다. 그리고 바란 광야의 릿마를 떠나 가데스 바네아에 도착한다. 가데스 바네아에서 정탐꾼을 파송했으나 불신앙적인 보고와 원망으로 이스라엘은 이후 38년을 광야에서 보내야 했다.

QA 본문탐구

5 출애굽 여정 4(시내산 출발 이후부터)

1.다베라와 기브롯핫다아와에서(→ 하세롯, 민 10:11-11:34, 33:16-17)

062-1 신 광야 구름, 이집트 시나이반도

(1)시내산 출발(민 10:11-36)

①시내산 출발(10:11-32)▶출애굽 2년 2월 20일(10:11)
시내산 거주 11개월 5일 만에(제2년 2개월 20일-2, 3개월)

②행진원칙(9:17, 10:33-36)▶언약궤가 3일을 앞서 가서 진 칠 곳을 찾음

*구름이 떠오르면 출발하고, 멈추면 진을 치고 머무름(9:17)

*언약궤가 떠날 때▷10:35 **여호와여, 일어나사 주의 대적을 흩으시고 … 도망하게 하소서.**
머물 때▷10:36 **여호와여, 이스라엘 종족들에게로 돌아오소서.**

> **내가 오늘 너희에게 명령하는 그 말씀을 떠나 좌로나 우로나 치우치지 아니하고(신 28:14)**
> 출애굽한 이스라엘은 시내산에서 십계명과 율법을 받고 성막을 제조한 후에는 성막을 중심으로 진행하며 진을 쳤다. 오늘날 하나님의 말씀을 받고 그 말씀을 따르는 자들이라면 당연히 하나님이 계신 교회 중심의 삶을 살아야 한다. 고대에는 신이 사는 곳과 사람이 사는 곳이 다르다고 생각했으나 이스라엘의 하나님은 성막 안에 함께하셨으며, 하나님의 백성들이 성막과 함께 이동할 때도 하나님은 함께 하셨다.

063-1 다베라 추정지, 이집트 시나이반도의 타히라

(2)다베라 도착(민 11:1-3)

①백성들이 악한 말로 원망함(11:1-3, 여섯 번째 원망)

②하나님의 진노(11:1)▶진영 끝을 불사르고 그곳을 '다베라' 라고 부름

(3)고기를 구한 이유(민 11:4-30)

①탐욕을 품고 고기를 구하며 원망함(11:4-6, 일곱 번째 원망)

*원망원인▷탐욕을 품은 다른 종족들로 인해 이스라엘이 원망함

*원망내용▷누가 우리에게 고기를 주어 먹게하랴. 만나 외에는 아무것도 없다.

②모세의 심정과 간구(11:11-15)

민 11:11b-12 **이 모든 백성을 내게 맡기사 내가 그 짐을 지게 하시나이까? 이 모든 백성을 내가 배었나이까? 내가 그들을 낳았나이까? 어찌 주께서 내게 양육하는 아버지가 젖 먹는 아이를 품듯 그들을 품에 품고 주께서 그들의 열조에게 맹세하신 땅으로 가라 하시나이까?"**

민 11:14 **책임이 심히 중하여 나 혼자는 이 모든 백성을 감당할 수 없나이다.**

③70인의 장로를 세움(11:16-30)▶하나님의 영을 주어 짐을 나누어지게 하기 위해(11:17)

결국 이스라엘 백성은 냄새도 싫어하기까지 고기를 1개월간 먹게 하실것라는 말씀을 들었다(11:20).

(4)하나님이 메추라기를 내리고 징계함(민 11:31-34)

①고기를 내린 양(11:31)

민 11:31 **바람이 여호와에게서 나와**(출처) **바다에서부터 메추라기를 몰아 진영 곁 이쪽 저쪽, 곧 진영 사방으로 각기 하룻길**(약 20-40㎞) **되는 지면 위 두 규빗**(약 90㎝)**쯤에 내리게 한지라.**

064-1 기브롯핫다아와, 이집트 시나이반도, 이곳에는 출애굽 이전과 이후의 돌 무덤이 남아 있다.

②하나님의 징계(11:33-34)▶탐욕으로 구한 자들을 맛보기 전에 죽이심

민 11:33-34 **고기가 아직 이 사이에 있어 씹히기 전에 여호와께서 백성에게 대하여 진노하사 심히 큰 재앙으로 치셨으므로 그곳 이름을 기브롯핫다아와라 불렀으니 욕심을 낸 백성을 거기 장사함이었더라.**

*고기는 씹는 맛에 먹는데 씹기도 전에 죽임을 당하게 한 것은?

하나님이 능력이 없어서 고기를 주지 않은 것이 아님을 보여준다.

나머지 백성은 한달 동안 고기 냄새도 싫어할 정도로 고기를 먹었다(민 11:18-20).

욕심이 잉태한즉 죄를 낳고, 죄가 장성한즉 사망을 낳느니라(약 1:15).

하나님께서는 광야를 지나는 이스라엘에게 때때로 고기를 주어 먹게 하셨다(출 16:8, 13). 그러나 이스라엘은 탐욕으로 고기를 구했다(민 11:4). 광야에서는 먹을 것만 있어도 황송한데 그들은 탐욕으로 고기를 구했다. 결국 탐욕으로 고기를 구한 자들은 광야에서 죽었다. 인간의 욕심은 끝이 없다. 광야에 식탁을 차릴 수 있는 분은 오직 하나님 한분 뿐이시다. 그러므로 어떤 상황에서도 감사하자.

2. 하세롯에서(➡ 바란 광야의 릿마까지, 민 11:35, 12:1-15, 33:18)

(1)미리암의 비방과 나병에 걸림(민 12:1-3)

①비방원인(12:1)▶모세가 애굽의 구스 여인을 아내로 맞이한 것에 대해

②비방내용(12:2)▶여호와께서 모세 외에 우리에게도 말씀하시지 않았느냐?

12:3 **이 사람 모세는 온유함이 지면의 모든 사람보다 더하더라.**

065-1 하세롯, 이집트 후드라

(2)하나님의 판단(민 12:4-15)

①판단내용▶12:7-8 **내 종 모세와는 그렇지 아니하니 그는 내 온 집에 충성함이라. 그와는 내가 대면하여 명백히 말하고 은밀한 말로 하지 아니하며 그는 또 여호와의 형상을 보거늘 너희가 어찌하여 내 종 모세 비방하기를 두려워하지 아니하느냐?**

②결과(12:9-15)▶미리암이 나병에 걸리고, 이스라엘은 7일간 머물렀다.

③교훈(12:15)▶비방은 신앙 성장을 멈추게 한다.

3. 바란 광야의 릿마에서(➡ 가데스까지, 민 12:16, 33:19-36, 신 2:8)

(1)바란 광야: 릿마에서 가데스 바네아까지 진 친 곳(민 33:19-36)

*하세롯에서 가데스 바네아까지는 직선길로 200㎞, 와디 길로는 280㎞

066-1 바란 광야, 이스라엘 미츠페라몬 남쪽 지역

이스라엘이 간 길은 400㎞ 이상으로 장막친 곳은 20곳이다. 곧 20㎞ 마다 진을 친 것이다.
①바란 광야의 릿마▶②림몬베레스(민 33:19)▶③립나(33:20)▶④릿사(33:21)▶⑤그헬라다(33:22)▶⑥세벨산(33:23)▶⑦하라다(33:24)▶⑧막헬롯(33:25)▶⑨다핫(33:26)▶⑩데라(33:27)▶⑪밋가(33:28)▶⑫하스모나(33:29)▶⑬모세롯(33:30)▶⑭브네야아간(33:31)▶⑮홀하깃갓(33:32)▶⑯욧바다(33:33)▶⑰아브로나(33:34)▶⑱에시온게벨(33:35, 신 2:8)▶⑲엘랏(신 2:8)▶⑳가데스 바네아(민 12:16-14:43, 33:36)

새 노래를 부르니… 어린양이 어디로 인도하든지 따라가는 자며(계 14:3-4)
장막은 매일마다 친 것이 아니라 하나님이 인도하는대로 쳤다. 하세롯 이후의 출애굽 여정 중에는 단순히 장막만 친 곳이 대부분이다. 인생여정도 마찬가지다. 대부분의 기간은 별다른 사건이 없이 의미없게 먹고 자는 것으로만 보낼 때가 많다. 그러나 믿는 자의 길은 언제나 하나님의 인도하심을 따라가야 한다.

4.가데스 바네아에서(민 13:1-14:38, 신 1:2)

067-1 가데스 바네아 전망대, 뒤쪽이 오늘날 이집트 경내에 있는 가데스 바네아(가데스)이다.

(1)시내산에서 가데스 바네아까지의 일정(신 1:2)
①가데스 바네아에서 시내산까지는 11일 길이다(신 1:2).
*가데스(가데스 바네아)는 오늘날 이집트와 이스라엘 국경 지역에 있다. 현재 시내산에서 가데스까지 와디 길로는 280㎞로 이는 일반적인 여행자의 거리를 말하는 것이다. 250만 명이 가는 것을 기준할 때는 훨씬 더 많은 날이 걸렸을 것이다. 엘리야는 가데스 북쪽 브엘세바에서 시내산까지 40일이 걸렸다.
②라암셋에서 가데스 바네아까지 1년 6개월 정도 걸림(출 19:1, 민 10:11, 신 1:2)

(2)정탐꾼 파송(민 13:1-14:38)
①정탐자(13:1-17)▶각 지파별로 대표자 한 명씩 모두 12명
②정탐 임무(13:18-20a)▶거민의 강약여부와 인구, 땅이 좋은지 나쁜지, 성읍이 진영인지 산성인지 토지가 비옥한지 메마른지, 나무의 유무, 그 땅의 실과를 가져오라.
③정탐시기(13:20b)▶포도가 처음 익을 때(이른 수확은 6-7월, 늦은 수확은 8-9월까지 수확)
*왜 두 명이 포도송이를 메고 왔는가(13:23)?
포도송이를 잘라온 곳은 헤브론에 있는 에스골 골짜기('포도송이의 골짜기'란 뜻, 헤브론 근교의 와디)로 오늘날 라맛 엘 이틀레이다. 이곳에서 파송지인 가데스 바네아까지는 3일 거리(120㎞)에 있다. 오늘날 이스라엘 포도는 넝쿨포도로 알은 우리나라 것보다 작지만 송이별로 한 가지에 여러 개가 붙어 있다. 따라서 정탐꾼들은 포도가 3일 동안에 시들기 전에 보여주기 위해 둥지 채 잘랐을 것이다(윌리암 요네스).

068-2 오늘날 이스라엘의 포도

④정탐범위와 기간(13:21-35)▶40일
⑤정탐보고와 백성들의 원망(14:1-10)
*10명의 정탐꾼 보고(13:27-33)▷우리가 정탐한 땅은 젖과 꿀이 흐르는 땅이다. 그러나 그땅 거주민은 강한 거인들이다. 우리는 그들 보기에 메뚜기와 같았다.
*여호수아와 갈렙 보고(14:5-10)▷우리가 정탐한 땅은 젖과 꿀이 흐르는 땅이 틀림없다. 하나님이 우리를 그 땅으로 인도하실 것이다. 하나님이 우리와 함께 하시니 그들은 우리의 밥이다.
*이스라엘 백성들의 원망(14:1-4)▷통곡하며 "애굽이나 광야에서 죽었으면 좋았을 것이다."

⑥하나님의 진노와 모세의 간구(14:11-19)

*하나님의 진노▷내가 이 백성을 진멸하고, 너(모세)를 통해 다시 크고 강한 나라를 이루겠다.

*모세의 간구▷하나님의 크신 사랑으로 이제까지 하신 것처럼 이 백성을 용서하십시오.

⑦하나님의 징계(14:20-37)

*10번이나 원망한 이들은 약속의 땅으로 들어가지 못할 것이다(14:22-23).

*왔던 길로 되돌아서 홍해길을 따라 광야로 들어가라(14:25).

*20세 이상된 자 중 원망한 자들은 광야에서 죽을 것이다((14:35).

*악평한 10명의 정탐꾼들은 그 자리에서 재앙으로 죽었다(14:36-38).

불신앙적인 보고를 듣고 원망한 이스라엘 백성은 40년(이후 38년 6개월쯤)을 광야에서 방황하다가 여호수아와 갈렙을 제외한 당시 20세 이상된 자는 모두 광야(세렛 시내 이전)에서 죽었다.

네가 많은 것을 볼지라도 유의하지 아니하며, 귀가 열려 있을지라도 듣지 아니하는도다(사 42:20).
12정탐꾼은 같은 기간에 똑같이 보았음에도 그 평가가 달랐다. 문제는 평가기준을 외적인 환경만을 가지고 했다는 데 있다. 사람은 보는 관점에 따라 평가가 다르다. 믿음으로 보는 자는 긍정적인 평가를 한다. 믿음은 환경을 극복하기에 충분하다. 그러므로 모든 것을 믿음으로 바라보라.

(3)젖과 꿀이 흐르는 땅의 의미는(출 3:8, 민 13:27, 14:8)?

①문자적인 이해▶팔레스틴은 우기 때는 온 들판이 꽃이 피어 꿀과 젖이 많이 생산된다(신 8:8).

②비교적(상대적)인 이해▶출애굽의 여정 중에 있는 광야에 비해 가나안은 젖과 꿀이 흐르는 땅이었다.

③영적인 이해▶환경은 열악하나 하나님을 마음껏 섬길 수 있는 곳이 영적으로 젖과 꿀이 흐르는 땅이다.

5.가데스에서 호르 산까지(민 14:39-45, 16:1-20:21, 신 2:1-7)

069-1 우기 때 아네모네, 이스라엘

(1)첫 번째 점령 시도의 실패(민 14:39-45)

여호와께서 함께하지 않는다는 모세의 말을 거역하고 아말렉과 가나안인을 공격했으나 실패하고 호르마까지 쫓겼다.

(2)고라와 다단과 아비람과 온 일당의 반역(민 16장)

070-1 고라 일당 반역, 보티첼리작

①반역내용(16:1-3)▶250명의 지도자들과 함께 당을 지어 모세와 아론의 지도력에 대항했다.

②모세의 대응(16:4-30)▶누가 여호와께 속한 자인지 여호와 앞에 향로를 가지고 서라(16:5-7, 16-17).

③하나님의 처리(16:31-40)

*고라와 다단과 아비람 일당을 산채로 땅속에 매장시킴(31-33)

어찌하여 형제의 눈 속에 있는 티는 보고 네 눈 속에 있는 들보는 깨닫지 못하느냐(마 7:3)?
고라 일당은 자신의 분수를 넘어 모세의 지도력에 반발하므로 멸망 당했다. 우리는 항상 먼저 자신을 살펴본 후 다른 사람을 보아야 한다. 그렇지 않고 다른 사람의 것만을 보면 원망과 불평을 하게 된다. 원망은 있는 것까지 빼앗기나, 감사는 있는 것 외에 더 많은 것을 얻는다.

*분향하는 250명의 반역한 지도자들을 불살라 죽이셨다(35).

④이튿날 고라 사건으로 원망하는 자들에게 염병을 보내 14700명을 죽게 했다(16:41-50).

(3)고라 일당의 반역사건 이후(민 17:1-20:21)

①원망을 그치게 하기 위해 아론의 지팡이에 살구(아몬드) 열매가 열리게 함(17장)

②제사장 직무와 그들에게 주어진 몫과 십일조(민 18장)와 정결규례(민 19장)에 대해

③미리암의 죽음(20:1)▶ 1월(태양력 3-4월)에 가데스 곁 진(zin) 광야에 있을 때

④므리바의 물 사건(20:2-13)▶여기서는 르비딤의 므리바 사건과 다른 사건으로 다룸

071-2 아몬드(살구) 열매

*백성들의 원망▷이 광야로 인도하여 우리를 죽게 하느냐? 이곳은 파종할 것도, 마실 물도 없다(4-5).

*하나님의 명령▷모세에게 지팡이로 반석을 향해 명령하여 물을 내라고 하심(8)

*모세의 행동▷"우리가 물을 낼 것이다"하며 지팡이로 반석을 두 번 쳐서 물을 냄(10-11).

*결과▷이 일로 모세는 가나안 땅을 들어가지 못하게 됨, 그리고 그 장소는 '므리바 물'이라고 불렀다.

⑤이스라엘의 에돔 지역 통과를 에돔이 거절함(민 20:14-21, 신 2:1-7 참조)

*이스라엘의 조건 제의▷우리는 오직 왕의 대로로만 갈 것이며, 물도 마시지 않을 것이다.

*에돔의 거절▷그래도 통과하지 못할 것이다. 만일 지나가면 칼로 공격할 것이다.

*결과▷결국 에돔의 남쪽 끝과 동쪽 끝으로 우회해서 돌아갔고, 이스라엘 백성들은 길로 인해 원망함

*이스라엘은 왜 에돔을 치고 왕의 대로로 가지 않았을까?

이스라엘은 충분히 에돔을 치고 올라갈 수 있었다. 실제로 에돔 두령들이 놀랄 정도로 에돔은 두려움에 떨었다(출 15:15). 그러나 하나님은 에돔을 치는 것을 허락하지 않았다(신 2:1-9). 왜냐하면 일찍이 그 지역을 에돔 족속에게 주었기 때문이다.

적용과 실천

실천을 위한 묵상

하나님은 감당할 짐만을 지게 하신다.

하나님은 모세가 이스라엘 백성을 인도하는 가운데 기브롯핫다아와(다베라)에서 그 책임이 너무 무거워 실족하게 될 때 장로 70인을 세워 그 짐을 나누어지게 했다. 하나님은 우리가 감당하지 못할 짐을 허락하지 않는다. 그래서 우리가 지는 사명의 짐이 너무 무거워 쓰러지려고 할 때는 그 짐을 가볍게 해주시든지 아니면 함께 나누어질 자들을 보내 주신다.

비방은 신앙 성장을 멈추게 한다.

미리암은 모세가 이방 여인을 아내로 맞이한 것에 대해 아론과 함께 비방하므로 나병에 걸렸고, 이로 인해 이스라엘은 계속 가나안으로 향하지 못하고 7일 동안이나 하세롯에서 머물러야 했다. 신앙생활 역시 계속해서 천국을 향해 가는 것이다. 그런데 비방은 이런 천국으로의 행진, 곧 신앙성장을 멈추게 한다. 우리가 그리스도의 장성한 분량에 이르기까지 신앙성장이 멈추지 않도록 말을 조심해야 한다.

Thinking 욕심 때문에 일어난 좋지 못한 결과에 대해 서로 이야기해보자.

핵심 Key word

다베라	기브롯핫다아와	하세롯	바란광야	가데스 바네아
진끝 불사름	탐욕, 70인 장로	미리암 나병	20곳 진침	정탐꾼 파송, 고라일당반역

16과 출애굽 여정 5(호르산에서 느보산)

본문말씀▷민 20:22-27:23, 33-36장, 신 1:3-46, 2:9-34:12, 시 90편 　　새찬송가 359장
핵심말씀▷가데스 바네아에서 떠나 세렛 시내를 건너기까지 삼십팔년 동안이라. 이 때에는 그 시대의 모든 군인들이 여호와께서 그들에게 맹세하신 대로 진영 중에서 다 멸망하였나니(신 2:14)

배경 바라보기

시대적 고찰

가데스에서 세렛 시내까지 38년, 세렛 시내에서 느보산까지는 수 개월이 걸렸다. 그동안 대외적인 정치 변화는 없었다. 다만 이스라엘의 진군 소식에 불안해 하던 가나안 족속들은 가데스에서 이스라엘이 바로 진군하지 못한 것에 대해 안도감을 가졌을 뿐이었다. 이때 요단 동편의 아르논 강 북쪽의 대부분 지역은 아모리족의 시혼 왕이 암몬족으로부터 빼앗아 다스리고 있었다.

지리적 고찰

가데스는 가나안 지역의 최남쪽으로 브엘세바에서도 80㎞나 떨어진 곳이다. 이스라엘은 이곳에서 다시 남쪽으로 내려가 홍해 최북단의 에시온게벨까지 남하했다가 요단 동쪽의 사막길을 향해 북진했다. 오늘날 요르단의 고원지대로 나있는 성경의 왕의 대로로 가기를 원했지만 모압족의 반대로 인해 더 동쪽으로 나아가 사막길로 북진한다음 아르논 골짜기 북쪽에서는 헤스본 왕 시혼을 격파하며 왕의 대로로 북진했다. 그리고 마침내 여리고를 서쪽으로 바라보는 느보산에 도착했고, 이스라엘은 느보산 밑의 모압 평지에 마지막으로 진을 치고 요단강을 건널 준비를 했다.

문화적 고찰

◐여자(딸)의 상속권(민 27:1-11) 고대 이스라엘 사회에서 딸의 이름은 족보에 오를 수 없었다. 그러나 특별한 경우 여자의 이름을 족보에 기록했다. 고대근동의 다른 나라에서 보통 여자들은 상속권이 없었으나 출애굽 당시 이스라엘에서는 아들이 없는 집의 딸들은 상속권을 갖는다는 규례가 제정되었다. 이 경우 자기 지파의 남자에게 시집을 갈 경우라는 단서가 붙는다(민 36:5-9).

슬로브핫 딸들이 자기 몫을 측량하는 모습, 12세기 이전 그리스 사본의 삽화

◐처녀의 표적(신 22:20) 신혼 첫 날 밤에 입는 이 옷은 첫 날 밤 혈흔이 묻어 있는 이 옷을 훗날 남편이 자기 아내의 처녀성에 대해 의심을 가질 때를 위해 신부의 처녀성을 증명하기 위해 신부의 아버지가 보관했다. 처녀의 표적(자리옷)은 구약시대에 여자의 순결을 확증하기 위한 증거물로 채택되었다.

단어해설

규와 지팡이로 판 것(민 21:18) 여기서 '규(홀)'와 지팡이'는 지도자의 권위를 나타내는 것이다. 이런 것으로 우물을 팠다는 말은 백성들이 지도자의 지시에 따라 우물을 판 것을 뜻한다.

복채(22:7) 점을 쳐 주는 대가로 바치는 돈이나 물건

평화의 언약(25:12) 하나님께서 비느하스와 그의 후손들에게 이스라엘의 대제사장직을 영구히 보장하신 약속이다(삼상 14:3, 22:11, 20).

붙어(신 4:4, cleave) 원래는 '결혼하여 연합하다'라는 의미이다. 모세는 부부가 혼인으로 한 몸이 되듯이 그렇게 하나님께 친근히 하여 하나님의 법도를 준행하도록 권면하고 있다.

풀무(20, iron furnace) 쇠를 녹이는 용광로로 가혹한 시련이나 연단을 상징한다.

내용개요 가데스 바네아에서 원망함으로 바로 북진하여 가나안 땅에 들어가지 못하고 다시 광야로 들어갔다. 그러나 그런 하나님의 명령을 어기고 아말렉과 가나안인을 공격한 일부 이스라엘 백성들은 결국 패하여 호르마까지 쫓기고 만다. 이어 고라 일당이 모세의 지도력에 대항하다가 매장되어 죽임을 당하게 되고, 하나님은 계속되는 원망을 그치게 하기 위해 아론의 지팡이에 싹이 나고 열매를 맺게 하는 기적을 행하신다. 이어 미리암이 죽은 후 목말라 원망하는 이스라엘 백성들에게 모세는 물을 내지만 순간적인 분노로 가나안에 들어가지 못하게 된다. 가데스 바네아 이후 38년을 광야에서 보낸 이스라엘은 세렛 시내에 도착한다. 이후 이스라엘은 아모리족 시혼 왕과 바산 왕 옥을 물리치고 마침내 느보산에 도착한다. 느보산 아래 모압 평지에 진을 친 이스라엘은 음행으로 많은 자들이 죽었고, 모세는 이스라엘에게 마지막 축복과 교훈을 한 후 죽어 느보산 아래 벧브올 맞은편에 장사된다.

QA 본문탐구

6 출애굽 여정 5(가데스 출발 후부터)

1. 호르산에서(→ 살모나, 민 20:22-21:9)

072-1 아론이 죽은 호르산, 요르단

(1)아론의 죽음(민 20:22-29)

①123세에 호르산에서 죽음▶백성들이 30일간 애곡함

②그의 아들 엘르아살에게 그의 옷을 입혀 대제사장직을 잇게 했다.

(2)호르마 점령(민 21:1-3)

①아랏 왕이 이스라엘 사람 몇 명을 사로잡자 이스라엘이 그들의 성읍을 멸하고 호르마라 불렀다.

②호르마에 대하여

성경에서 이스라엘 백성들이 아랏을 멸하고 그곳을 '호르마'라고 칭한 사실로(민 21:3) 보면 호르마와 아랏을 동일한 곳으로 볼 수 있다. 그러나 수 12:14에서는 호르마와 아랏을 개별 도시들의 목록으로 기록하고 있다. 이 경우, 호르마의 위치에 대한 견해는 여러 의견들이 있다.

073-1 호르마, 이스라엘 맛소스

(3)길로 인한 백성들의 원망(민 21:4-9)

①원망이유▶에돔이 왕이 대로이 통과를 거절하여 홍해길을 따라 가려고 하므로(4)

②원망내용▶애굽에서 이끌어내어 이 광야에서 죽게 하느냐(5)?

이곳에는 다른 먹을 것과 마실 물도 없다. 매일같이 먹는 만나밖에 없어 싫증이 난다.

③하나님의 징계▶불뱀을 보내 원망한 자들을 죽게 했다(6).

④해결책▶모세의 기도로 놋뱀을 만들어 쳐다보는 자들은 살게 했다(7-9).

＊어디서 놋뱀을 만들었을까? 이스라엘 팀나와 살모나에 구리 광산이 있다.

＊뱀에 물렸는데 뱀을 보면 낫게한 이유는?

믿음을 가진 자만이 살 수 있음을 시험한 것이다(실천 묵상 참조).

074-1 놋뱀, 요르단 느보산

2. 살모나에서 세렛 시내까지(→ 세렛 시내, 민 21:10-11, 33:41-44)

075 살모나, 요르단 비르 마드쿨

(1)살모나(민 33:41): 호르산을 떠나 진을 친 곳

①살모나는 사해 남쪽, 엘랏 중간 지점인 요르단의 비르 마드쿨로 본다.

(2)부논에서(민 33:42-43): 살모나를 떠나 진을 친 곳

부논은 비논(Pinon, 창 36:41 참조)으로 읽기도 하며 헬라어 명칭은 파이논(Phainon)이다. 부논은 페트라 북쪽 35km 지점의 오늘날 키르벳 페이난(Kh. Feinan)으로 추정되는 곳이다. 에돔의 성읍 가운데 한 곳으로 유세비우스(Eusebius)에 의하면 고대에 구리 광산이 있었다고 전한다. 부논에는 BC 2200-1800년 사이에 사람이 살기 시작했으며 이때 이미 동(구리)이 최초로 제련된 것으로 보인다. 그리고 제련된 동을 이집트로 실어나르는 무역로도 개통이 되었다. 특히 이스라엘이 BC 13세기 후반, 부논에서 동을 채광하기 시작하면서 이곳이 활기를 되찾았다.

076 부논, 요르단 키르벳 페이난

(3)오봇(민 21:10, 33:42-43): 부논를 떠나 진을 친 곳

오봇은 성경의 부논(오늘날 Feinan) 북쪽 키르벳 엘 구웨이바(Kh. el-Ghuweiba) 또는 아인 엘 웨이바(Ain el-Weiba)로 주장되는데 전자가 더 설득력이 있다. 이곳은 지금도 구리가 함유된 검은색의 광석이 널려 있으며, 베두인들의 돌무덤 형태도 남아 있다. 아직도 비교적 넓은 폐허지로 남아 있다.

077 오봇, 요르단 키르벳 엘 구웨이바

(4)이예아바림(민 21:11, 33:44): 오봇를 떠나 진을 친 곳

이예아바림은 사해 남단 끝쪽으로 흘러들어오는 세렛 시내 또는 디본갓앞에 위치한 성읍으로 모압의 남동 지경에 있는 광야에 있었다(민 33:44-45). 학자들 중에는 이곳이 세렛 시내(골짜기)의 비탈 위에 솟아있던 지역에 위치해 있다고 주장하기도 한다.

078 이예아바림 지역, 요르단

> **위의 것을 생각하고, 땅의 것을 생각하지 말라(골 3:2).**
> 살모나, 부논, 오봇, 이예아바림은 광야여정이 끝나는 세렛 시내까지 마지막으로 진을 친 곳이다. 한 곳, 한 곳 진을 칠 때마다 가나안 땅은 점점 더 가까워진다. 그러므로 힘들고 어려울 때는 이제까지 온 것을 생각하기보다 점점 더 가까워지는 목적지인 가나안(천국)을 생각하자.

3. 세렛 시내에서 아르논 북쪽까지(민 21:12-15, 신 2:8-25, 삿 11:17 참조)

(1)모압이 영토 통과요청을 거절함(민 21:12-15, 신 2:8-25, 삿 11:17)

①할 수 없이 다시 요르단 동부 사막을 통해 시혼 왕국으로 북진했다(신2:8-13).: 이 부분의 정확한 여정은 불확실함(민 33:35)

②세렛 시내를 건넌 것의 의미는(민 21:12-15, 신 2:14)?

세렛 시내를 건너는 순간부터 이스라엘의 광야생활은 실질적으로 끝이 났다. 이는 광야여정의 끝이요, 훈련과정의 종료를 의미한다.

079-1 에돔과 모압족의 경계가 된 세렛 시내(민 21:12), 요르단 와디 엘 헤사

이제부터는 가나안 정복을 위한 준비과정이다.

신 2:14 **가데스 바네아에서 떠나 세렛 시내를 건너기까지 삼십팔년 동안이라. 이 때에는 그 시대의 모든 군인들이 여호와께서 그들에게 맹세하신대로 진영 중에서 다 멸망하였나니**

③당시 요단 동쪽 상황(신 2:18, 24-25 참조)

*출애굽 당시 요단 동쪽의 세렛 시내에서 아르논 골짜기까지는 모압이 차지하고 있었다.

081-1 시혼 왕의 수도였던 헤스본 전경, 요르단

*아르논 골짜기 북쪽과 얍복강을 포함한 길르앗 지역은 아모리 왕 시혼이 암몬에게서 빼앗아 헤스본을 수도로 삼고 있었다(민 21:26). 이때 암몬은 오늘날 암만(랍바)을 중심한 좁은 지역만을 차지하고 있었다.

080-1 이스라엘의 요르단 북진

> **지금은 여호와께서 일하실 때니이다(시 119:126).**
> 하나님은 일찍이 모압과 암몬 자손에게 요단 동편의 땅을 그들의 소유로 허락하셨다. 그래서 이스라엘이 왕의 대로를 통해 이들 지역으로 가기를 원했지만 모압이 거절하자 그들을 치고 올라가지 못하고 동쪽 사막 길로 갈 수밖에 없었다. 만일 모압 북쪽의 암몬이 당시 아모리족에게 요단강 동쪽의 대부분 지역을 점령당하지 않았다면 이스라엘은 이들을 치고 요단강을 건너지 못했을 것이다. 그러나 당시 요단강을 건너 가나안으로 들어가는 지역을 아모리족이 점령하고 있었기 때문에 이스라엘은 이들을 점령하고 가나안으로 들어갈 수 있었다. 이는 하나님이 시대를 통해 역사하심을 보여준다.

4.아르논 골짜기 이후에서 느보산까지

(민 21:16-35, 33:45-46, 신 2:26-3:11, 삿 11:17 참조)

(1)요단 동쪽 지역의 진격과 점령(민 21:16-35, 33:45-46, 신 2:26-3:11)

①아모리 왕 시혼에게 그 지역을 통과하도록 사신을 보냄(민 21:21-23, 신 2:26-30)▶그데못 광야(신 2:26) 사건 진행상 사신을 보낸 곳은 비스가 산이 아니라 아르논강 이남의 광야로 생각된다.

*내용▷아모리족이 점령하고 있던 왕의 큰길(대로)을 통과하도록

*반응▷거절한 후 이스라엘이 진을 친 광야로 나가 야하스에서 이스라엘을 공격함

②결과▶이스라엘이 아모리인을 치고 아르논강에서 얍복강까지 성읍을 빼앗음(민 21:24-32, 신 2:31-36) 당시 시혼 왕의 도성은 헤스본이었다.

③야셀을 정복함(민 21:32)

④바산 왕 옥(Ok)의 살해와 그의 왕국을 점령함(민 21:33-35, 신 3:1-11)

⑤세렛 시내 이후의 여정(민 21:16-20, 33:45-46)

디본갓(민 33:46) ➔ 알몬디블라다임(33:47) ➔ 브엘(21:16) ➔ 맛다나(21:19) ➔ 나할리엘(21:19) ➔ 바못(21:19) ▶비스가산(느보산)(21:20)

082-1 이스라엘에게 정복 당한 야셀

5.느보산에서 마지막 요단강을 건너기까지

(레 23장, 민 22-27장, 31-36장, 신 4:41-43, 17:14-17, 19:1-13, 25:17-10, 31-34장, 시 90편)

(1)출애굽 여정지를 기록함(민 33:1-48): 이스라엘의 광야여정 요약

출애굽 기준일	진을 친 곳과 주요 사건
제1년 1월 15일	라암셋에서 출애굽, 홍해 건넘, 마라, 엘림(물샘 12곳과 종려나무 70주), 신광야, 원망
제1년 2월 15일	메추라기와 만나, 르비딤(아말렉과의 싸움. 므리바 물, 이드로의 내방과 부장제도 실시)
제1년 3월	시내산 도착(십계명 언약, 모세가 40일간 시내산에 머묾), 금송아지 숭배
제2년 2월 1일	성막제조, 인구조사
제2년 2월 20일	시내산 출발, 다베라, 하세롯, 가데스 바네아 정탐꾼 파송, 고라 반역, 이후 38년 방랑
제40년 1월	두 번째 가데스에 머묾, 미리암 죽음, 므리바의 물 사건, 에돔의 길 통과 거절
제40년 5월 1일	아론 죽음, 가나안인 격파, 불뱀, 에돔길 피해 우회, 아모리족 시혼 왕과 바산 왕 옥 지역을 점령, 발람의 예언, 모압들에서 인구조사, 미디안족 격멸
제41년 1월 10일	요단강 건넘, 유월절을 지킴
제41년 1월 14일	가나안 땅의 소산을 먹은 후 만나가 그침

(2)모압 평지에서 마지막으로 진을 침(민 22:1, 33:49)

벧여시못에서 아벨싯딤까지 남북으로 약 8km 정도의 거리이다.

083-1 아벨싯딤, 요르단 텔 카프레인

(3)모압 왕 발락이 발람을 초청(민 22:2-24:25)

①초청내용(22:2-6)▶발람이 이스라엘을 저주하도록 부탁하기 위해

②발람이 첫 번째 초청을 거절한 후 두 번째는 허락하여 발락의 사신들을 따라 감(22:7-35)

*이때 발람을 태운 나귀는 길을 막는 천사를 피하다가 발람에게 채찍을 맞았고, 하나님은 나귀의 입을 열어 발람에게 말하게 하셨다.

③발람의 예언과 축복(22:36-24:25)

*기럇후솟에서▷발락이 소와 양을 잡아 발람과 그와 함께한 고관들을 대접함(22:39-40)

*첫 번째 예언(22:41-23:12)▷이스라엘 진 전부가 보이는 바알 산당에서 그러나 하나님이 발람에게 나타나 이스라엘을 저주하지 않음

084-1 유프라테스강이 보이는 발람의 고향인 브돌, 시리아 텔 아마르

*두 번째 예언(23:13-26)▷이스라엘 진 끝 부분만 보이는 소빔들을 통해 비스가산으로 가서 다시 저주하지 않고 오히려 축복함, 그러자 발락이 저주도 축복도 하지 말라고 함

*세 번째 축복(23:27-24:9)▷광야가 보이는 또다른 곳인 브올산 꼭대기로 가서 이전처럼 점괘를 사용하지 않고 이스라엘을 축복함

*마지막 예언(24:10-24)▷발람이 저주 대신 오히려 축복하자 발락이 발람에게 화를 내며 돌아가라고 했다. 그러나 발람은 장차 이스라엘 백성이 발락의 백성들에게 행할 일에 대해 예언했다.

24:19 **주권자가 야곱에게서 나서 남은 자들을 그 성읍에서 멸절하리로다.**

084-3 발람문서, 숙곳(텔 데이르 알라) 발견, 요르단 암만박물관

④예언을 마친 발람은 고향 브돌로 가고, 발락 역시 자기 나라로 갔다(24:25).

(4)마지막으로 진을 친 모압 평지의 아벨싯딤(민 25-26장, 27:15-23, 31-32, 34장, 35-36장, 신명기)

①모압 여인과 음행(민 25장)

*이스라엘이 모압 여인과 음행하고 그들의 신들에게 예배하기도 함

*결과▷염병으로 2만 4천명이 죽임을 당함(25:9)

*비느하스가 음행하는 이스라엘 남자와 모압 여인을 죽임으로 염병이 그침
이에 비느하스에게 평화의 언약을 주심(민 25:12)

그런즉 선 줄로 생각하는 자는 넘어질까 조심하라(고전 10:12).
모압 평지에서 음행으로 죽은 자들은 마지막 실패자들이다. 이들은 40년 동안 광야에서 있었던 온갖 고통과 시험을 이긴 자들이었지만 마지막 가나안 입성을 코 앞에 두고 죽임을 당했다. 다 되었다고 생각하는 순간 넘어질 수 있음을 기억하자.

②하나님께서 미디안 족속을 진멸하도록 명령함(민 31장)

*이스라엘로 하여금 음행에 빠지게 했기 때문에(1-2)

*12000명을 선발하여 미디안 남자들을 죽이고 많은 전리품을 가져왔다.

*미디안에게 빼앗은 전리품 분배와 전쟁 후 정결예식(19-54).

086-1 모세의 인구조사, 물렝 직

③출애굽 후 두 번째 인구조사(민 26장)

*조사시기▷음행으로 염병이 발생하여 죽은 후에(1)

*조사대상▷전쟁에 나갈 수 있는 20세 이상된 자(1)

*조사결과▷장정만 60만 1730명(51)

인구조사(20세 이상 남자, 민 1장)

회	시기	목 적	명수
1차	출애굽 후 1년 3월	생명의 속전세를 위해서(출 30:11 이하)	?
2차	출애굽 후 2년 2월	군대를 조직할 목적으로(민 1:3) 시내 광야	60만 3550명
3차	출애굽 후 40년 해	가나안 영토분배 위해(민 26:4) 모압 평지	60만 1730명

출애굽 당시는 장정만 60만 명이었다.

④요단 동편 지역을 요구한 지파는(민 32장)?

르우벤 지파와 갓 지파로 그들은 많은 가축떼로 인해 요단강을 건너지 않고 목축하기에 좋은 요단 동쪽 지역에서 살기를 바랬다. 이에 모세는 요단강 서쪽에 가서 땅 정복을 위해 싸우는 조건으로 허락했다.

*요단 동편에 거주한 지파의 결과
현재의 좋은 환경만을 생각하고 하나님이 약속으로 준 땅에 대한 갈망을 갖지 못할 때
역사의 무대에서 다른 지파보다 먼저 일찍 사라졌다.

우리는 그의 약속대로 의가 있는 곳인 새 하늘과 새 땅을 바라보도다(벧후 3: 13).
르우벤과 갓 지파는 요단 동편의 비옥한 지역을 보고 그토록 어려운 광야생활을 겪었음에도 약속의 땅인 가나안 땅에 들어가기를 거절하고 약속의 땅을 벗어난 곳에 살기를 원했다. 세상의 좋은 조건 때문에 약속의 땅으로 가기를 거절한 것이다. 세상의 좋은 환경 때문에 하나님 나라에 들어가는 것을 어렵게 만든다면 차라리 어려운 환경 속에서 하나님 나라에 대한 강한 갈망을 갖고 사는 것이 영적으로 축복된 환경이다.

⑤가나안 본토민과 아말렉에 대한 하나님의 명령(민 33:50-56, 신 25:17-19)▶가나안 여정회고(민 33장)

*가나안 본토민▷가나안의 본토민을 모두 쫓아내고, 그 땅에 삶의 터전을 마련하라.
그렇지 않으면 너희의 눈에 가시가 되고, 옆구리를 찌르는 것이 될 것이다.

*아말렉▷가나안을 점령하고 안식을 주실 때, 아말렉을 천하에서 멸절시키라.
왜냐하면 그들은 광야(르비딤)에서 너희의 약한 자를 공격했고, 하나님을 두려워하지 않았기 때문이다.

⑥가나안 땅의 경계와 땅 분배에 대하여(민 34장)

*책임자▷제사장 엘르아살, 눈의 아들 여호수아 *분배방법▷각 지파에서 대표자 한 명씩 선발하여

⑦레위인에게 줄 성읍(민 35장)▶도피성 포함

＊들판은 성벽 밖에서부터 사방 1000규빗(450m)으로, 성읍의 들은 성 밖 동서남북으로 각 2000규빗

＊성읍은 도피성 6개와 그외 성읍 42개로 총 48개의 성읍과 그에 딸린 초장

⑧슬로브핫의 딸들과 상속권(민 27:1-11, 36장)▶여자에 대한 유산 상속법

⑨모세의 설교와 교훈(신명기 대부분)▶출애굽 40년 11월 1일(신 1:3)

＊왕의 선택 기준(신 17:14-17) ＊도피성 제정(민 35:9-15, 22-28, 32, 신 4:41-43, 19:1-13)

＊면제년과 기타 규례(신 15장) ＊모압 땅에서 세운 언약(신 29장)

＊축복과 저주를 선포할 산(신 27:11-26)

⑩모세의 후계자가 된 여호수아(민 27:15-23, 신 31:1-8)

⑪여호와의 마지막 지시와 노래(신 31:9-32:47)

087-1 모세기념교회, 요르단 느보산

(5)느보산에서의 모세(민 27:12-14, 신 32:48-52, 시 90편)

①느보산의 등정 명령(민 27:12-14, 신 32:48-52)

②모세의 마지막 축복(신 33장)과 기도(시 90편)▶12지파에게 축복함

③모세의 죽음(신 34장)▶120세에

＊가나안 땅을 보여줌(1-3)▶비스가 산맥 꼭대기에서 단과 소알까지 조상에게 약속한 땅을 보여주셨다.

＊느보산에서 볼 수 있는 가나안 지역의 범위는?
북쪽 160㎞ 지점에 있는 헬몬산 정상 부분, 에발산과 그리심산 정상 일부분, 남서쪽으로 엔게디까지이다.

088-1 느보산 정상에서 본 여리고

네 장막 터를 넓히며, 네 처소의 휘장을 아끼지 말고 널리 펴되 너의 줄을 길게 하며(사 54:2)
모세가 가나안 지경을 본 것은 느보산이다. 이곳에서는 북쪽 단과 남쪽 브엘세바를 볼 수가 없다. 그러므로 모세가 단에서 브엘세바를 본 것은 하나님이 영으로 보여주신 것이다. 육신적인 눈으로 보면 보이는 것, 세상적인 것에만 가치를 두지만, 영적인 눈으로 보면 보이지 않는 영원한 것에 가치를 두고 산다. 비록 느보산에 있지만 영으로 보면 약속된 가나안 전지경을 볼 수 있다. 우리의 영적인 영역을 넓히자.

＊모세의 장지는(신 34:6)? 모압 땅 느보산 근처, 벧브올 맞은편 골짜기
오늘날 이 골짜기에는 와디 아윤 무사(모세의 샘)가 있다.

089-1 벧브올 맞은편의 모세의 샘

088-1 모세가 죽어 장사되고, 발락이 이스라엘을 저주하게 하기 위해 발람을 데리고 간 비스가산
비스가산은 느보산을 포함한 하나의 봉우리(산맥)이다. 중앙 뒤쪽 아래가 이스라엘이 진을 친 곳이고 앞이 벧브올이다. 중앙의 골짜기가 벧브올 맞은편 골짜기이다. 뒤가 가나안 지역의 여리고이다.

(6)초막절 절기 제정(레 23:33-44)

①초막절 첫 날에는(레 23:40) 아름다운 열매를 초막에 두고, 지붕과 주위에 종려나무 가지, 무성한 나무의 가지, 시내버들 등으로 장식한다. BC 450년경 느헤미야 때 귀환자들은 감람나무 가지, 돌감람나무 가지, 화석류나무 가지, 종려나무 가지, 무성한 나무의 가지로 초막을 지어 절기를 지켰다.

②오늘날 유대인들은 종려나무로 지붕을 덮는 대신에 4가지 식물로 장식한다. 그리고 감람나무 가지는 비닐에 담아 의미를 새긴다.

*아름다운 나무의 실과(씨트론 열매)▷평지를 지날 때를 상징

*시내버들▷강을 지날 때를 상징

*무성한 나무의 가지▷산악지대를 지날 때를 상징

090-3 초막절을 위해 만든 초막집, 이스라엘, 네오투케두밈(성서식물원)

출애굽의 구속사 도표 091-1 출애굽 도표

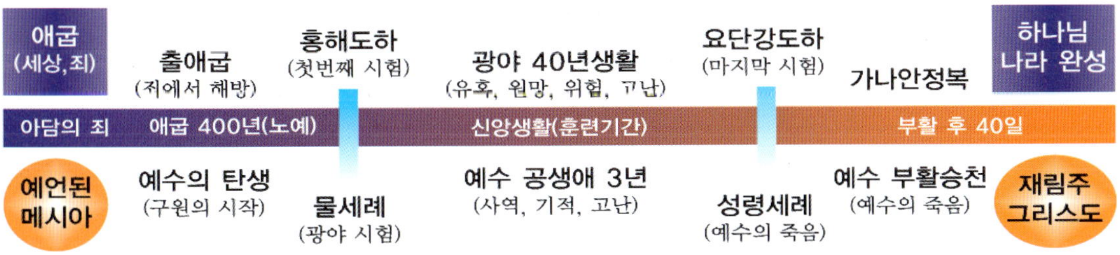

적용과 실천

실천을 위한 묵상

때로 하나님은 사람의 방법과 전혀 다른 방법으로 역사하신다.

출애굽한 이스라엘은 왕의 대로가 있는 에돔길로 가기를 원했으나 하나님이 허락하지 않아 다시 광야로 내려가 우회해야 했다. 그러자 이스라엘은 길로 인해 원망했고, 하나님은 뱀을 보내 원망하는 자들을 죽게 했다. 이에 놋뱀을 만들어 그것을 쳐다보는 자는 살도록 하셨다. 뱀에 물렸는데 놋뱀을 보면 낫는다는 것은 사람의 생각을 뛰어넘는 믿음이 아니고서는 순종하기 어렵다. 이는 하나님이 믿음을 요구하신 것이다.

출애굽 여정은 믿는 자가 하나님 나라로 가는 여정과 같다. 그러므로 자신의 생각으로 이해할 수 없는 어떤 상황에서도 하나님의 인도하심대로 믿음을 가지고 나가는 자만이 요단강을 건너 천국으로 상징되는 가나안으로 들어갈 수 있다.

Thinking 하나님의 뜻과 방법은 어떻게 알 수 있는지 자신의 경험을 이야기해보자.

핵심 Key word

호르산	살모나-세렛시내	세렛시내 이후	느보산에서
아론사망	부논, 오봇, 이예아바림	아르논까지 광야길	후계자 여호수아, 모세사망

17과 가나안 입성과 정복 초기

본문말씀▷수 1:1-10:27 새찬송가 347장

핵심말씀▷강하고 담대하라. 너는 내가 그들의 조상에게 맹세하여 그들에게 주리라 한 땅을 이 백성에게 차지하게 하리라(수 1:6).

배경 바라보기

시대적 고찰

이스라엘의 가나안 입주는 가나안 지역에 큰 변혁을 가져왔다. 이스라엘의 가나안 입주 당시 이곳에는 헷 족속, 가나안 족속, 브리스 족속, 히위 족속. 아모리 족속, 블레셋 족속과 남으로 아말렉 족속, 겐 족속 등이 자리잡고 있었다(출 3:8). 이들 족속 중 블레셋 족속을 제외한 나머지 족속은 이스라엘에 흡수내지는 진멸 당했다. 당시 주위의 강대국은 가나안 지역을 점령할 만한 정세가 아니었기 때문에 이스라엘은 쉽게 가나안을 정복할 수 있었다.

지리적 고찰

이스라엘의 정복활동으로 성경역사의 무대는 드디어 아브라함에게 약속한 가나안으로 옮겨졌다. 본래는 유프라테스강 상류부터 이집트 시나이반도에 있는 애굽 시내까지 약속으로 주어진 곳이었다. 이제 그 땅을 차지하기 위해 요단강을 건너 가나안 입구에 있는 여리고를 점령한 이스라엘은 남쪽 지역을 먼저 점령한 후 북쪽을 점령하여 단에서 브엘세바까지를 차지했다. 그리고 점령 후 르우벤과 갓 지파는 요단 동편에 정착했다.

문화적 고찰

◐신을 벗는 행위(수 5:15) 고대근동에서 신은 인간 전체의 삶의 영역을 가리켰다. 곧 인간의 외적 행동뿐만 아니라 내적 품성까지 총체적인 것을 상징했다. 특히 먼지가 많은 근동 지방에서는 신발에 먼지와 오물이 쉽게 묻게 된다. 따라서 종교적으로 신발은 죄악에 오염된 온갖 더러운 행위와 성품을 의미했다.

신을 벗는 모세와 떨기나무 불꽃 속의 하나님, 성경삽화

수 5:15에서 신은 거룩과 상반되는 세상의 죄를 상징하는 표현으로 사용되었다. 그래서 거룩한 하나님의 임재 앞에서 신을 벗어야 했다. 모세 역시 호렙산(시내산)에서 하나님으로부터 부름을 받았을 때 "네가 선 곳은 거룩한 땅이니 네 발에서 신을 벗으라"(출 3:5)는 소리를 들었다.

단어해설

크게 하시매(수 4:14, magnified) 원어의 뜻은 '명예롭게 하다' 이다. 새로운 지도자 여호수아가 하나님의 도움으로 요단강을 건넌 후 탁월한 지도력을 인정받았음을 암시한다.

점호하고(8:10) '계산하다'. 여기서는 진에서 도망간 사람이 있는지를 살피기 위해 점검하는 것을 의미함

아라바(8:14) 갈릴리 바다의 남쪽부터 사해와 아카바만의 엘랏까지 이르는 요단 동편의 저지대이다. 그러나 여기서는 아이성 맞은편의 요단계곡 일대를 가리키는 것같다.

쇠 연장(8:31, iron) 철제도구로 성경에서 쇠 연장은 자연석에 대치되는 의미로 사용되었다. 따라서 쇠 연장은 평화와 화합에 반대되고, 투쟁이나 강포를 상징하는 의미로 사용되었다.

본문 탐구하기

내용개요 이스라엘이 40년간의 출애굽 여정을 마치고 마침내 가나안 정복을 시작할 때 가나안에는 대체로 7족속이 살고 있었다. 그러나 모세가 죽은 후 여호수아는 광야 세대를 이끌고 요단강을 건너 길갈에 진을 친 다음 여리고를 하나님의 능력으로 쉽게 점령한다. 이어 약한 아이성 정복에 실패하자 그 원인이 아간의 범죄에 있음을 알고 아간을 죽인 후 하나님의 작전에 따라 아이성을 점령했다. 이어 세겜에서 율법을 낭독하고 축복과 저주를 선포한다. 이때 이스라엘은 기브온 거민의 속임수에 넘어가 화친 조약을 맺었다.

한편, 기브온이 이스라엘과 화친 조약을 맺자 남부 지역 5명의 왕들은 연합하여 기브온을 치기 위해 북진했고, 여호수아는 기브온의 도움 요청에 의해 길갈에서 올라와 이들 5명 왕의 연합군을 하나님의 기적을 통한 도움으로 물리치고 이들의 성들을 정복했다.

QA 본문탐구

1 가나안 입성과 정복 조기

001-1 가나안 족속들

1.요단강 도하까지(수 1:1-4:18)

(1)이스라엘 입주 때 가나안 지역의 족속(출 3:8 참조, 수 3:10)
①가나안 족속(창 10:15-19) ②헷 족속(창 23:10) ③아모리 족속(수 12:1)
④브리스 족속(수 17:15) ⑤히위 족속(창 34:2, 수 9:7) ⑥여부스 족속(출 3:8)
⑦블레셋 족속 ⑧기르가스 족속(창 15:21) ⑨겐 족속(창 15:19)
＊가나안 족속을 진멸토록 한 이유는(신 7:1-11)?
그들의 유혹을 받아 다른 신을 섬기게 됨으로
＊모세가 정복한 요단 동편 왕들(수 12:1-6)▶아모리족의 시혼과 바산 왕 옥

002-1 시혼 왕의 수도였던 헤스본

(2)여호와가 여호수아에게 말씀하심(수 1:1-9, 31): 모세가 죽은 후에
＊너는 이 백성을 이끌고 요단강을 건너 약속의 땅으로 들어가라(1:2).
＊네 평생에는 너를 대적할 자가 없을 것이니 강하고 담대하라(1:5-6).
＊율법책을 네 입에서 떠나지 않게 하고, 밤낮으로 묵상하라(2:8).

(3)요단강 도하준비(수 1:10-18)
①여호수아가 백성의 관리들에게▶백성들에게 양식을 준비하도록 명령함(1:10-11)
②르우벤 지파와 갓 지파와 므낫세 반지파에게(1:12-18)▶
처자와 가축은 요단 동편에 머무르되, 용사는 무장하고 앞서 요단강을 건너가서 형제를 도우라고 말함
③백성들에게▶자신을 깨끗하게 하도록 함(3:5), 요단도하 하루 전에 여호와께서 놀라운 일을 행할 것이기 때문에
④정탐꾼 파송(수 2장)
＊파송지와 정탐지(2:1)▶요단 동편 (아벨)싯딤에서 여리고로

003-1 정탐꾼 파송지 아벨싯딤, 요르단, 텔 엘 케프레인

* 정탐꾼을 왜 2명만 보냈는가(2:1)?
가데스 바네아에서는 각 지파 대표 12명을 보냈을 때 신앙없는 10명 때문에 40년을 방황했던 것을 여호수아는 생생하게 기억했을 것이다. 그래서 신앙이 있는 2명만 파송했다.
* 정탐과정(2:2-24)▷여리고의 기생 라합의 집에 갔을 때 탄로가 났으나 라합의 도움으로 3일 동안 숨어있은 후 정탐을 마치고 무사히 귀환했다. 이때 라합은 여리고 점령시 자신과 가족들을 살려줄 것을 약속받았고, 그 표시로 붉은 줄을 창문에 매달았다.

(4)요단강을 건넘(수 3:2-4:18)

004-1 여리고 앞의 요단강

①건넌 시기(3:15, 4:19)▶곡식을 거두는 시기, 첫째 달(3-4월) 10일

수 3:15-16a **요단이 곡식 거두는 시기(4-5월)에는 항상 언덕에 넘치더라. 궤를 맨 자들이 요단에 이르며, 궤를 멘 제사장들의 발이 물 가에 잠기자, 곧 위에서부터 흘러내리던 물이 그쳐서 사르단에 가까운, 매우 멀리 있는 아담 성읍 변두리에 일어나 한 곳에 쌓이고**

수 4:19 **첫째 달**(아빕월, 곧 태양력으로 3-4월) **십일에 백성이 요단에서 올라와 여리고 동쪽 경계 길갈에 진 치매**

005-1 아담읍, 요르단

* 왜 우기 때가 아닌 곡식 거두는 시기(4-5월)에 요단강이 범람하는가?
겨울 우기 때 헤르몬 산에 내린 눈이 2월부터 서서히 녹기 시작하여 지하로 스며든 후 솟아 요단강의 근원이 되어 4-5월에 절정에 이른다.
* 왜 하필 강물이 가장 범람할 때 건너라고 했을까?
이 시기는 군사들이 그 땅의 수확을 먹을 수 있을 때로 전쟁물자 수급이 용이하다. 또 마지막 믿음의 시험을 위해서

②증거궤를 맨 앞에 두고 백성은 제사장이 맨 증거궤에서 2천 규빗(900m) 떨어져 행진하라(3:3-14).
③증거궤를 맨 자들의 발이 물에 잠길 때 흐르던 물이 멈춤▶북쪽 아담읍까지 물이 넘침(3:15-16)
④증거궤는 백성들이 다 건널 때까지 요단강 중간에 머물렀다(3:17).▶세 지파 군인이 앞장섰다.
⑤각 지파에서 대표자 1명씩을 선발하여 증거궤가 머문 곳의 마른 돌을 한 개씩을 취하도록 함(4:1-10)
⑥증거궤를 맨 제사장들이 마지막으로 요단강에서 올라 옴(4:11-18)
* 요단강의 의미▷땅없음과 땅얻음의 경계, 더 이상 땅없음(광야)에서 있던 신비스런(기적) 공급은 멀어짐

여호와는 나의 힘과 나의 방패이시니, 내 마음이 그를 의지하여 도움을 얻었도다(시 28:7).
하나님은 요단강이 가장 범람할 때인 곡식 거두는 시기에 건너도록 하셨다. 그러나 이스라엘 백성들은 그대로 순종했고, 마침내 강물이 멈추는 기적 속에 요단강을 건넜다. 그들이 순종할 수 있었던 것은 광야의 훈련속에 오직 하나님만을 의지하는 신앙을 가졌기 때문이었다.

2. 길갈에서(수 4:19-5:12)

006-1 이스라엘이 진을 친 길갈

(1)기념비를 세움(수 4:19-24): 첫째 달(3-4월) 10일
①마른 요단강에서 가져온 12개의 돌로 기념비를 세움(4:19-20)
②세운 목적▶후손들로 하여금 요단강 도하를 기억하도록(4:21-24)

(2)할례를 시행함(수 5:1-9)
①대상(5:2-7)▶광야에서 태어난 남자, 광야에서 할례를 받지 못했기 때문에

②전쟁을 앞두고 행한 할례의 의미(5:2-9)
* 언약의 표로써 싸움 전에 하나님과의 새로운 관계 정립을 위해
* 죄를 깨끗하게 하는 수단으로써 싸움을 앞두고 인간적인 수단을 버리고 하나님만을 의지하도록 하기 위해
* 피로써 하나님과 언약을 체결한 신앙공동체임을 확신케 하기 위해

007-1 여리고 평지, 이스라엘

(3)유월절을 지킴(수 5:10)
①시기▶길갈에 진을 친 후 첫째 달(3-4월) 14일 저녁부터 ②장소▶여리고 평지에서

(4)만나가 그침(수 5:11-12): 가나안에 들어온 해, 그 땅의 소산을 먹은 (유월절 이튿날) 다음 날부터

여호와를 경외하며 그의 길을 걷는 자마다 복이 있도다. … 네 손이 수고한 대로 먹을 것이라(시 128:1-2).
이스라엘은 가나안 땅에 들어가 인간의 노력으로 양식을 먹은 후부터는 광야에서 아무런 노력없이 먹었던 만나가 그쳤다. 왜 하나님은 가나안에서도 계속해서 만나를 내려 주시지 않았는가? 하나님은 우리가 노력으로 할 수 있는 상황에서는 우리 스스로의 노력을 요구하신다. 물론 그런 인간적인 노력 속에도 하나님을 향한 감사가 빠져서는 안된다. 왜냐하면 노력은 인간의 영역이나, 열매는 하나님의 영역이기 때문이다.

3. 여리고와 아이성의 함락(수 5:13-8:29)

008-1 공중에서 본 구약의 여리고

(1)여리고 근교에서 여호와의 군대대장을 만남(수 5:13-15)

(2)여리고성의 함락(수 6장)
①하나님의 방법(6:1-8)▶하루에 1바퀴를 매일 6일간 돌고, 마지막 7일째는 하루에 7바퀴를 돈 후 소리를 지르라.
②누가 돌았는가(6:3, 7)?▶모든 군사(6:3) 혹은 모든 백성(6:7)
* 당시 전쟁에 나갈 수 있는 장정만 60만 1730명(민 26:51)
* 당시 여리고 인구는 3000명 이상으로 추산한다.
③여리고성을 60만 명의 군사(백성 250만 명)가 하루에 돌 수 있을까?
* 또 하루에 7바퀴(7×60만 명=420만 명의 군사)를 돌 수 있을까?
여리고 성벽과 서쪽의 높은 유대 광야 사이의 좁은 지형으로는 밤낮으로 돌기도 매우 어렵다.

008-3 BC 7000년경 여리고 망대

④여리고 전리품에 대한 경고(6:18-19)
* 어떤 전리품도 취하지 말라. 왜냐하면 이스라엘의 힘으로 무너뜨리는 것이 아니기 때문이다.
⑤여리고 함락(수 6:20-25)
* 여리고를 도는 마지막 일곱째 날에 큰 소리를 지를 때 무너져 내림
* 기생 라합의 가족들은 죽이지 않음▷정탐꾼을 숨겨 주었기 때문에
* 영적 교훈▷인간이 무너뜨릴 수 없는 여리고 같은 견고한 성이라도 하나님의 방법대로 하면 무너진다.
⑥여리고 재건에 대한 저주(수 6:26-27)
* 저주내용▷이 성을 재건하는 자는 기초를 쌓을 때 장자를, 문을 세울 때 막내 아들을 잃을 것이다.
* 예언의 성취(왕상 16:34)▷아합 왕 때 벧엘 사람 히엘이 여리고의 터를 쌓을 때 장남 아비람이 죽었고, 성문을 세울 때 막내 스굽이 죽었다.

(3)아간의 범죄와 아이성의 1차 공격 실패(수 7장)
①아간은 시날산의 외투 한 벌과 은 200세겔과 50세겔의 금덩이 한 개을 취함(7:1, 21)
②아이성 1차 공격 실패(7:2-15)▶아이성은 12000명 주민
*이스라엘군 36명이 죽고, 스바림까지 후퇴했다.
*실패원인▷아간의 범죄 때문에(7:1, 11-15)
③아간의 처형(7:16-26)
*아간을 돌로 쳐 죽인 후 그곳을 '아골골짜기' 라고 부름

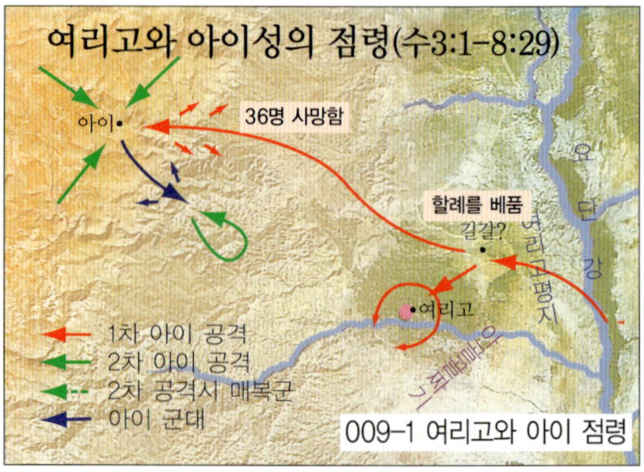

009-1 여리고와 아이 점령

(4)아이성 점령(수 8:1-29)
①1차 실패 후 하나님이 직접 매복 작전을 세워주심(8:1-9)
*벧엘과 아이 사이에 3만 명을 선택하여 밤에 매복하게 했다.
②2차 유인 공격으로 아이성을 함락시킴(8:10-29)
*영적교훈▷아이성은 작은 성이었으나 하나님의 도움없이 인간의 방법만으로 공격을 감행할 때 실패했다.

010-1 아골 골짜기로 추정되는 부케아 지역

사람의 마음의 교만은 멸망의 선봉이요, 겸손은 존귀의 길잡이니라(잠 18:12).
이스라엘이 무너뜨릴 수 없는 여리고성은 하나님의 방법대로 순종할 때 무너졌다. 그러나 쉽게 함락시킬 수 있다고 생각한 아이성은 인간적인 생각만으로 공격하다가 오히려 패배했다. 하나님의 일은 아무리 여리고와 같이 힘들고 강하다해도 두려워말아야 할 것은 하나님의 능력으로 감당할 수 있기 때문이다. 반면 하나님의 일은 아이성과 같이 쉽게 할 수 있다고 생각하여 하나님을 의지하지 않으면 실패할 수밖에 없다.

011-1 돌만 남은 아이성, 이스라엘

4. 에발산에서 율법을 낭독함(수 8:30-35)

012-1 에발산(우), 그리심산(좌), 세겜

(1)축복과 저주 의식(수 8:30-35)
①에발산에 여호와를 위해 제단을 쌓고 번제와 화목제물을 드림
②여호수아가 쇠 연장으로 다듬지 않은 제단의 돌에 율법을 새김
③언약궤를 중심으로 궤의 좌우, 곧 에발산과 그리심산 앞을 향해 절반씩 서게 한 후 축복의 말씀을 그리심산을 향해, 저주의 말씀은 에발산을 향해 백성들 앞에 낭독함

너희가 섬길 자를 오늘 택하라. 오직 나와 내 집은 여호와를 섬기겠노라(수 24:15).
여호수아는 12지파를 둘로 나누어 세겜 북쪽의 에발산과 남쪽의 그리심산에 서게한 후 모세가 명한대로 저주와 축복을 선포했다. 따라서 세겜은 축복과 저주의 갈림길이다. 선택은 자신에게 달려 있다.

5. 기브온 주민과의 평화조약과 아모리족과의 전투(수 9:1-10:27) BC 13세기 초기

(1)기브온 거민의 속임수 배경(수 9장)
①이스라엘의 점령을 피하기 위해 멀리서 온 것처럼 꾸민 사신단을 길갈로 파견함(9:1-13)
기브온은 현재 예루살렘에서 북서쪽 약 9.6km 지점으로 길갈까지는 약 50km이다.

②여호수아의 실수(9:14-18)▶하나님께 먼저 물어보지 않고 하나님의 이름으로 기브온 거민과 화친조약을 맺음
③기브온 사람들을 제단용 나무를 패고, 물 긷는 자들이 되게 함(9:19-27)

013-2 네비 삼월에서 본 기브온

(2)기브온 전투(수 10:1-27): BC 13세기 중엽
①발발 원인(10:1-4)▶기브온이 이스라엘과 화친조약을 맺음으로
②아모리 다섯 도시의 왕들이 연합군을 형성하여 기브온 공격을 위해 북진함(10:5)
③기브온의 도움 요청으로 여호수아 군대가 길갈에서 올라와 아모리 연합군을 물리침(10:6-27)
*벧호론까지 추격했고, 이때 여호와께서 아세가까지 우박을 내려 죽이고, 기브온 골짜기에서 태양을, 아얄론 골짜기에서 달을 멈추게 하여 진멸시키게 하심(10:12)
*아모리의 다섯 왕이 막게다 굴에 숨어 있는 것을 잡아 죽여 나무에 매달고, 해질 때 내려 그 굴에 던졌다.

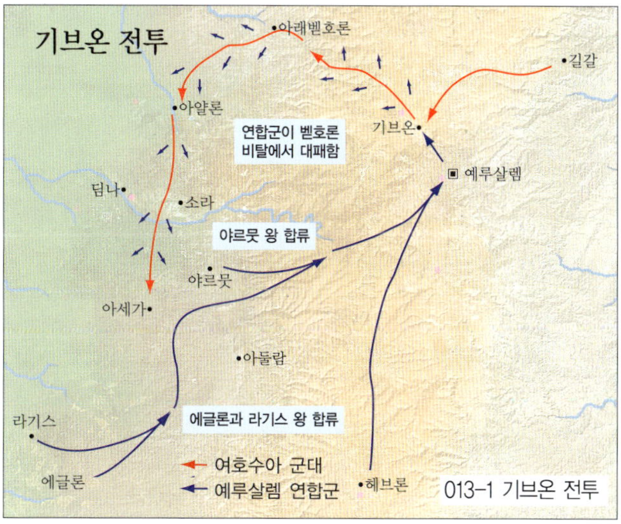

013-1 기브온 전투

적용과 실천

실천을 위한 묵상

요단강을 건너야 가나안에 들어갈 수 있다(수 3:14-17).
광야를 지난 이스라엘에게 요단강은 땅없음과 땅얻음의 경계이다. 이는 가나안으로 들어가기 위한 마지막 경계선이요, 마지막 믿음의 시험이다. 이 강을 건너야 새땅으로 들어가는 것이다. 새땅(가나안)이 요구하는 것은 광야(땅없음)에서의 옛모습(불평, 원망, 거역)을 버리고 새땅의 상속자로서, 새로운 피조물로서 땅을 초월하여 살아야 한다는 것이다. 곧 하나님의 선택된 이스라엘 백성의 품성과 특징적인 삶을 요구한다.

Thinking 나에게 요단강과 같은 경계선이 있었다면 어떤 때인가? 자신의 경험을 이야기해보자.

핵심 Key word

모압평지	요단강 도하	길갈에서	여리고에서
정탐꾼 파송, 음행	곡식거두는 시기	할례, 기념비, 만나그침	7일만에 함락, 라합

아이성	세겜(두 산)	기브온	기브온 전투
1차실패, 아간처형	축복저주선포	평화조약	기브온 구원요청, 아모리 5왕 처형

18과 가나안 정복 중기와 땅 분배

본문말씀▷수 10:28-24:33, 삿 1:1-2:10, 대상 6:54-81 새찬송가 350장

핵심말씀▷이스라엘이 여호수아가 사는 날 동안과 여호수아 뒤에 생존한 장로들, 곧 여호와께서 이스라엘을 위하여 행하신 모든 일을 아는 자들이 사는 날 동안 여호와를 섬겼더라(수 24:31).

배경 바라보기

시대적 고찰

이스라엘의 가나안 정복은 BC 1406년부터 여호수아 생존기간 동안 뿐만 아니라 그의 사후에도 사사들이 통치하기 전(BC 1220년)까지 계속 이루어졌다. 물론 초기에 가장 강력한 정복이 이루어졌으며, 땅 분배 후에는 분배는 받았으나 정복하지 못한 지역의 정복을 위해 지속적으로 정복이 이루어졌다. 약 180년간의 정복기간 동안 북쪽은 헷 족속이 있었으나 가나안까지 영향력을 행사할 수 있는 정도는 아니었다. 앗수르는 BC 1700년부터 미타니 왕국에 조공을 드리는 처지에서 서서히 세력을 확장시키는 단계에 있었으나 아직은 가나안까지 세력이 미치지는 못했다.

지리적 고찰

성경의 중심무대가 가나안 지역으로 옮겨진 후 가나안 정복도 마무리되어 갔다. 이후 사사시대 전까지 성경의 사건들은 가나안 지역을 벗어나지 않았다. 정복의 중심지가 남쪽에서 북쪽으로 옮겨져 갈릴리의 하솔과 메롬물에서 가장 큰 전투가 벌어졌다. 그리고 길갈에서 3개 지파에게 땅 분배가 이루어진 후, 실로에서 나머지 7개 지파에게 땅 분배가 이루어졌다. 이후 각 지파는 분배된 지역에서 정착하며 별다른 지리적인 변화없이 사사시대까지 흘러갔다.

문화적 고찰

◐제비, 제비뽑기(수 14:2) 고대에는 결정하기 어려운 일을 결정할 때 제비뽑기가 사용되었다. 고대근동 지역에서는 돌을 주로 사용했고, 점차 나뭇조각이나 종이조각을 사용했다. 이 제비뽑기에 따라 길흉이나 승패, 어떤 등급 등을 결정했다. 성경에서는 국가의 역사나 개인의 생애에 있어서 위기 때에 결정을 하는데 제비를 사용했는데 우림과 둠밈이 이에 해당된다. 또 범인을 찾아내는 때로 아간 등을 착출하는 수단(수 7:14) 등에 사용되었다. 제사에 있어서 아사셀을 보내는 염소를 정하기 위해 사용했다(레 16:8). 본문에서는 가나안에서 땅 분배를 위해 제비를 뽑았다.

단어해설

개척(수 17:15) 문자적으로 '자르다' 라는 뜻으로 산지에서 나무를 베어내고 땅을 일구어 개간하라는 의미

해만(18:19, 海灣) 바닷가의 후미진 곳

브올의 죄악(22:17) 출애굽한 이스라엘 백성이 싯딤에 머물렀을 때 모압 여인들과 행음하며, 그들의 신인 바알브올을 섬겼던 죄악을 가리킨다(민 25:1-5).

왕벌(24:12, hornet) 강한 독성을 가진 벌로 팔레스틴에 널리 퍼져 있었다. 여기서는 상징적인 의미로 애굽 왕으로 보기도 하나 일반적으로 가나안 정복시 이스라엘과 함께했던 하나님의 도움을 가리킨다.

질투하시는 하나님(19) 하나님께서는 선민(選民)을 사랑하심으로 택하시고, 보호하시고, 인도하셨다. 그러나 그 선민이 이를 배반하고 돌아서면 하나님께서 이를 질투(嫉妬)하시리라는 것을 암시한다. 이같은 표현은 하나님의 섭리를 인간의 감정에 적용하는 신인동형동성론적 표현이다.

본문 탐구하기

내용개요 기브온 전투 후 이스라엘은 본격적인 정복활동을 시작했다. 정복은 남쪽부터 시작되어 막게다, 립나, 라기스에 이어 게셀과 에글론과 헤브론과 드빌까지 진멸시켰다. 특히 유다 지파는 예루살렘성을 쳐서 불사르고 그 남쪽 지역의 평지와 산지에 있는 가나안족을 쳤다. 남쪽 지역을 어느 정도 점령한 후에 북쪽으로 올라가 메롬 물가에서 하솔 왕이 이끄는 연합군을 물리친 후 하솔은 불태우고 나머지 도성은 그대로 점령했다. 어느 정도 정복이 이루어졌을 때 여호수아는 이미 요단 동쪽에 땅을 분배해준 르우벤과 갓 지파를 돌려보냈다. 그리고 요단서편 지역을 제비뽑아 각 지파별로 분배해 주었다.
그리고 여호수아는 백성의 지도자들을 세겜에 불러놓고 마지막 부탁을 한 후 110세에 죽어 딤낫세라에 장사되었다.

QA 본문탐구

② 가나안 정복 중기

1. 세펠라 지역에서의 싸움(수 10:28-35): BC 13세기 후기

016-1 여호수아에게 정복당한 라기스

세펠라 지역은 해안평야지대와 중앙산악지대 사이의 경사 부분으로 50-100m 지역이다. 이곳은 드빌과 헤브론과 베들레헴을 잇는 삼각 지역으로서 라기스를 중심으로 에글론, 립나, 야르뭇, 벧세메스 등이 있다.

(1)기브온 전투 이후의 정복(수 10:28-35)
①여호수아 군대는 막게다에서 내려가 립나를 치고 이어 라기스를 멸했다(10:28-32).
②이때 라기스를 도우러 온 게셀을 격퇴시켰다(10:33-35).

> **누구든지 여호와의 편에 있는 자는 내게로 나아오라(출 32:26)**
> 게셀은 여호수아에게 공격을 당하는 라기스를 돕기 위해 왔다가 오히려 멸망 당했다. 우리는 누구를 돕고 누구를 대항할지를 지혜롭게 판단해야 한다. 하나님편에 설 때만이 승리할 수 있다.

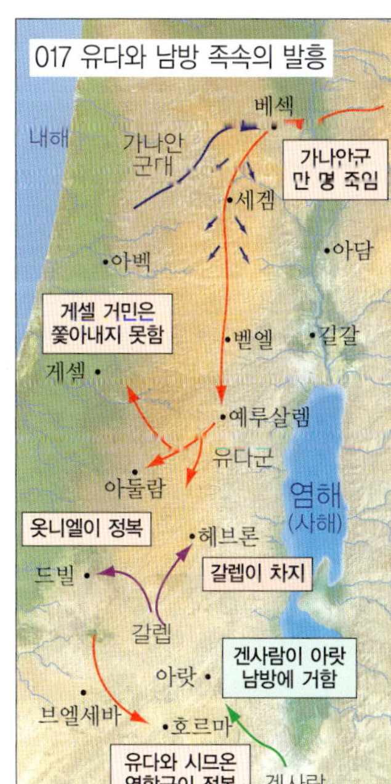

2. 유다와 남방 족속의 발흥(수 10:36-43, 삿 1:1-20 참조)

①이스라엘의 정복활동은 대부분 여호수아서에 나타나고 있다.
그러나 다른 족속에 대해서는 사사기에 기록되어 있기 때문에 정복활동의 연대기 순서를 결정하는 것은 불가능하다. 수 10:36-39에 나타나는 정복활동과 이와 관련된 내용을 삿 1:1-20에서 함께 살펴본다.
②남쪽으로 내려간 이스라엘은 에글론에서 헤브론으로 올라가 그 성읍을 쳐서 취하고 다시 드빌로 가서 그 성읍을 취하였다. 그리고 유다와 시므온 지파가 연합군을 형성하여 가나안과 브리스 사람을 치고, 베섹에서 도망하는 아도니베섹을 추적하여 사로잡아 예루살렘으로 데리고 와서 죽였다.
③그리고 유다 자손은 예루살렘을 쳐서 취하고 성을 불살랐으며, 남방 산지

와 평지에 거하는 가나안과 싸웠고(수 10:40), 헤브론까지 내려가 세새와 아히만과 달매를 죽였다. 더 나아가 드빌을 쳤고(삿 1:8-11), 시므온 자손과 같이 호르마까지 쳤으나 철병거가 있는 골짜기 거인은 쫓아내지 못했다(삿 1:17-19). 한편, 모세의 장인 겐 자손들은 아랏 남방의 유다 황무지에 거하였다(삿 1:16).
④가데스 바네아까지 헤브론 남쪽의 고센을 점령했다(수 10:41-43).

3. 메롬 물가의 전투(수 11:1-15)

018-1 오늘날 메롬호 지역, 이스라엘

①메롬 물가는 갈릴리 호수 북편에 있는 조그만한 호수이다.
②이곳에서 하솔 왕 야빈은 이스라엘이 길갈 근처에서 그 주위의 나라들을 진멸한 소식을 듣고 마돈 등 주위 지방의 왕들과 가나안 사람들과 같이 이스라엘과 싸우기 위해 진을 쳤다(11:1-5).
③여호수아는 메롬 물가에서 이들을 쳐부수고 대장격인 하솔 왕을 잡아 죽이고 하솔 성읍은 불살랐으나 나머지 성은 불사르지 않았다(11:6-15).
*하솔은 갈릴리 북부 지역의 요단계곡에 있는 중요 요충지로 당시에는 4만 명 정도가 거주했다.

노를 품는 자와 사귀지 말며, 울분한 자와 동행하지 말지니(잠 22:24)
하솔은 요단계곡의 요충지에 있는 도시로 당시 4만 명이나 거주하던 강한 성읍이었다. 그래서 하솔 왕은 주위 나라를 부추겨 연합군을 형성하여 이스라엘과 싸웠으나 결국 패했다. 이에 여호수아는 선동한 하솔만 불사르고 나머지 성읍은 불사르지 않았다. 우리 주위에는 죄를 부축이고 선동하는 자들이 있다. 이들은 다른 사람까지도 함께 멸망하는 죄의 자리로 이끈다(행 14:2, 민 16장 참조).

4. 가나안 정복사: 여호수아가 정복한 지역과 왕들(수 11:16-13:7)

(1)여호수아가 정복한 지역과 왕들(수 11:16-23, 12:7-24, 14:15b)
①산지와 남방(네겝)과 헤브론 남쪽의 고센 지역과 평지(11:16a)
②아라바(요단계곡) 지역(11:16b-17)▶세일로 올라가는 할락 산에서 헤르몬산 아래 바알갓까지
③기브온 주민 외에 모든 족속을 쳐서 점령했다(11:19).
④헤브론, 드빌, 아납에서 거인족인 아낙 자손을 진멸했다(11:21).
⑤멸한 왕들의 명단(12:7-24)▶합계 31명

정복한 가나안 도시들의 명단

요단동쪽의 도시	요단서쪽의 도시
수 12:1-6	민 21:1-3, 수 10,11장
아로엘, 헤스본 벧여시못, 에들레이, 아스다롯	아랏, 호르마, 드빌, 막게다, 라기스, 에글론, 헤브론, 립나, 아둘람, 야르뭇, 예루살렘, 게셀, 돌, 시므론, 악삽, 메롬, 답부아(수 17:8)
언급되지 않은 도시	
그랄, 아벡, 디르사, 헤벨, 게데스	

(2)여호수아가 정복하지 못한 지역(수 13:1-7)
①블레셋의 모든 지역(11:22, 13:2)▶가사, 가드, 아스돗 등
②그술 족속의 모든 지역(13:2b)▶그술은 갈릴리 북쪽
③애굽 시홀 시내(나일강)에서 가나안의 에그론 경계까지(13:3)
④레바논 지역(13:4-6)▶북쪽 시돈에 속한 지역

5. 이스라엘 12지파의 땅 분배(수 13:8-19:51)

(1)분배준비(민 26:1-51): 인구조사 실시, 20세 이상 남자

(2)분배원칙(민 26:53-54): 인구비례로, 창 49장의 야곱이 12아들에게 한 축복과 저주가 반영됨

(3)분배방법(민 26:54-56)

땅의 넓이는 인구 비례로(54절), 지역 분배(위치)는 제비뽑기로(56절)

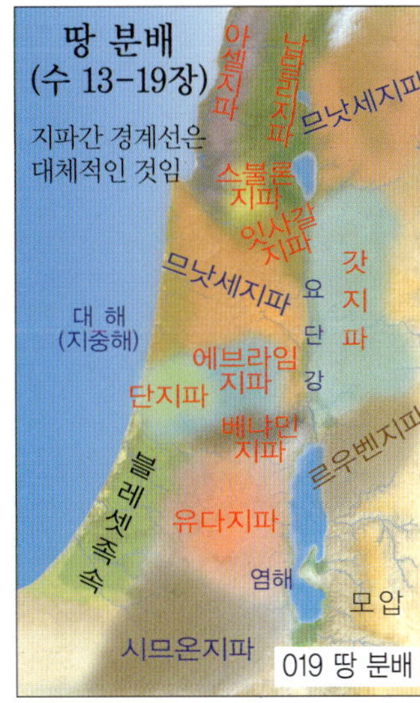

019 땅 분배

(4)분배장소와 분배시기(수 13:8-19:51): 모든 지역을 거의 정복한 때

①1차▶요단 동편에서(신 3:12-17, 수 13:8-33)

르우벤 지파와 갓 지파와 므낫세 지파에게 요단 동편 땅을 줌

요단 동쪽도 약속된 이스라엘 땅인가?

아니다. 요단 동편은 일찍이 모압과 암몬에게 하나님이 주셨다.

②2차▶길갈에서(수 14-17장) 유다, 에브라임, 므낫세에게 분배함

③3차▶실로에서(수 18-19장) 7개 지파에게(베냐민, 시므온, 스불론, 잇사갈, 아셀, 납달리, 단 지파) 분배함

*갈렙이 여호수아에게 헤브론을 요청(수 14:10-13)하고 정복함

수 14:12 **그 날에 여호와께서 말씀하신 이 산지를 지금 내게 주소서.**

(5)분배결과(수 14-19장)

*비옥한 북쪽의 갈릴리 지역은 약한 지파가 제비뽑고▷아셀, 납달리, 스불론, 잇사갈 지파

*강한 지파는 척박한 남쪽 지역을 제비뽑음▷남쪽 산악지대의 유다 지파, 광야지대의 르우벤 지파

제비는 사람이 뽑으나, 모든 일을 작정하기는 여호와께 있느니라(잠 16:33).

이스라엘이 정복을 마친 후에 각 지파별로 제비를 뽑는 방식을 통해 땅을 분배받았다. 가나안 지역은 북쪽으로 올라갈수록 좁고 비옥하며, 남쪽으로 내려갈수록 넓고 척박하다. 누구나 다 좋은 것을 갖기를 원하지만 그것은 한정되어 있다. 이스라엘 지파 역시 모두 좋은 북쪽의 갈릴리 지역을 원했을 것이다. 그러나 제비를 뽑은 결과 좋은 북쪽 지역은 약한 지파가 차지했고, 좋지 못한 남쪽 지역은 유다 지파 등 강한 지파가 차지했다. 결국 제비는 사람이 뽑지만 모든 결과는 하나님이 정하신 것이다. 하나님은 약한 자에게는 좋은 곳을, 강한 자에게는 좋지 않은 곳이라도 능히 살 수 있는 지역을 배정하셨다.

6.도피성 제정과(수 20장, 신 19장 참조) 레위인의 성읍(민 35:1-8, 수 21장, 대상 6:54-81)

(1)도피성 제정(신 19장, 수 20장)에 대하여

①설정한 이유(수 20:2-5)▶부지중에 실수로 사람을 죽인 자에 대한 피의 보복을 방지하기 위해(수 20:3)

②도피기간(수 20:6)▶재판을 받기까지, 당시 대제사장이 죽기까지

③도피성 장소(수 20:7-9)▶요단 동쪽의 바산 골란, 길르앗 라못, 베셀과 서쪽의 게데스, 세겜, 헤브론 등 모두 6곳으로 모두 적당한 거리에 분포되어 어디서든지 쉽게 도피성을 찾아갈 수 있도록 지정되었다.

021-1 요단 서쪽 최북단의 도피성 게데스

주는 나의 요새이시며, 나의 환난 날에 피난처심이니이다(시 59:16).

하나님은 부지중에 살인한 자를 위해서 쉽게 피할 수 있도록 요단 동편과 서편에 각각 6개의 도피성을 제정하셨다. 그리고 그곳 제사장이 살아 있는 동안은 도피성에서 나올 수 없도록 했다. 그러나 세상에서는 영원한 도피처가 없다. 우리의 영원한 피난처는 오직 하나님 한분 뿐이시다.

(2)레위 지파의 성읍(수 21장, 민 35:1-8, 대상 6:54-81): 각 지파에 골고루 거주함

①레위 지파에게 땅을 기업으로 분배하지 않은 이유는?
이스라엘의 제사장직 사역을 위해(민 18:20-23, 신 10:9)
②레위 지파에게는 48개의 성읍과 그 주변의 가옥과 목초지와 6개의 도피성이 주어졌다(민 35:1-8).
③레위인의 생활은 각 지파에서 낸 1/10조로 충당(민 18:21)

022-1 레위인 성읍

7. 여호수아의 마지막 일정(수 22:1-24:31, 삿 2:6-10)

(1)동쪽 지파를 돌려 보냄(수 22:1-9)
①모세와 약속한대로 정복 후에 르우벤과 갓과 므낫세 지파
②군사들을 전리품과 함께 요단 동쪽으로 돌려 보냈다.

(2)요단강가에 쌓은 제단(수 22:10-34)
①제단을 쌓은 지파(22:10a)▶르우벤 지파와 므낫세 반지파
②쌓은 장소(22:10b)▶요단강 언덕 가에
③다른 지파의 반응(22:11-20)▶제단을 쌓은 지파와 싸우기 위해 실로에 모인 후 사절단을 보냄
④결과(22:21-34)▶하나님 외에 다른 제사를 드리기 위함이 아니라는 사절단의 보고로 오해를 풀었다.

(3)여호수아의 마지막 부탁(수 23:1-24:31, 삿 2:6-10)
①제비뽑아 기업을 나누어 준 후 회막을 세우기 위해 실로에 와서 그곳에 회막(성막)을 세웠다(수 18:1).
②유다와 요셉 지파를 제외한 나머지 분배받지 못한 지파에게 땅을 분배해 주었다(수 18:2-19:48).
③지파별로 땅 분배를 마친 여호수아는 이스라엘 온 지파를 세겜으로 모으고 장로와 두령과 재판장들과 유사들에게 최종적으로 하나님을 성실과 진정으로 섬길 것을 교훈하였다(수 23:1-24:25).
수 24:15 **너희가 섬길 자를 오늘 택하라. 오직 나와 내 집은 여호와를 섬기겠노라.**
④큰 돌을 가져다가 성소 곁에 있는 상수리나무 아래에 세움(수 24:26-28)
⑤세겜에서 마지막 교훈을 마친 후 여호수아는 110세에 죽고 에브라임 산지 가아스산 북쪽 딤낫세라에 장사되었다(수 24:29-30, 삿 2:6-10).
*회교 전승에 의하면 오늘날 여호수아의 무덤은 요단 서쪽에서 살던 여호수아의 후손들이 핍박을 받아 이주해 살던 요르단의 살트 근교에 있는 한 회교 사원에 있다고 현지에서 전한다.

023 실로의 성막터, 이스라엘

024-1 여호수아가 세운 언약 석비

오늘 내가 네게 명하는 이 말씀을 너는 마음에 새기고(신 6:6)
여호수아는 광야 40년 동안 하나님이 베푼 수많은 기적 속에서 끊임없이 하나님을 원망하고 그 은혜를 쉽게 잃어버리는 이스라엘 백성들의 모습을 보아왔다. 이제 죽음을 앞두고 그런 이스라엘 백성들을 세겜으로 소집한 후 자신이 죽은 후에도 하나님을 떠나지 않도록 하기 위해 돌에 말씀을 새겼다. 우리도 말씀을 잊지 않기 위해 우리의 마음밭에 언약의 석비를 세우자.

8. 여호수아 사후의 사건(수 13:13, 15:15-19, 16:10, 17:11-13, 24:31-33, 삿 1:1-2:5)

025-2 요셉의 무덤, 이스라엘 세겜

(1)요셉의 뼈와 엘르아살의 죽음(수 24:32-33)
①요셉의 뼈를 세겜에 있는 야곱이 산 땅(창 33:19)에 장사(24:32)
②아론의 아들 엘르아살을 에브라임 산에 장사(24:33)

(2)여호수아 사후의 정복활동: 2차 땅분배(p. 143)와 내용 상 중복
(수 13:13, 15:15-19, 16:10, 17:11-13, 삿 1:1-2:5)
①유다와 시므온 지파의 정복(삿 1:1-10, 16-19)▶베섹에서 가나안 족속 1만 명과 아도니베섹을 잡아 죽임, 브리스 족속을 멸함, 예루살렘성을 불사름, 남쪽의 산지와 평지에 사는 가나안 족속과 싸움, 헤브론에서 세새와 아히만과 달매를 죽임, 스밧 지역의 거민을 진멸, 가사와 아스글론과 에그론 등을 점령
②갈렙이 옷니엘을 통해 드빌을 점령(수 15:15-19, 삿 1:11-15)▶이때 시집가는 갈렙의 딸이 샘을 구함
③요셉 자손(삿 1:22-26, 31, 2:7)▶벧엘을 점령, 그술과 마아갓 족속과 게셀 거주민은 쫓아내지 못했다.
④보김과 가나안 정복세대(삿 2:1-5)▶여호와의 사자가 길갈에서 보김으로 와서 백성들에게 경고함
*너희는 이 땅의 주민과 언약을 맺지말라고 한 내 말을 듣지 않았다.
*그래서 나는 그들을 쫓아내지 않을 것이며, 그들은 너희 옆구리의 가시가 될 것이다.
*이에 이스라엘 자손들이 소리 높여 울었고, 그 장소를 '우는 자'란 뜻의 보김이라고 불렀다.
삿 2:7 **백성이 여호수아가 사는 날 동안과 여호수아 뒤에 생존한 장로들, 곧 여호와께서 이스라엘을 위하여 행하신 모든 큰 일을 본 자들이 사는 날 동안에 여호와를 섬겼더라**(수 24:31 참조).

적용과 실천

실천을 위한 묵상

여호와를 기업으로 삼는 자가 되자(수 21장).
이스라엘의 땅 분배는 각 지파별로 공평하게 분배하기 위해 제비를 뽑아 분배해 주었다. 그러나 레위 지파에게는 일정한 지역의 땅을 기업으로 주지 않았다. 이는 그들이 제사장과 제사장적 지분을 위해 각 지파에서 따로 떼어 성읍을 할당받았기 때문이었다. 곧 레위 지파는 오직 하나님의 거룩한 일인 성소에서 하는 일에 전념하도록 하기 위해 생계를 위한 기업을 주지 않았다(수 13:14, 33). 대신 각 지파에서 골고루 따로 떼어 성읍을 주었다. 또한 하나님 자신이 그들의 기업이 되었고, 생계는 다른 지파에서 내는 십일조를 받아 생활하도록 했다(민 18:8-20). 성경은 이를 가리켜 "여호와께서 레위 지파의 기업이 되었다."라고 말하고 있다. 세상의 어떤 것보다도 하나님 자신이 기업이 되는 것은 가장 귀한 축복이다.

Thinking 하나님을 잊지 않고 살기 위한 자신의 방법을 서로 이야기해보자.

핵심 Key word

세펠라지역	유다와 남방족속	메롬물가 전투	여호수아 마지막
립나, 라기스 등	헤브론, 드빌, 브리스인	하솔만 불사름	땅분배와 도피성, 세겜언약

19과 사사들의 활동과 룻의 생애

본문말씀▷삿 2:11-21:25, 룻기 새찬송가 278장
핵심말씀▷그 때에는 이스라엘에 왕이 없었으므로 사람마다 자기 소견에 옳은 대로 행하였더라(삿 17:6).

배경 바라보기

시대적 고찰

사사시대는 여호수아가 죽은 때부터 왕정시대 이전까지 약 200여년간(보수적 견해는 약 350-400년간)으로 대략 BC 1220-1020년까지를 말한다. 이 사사시대의 초기에는 지파별로 땅을 배정받았으나 좀더 안정된 정착을 위한 정복은 BC 12세기 내내 계속되었다. 그러나 점차 안정을 찾아갈수록 지파간의 유대관계는 해이해져 갔고, 여호와(야웨)에 대한 신앙 역시 변질되어 가나안 신들을 섬기는 일에 점차 동화되어 갔다. 그런 가운데 주위의 나라들은 틈만 있으면 이스라엘 지역에 들어와 약탈과 침략을 일삼았다. 그러나 각성하는 이스라엘을 구하기 위해 그때마다 사사를 세워 이스라엘을 이방의 압제에서 구하고 침략에서 보호하게 했다. 이런 반복된 역사는 200-400여년 계속되었다. 사사시대와 출애굽 연도의 시대 조절로 왕정시대부터는 성서의 연대가 일치된다.

지리적 고찰

이스라엘의 안정된 정착생활로 인한 타락으로 가나안 지역내의 블레셋과 가나안 지역을 벗어난 주위 이방족의 침략으로 성경의 중심무대는 가나안에서 주위 지역으로까지 넓혀졌다. 그래도 아직까지는 앗수르나 애굽의 침략을 당할 만큼은 상황이 악화되지 않았다. 한편, 이때 룻은 베들레헴에서 가뭄을 피해 요단 동편 모압 땅으로 이주한 후 다시 돌아오는 이야기가 룻기에 기록되어 있다. 룻의 시대적 배경은 대체로 삼손 이전으로 본다.

문화적 고찰

◐증거의 표시로 신발을 던지는 행위(룻 4:7) 룻이 살았던 사사시대 이전부터 땅이나 어떤 재산을 무르거나 그렇지 않을 경우 그 증거를 확정하기 위해서는 자신의 신을 벗어 상대방에게 주는 관습이 있었다. 곧 법적인 계약과 협상을 맺을 때에 신(샌들)을 서로 교환하므로 재산권을 인수하는 것을 의미했다. 본문에서 보아스는 나오미가 그 남편인 엘리멜렉의 소유였던 토지를 팔려고 할 때 그 토지를 살(무를) 우선순위에 있는 사람에게 먼저 나오미가 팔려고 하는 토지를 살 것인지 포기할 것인지를 확정하기 위해 그 성읍 장로 10명을 증인으로 세우게 된다. 이에 우선순위에 있는 기업 무를 자가 포기하는 증거로 자신의 신발을 벗었다. 이외에도 고대 중근동 지역에서는 정복지의 백성이나 상대방에 대한 지배의 표시로 신발을 던지는 풍습이 있었다.

고대의 가죽신, BC 73, 이스라엘 마사다 출토

단어해설

기묘자(삿 13:18) '놀랍고 기이하다' 라는 뜻. 즉 인간의 이성과 상상과 감각으로는 도저히 수용할 수 없는 하나님의 초월하심과 그분의 오묘한 섭리를 강조한 표현이다. 여기서 의미하는 것은 하나님의 유일무이성을 강조하는 칭호이다.

기업 무를 자(룻 4:4-55) 무르는 자는 형이 자식이 없어 죽었을 경우 대를 잇기 위해 형수를 통해 자식을 낳게 하거나 친척이 가난하여 팔아버린 땅을 다시 찾아주는 제도를 가리킨다. 이는 회복자라고도 한다. 여기서 무르다는 '되돌려 주다' 라는 뜻이 있다.

본문 탐구하기

내용개요 정복활동이 마무리되고 점차 안정된 생활이 되자 이스라엘은 농경생활을 통해 들어온 가나안 정착민들의 농경신 바알을 섬기게 된다. 하나님을 배신한 이스라엘은 이미 토착민들을 멸하지 않으면 옆의 가시가 되리라는 말씀처럼 쫓아내지 못한 가나안 족속으로 인해 억압과 노략을 당하게 된다. 그러자 이스라엘은 뉘우치고, 하나님은 그런 이스라엘을 위해 사사를 통해 구원하신다. 그러나 사사들이 죽은 후에는 다시 범죄한다. 이렇게 하기를 200-400년, 그동안 옷니엘 사사를 비롯하여, 에훗, 드보라, 기드온, 돌라, 야일, 입다, 입산, 엘론, 압돈, 삼손 사사들이 활동했다. 그리고 이 시대에 룻은 가뭄으로 베들레헴을 떠나 모압으로 갔다가 돌아왔으며, 단 지파는 새로운 정착지를 찾아 거주했다. 또 레위인의 첩이 윤간으로 죽고 이로 인해 이스라엘이 베냐민 지파를 응징하는 사건이 일어났다.

QA 본문탐구

1 사사들의 활동과 룻 이야기

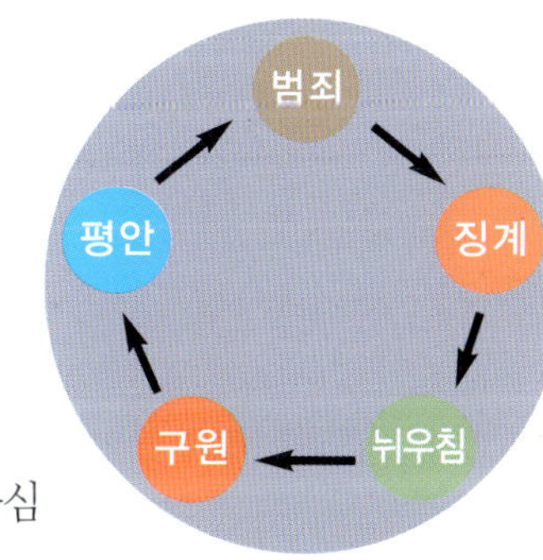

028 사사시대에 반복되는 싸이클

1. 이스라엘의 타락(삿 2:11-3:6)

(1)반복되는 사사시대의 싸이클(삿 2:11-23)

①범죄(2:11-13)▶가나안 정복세대 이후의 사람
여호와께서 행하신 크신 일을 알지 못하고 다른 신들을 섬김
②하나님의 징계(2:14-15)▶이스라엘을 노략하는 자에게 노략을 당하게 하심
③뉘우침(2:18b)▶대적에게 압박과 괴롭게 함을 받아
④구원(2:16-18a)▶사사들을 통해 구원하심
⑤평안(2:19)▶구원받은 후 사사들이 사는 동안에는 평안을 누린 후 다시 악행

> **그러나 이 모든 일에 우리를 사랑하시는 이로 말미암아 우리가 넉넉히 이기느니라(롬 8:37).**
> 이스라엘에게 있어 사사시대는 죄악이 반복되는 역사였다. 수 백년 동안 반복되는 죄악의 역사는 왕을 요구하게 되었고, 왕정 이후에도 하나님을 향한 배신은 계속되었다. 사람은 악하기 때문에 죄를 짓기 쉽다. 그러나 믿는 자는 같은 죄를 반복해서는 안된다. 우리의 죄 때문에 예수께서 십자가에 죽으셨음을 상기하면 능히 죄의 고리를 끊을 수 있다. 왜냐하면 그리스도의 사랑은 죽음의 권세도 이기는 능력이 있기 때문이다.

(2)가나안 땅에 남겨둔 이방 족속(삿 2:20-3:6)

①남겨둔 이유▶선생(정복세대)을 알지 못한 세대가 하나님의 말씀을 순종하는지 시험하기 위해서
②남겨둔 이방 족속▶블레셋 다섯 방, 가나안 족속, 시돈 족속, 히위 족속 등과 나머지 족속의 일부

2. 옷니엘 사사(삿 3:7-11)

029-1 블레셋의 5대 도시

①안정을 찾은 이스라엘이 악행을 행하고, 바알과 아세라를 섬김
②하나님은 메소포타미아 왕 구산리사다임을 통해 징계하셨고
이스라엘은 8년간 압제를 당했다.
③이에 첫 번째 사사인 옷니엘을 통해 구원받았다.

3. 에훗과 삼갈의 활동(삿 3:12-31)

①태평한지 40년 후 이스라엘은 다시 악행을 저질렀다.
②이스라엘은 모압과 암몬과 아말렉 자손의 연합군에게 여리고를 점령당하고 모압의 지배를 받았다.
③모압의 압제를 받은지 18년 만에 베냐민 지파의 에훗이 여리고에서 모압 왕 에글론을 살해하고 사사가 됨
④에훗 이후 아낫이 블레셋인 600명을 죽이고 사사가 됨

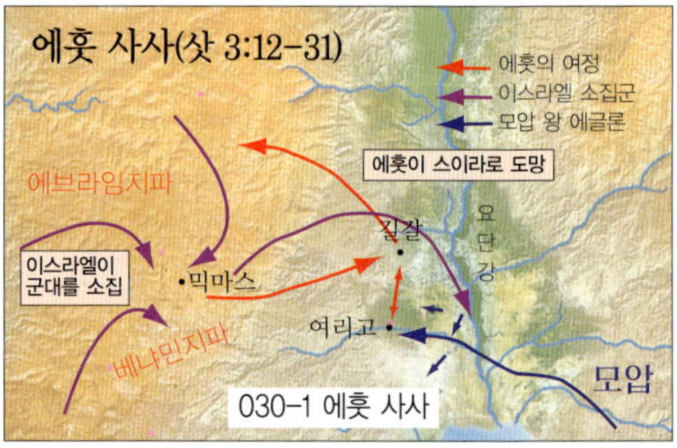

030-1 에훗 사사

4. 여선지 드보라의 활동(삿 4-5장)

031-1 다볼산이 보이는 이스르엘 평야

①에훗 사후 북쪽 지역의 이스라엘 지파는 다시 범죄했고(4:1)
②이스라엘은 하솔 왕 야빈의 손에 20년 동안 학대를 받았다(4:2-3).
③여선지 드보라는 게데스에 있는 바락을 불러 시스라 군대를 물리쳤다.
*하나님은 왜 드보라를 통해 바락으로 하여금 다볼산에서 내려가 전차가 있는 시스라 군대와 평지에서 싸우도록 하셨는가(4:7, 14)?

우리 주 예수 그리스도로 말미암아 우리에게 승리를 주시는 하나님께 감사하노니(고전 15:57)
드보라가 하나님의 말씀에 따라 바락으로 하여금 전차를 가진 시스라 군대와 평지에서 싸우도록 한 것은 인간적인 관점에서 볼 때 무모한 전략이었다. 그러나 그대로 순종할 때 하나님은 비를 내려(삿 5:21) 이스르엘 평야에서 시스라의 전차 군대를 무력화시켰다. 인간이 생각할 때 무모한 것이라해도 하나님의 방법대로 순종하면 하나님께서 이기게 해주신다. 왜냐하면 전쟁은 하나님께 달려있기 때문이다(삼상 17:47).

④드보라와 바락의 노래(5:1-23)▶시스라 군대를 물리친 후에, 5:21 **기손강은 그 무리를 표류시켰으니**
⑤시스라가 헤벨의 아내 야엘에 의해 말뚝에 박혀 죽었고, 이후 이스라엘은 40년간 평안을 누림(5:24-31)

5. 기드온의 활동(삿 6-8장)

032-1 포도즙 틀, 이스라엘 막비스

①드보라 사사 이후 이스라엘은 여호와 보시기에 악을 행함(6:1a)
②미디안에게 7년 동안 괴롭힘을 당하고 수확 때마다 미디안, 아말렉, 동방 사람들이 가사까지 올라와 소산을 멸하고 짐승을 잡아갔다(6:1b-10).
*이때 기드온이 밀을 포도주 틀에서 몰래 타작한 이유는(6:11)?
당시 밀 타작은 넓은 타작마당이나 타작을 위해 만든 큰 뜰에서 했다(대상 21:20-23). 그러나 기드온은 바위를 파서 만든 좁은 포도주 틀에서 타작을 했다. 포도즙 틀에서는 소량의 곡식을 넣어 타작을 할 수밖에 없다. 이것은 미디안의 압제와 약탈이 얼마나 심했는지를 보여준다.
③기드온이 사사로 부름 받음(6:11-40)▶이때 부르신 증거를 요구했다.
④사사가 된 기드온은 미디안 연합군을 하나님의 명령에 따라 하롯샘에서 선택한 300명으로 물리쳤다(7-8장). 미디안은 13만 5천 명이었다(8:10).

033-1 300명 군사를 선택한 하롯샘

6. 아비멜렉의 폭정(삿 9장): BC 12세기

①기드온이 죽자 그의 아들 중 아비멜렉은 세겜에 살고 있던 가나안 족속의 도움을 받아 이복 형제 70명을 죽이고 왕위에 올랐다(9:1-6).
②이에 형제 중 살아남은 요담이 그리심산 꼭대기에서 우화를 통해 아비멜렉의 부당성을 알렸다(9:7-21). 이후 아비멜렉은 통치 3년 만에 데베스를 공격하던 중 한 여인에 의해 맷돌에 맞아 죽었다(9:22-57).

034-1 그리심산 꼭대기서 본 세겜

7.8. 아비멜렉 사후 돌라와 야일이 사사가 됨(삿 10:1-5)

①돌라(10:1-2)▶잇사갈 지파로 사밀에서 23년간 사사로 활동
②야일(10:3-5)▶길르앗 출신으로 22년간 사사로 활동 후 가몬에 장사됨

035-1 입다 전투

9. 입다의 전투(삿 10:6-12:7)

①입다는 길르앗에 사는 기생의 아들로 본처 자식들에 의해 학대를 받고 쫓겨나 돕 땅으로 피해 살았다(10:6-11:11).
②암몬에게 괴롭힘을 받는 이스라엘을 구하여 사사로서 이스라엘을 6년간 다스리며 평안케 하였다(11:12-33).
③입다는 암몬 자손을 쳐서 모압의 항복을 받은 후 집으로 돌아올 때 서원대로 가장 먼저 자기를 영접한 딸을 번제로 드렸다(11:34-40).
④한편, 에브라임 사람들은 모압과의 싸움에서 자기들을 부르지 않은 것에 불만을 품어 입다를 죽이려고 북쪽에서 내려왔다. 그러나 입다는 길르앗 사람들을 모아 에브라임과 싸워 4만 2천명을 죽였다(12:1-6).
⑤입다의 죽음(12:7)▶사사가 된지 6년 만에 길르앗의 그의 성읍(미스바)에 장사됨

10. 입다 이후 입산, 엘론, 압돈 등이 사사가 됨(삿 12:8-15)

①입산(12:8-10)▶7년간 사사, 스불론 지역의 베들레헴에 장사됨
②엘론(12:11-12)▶10년간 사사, 스불론 지역의 아얄론에 장사됨
③압돈(12:13-15)▶8년 동안 사사, 고향인 비라돈에 장사됨

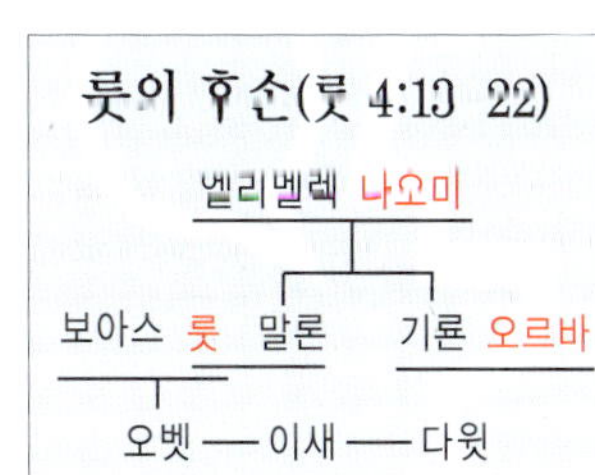

11. 룻과 나오미의 이야기(룻기)

①베들레헴에 살던 엘리멜렉 가족이 흉년을 피해 요단서쪽 모압 지역으로 이주한다(1:1-2).
*베들레헴에는 가뭄이 들고 요단 동편인 모압 땅에는 가뭄이 들지 않는 지리적인 이유는?
베들레헴이 있는 중앙고원지대는 800m 정도로 이곳에서 비를 뿌리지 못하고 1000m 되는 요르단 고원지대는 넘지 못해 비를 뿌리게 되면 베들레헴은 비가 내리지 않으나 모압 지역은 비가 내린다.
②남편이 죽은 후 과부가 된 나오미는 두 아들을 모압 여인에게 결혼을 시킨다(1:3-4).
③그러나 두 아들이 죽은 후 가뭄이 끝났다는 소식을 듣고 룻과 함께 베들레헴으로 돌아온다(1:5-19a).
④베들레헴에 돌아온 룻은 보리 이삭을 주우며 시어머니를 공경하다가 보아스를 만나 재혼하여 다윗 왕의 증조모가 되고, 훗날 다윗의 후손에서 예수 그리스도가 탄생한다(룻 4:19-22, 마 1:5-6, 16).

12. 삼손의 생애(삿 13-16장)

040-1 삼손의 출생지 소라, 이스라엘

①압돈 사후 이스라엘은 블레셋에 의해 40년 동안 괴롭힘을 받았다(13:1).
②**소라**▶출생지(13:2-24a)
③**마하네단**▶여호와의 신이 크게 임함(13:24b-25).
④**딤나**▶어린 사자를 찢어 버렸다(14:1-18).
블레셋 여인과 결혼과 블레셋 사람과의 수수께끼 내기를 함
⑤**아스글론**▶블레셋 사람 30명을 죽이고 그들의 옷을 취하여 수수께끼를 푼 자들에게 주었고(14:19-20), 장인이 삼손의 아내를 다른 친구에게 주었다. 이후 삼손은 여우 300마리를 잡아 블레셋 사람의 곡식과 포도원으로 몰아 그곳을 다 불살라 버렸다(15:1-8).
⑥**레히**▶블레셋 사람들의 위협에 유다 사람들은 **에담 바위에서** 삼손를 치지 않겠다는 조건으로 쇠사슬로 결박하여 **레히에** 있는 블레셋 사람들에게 끌어다 주었다(15:9-13).
⑦**라맛레히**▶삼손은 쇠사슬을 끊고 나귀 턱뼈로 블레셋 사람 1000명을 죽인 후 그곳을 **라맛레히**라고 이름지었다. 이때 목말라 죽게 된 삼손에게 하나님은 샘물을 내었고 그곳을 **엔학고레**라고 하였다.
⑧**가사**▶이 후 사사가 되어 블레셋의 **가사**로 내려가 기생의 집에 들어 갔을 때 블레셋 사람들이 죽이려고 했다. 그러자 밤에 성문 문짝과 문설주와 빗장을 빼어 어깨에 메고 **헤브론 앞산 꼭대기까지** 갔다(15:14-16:3).

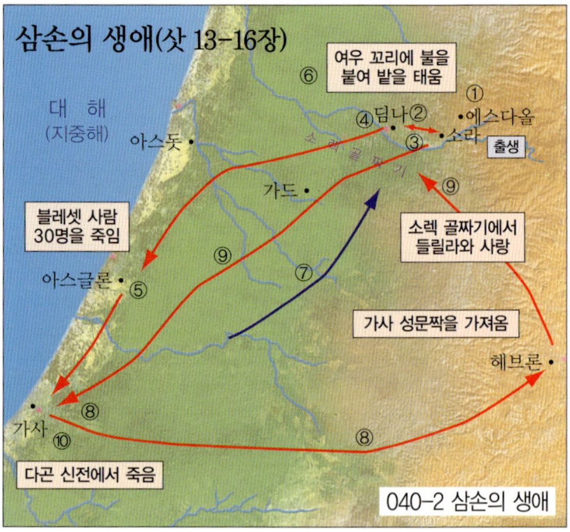

040-2 삼손의 생애

⑨**소렉 골짜기**▶들릴라와 사랑에 빠졌고(16:4-14), 들릴라는 끈질기게 삼손의 힘의 근원을 캐 물었다.
⑩**가사**▶결국 삼손은 진실을 발설했고(16:17), 머리털이 밀려 블레셋 사람들에게 결박당해 **가사로** 끌려간 후 머리털이 다시 자랐다(16:22).
그리고 다시 힘을 얻어 기둥을 무너뜨려 3만 9천여 명과 함께 죽었다.
⑪**소라와 에스다올 사이**▶삼손은 20년간 사사를 지내고 그 아비 마노아의 묘지에 장사되었다(16:15-31).

043-1 삼손이 들릴라와 사랑에 빠진 소렉 골짜기, 소라에서 본 모습

사람의 정욕을 따르지 않고 하나님의 뜻을 따라 육체의 남은 때를 살게 하려 함이라(벧전 4:2).
삼손은 정욕에 눈이 멀어 나실인으로서 태어나게 한 하나님의 뜻을 온전히 이루지 못했다. 정욕은 교만과 더불어 하나님의 뜻을 막는 중요한 방해물 중 하나이다. 그러므로 정욕에 빠지지 않음으로 수많은 사람들을 구해내려는 하나님의 뜻을 이룬 요셉을 생각하자.

13. 미가의 우상과 단 지파 이주(삿 17-18장)

①사사시대에는 왕이 없었기 때문에 사람마다 자기 소견에 옳은대로 행했다(17:6).
②이런 가운데 에브라임산지에 있는 미가라는 사람은 신당을 만들어 놓고 그곳에 에봇과 드라빔을 만들어 베들레헴에서 온 레위 사람 하나를 임의대로 자기 집의 제사장으로 삼기도 했다(17:4-13).

③이런 종교적인 상황 속에서 단 지파는 블레셋의 힘에 밀려 새로운 거주지를 찾기 시작했다. 이들은 5명의 정탐꾼을 보냈고, 정탐꾼들은 미가의 집에 머문 후 라이스(단)를 정탐하고 돌아왔다(18:1-10).

④정탐꾼의 보고 후 단 지파는 먼저 6백 명이 무장을 하고 소라와 에스다올에서 출발하여 기럇여아림에 진을 친 후 북쪽으로 가서 정탐꾼이 머물렀던 미가의 집에 들어가 신상과 에봇과 드라빔을 강탈하고, 그 집의 제사장인 레위인을 강제로 데리고 라이스로 갔다(18:11-26).

⑤그리고 라이스를 점령한 후 새 정착지로 삼았다(18:27-31).

046-1 단 지파의 새 거주지 텔 단

14. 레위인의 첩과 기브아인의 만행(삿 19-21장)

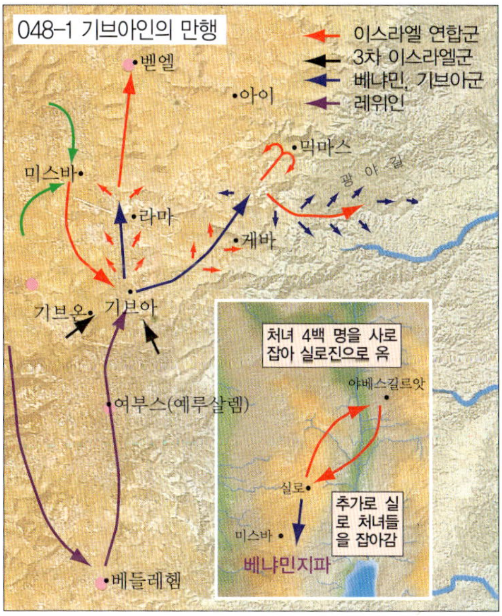

048-1 기브아인의 만행

①레위인이 첩을 데려오기 위해 베들레헴으로 내려감(19:1-3).
②장인으로 늦게 출발하여 기브아의 노인 집에 머뭄(19:4-9)
③레위인의 첩은 기브아인들에게 윤간당한 후 죽음(19:10-28).
④레위인은 첩의 시체를 잘라 각 지파에게 보냈고, 각 지파는 기브아로 가서 베냐민 지파를 두 차례 공격했으나 실패하고 세 번째 공격에서 베냐민 지파를 거의 진멸시킴(19:29-20:48).
⑤결국 베냐민 지파는 진멸 위기에 있었고, 이스라엘 지파는 베냐민 지파의 보존을 위해 실로와 길르앗 야베스 지역에서 여자들을 잡아다가 아내로 삼게 했다(21장).

적용과 실천

실천을 위한 묵상

하나님은 인간이 불가능하다고 생각하는 가운데 역사하신다(삿 7:4-8).
기드온이 미디안을 공격하기 위해 처음 무집한 군사는 3만 2천 명이었다. 1차로 길르앗 산에서 두려워 떠는 자를 돌려 보내자 군사는 1만 명이 남았다. 그러나 하나님의 명령에 따라 하롯샘에서 '손으로 움켜 입에 대고 핥는 자' 300명을 선택하였다. 왜냐하면 이들은 서서 혀로 물을 핥았던 점으로 보아 주위를 경계하면서 방심하지 않는 자들이기 때문이었다. 자신의 목마름보다 하나님의 일을 우선하는 자이다.

Thinking 내 생각대로 하면서 그것이 하나님의 뜻인 것처럼 생각한 적은 없는지 이야기해보자.

핵심 Key word

옷니엘(40년)	에훗(80년)	드보라(40년)	기드온	돌라, 야일
구산리사다임 압제	왼손, 모압 압제	바락과 시스라	300명, 미디안	23년, 22년 사사
입다(6년)	입산, 엘론, 압돈	룻	삼손(20년)	단지파, 기브아
암몬 압제, 딸 번제	7년, 10년, 8년 사사	모압이주	블레셋 압제	이주, 첩사건

20과 사무엘과 사울 왕국

본문말씀▷삼상 1-19장 새찬송가 523장

핵심말씀▷그에게 이르되 보소서. 당신은 늙고 당신의 아들들은 당신의 행위를 따르지 아니하니 모든 나라와 같이 우리에게 왕을 세워 우리를 다스리게 하소서 한지라(삼상 8:5).

배경 바라보기

시대적 고찰

부족(지파)동맹으로 이루어진 사사시대는 400년간(BC 15세기 출애굽설은 200년) 존속해 오는 동안 이스라엘의 가나안 입주와 비슷한 시기에 해안지역으로 들어온 블레셋인들의 끊임없는 침략에 의해 마침내 붕괴되었다. 그런 가운데 BC 1050년 직후 아벡 부근에서 결정적인 전투가 벌어졌다(삼상 4장). 이스라엘은 철저한 패배했고, 400여년 이어져오던 지파동맹은 파괴되었다. 바로 이런 어두운 시대에 이스라엘을 이끌고 나간 사람이 사무엘이다. 그는 BC 11세기 이스라엘이 신정정치에서 왕정정치 체제로 가는 과도기에 활동한 선지자이다. 그는 왕국을 수립하는 초창기에 결정적인 역할을 담당하였는데 왕을 요구하는 백성들의 강력한 요구에 할 수 없이 왕을 세웠다. 사무엘에 의해 미스바에서 이스라엘의 초대왕이 된 사울은 사사 정치에서 왕정으로 가는 과도기 시대의 환경이 배출한 인물로 사사시대의 산만하게 형성된 종족집단으로부터 하나의 통일된 연맹체를 형성하는데 개척자의 역할을 하였다. 그는 블레셋에 의해 강력한 도전을 받았으나 연맹체로 가는 이스라엘에 큰 공헌을 하였다.

지리적 고찰

사사시대 말기와 왕정시대 초기의 지리적인 배경은 별다른 차이 없이 팔레스틴과 그 주위에 국한되었다. 단지 사사시대보다는 지중해 남쪽 해안의 블레셋과의 싸움이 중심 무대였다. 사무엘은 미스바와 벧엘과 길갈을 중심으로 마지막 사사겸 선지자로 활동했다. 법궤의 이동 경로 역시 팔레스틴 중부와 남부 지역이었다. 북부 지역은 오직 블레셋과의 마지막 길보아산 전투가 유일했다.

문화적 고찰

◐이스라엘인들의 자녀 교육(삼상 2장) 고대 이스라엘의 교육 가운데 가장 중요한 것은 율법교육이었다. 시내산에서 받은 율법을 잘 가르쳐 지키라는 것이 모세가 신명기에서 설교한 요지이다. 이스라엘 부모들의 의무와 관심은 자녀들에게 하나님을 알게 해 주는 것이었다. 히브리어의 '안다' 는 말은 '친밀한 관계를 가진다' 는 것을 의미한다. 하나님을 가르쳐 하나님과 친밀한 관계를 가지게 하는 것이 부모들이 자녀를 교육하는 목적이었다. 그러나 엘리 제사장은 자녀들이 하나님과 친밀한 관계를 가지도록 하지 못했다.

단어해설

서원(삼상 1:11-28) 이스라엘에게 있어 서원(vow)은 일상적인 특색을 이루고 있었다. 레 27장에는 서원 때 드리는 제물과 헌물에 대해 규정하고 있으며, 민 6장에는 나실인의 서원에 대해, 민 30장에는 과부나 이혼녀가 그 마음을 제어하려는 서원에 대해, 신 12장에는 서원제를 드릴 장소에 대해 언급하고 있다. 야곱은 하나님께 십일조 서원을 했고(창 28:20-22), 입다는 서원대로 딸을 하나님께 바쳤으며(삿 11:30-31), 한나는 서원으로 사무엘을 낳았다. 압살롬은 희생적인 예배를 드리겠다고 서원했다(삼하 15:7-12).

본문 탐구하기

내용개요 사사시대 말기 사무엘은 한나의 서원 기도로 얻은 아들이다. 그는 젖을 뗀 때부터 실로의 엘리 대제사장 밑에서 자랐다. 그가 성장했을 때 제사장 직분을 이어받을 엘리의 아들들은 제물을 강제로 빼앗고 성전에서 수종드는 여인들과 동침하는 악행을 저질렀다. 당시 이스라엘은 블레셋과 큰 싸움들이 일어나고 있었다. 결국 엘리와 그 두 아들은 사망했고, 사무엘은 이스라엘을 통치하게 되었다. 그러나 사무엘의 아들 역시 사사로서의 바른 행위를 하지 못하자 이스라엘 지도자들은 사무엘에게 왕을 요구했고, 사무엘은 못마땅한 가운데 제비뽑기를 통해 사울을 초대왕으로 선출한다.
사울은 처음에는 왕으로 인정받지 못했으나 야베스 거민을 구한 것을 통해 인정받고 길갈에서 왕으로 임명받은 후 블레셋과의 전투를 치룬다. 그러나 사울은 제사 집도로 인해 하나님의 버림을 받았고, 골리앗을 죽인 다윗을 시기하여 다윗을 죽이기 위해 쫓았다. 이에 다윗은 사울이 죽기까지 도피생활을 한다.

QA 본문탐구

1 사무엘의 생애와 통치

1.사무엘의 출생과 시대 배경(삼상 1-7장)

001-1 사무엘의 고향 라마다임소빔, 이스라엘 렌티스

(1)사무엘의 출생과 엘리와 그 아들들(삼상 1:1-3:18)
사무엘은 에브라임산지 라마다임소빔에 사는 엘가나의 두 아내 중 어머니인 한나의 서원을 통해 출생했다. 그는 젖을 뗀 때부터 실로에 있는 엘리 제사장 밑에서 자랐다(삼상 1:1-2:11).
당시 이스라엘은 블레셋으로부터 가장 큰 위협 속에 있었다.
①사무엘의 고향인 라마의 위치에 대해서(1:1)
*에 람(E-Ram)▷예루살렘 북쪽 외곽으로 영국 고고학자 로빈슨과 유세비우스가 주장한 곳이다.
*네비 삼윌(Nebi Samwil)▷가톨릭 전통, 그러나 이곳은 미스바로도 주장되는 곳이다.
*렌티스▷아벡 동남쪽, 그러나 유세비우스는 이곳을 성경의 아리마대로 보고 있다.
②사무엘의 출생(1:3)
*라마다임소빔에서 출생(1:1:1)▷한나가 서원 기도를 한 실로와는 동쪽으로 18-20km 거리에 있다.
*실로는 BC 1700년 가나안인의 성소 자리에 성막이 세워지고 엘리가 관리했다. 그리고 BC 1050년경 블레셋에 의해 도시가 불탔다.
③엘리 아들들의 악행과 사무엘의 성장(삼상 2:12-36)
*엘리 아들들은 제사드리는 고기를 갈고리로 찍어 가지고 가고 기름을 태우기도 전에 강제로 빼앗아 갔다.
*엘리 아들들은 회막 앞에서 수종드는 여인과 동침함(2:22).
삼상 2:25 **사람이 사람에게 범죄하면 하나님이 심판하시려니와 만일 사람이 여호와께 범죄하면 누가 그를 위하여 간구하겠느냐?**

002-1 실로의 전경, 이스라엘

*사무엘은 세마포 옷을 입고 여호와를 섬김▷한나는 매년 겉옷을 지어 사무엘에게 가져다 주었다.
*사무엘은 자라면서 여호와와 사람들 앞에서 더욱 사랑(은총)을 받았다(2:26).

④엘리 대제사장에 대한 저주 예언(2:27-36)▶하나님의 사람(천사)이 전함

***29 네 아들들을 나보다 더 중히 여겨 내 백성 이스라엘이 드리는 가장 좋은 것으로 너희들을 살지게 하느냐?**

***31 보라. 내가 네 팔과 네 조상의 집 팔을 끊어 네 집에 노인이 하나도 없게 하는 날이 이를지라.**

*두 아들 홉니와 비느하스는 한 날에 죽을 것이다(2:34).

*사무엘을 통한 저주 내용(3:1-18)▷엘리 집의 죄악은 제물이나 예물로나 영원히 용서받지 못할 것이다.

징계는 다 받는 것이거늘 너희에게 없으면 사생자요, 친아들이 아니니라(히 12:8).
엘리 대제사장에게 임한 저주는 그 아들들이 저주를 자청한 행동을 했으나 적극적으로 금하지 않았기 때문이었다(삼상 3:13). 징계가 없으면 사생이라고 했다. 죄에 대한 책망까지도 금하지 않는 것은 사랑이 아니다(잠 13:24). 그러기에 가슴이 찢어지는 아픔 속에서도 죄에 대해서는 징계하는 것이 부모의 사랑이다.

(2)선지자된 사무엘과 에벤에셀 전투(삼상 3:19-4:22)

003-1 에벤에셀, 이스라엘

①선지자로 세워진 사무엘의 말이 온 이스라엘에 전파될 때(3:19-21) 이스라엘이 에벤에셀에서 블레셋에게 크게 패함

②두 번째 싸움에서는 법궤를 가지고 나가 싸웠으나 법궤까지 블레셋에게 빼앗긴다(4:3-18). 이 때 엘리의 두 아들이 한 날에 전사했고, 언약궤를 빼앗긴 소식에 엘리는 의자에서 넘어져 죽었다.

③언약궤와 남편의 전사 소식 후 비느하스의 아내가 아들을 낳아 '이가봇' 이라 지었다(4:19-22). 이가봇은 "영광이 이스라엘에게서 떠났다"라는 뜻이다.

(3)법궤(언약궤)의 이동(삼상 5:1-7:2)

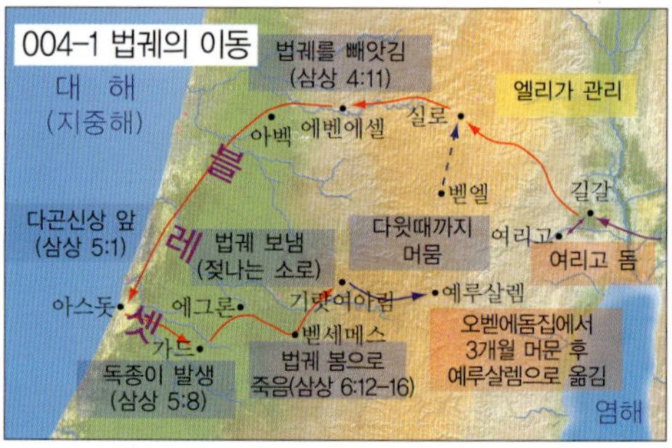

004-1 법궤의 이동

①시내산(제작)-요단강 도하-길갈-여리고 점령-길갈-벧엘

②실로(4:3)▶엘리 제사장에 의해 관리됨

③아벡(4:1, 5)▶블레셋과의 전투를 위해 이동됨

④아스돗, 가드, 에그론▶블레셋에게 빼앗겨 옮겨짐(5:1-6:9)

⑤벧세메스(6:10-21)▶블레셋 지역에서 이스라엘로 돌아옴

⑥기럇여아림(7:1-2)▶벧세메스에서 기럇여아림의 아비나답의 집으로 옮겨진 후 20년만인 다윗 때(대상 13:5-7) 예루살렘으로 옮기는 도중 웃사가 죽음

⑦오벧에돔 집에서 3개월 머문 후(삼하 6:10)▶예루살렘으로 옮겨짐

⑧솔로몬 때 예루살렘 성전으로 옮겨짐(왕상 8:1-11)

(4)사무엘의 통치(삼상 7:3-17)

008-1 법궤가 돌아온 벧세메스

①사무엘은 이방신을 버리고 전심으로 하나님께 돌아오기를 이스라엘에게 외쳤다(7:3-6). 그리고 백성들을 미스바에 모이게 하고 하나님께 금식하며 참회의 기도를 올림

②이때 블레셋 사람들이 이스라엘을 치기 위해 미스바로 올라 옴(7:7)

③사무엘은 방백들의 기도 요청에 번제를 하나님께 드리고 기도함(7:8-9)

④그러자 하나님은 큰 우레를 발하게 하여 이스라엘은 블레셋을 물리쳤다.

⑤사무엘은 이스라엘이 승리한 곳에 돌을 세우고 '에벤에셀' 이라 불렀다. 에벤에셀은 '여기까지 도왔다.', '도움의 돌' 이란 뜻이다(7:12-14).

⑥사무엘 통치(7:15-17)▶벧엘, 길갈, 미스바, 라마 등을 순회하며 통치함

009-1 미스바, 예루살렘 북쪽 텔 엔 나스베

2 왕국시대 출발과 초대왕 사울 선출

1. 백성들이 사무엘에게 왕을 요구함(삼상 8-12장)

(1)왕을 요구한 배경(삼상 8:1-22)

①사무엘이 늙고 그 아들들이 사사로 있었으나 그 행위가 바르지 못했다(8:1-3).

②이에 이스라엘의 온 장로들이 라마에 있는 사무엘에게 와서 왕을 요구하였다(8:4-5).

③왕을 요구하는 이스라엘에게 사무엘은 크게 실망하였다(8:6-22).

> **그런즉 심는 이나 물 주는 이는 아무것도 아니로되 오직 자라게 하시는 이는 하나님뿐이니라(고전 3:7).**
> 이스라엘은 언제까지 신정으로 갈 수 없었다. 그래서 이스라엘 백성들은 여러 가지 이유로 인해 이방인처럼 왕을 구했다. 그들이 왕을 구한 것은 시대적인 요구이기도 했다. 그럼에도 하나님은 왕을 구한 이스라엘에 대해 자신을 버린 행위로 간주하셨다. 왜냐하면 왕을 구한 동기가 궁극적으로는 하나님을 신뢰하지 못한데서 나온 것이기 때문이다. 과부의 두 렙돈의 헌금을 칭찬하신 하나님은 결과보다는 과정과 그 동기를 귀하게 여기신다. 왜냐하면 결과(열매)는 사람에게 있는 것이 아니라 하나님의 소관이기 때문이다.

(2)사울과 사무엘의 만남(삼상 9:1-10:16)

①사울의 신상(9:1-2)▶베냐민 지파, 기스의 아들, 키가 큰 준수한 소년, 아내는 아히노암이요, 아들은 요나단과 이쉬위와 말기수아와 두 딸(9:1-2, 14:49-51)

②사울이 왕으로 기름부음을 받음(9:3-10:16)▶아버지의 암나귀를 찾는 중에 사무엘을 만났을 때

(3)사무엘이 사울을 왕으로 임명함(삼상 10:17-12:25)

①미스바로 백성을 소집한 후 제비뽑기 형식으로 사울을 선택함(10:17-27)▶사울 40세 때(13:1)
일부 불량배들은 왕으로 선출된 사울을 멸시했다.

②사울이 암몬 사람 나하스가 길르앗의 야베스를 공격할 때 야베스를 구했다(11:1-11).

③이 일로 사울은 왕으로 인정받아 사무엘은 길갈에서 사울 왕의 대관식을 거행했다(11:12-15).

④사무엘이 백성에게 마지막 권고의 말을 함(12:1-25)
삼상 12:23-24 **나는 너희를 위하여 기도하기를 쉬는 죄를 여호와 앞에 결단코 범하지 아니하고 선하고 의로운 길을 너희에게 가르칠 것인즉 너희는 여호와께서 너희를 위하여 행하신 그 큰 일을 생각하여 오직 그를 경외하며 너희의 마음을 다하여 진실히 섬기라.**

> **믿음을 따라 하지 아니하는 것은 다 죄니라(롬 14:23).**
> 사무엘은 기도하기를 쉬는 것도 죄라고 말하고 있다. 믿는 자에게 죄는 세상에서 말하는 죄와는 기준이 다르다. 왜냐하면 하나님이 믿음의 은혜와 더 나아가 사명의 은혜를 주셨기 때문이다. 그러므로 구원받고 사명의 은혜를 받은 자는 기도하지 않는 것 뿐만 아니라 음욕과 같은 생각을 품는 것조차도 죄가 된다.

2. 왕이 된 이후의 사울(삼상 13-15장)

014-1 예루살렘 근교의 게바

(1)블레셋과의 싸움과 요나단의 활약(삼상 13:1-14:46)

①싸움 배경(13:1-3)▶왕이 된지 2년 째에 요나단이 1000명으로 게바에 있는 블레셋 수비대를 급습함

②블레셋의 군사력(13:4-5)▶병거 3만, 마병 6천, 해변의 모래같이 많은 군사가 올라와 믹마스에 진을 침

③이스라엘 상황(13:6-7)▶백성들은 심히 두려워 숨어버리고
사울은 600명과 함께 길갈에서 사무엘을 기다림
④사울 왕의 실추(13:8-23)▶사무엘을 기다리지 못하고 번제를 드림(집도함)
이에 사무엘이 도착하여 사울을 꾸짖고 사울의 왕국이 길지 못할 것을 예언했다(13:8-23).
⑤싸움 진행(14:1-46)
＊요나단이 무기든 소년과 함께 사울 몰래 믹마스에 있는 블레셋 진영으로 들어가 20명 정도를 죽임
＊블레셋 진영에 소동이 생기고 서로 싸우자 사울과 요나단의 군사와 숨었던 이스라엘 사람들이 나와 함께 블레셋을 공격하여 벧아웬을 지나기까지 추격하여 쳤다(14:16-23).
＊이 날에 사울이 금식령을 내렸으나 요나단은 꿀을 먹음으로 죽을 위기에 있었다.
그러나 백성들로 인해 그의 공적이 인정받아 죽임을 면했다(14:24-46).

(2)이후 사울 당시의 싸움(삼상 14:47-52, 대상 5:10, 18-22)
①사울이 모압, 암몬, 에돔 자손과 소바의 왕들, 블레셋 사람, 아말렉 사람들에게 승리를 거둠(14:47-51)
②사울의 생애 동안 블레셋과는 항상 큰 싸움이 있음(14:52)
③요단 동편의 르우벤과 갓과 므낫세 반지파가 하갈 사람을 물리침(대상 5:10, 18-22)
대상 5:20 **이는 그들이 싸울 때에 하나님께 의뢰하고 부르짖으므로 하나님이 그들에게 응답하셨음이라.**

(3)사울에 대한 사무엘의 저주(삼상 15장)
①버림받은 이유(15:1-25)▶아말렉을 진멸하라는 여호와의 명령을 받은 사무엘의 말을 어기고, 백성을 두려워하여 하나님보다 사람말을 듣고, 아말렉을 진멸하지 않고 좋은 양과 소를 취하므로
삼상 15:22b **순종이 제사보다 낫고, 듣는 것이 숫양의 기름보다 나으니**

공의와 정의를 행하는 것은 제사 드리는 것보다 여호와께서 기쁘게 여기시느니라(잠 21:3).
사울은 아말렉 진멸 명령을 어김으로 하나님께 버림을 받아 왕위가 다른 사람에게 넘어가게 되었다. 그가 하나님의 명령을 어긴 것은 백성을 두려워하여 하나님의 말보다 사람 말을 들었기 때문이었다(15:15). 그는 사람의 판단으로 하나님이 제사를 기뻐할 것이다라고 생각했으나 하나님은 순종을 더 기뻐하셨다.

②버림받은 내용(15:26-31)▶여호와께서 왕을 버려 왕위가 왕보다 나은 다른 사람에게로 주셨다.
③그리고 아말렉 왕 아각을 길갈에서 찍어 죽인 후 돌아갔다(15:32-35).

016-1 기름을 넣었던 뿔, BC 15세기

(4)사무엘이 다윗에게 기름을 부음(삼상 16:1-16:13)
①선택기준(16:7b): **사람은 외모를 보거니와 나 여호와는 중심을 보느니라.**
②이새는 왜 다윗을 부르지 않았는가(16:11)? 시27:10 **내 부모는 나를 버렸으나 여호와는 나를 영접하시리이다.**

3.사울과 다윗의 만남(삼상 16:14-19:24)

017-1 다윗의 수금 연주, 이스라엘 예루살렘 시온산

(1)악령든 사울과 다윗의 수금 연주(삼상 16:14-23)
①사울에게서 여호와의 영이 떠나고 악령이 괴롭게 함(16:14-18)
②다윗이 수금을 연주하여 악령의 괴롭힘에서 벗어나게 함(16:19-23)

(2)골리앗을 죽인 다윗(삼상 17:1-54)

①블레셋과 이스라엘과의 싸움(17:1-3)▶블레셋은 에베스 담밈에, 이스라엘은 엘라 골짜기에 진을 침
②골리앗이 싸움을 부추기고 여호와를 모독함(17:4-11)
③다윗이 엘라 골짜기에서 물맷돌로 골리앗을 죽임(17:12-58)
삼상 17:45 **너는 칼과 창과 단창으로 내게 나아 오거니와 나는 만군의 여호와의 이름, 곧 네가 모욕하는 이스라엘 군대의 하나님의 이름으로 네게 나아가노라.**

018-5 물매를 던지는 앗수르 군인, 이라크 니느

018-1 다윗이 골리앗을 죽인 엘라 골짜기, 이스라엘

019-1 골리앗의 무덤, 이스라엘 가드

(3)다윗이 골리앗을 죽인 이후(삼상 18-19장)
①다윗과 요나단이 생명과 같은 친구가 됨(18:1-5)
②여인들이 다윗의 승리에 대해 노래함(18:6-9)
삼상 18:7 **사울이 죽인 자는 천천이요, 다윗은 만만이로다.**
③사울이 다윗을 시기하여 수금을 연주할 때 죽이려고 함(18:10-16)
④사울은 다윗을 죽이려고 블레셋과 싸우게 했으나 다윗은 오히려 블레셋 사람 200명을 죽였다. 이에 사울의 딸 메랍을 아내로 맞았다(18:17-29).
⑤이후 다윗이 사울보다 더 지혜롭게 싸움으로(18:30) 사울은 다윗을 본격적으로 죽이려고 했고 사울은 라마나욧으로 다윗을 죽이기 위해 오자(19:19-24) 다윗은 요나단에게로 갔다. 다윗은 이때부터 사울을 피해 그가 죽기까지 도피생활을 했다.

질투는 스올같이 잔인하며(아 8:6), 질투한 대로 내가 네게(에돔) 행하여 너를 심판할 때에(겔 35:11)
사울은 골리앗을 죽이고 나라를 구한 다윗이 백성들로부터 자신보다 인기를 더 얻자 그를 죽이려고 했다. 하나님은 겸손한 자를 높여주시고, 교만한 자를 물리치신다. 높고 낮아지는 것이 하나님께 달려 있음을 명심하고 항상 겸손한 자가 되고, 하나님이 높여준 자를 시기질투를 하지 말아야 한다. 하나님이 높여준 다윗을 사람이 낮추려고 할 때 자신은 더 낮아지고 결국은 패망하게 됨을 기억하자(시 106:16).

적용과 실천

실천을 위한 묵상

심령은 관리 대상이다(삼상 16:14-23).
사울에게 여호와의 영이 떠나갈 때 악한 영이 들어왔다. 이는 우리의 심령이 관리되어야 함을 보여준다. 심령은 가만히 두면 있는 상태로 있는 것이 아니라 점차 악해진다는 사실이다. 우리의 심령은 성령께서 항상 붙잡아 주어야 한다. 그래서 다윗은 주의 성령을 거두어 가지 말라고 간구했다(시 51:11).

Thinking 제사(예배)를 드리는 것보다 하나님이 더 기뻐하는 것이 무엇인지 이야기해보자(마 12:7).

핵심 Key word

사무엘 출생	에벤에셀전투	초대왕 사울	사무엘 말년	사울과 다윗
실로에서 성장	법궤 빼앗김	왕 요구, 불순종	다윗 기름부음	수금연주, 골리앗

21과 다윗의 도피생활과 사울의 죽음

본문말씀▷삼상 20–삼하 1장, 대상 12:1–22, 시 34, 52, 54, 57, 63, 142편 새찬송가 382장
핵심말씀▷다윗이 (블레셋 지역의) 가드에 도망한 것을 어떤 사람이 사울에게 전하매 사울이 다시는 그를 수색하지 아니하니라(삼상 27:4).

배경 바라보기

시대적 고찰

사울 때의 외세는 성경에 기록만을 보아도 주위에 팔레스틴을 침략하거나 영향력을 끼칠 만한 세력은 없었다. 오직 블레셋만이 이스라엘을 괴롭히는 유일한 세력이었다. 블레셋은 나라의 형태를 갖추지 않았지만 강력한 5개의 도시연맹체를 이루고 있었고, 헷 족속으로부터 받아들인 철기문화로 강한 철제무기와 전차를 소유하고 있었다. 요단 동쪽은 사울이 길르앗 야베스 거민을 위협하던 암몬을 격퇴한 이후로는 별다른 위협이 되지 못했다.

지리적 고찰

사울의 통치기간은 대부분 블레셋과의 싸움과 다윗을 추격하는 것으로 보냈다. 따라서 지리적인 배경 역시 다윗을 추격했던 팔레스틴 중남부 지역과 동남쪽 지중해변가의 블레셋과 경계선에 위치한 세펠라 지역이 주요무대가 되었고, 요단강 동쪽에서는 사건이 없었다. 단지 이스르엘 평야 옆에 있는 길보아산에서 있은 블레셋과의 마지막 전투가 있었다.

문화적 고찰

◐20과, **사사시대와 사울 당시의 철기문화(삼상 13:19–22)** 최초로 철을 발견한 것은 오늘날 터키 중앙부에 있던 헷(힛타이트) 족속이었다. 이를 바다사람이라고 불리웠던 블레셋이 받아들여 사울 당시까지도 강력한 철제무기를 소유하고 있었다. 당시 이스라엘은 사울과 요나단 정도만 철제로 된 칼을 소유하였고, 다윗 때까지도 다윗의 3명의 용사조차도 철제 무기를 갖지 못했다.

◐20과, **물매와 물매꾼(17:40)** 물매(sling)는 작은 가죽조각 또는 천을 엮어 물맷줄의 중간 부분은 편평하고 약간 넓게 하여 그곳에 돌을 넣어 멀리 날아가도록 만든 것을 말한다. 물맷돌은 사람 주먹 크기만했기 때문에(더 작은 것도 있음) 다윗은 물맷돌 5개 만을 주머니에 넣었다. 히브리인들 가운데는 직업적인 물매꾼들이 군인으로서 활동했으며(왕하 3:25, 대하 26:14), 목동들도 물맷돌을 사용하였다(삼상 17:40). 물매꾼들은 물맷돌을 가방 속에 넣어 가지고 다녔고, 후에 로마인들은 제복의 주름 주머니 속에 넣고 다녔다. 전문적인 물매꾼들은 정확하게 표적을 맞출 수 있었는데(삿 20:16) 다윗은 어린 나이에 이미 골리앗의 머리를 물맷돌로 정확히 맞출 수 있는 실력을 갖고 있었다.

단어해설

광야의 요새(삼상 23:14) '불모지', '광야'라는 뜻이다. 구체적으로 사해 서편 연안에 있는 유다 광야를 가리킨다. 이곳은 천연 석회 동굴이 도처에 널려 있어서 도망치는 사람에게는 좋은 은신처를 제공했다.

신접한 자(28:3) 죽은 자의 영과 교제를 가짐으로 점을 치는 사람을 가리킨다. 사울은 블레셋과의 마지막 전투를 앞두고 점을 치기 위해 엔돌의 신접한 여인을 찾아갔다. 이때 신접한 여인이 본 영이 땅에서 올라오는 것을 본 것은 사무엘의 혼령이 나타났다는 말이나 성경은 죽은 자가 이 세상 사람들과 교통할 수 없음을 분명히 가르쳐 주고 있다(눅 16:26). 따라서 이것은 사무엘을 빙자한 귀신으로 볼 수도 있다.

본문 탐구하기

내용개요 다윗(BC 1000-962년경)의 첫 등장은 이스라엘의 왕정시대가 시작된 사울 왕국과 블레셋과의 격렬한 격전이 벌어지는 엘라 골짜기의 싸움터에서이다. 다윗은 블레셋의 골리앗을 죽여 이스라엘에게 승리를 가져다 준 공로로 일약 사울의 군대장관이 되었다(삼하 18:13). 그러나 계속되는 다윗의 승전보는 이스라엘 백성들로 하여금 사울에게 향한 지지가 다윗에게로 옮겨지게 하였다. 사울은 왕위에 불안함을 느끼고 다윗을 죽이려고 하였다. 그때마다 다윗은 4번씩이나 죽음의 고비를 넘겼다. 이에 사울을 떠난 다윗은 가장 먼저 라마에 있는 사무엘에게 가서 자기가 당한 일을 고하고 라마 근처 나욧(라마 나욧)에서 사무엘과 같이 거하였다. 그러나 사울이 라마 나욧으로 다윗을 잡으러 오자 다윗은 그곳에서 도망하여 요나단에게 왔다. 이때 요나단은 아버지가 다윗을 죽이려고 작정한 것을 알려 주었다. 이로부터 다윗의 도피생활은 사울이 블레셋과의 전투에서 죽을 때까지 계속되었다.

QA 본문탐구

1 다윗의 도피생활

1. 놉(삼상 20:1-21:9)

다윗은 월삭행사 때 요나단을 통해(삼상 20장) 사울이 자기를 죽이려고 하는 마음이 있는 것을 확인한 후, 놉으로 피해 아히멜렉 제사장의 영접을 받고 골리앗의 칼까지 얻었다. 후에 사울은 이 사실을 알고 이곳의 대제사장과 함께 있던 자들을 다 죽였다.

020-1 다윗이 피했던 놉의 현재 모습, 예루살렘 근교 타라

범사에 여러분에게 모본을 보여준 바와 같이 수고하여 약한 사람들을 돕고(행 20:35)
사울을 피해 놉으로 피한 다윗은 그곳 제사장의 영접을 받았다. 그러나 훗날 이 일로 인해 대제사장과 함께 있던 이 지역 사람들은 사울에 의해 모두 죽임을 당했다. 사울이 있는 기브아와 놉과는 10km 조금 넘는 지척에 있기 때문에 죽음을 각오하지 않고는 다윗을 숨겨줄 수 없었다. 놉의 제사장은 죽음까지도 무릅쓰고 다윗을 도왔다. 이것은 어떤 대가를 기대하지 않고 도운 진정한 도움이었다.

2. 가드로 피함(삼상 21:10-15): 시 34편 기록

①가드는 아스돗 동남 19km 지점, 아스글론 동남 24km 지점에 있다.
②다윗은 자신이 죽인 골리앗의 고향으로 도망했다. 그러나 이곳의 아기스 왕 앞에서 신분이 탄로나자 그들 앞에서 미친 척하여 화를 면했다.

021-1 블레셋 지역의 가드, 이스라엘

3. 아둘람(삼상 22:1-2): 시 52, 57, 142편을 기록

①아둘람은 헤브론 북서쪽 16km 지점인 텔 에스 세이커이다.
②다윗은 아둘람에 있을 때 그의 온 가족과 사울 치하에서 환난당한 자와 빚진 자, 마음이 원통한 자 등 도합 400명 가량이 다윗에게 왔다.

022-1 아둘람 굴의 필자, 이스라엘

③다윗에게 아둘람은 철저히 낮아진 곳이다. 그러나 하나님과는 더 친밀한 교제의 장소가 되었다.

우리의 연약한 것을 친히 담당하시고 병을 짊어지셨도다(마 8:17).
다윗이 사울을 피해 아둘람 굴에 숨어 있을 때 사울 치하에 있는 약하고 억울한 자들이 찾아왔고 그들의 지지속에 지도자가 되었다. 약한 자들의 지도자가 된다는 것은 그들의 약함을 담당하는 것이다. 다윗은 자신도 도망하는 처지에 있었지만 더 약한 자들의 지도자가 된 것이다. 이는 오늘날 대접만을 바라는 지도자들에게 좋은 귀감이 된다. 그러므로 믿음이 강한 자는 믿음이 약한 자의 약한 것을 담당해야 한다(롬 15:1).

4. 모압의 미스베로 피함(삼상 22:3-23)

①아둘람에서 모압에 갔다가 갓 선지자의 말을 듣고 부모를 모압 왕에게 맡기고 다시 유대 땅으로 돌아왔다.
*이때 사울은 놉에 있는 대제사장을 죽였고, 그의 아들 아비아달은 에봇을 갖고 도망하여 다윗을 따름
②미스베(길하레셋)는 지형이 협소한 골짜기이며, 천연의 요새로 도피생활을 하기에 좋은 도성이다.

5. 그일라에서 유다 산골로 피함(삼상 23:1-13): 시 63편의 기도

023-1 그일라, 이스라엘

①그일라의 뜻은 '요새'로 헤브론 북서쪽 13.5km 지점의 오늘날 키르벳 킬라이다. 이곳은 세펠라 지역의 동쪽 끝에 요새화된 작은 도시이다. 그러나 오늘날 쿠웨일페로 주장하기도 한다.
②다윗은 블레셋이 그일라를 칠 때 블레셋을 쳐 그일라를 구했다.
③이 사실을 사울이 알고 잡으러 올 때 다윗이 눈치채고 자기와 함께한 600여 명과 같이 그일라를 떠났다.

6. 십 산골로 피함(삼상 23:14-23): 시 54편의 기도

024-1 다윗의 도피여정

①십은 헤브론 동남쪽 6km 지점으로 동쪽은 십 황무지이다.
②다윗은 십 황무지 수풀에서 요나단을 만났다.
③이곳 사람들의 고자질로 다윗은 마온으로 피했다.

7. 마온으로 피함(삼상 23:24-28)

①마온은 갈멜 남쪽 2km 지점의 십과 갈멜 부근에 있다.
②사울이 마온까지 추적했으나 블레셋의 본국 침입으로 추격을 포기했다.

8. 엔게디로 피함(삼상 23:29-24:22)

025-1 엔게디의 폭포, 이스라엘

①엔게디는 사해 동쪽 중간 해변에 있는 유대 광야의 오아시스이다.
②사울은 3천 명을 데리고 엔게디까지 추적했으나 굴에서 볼일을 보게될 때에 다윗은 사울을 죽일 수 있었다. 그러나 옷자락만 베고 아침에 옷자락을 보이자 사울은 다윗 쫓기를 멈추고 돌아갔다.
*한글개역성경에는 "발을 가리우러 들어가니라."
한글개역개정성경에는 "뒤를 보러 들어가니라."(삼상 24:3).

③사울이 다윗의 목소리를 듣고도 쫓아가지 못한 이유는?
엔게디 계곡은 앞의 사람을 보고도 쫓아가기 어려운 지형을 갖고 있다. 쫓아온다해도 적은 수의 군사만 가능하다. 다윗 일행은 그일라 도피 때 600명이었다. 엔게디에서 사울의 추격군은 3천 명이었다.

또 인자됨으로 말미암아 심판하는 권한을 주셨느니라(요 5:27).
다윗은 끈질기게 자기를 죽이려고 추적하는 사울을 두 번이나 죽일 기회가 있었다. 그러나 여호와의 기름 부음받은 자를 자신이 죽이지 않고 하나님께 맡겼다. 실제로 사울을 죽일 수 있도록 그가 깊은 잠에 빠지게 한 것은 여호와께서 하신 일이었다(삼상 26:12). 결국 사울은 다윗에 의해서가 아니라 블레셋과 길보아 전투에서 전사했다. 우리의 원수는 나를 해치려고 하는 사람이 아니라 그렇게 사람을 조정하는 사탄이다. 그래서 죄는 미워하되 사람은 미워하지 말라는 말도 있다. 주님의 사랑을 받은 자들은 모두 원수 갚는 것은 여호와께 맡기고 오히려 주님의 말씀처럼 원수까지도 사랑했다. 스데반이 그러했고, 순교자들이 그러했다.

9. 바란 광야로 내려감(삼상 25:1-13)

026-1 바란 광야, 이스라엘 미츠페라몬 남쪽. 북쪽은 신(Zin) 광야이다.

①바란 광야는 시나이반도의 중앙의 동북부에 있다.
②사무엘이 죽었을 때 다윗은 바란 광야로 내려갔다.
③갈멜에서 목축하는 나발에게 사자를 보내 음식을 요청했으나 거절함

10. 갈멜로 피함(삼상 25:14-44)

027-1 갈멜, 이스라엘

①나발을 치러 갈멜로 향함(25:2-13): 이때 나발의 아내 아비가일이 음식을 갖고 다윗을 찾아와 자비를 구함(25:14-39)
*갈멜은 헤브론 남동쪽 약 11km 지점의 고지에 있는 오늘날의 엘 카르밀
②다윗은 음식 요청을 거절한 마온 사람 나발을 치기 위해 400명을 무장시키고 내려갈 때 그 아내 아비가일의 지혜(25:18-35)로 남편의 죽음을 모면했다. 나발이 죽은 후에 다윗은 아비가일을 아내로 맞았다.

11. 하길라 산으로 피함(삼상 26장)

①하길라 산은 헤브론 남쪽, 십 동쪽 9km 지점에 있다.
②십 사람이 사울에게 하길라 산에 있는 다윗을 일러주자 사울은 3천 명과 함께 다윗이 있는 곳에 이르렀다. 그러나 다윗은 잠을 자는 사울을 죽이지 않고 그의 머리 곁에 있는 창과 물병만 가지고 나왔다.
③그리고 왕을 지키지 못한 사울의 군대장관 아브넬을 책망하였고, 잠에서 깨어난 사울은 뉘우쳐 돌아갔다.

12. 블레셋 지방의 가드로 피한 후 시글락에서 거함(삼상 27장, 28:1-2, 29-30장, 대상 12:1-22)

①사울의 뉘우침을 믿지 못한 다윗은 자기와 함께한 600명과 같이 블레셋 지역의 가드로 피했다. 이에 사울은 더 이상 쫓지 않았다(삼상 27:1-2).
②다윗은 아기스 왕으로부터 블레셋 지역의 시글락을 얻어 그곳에서 1년 4개월 동안 거했다(27:3-12).
*이때 베나민 지파와 갓 지파 용사들이 다윗을 찾아와 도왔다(삼상 27:8-12, 28:1-2, 대상 12:1-18)
*그리고 술과 애굽으로 지나가는 지방의 거민인 그술과 기르스와 아말렉 사람들을 쳐서 죽이고 재물을 노략하였다. 이로 말미암아 이스라엘에게 미움을 받게 된 줄 알고 의심을 받지 않았다.

*사울은 블레셋과의 싸움에서 그의 세 아들과 함께 길보아산에서 전사하였다.
이로써 장구한 사울의 추적과 다윗의 도피생활은 막을 내렸다. 13세 정도에 기름부음을 받고 30세에 왕이 되었으니 거의 13년 동안 도피생활을 했다.

③블레셋 사람들이 다윗을 의심함(삼상 29:1-11, 대상 12:19)
사울과 싸움을 앞두고 있을 때 다윗의 싸움 동참을 의심했다.

④다윗이 아말렉을 치고 전리품을 분배함(삼상 30장, 대상 12:20-22)
*다윗이 시글락에 도착했을 때는 아말렉이 시글락을 치고 도망한 때
*아말렉을 추격하여 빼앗은 전리품을 브솔 시내에서 낙오된 200명에게도 분배하고, 얏딜, 아로엘, 에스드모아, 헤브론 등에도 보냈다.

028-1 지쳐 낙오된 200명의 다윗 병사가 머문 브솔 시내

마음이 약한 자들을 격려하고 힘이 없는 자들을 붙들어 주며(살전 5:14)
다윗은 아말렉 추격 도중에 피곤하여 브솔 시내에서 낙오된 200명에게도 아말렉에게서 빼앗은 전리품을 부하들의 반대에도 불구하고 나누어 주었다. 다윗은 언제나 약한 자에 대한 배려가 넓은 사람이었다. 사람은 좋은 결과가 없을 때 그동안 과정에서 수고(노력)한 것을 무시해 버리기 쉽다. 그러나 하나님은 과정을 중요시하신다. 왜냐하면 열매와 결과는 자신의 것(하나님의 영역)이라고 말씀하시기 때문이다.

2 사울의 최후

1. 길보아산에서(삼상 28:3-5)

①사울이 다윗의 추적을 포기한 후에 블레셋은 수넴에 진을 쳤다.
②사울은 군대를 모아 길보아산에 진을 치고 대접전을 앞두고 있었다.

029-1 사울의 최후 전투지 길보아산

2. 엔돌에서(삼상 28:6-25a)

①이에 사울은 두려워 하여 변장을 하고 엔돌로 올라가 그곳에 있는 신접한 여인으로 하여금 사무엘을 만났다. 그러나 사무엘은 이 전쟁에서 사울이 죽을 것을 예언했고, 사울은 기력을 잃어 엎드려졌다.
②엔돌은 수넴 북동쪽에 있다. 이곳은 다볼산이 보이는 산 언덕의 키르벳 야둘라와 평지에 있는 키르벳 사프사페 두 곳이 주장되고 있다.

030-1 산 중턱에 있는 엔돌 유적지

여호와여, 힘이 강한 자와 약한 자 사이에는 주밖에 도와 줄 이가 없사오니 우리 하나님 여호와여, 우리를 도우소서. 우리가 주를 의지하오며 주의 이름을 의탁하옵고 이 많은 무리를 치러 왔나이다(대하 14:11).
사울은 블레셋과의 마지막 결전을 앞두고 불안한 나머지 자신이 금한 신접한 여인을 찾아간다. 그러나 오히려 자신이 죽을 것을 예고받았다. 그는 위기에 처했을 때 하나님 대신 신접한 여인을 찾았다. 위기에 처할수록 세상을 의지하는 어리석은 자가 되지 말고, 하나님을 찾는 믿음의 지혜로운 자가 되자.

3. 엔돌에서 길보아산으로(삼상 28:25b, 31장, 삼하 1장)

(1)길보아 전투 상황(삼상 29장 참조)
①사울은 엔돌에서 음식을 먹은 후 길보아에 있는 진으로 돌아왔다.
②블레셋 군대는 아벡에 집결했고, 이스라엘 군대는 이스르엘에 있는 샘곁에 진을 쳤다(29:1).

③블레셋은 아벡에서 이스라엘이 진을 친 이스르엘로 올라가 싸웠다(29:11).
(이때 다윗은 아벡의 망명시 친분이 있는 아기스 장군을 만났으나 장관들의 반대로 다윗은 새벽에 블레셋을 떠나고 블레셋 군대는 이스르엘로 북진하였다. 삼상 30장).

④사울과 블레셋 군대와의 마지막 전투가 남쪽이 아닌 북쪽에서 이루어진 지형적(도로망)인 배경
대규모의 전투는 물자 수송과 군사 이동이 용이한 큰 길을 이용할 수밖에 없다. 따라서 블레셋 지역에서 사울의 통치 지역인 기브아와 예루살렘 지역의 험하고 짧은 길보다는 북쪽으로 올라가 먼저 주요 거점을 점령한다음 소위 족장길을 따라 남하하는 것이 유리했다. 이에 사울 역시 미리 블레셋을 막기 위해 북진하여 최후의 결전을 길보아산에서 했다.

*블레셋은 전차가 있었기 때문에 사울은 길보아산에서(삼상 28:4) 이스르엘 평야로 내려오면 안되었다(삼상 29:1). 이는 바락이 하나님의 명령에 따라 평야에서 싸운 것과는 대조적이다(삿 4:14).

(2)사울의 전사와 야베스인들의 사울 장사(삼상 31장)
①사울은 전사했고 목이 잘려 벧산 성벽에 못박혔다(삼상 31:1-10).
②길르앗 야베스 거민은 벧산에 있는 그의 시체를 가져다가 자기들 지역에 장사를 지내 주었다(삼상 31:1-13). 길르앗 야베스에서 벧산까지는 요단강을 건너는 17㎞ 정도의 거리에 있다.

033-1 야베스에서 벧산쪽으로 본 모습, 요르단

(3)사울의 죽음에 대한 다윗의 애가(삼하 1장)
다윗은 애가(활노래)를 지어 유다 족속에게 가르치게 했다.

적용과 실천

실천을 위한 묵상

어려울 때 받은 은혜를 잊지 말라(삼상 31:1-13).
길르앗 야베스 거민은 이전에 사울이 자기들을 모압으로부터 구해준 은혜를 생각하여(삼상 11:1-11) 위험을 무릅쓰고 벧산에 있는 그의 시체를 가져다가 자기 지역에 장사를 지내 주었다(삼상 31:1-13). 훗날 다윗은 그런 길르앗 야베스의 거민에게 은혜를 베풀었다. 믿는 자 역시 길르앗 야베스 거민처럼 이웃에 대한 은혜 역시 잊어서는 안된다. 에베소교회는 첫사랑을 버림으로 책망을 받았다. 나발은 다윗이 지켜준 은혜를 잊었다(25:7-11). 특별히 평안할 때 하나님이 어려운 가운데 베푸신 은혜와 사랑을 잊지 말자.

Thinking 다른 사람에게 은혜를 받은 것을 잊고 지냈던 것에 대해 이야기해보자.

핵심 Key word

놉	가드	아둘람굴	모압미스베	십, 마온
골리앗 환도	미친척 함	약한자의 장관	부모 맡김	요나단 만남, 추적포기

엔게디	바란광야, 갈멜	하길라산	가드, 시글락	사울의 죽음
사울 살려줌	아비가일 영접, 나발	사울 살려줌	추적포기, 16개월	길보아 전투

22과 다윗의 정복활동과 압살롬 반역

본문말씀▷삼하 2:1-19:7, 23:8-39, 대상 11-20장, 시 3, 51, 60, 96, 105편 새찬송가 357장
핵심말씀▷이는 다윗이 헷 사람 우리아의 일 외에는 평생에 여호와 보시기에 정직하게 행하고(왕상 15:5a)

배경 바라보기

시대적 고찰

다윗이 왕위에 올랐을 때 주위 상황은 다윗에게 매우 유리하게 전개되어 있었다. 사울과 블레셋과의 마지막 길보아 전투에서 이스라엘이 패하기는 했으나 블레셋 역시 심각한 타격을 입었을 것이며, 결국 다윗이 왕이 된 초기에는 크게 위협이 될만한 힘은 가질 수 없었다.

그러나 무엇보다도 주변의 국제정세가 유리하게 작용했기 때문이었다. BC 10세기경 당시 애굽은 제21왕조(BC 1085-945년) 때로 정치는 거의 절망적 상태에서 사실상 아멘신의 제사장들이 통치하는 형편이었고, 아람은 앗수르에 의해 위협을 받고 있었다. 그렇다고 앗수르 역시 강력한 국가가 아니었다. 소아시아 지역에도 신흥 헷 왕국과 비교할 만한 강대국이 없었다. 여기에 다윗의 탁월한 정치와 북쪽 지파를 다루는 솜씨 등은 이스라엘을 당대에 강대국으로 만들기에 충분한 요인들이었다. 다윗의 활발한 정복활동을 통한 영역은 이집트가 전성기에 아시아에 가졌던 땅과 거의 같은 면적이었다. 남으로는 아카바만의 북단에서부터 애굽 시내(Wadi el-Aris) 하구의 지중해변에 이르는 팔레스틴의 동부와 서부의 전역을 차지했다. 서쪽으로는 사론 평야와 갈멜을 지나 두로까지 이어지는 지중해변과 두로의 국경선에서 오론테스강의 가데스 부근까지 뻗었고, 그곳에서 동쪽으로 약간 구부러져 하맛의 국경선과 접했다. 북쪽으로는 유프라테스강 상류까지 이르렀다. 반면 동북쪽의 아람족은 비교적 속박없는 통치를 했다.

지리적 고찰

다윗의 정복활동은 성경의 무대를 팔레스틴에서 북쪽의 유프라테스강과 남쪽의 애굽 국경선과 아카바만의 홍해까지 넓혀 놓았다.

문화적 고찰

◐수염을 깎는 행위(삼하 10:4) 고대 사회에 있어 수염은 인품의 상징이며, 특정 지역에서는 자유의 상징이었다. 그래서 수염이 깎이는 것은 모욕과 치욕적인 것이었고, 노예는 예속적인 표시로 수염을 밀어야 했다. 본절에서 다윗은 암몬의 나하스가 죽었을 때 호의적으로 조문객을 보냈다. 그러나 나하스의 아들 하눈은 방백들의 말을 듣고 조문객을 염탐꾼으로 생각하여 다윗이 보낸 신복들의 수염 절반을 깎고 의복도 중동볼기까지 잘라 모멸감을 주어 돌려 보냈다.

단어해설

사관(삼하 8:16) 국가의 주요 행사나 왕의 행적을 기록하여 역사를 후세에 전하는 자를 말함

써레, 써레질(12:31) 써레(pick)는 철로 만든 날카로운 농기구 중의 하나로 써레를 이용한 써레질은 단단해진 흙덩어리를 농토에 물을 채워 잘게 부수어 농사를 지을 수 있도록 하는 것을 말한다. 다윗은 암몬 족속을 정벌한 후 그들에게 써레질의 일을 하게 했다(대상 20:3). 써레질은 이집트에서도 행해졌다.

돌무더기(18:7) 고대 팔레스틴에서는 쌍방간에 언약을 체결하고 당사자간의 약속이 영원할 것을 염원하는 표로, 혹은 전쟁에서의 승리 등 후손들에게 길이 전할 기쁜 역사적 사건을 기념하기 위해, 그리고 악한 자들의 저주스런 죽음을 영영히 표시하기 위해 각각 돌무더기를 쌓았다.

본문 탐구하기

내용개요 이스라엘의 초대왕 사울이 죽고 다윗이 2대 왕으로 즉위했으나 유다 지파에 한정되었다. 북쪽은 아브넬의 지지속에 이스보셋이 북쪽 지파의 왕으로 다스렸다. 그러나 갈수록 다윗은 강해지고 이스보셋은 약해져 결국 아브넬의 배반으로 북쪽은 쉽게 다윗에게 넘어갔다. 전지역을 통치하게 된 다윗은 예루살렘을 정복하여 수도로 정한 후 활발한 정복활동으로 팔레스틴을 너머 아브라함에게 약속한 유브라데 강과 애굽 시내까지 영토를 확장시켰다. 그토록 괴롭혔던 블레셋도 힘을 잃었다.
한편, 언약궤는 기럇여아림에서 오벧에돔 집으로 옮긴 뒤 예루살렘으로 옮겨졌다. 이후 다윗은 요나단을 생각하여 그의 아들 므비보셋에게 호의를 베풀고, 나단 선지자를 통해 여호와의 말씀을 들은 다윗은 감사기도를 올린다. 그러나 랍바성을 공격할 때 밧세바를 범한 다윗의 치명적인 범죄는 아들 암논이 이복형인 압살롬에게 살해당하고, 압살롬은 아버지를 피한 후 돌아와 헤브론에서 반역을 일으키고, 다윗은 한동안 마하나임에서 압살롬이 마하나님에서 전사하기까지 망명생활을 하게 하는 결과를 초래했다.

QA 본문탐구

1 헤브론 통치시대

1. 유다 족속의 왕이 된 다윗(삼하 2:1-7)

035-1 다윗이 왕으로 추대된 헤브론

①사울 왕 사후에 다윗은 하나님의 지시에 따라 헤브론으로 올라갔다.
②헤브론에서 유다 사람들이 와서 기름을 붓고 다윗을 왕으로 삼았다.
③사울을 장사지내 준 길르앗 야베스 사람들에게 은혜를 갚을 것을 약속함

2. 이스보셋과의 대립(삼하 2:8-4:12): 2년간

①사울의 군사령관인 아브넬은 이스보셋을 옹립하여 마하나임에서 사울 왕국을 이어갔다(2:8-11).
②유다의 왕이 된 다윗의 군사와 이스보셋 군대간에 기브온에서 첫 충돌이 일어났다(2:12-32).
＊다윗과 사울가의 양쪽 진영간의 싸움이 기브온에서 일어났다.
＊이스보셋의 신복들은 패하여 도망하는 도중 요압의 동생 아사헬을 죽인 후 마하나임으로 패퇴했다.
＊요압은 동생 아사헬을 베들레헴에 장사하고 헤브론으로 돌아왔다.
③얼마 후 북쪽의 아브넬은 사울가의 세력이 약해지자 이스보셋을 배반하고 다윗과 화친조약을 맺었다.
그러나 돌아가던 도중 다윗의 군대장관 요압에 의해 피살되었다(3장).
④아브넬이 피살되자 이스보셋은 암살되었고, 이스보셋 왕국은 다윗에게 넘어갔다(4장).

약속하신 그것을 또한 능히 이루실 줄을 확신하였으니(롬 4:21)
사울 왕이 죽고 다윗이 유대의 왕이 되자 북쪽은 아브넬이 정권을 잡고 사울의 아들 이스보셋을 옹립하여 북쪽 지역을 다스리게 되었다. 그러나 이스보셋이 갈수록 약해지자 아브넬은 살기 위해 다윗에게 와서 화해조약을 맺는다. 자신의 살길만을 생각하여 이스보셋을 배반한 아브넬은 귀국하던 중 요압에 의해 살해되었다. 사람은 언제나 자신의 이익을 먼저 생각하기 쉽다. 남북 왕국으로 분열된 후 북이스라엘의 역사는 반역으로 점철되었다. 인간의 역사는 사람은 언제까지나 믿을 수 없다는 것을 보여준다. 오직 하나님만이 영원히 믿을 뿐이다. 왜냐하면 하나님은 약속한 것을 반드시 지키시는 신실한 분이시기 때문이다.

② 예루살렘 통치시대

1. 예루살렘의 정복과 두로 왕(삼하 5:1-12, 대상 11:1-9, 14:1-2)

037-1 다윗이 정복한 후 수도를 이전한 다윗성, 솔로몬 때 3만 6천평 정도였다.

①다윗은 남북왕국의 왕이 된 후 예루살렘을 정복하고 수도를 이전했다.
(삼하 5:1-10, 대상 11:1-9)
②두로 왕 히람이 다윗 집(왕궁) 건축을 도움(삼하 5:11-12, 대상 14:1-2)

2. 언약궤를 기랏여아림에서 옮김(삼하 6장, 대상 13장, 15-16장, 시 96, 105편)

038-1 법궤가 있던 기랏여아림

(1)언약궤를 옮김(삼하 6:1-19, 대상 13, 15장)
①제의와 규모(삼하 6:1-2, 대상 13:1-5)▶다윗이 언약궤를 예루살렘으로 옮길 것을 제의하고, 각지서 온 3만 명과 다윗과 함께한 자들로 옮기게 함
②장소(삼하 6:3-10, 대상 13:6-11)▶벧세메스에서 기랏여아림의 아비나답 집으로 옮겨진 언약궤를 새 수레에 싣고 운반하던 중에 나곤의 타작마당에서 웃사가 떨어지는 언약궤를 잡아 죽는 사건이 일어나자 임시로 오벧에돔 집으로 옮겨 놓았다.
*웃사가 죽은 근본 이유는 무엇인가?
언약궤는 본래 수레가 아니라 손으로 메도록 되어 있다. 그런데 수레로 옮기다가 흔들려 떨어지려고 하는 언약궤를 잡아야 하는 불상사가 일어났다. 그래서 두 번째는 메고 옮겼다.
③두 번째 언약궤를 옮김(삼하 6:11-19, 대상 13:12-14, 대상 15장)▶오벧에돔 집에서 3개월이 지난 후에 오벧에돔 집에 언약궤로 인해 복을 받은 것을 알고 손으로 메고 옴
*오벧에돔 집이 언약궤를 모심으로 복을 받은 이유는? 언약궤를 모시는 방법을 알았기 때문이다.

다윗은 당시에 하나님의 뜻에 따라 섬기다가(행 13:36) 첫 언약에도 섬기는 예법과(히 9:1)
벧세메스에서 기랏여아림의 아비나답 집으로 옮겨진 법궤는 20년 이상이 지난 후에 새 수레로 옮기다가 웃사가 죽는 불상사가 일어났다. 이는 오랜 기간 동안 법궤를 모셨으나 모시는 방법을 몰랐기 때문이었다. 그러나 3개월의 짧은 기간에도 오벧에돔은 어떻게 법궤를 모시는지 알았기에 하나님으로부터 복을 받았다. 하나님께 향한 봉사는 기간보다 어떻게 하나님이 기뻐하시는 방법대로 하느냐가 중요하다.

(2)미갈이 다윗의 체면을 말함(삼하 6:20-23)
①왕이 체면을 차리지 못하고 계집종의 눈 앞에서 몸을 드러내셨다.
②이로 다윗은 미갈이 죽는 날까지 동침하지 않았다(자식이 없었다.).

(3)언약궤 안치 후 관리와 찬양(대상 16장, 시 96, 105편)
①섬기고 찬양한 사람(대상 16장)▶레위인 아삽을 대표자로 스가랴, 여이엘, 브나야, 오벧에돔 등 모두 10명
②다윗의 감사(시 96, 105편)
③관리자▶아삽과 그의 형제들로 하여금 언약궤 앞에서 매일같이 섬기게 함(대상 16:37)

의인이여, 너희는 여호와로 말미암아 기뻐하며(시 97:12), 춤 추며 그의 이름을 찬양하며(시 149:3)
다윗은 왕의 체면보다 법궤를 옮겨오는 일이 너무 기뻐 법궤를 옮겨오면서 살이 보이도록 힘을 다해 춤을 추었다. 그러나 그의 아내 미갈은 왕이 체면을 지키지 못했다고 핀잔을 주었다. 그러나 하나님은 체면보다 그 마음을 받으신다. 우리는 체면 때문에 하나님 앞에 기쁜 감정을 표현하지 못하지는 않은가?

3. 나단 선지자와 다윗의 감사 기도(삼하 7장, 대상 17장)

(1)나단 선지자가 다윗에게 여호와의 말씀을 전함(삼하 7:1-17, 대상 17:1-15)

①때(삼하 7:1, 대상 17:1)▶주위의 모든 원수들을 무찌르고 궁에서 편안히 거한 때에

②내용(삼하 7:2-17, 대상 17:2-14)▶네 이름을 존귀하게 하고, 네 모든 대적이 너에게 복종하게 할 것이다. 성전을 건축하지 말 것과 네 아들 중에서 성전을 건축하게 할 것이다.

삼하 7:14-15 그(다윗)가 **만일 죄를 범하면 내가 사람의 매와 인생의 채찍으로 징계하려니와 내가 네 앞에서 물러나게 한 사울에게서 내 은총을 빼앗은 것처럼 그에게서 빼앗지는 아니하리라.**

(2)다윗의 감사 기도(삼하 7:18-29, 대상 17:16-27)

*삼하 7:18 **나는 누구이오며, 내 집은 무엇이기에 나를 여기까지 이르게 하셨나이까?**

4. 다윗이 므비보셋에게 호의를 베풂(삼하 9장)

①이유(9:1, 7a)▶사울의 손자 요나단의 아들인 로드발에 있는 므비보셋에게 요나단과의 우정을 생각해서

②내용(9:7b-13)▶사울의 모든 밭을 주고, 예루살렘에 거하며, 왕이 먹는 상에서 같이 음식을 먹도록 함

5. 다윗 정복활동

(삼하 5:17-25, 8:1-14, 10-12장, 21:15-22, 24:6-7, 대상 11:17-19, 14:8-17, 18-20장, 시 51, 60편)

(1)블레셋의 침입과 정복(삼하 5:17-25, 8:1, 21:15-22, 대상 11:17-19, 14:8-17, 20:4-8)

①다윗이 왕이 되었다는 소식을 들은 블레셋은 다윗을 치기 위해 르바임 골짜기에 진을 치고 있었고, 다윗은 바알브라심에서 저들을 쳤다.

*이때 다윗은 베들레헴 성문 곁에 있는 우물물을 마시고 싶어했고 3명의 군사가 목숨을 걸고 블레셋 진영을 뚫고 이 우물을 떠왔으나 다윗은 양심상 마시지 않았다(대상 11:17-19).

*도망하던 블레셋은 다시 르바임 골짜기에 올라왔고, 이때 다윗은 블레셋 군대를 치고 게바에서 게셀까지 추격하였다(삼하 5:17-25).

041-1 베들레헴의 다윗의 우물

②두 번째 침략 때에는 다윗이 이스비브놉이란 블레셋인에게 죽임을 당할 뻔하였다(삼하 21:15-17).

③이 후에 산발적인 싸움이 있었으나 그때마다 이스라엘은 승리하였다(삼하 21:18-22, 대상 20:4-8).

④다시 침입한 블레셋에게 항복받고 그들의 메덱암마(모성의 굴레) 성읍을 빼앗았다(삼하 8:1, 대상 18:1).

⑤사론과 이스르엘 평야 정복▶블레셋이 제압됨으로 해안평야 지역은 자연히 다윗의 영토에 귀속되었다.

(2)암몬과 아람과의 전쟁(삼하 10-12장, 대상 19:1-20:3, 시 51, 60편)

①전쟁발발 원인(삼하 10:1-4)▶암몬의 나하스 왕이 죽고 하눈이 왕위에 오르자 다윗은 조객을 보냈다. 그러나 하눈 왕은 방백들의 잘못된 말을 믿고 다윗이 보낸 조문객의 수염을 깎고 의복을 잘라 돌려 보냈다.

②전쟁결과(삼하 10:5-19)▶이 일로 보복을 두려워한 암몬 자손은 외인 부대를 고용하여 다윗의 침략에 대비하였다. 그러나 아람은 싸움이 시작되기도 전에 도망했고, 이스라엘을 치러 온 아람도 크게 물리쳤다.

*아람과 싸움 중 요압이 에돔인 1만 2천 명을 죽인 때에 다윗은 시 60편대로 기도했다.

③암몬과의 전쟁 때 다윗이 밧세바를 범함(삼하 11-12장, 대상 20:1, 시 51편)

*목욕하는 우리아의 아내 밧세바를 보고 데려다가 범함▷밧세바는 다윗을 유혹했는가?
아니다. 그때는 왕이 출정할 때이기 때문에 밧세바는 다윗이 왕궁에 없을 것이라고 생각했을 것이다.
맞다. 다윗성이 작고 지형이 경사지기 때문에 밧세바가 자신의 상황을 잘 알고 있었을 것이다.

*밧세바가 임신하자 랍바에 있는 우리아를 오게하여 아내와 동침케 함

*우리아가 집에 들어가지 않자 랍바성 공격에서 우리아를 죽게 함

*결과▷나단 선지자로부터 하나님의 징계 내용을 들음(12:1-23)
이때 다윗은 시 51편대로 참회의 기도를 올렸다(읽고 묵상해 보자).
시 51:7-8 **우슬초로 나를 정결하게 하소서. 내가 정하리이다. 나의 죄를 씻어 주소서. 내가 눈보다 희리이다. 내게 즐겁고 기쁜 소리를 들려 주시사 주께서 꺾으신 뼈들도 즐거워하게 하소서.**

042-1 우리아가 죽은 랍바 성벽, 요르단 암만

*솔로몬의 출생(삼하 12:24-25)

④요압이 랍바성을 포위하고 다윗으로 하여금 점령토록 함(삼하 12:26-31)

내게 영광을 돌리면 내 영광이 아무것도 아니거니와 내게 영광을 돌리시는 이는 내 아버지시니(요 8:54)
요압은 랍바성의 함락을 앞두고 공을 왕에게 돌리기 위해 다윗으로 하여금 랍바로 오게하여 점령케 했다. 그는 자신에게 돌아올 공을 왕에게 돌린 것이다. 오늘날 많은 사람들은 공로는 자신에게 돌리고, 잘못된 것은 다른 사람에게 돌린다. 그러나 믿는 자는 모든 결과가 하나님으로 말미암았음을 기억해야 한다.

(3)모압과 전쟁(삼하 8:2, 대상 18:2)
①다윗이 모압을 쳐서 두 줄 길이의 사람(키큰 사람?)은 죽이고, 한 줄 길이의 사람은 살려 두었다.
②이에 모압 사람이 다윗의 종이 되어 조공을 바쳤다.

(4)에돔 정복(삼하 8:13-14, 왕상 11:15-18, 대상 18:12-13)
①다윗은 염곡에서 에돔 사람 18000명을 죽이고 그곳에 수비대를 두어 다윗의 수하에 놓았다.
②이때 어린 하닷은 애굽으로 피하여 바로의 처제와 결혼했다.

(5)다메섹, 하맛, 유브라데 강까지 영토확장(삼하 8:3-12): 대상 18:3-11에는 약간 다르게 기록하고 있다.
①다윗은 자기의 권세회복을 위해 유브라데 강으로 진군한 하닷에셀에게 대승을 거두었다.
②또 하닷에셀을 돕기 위해 온 다멕섹 사람 2만 2천 명을 죽이고 조공도 바치게 하였다.

(6)페니키아까지 통치권 확장(삼하 24:6-7): 인구조사에 의하면 두로와 시돈까지 통치권에 속해 있었다.

6. 초기행정조직과 다윗의 용사(삼하 8:15-18, 23:8-39, 대상 11:10-47, 12장)

7. 압살롬의 암논 살해와 반역(삼하 13-18장, 19:1-7, 시 3편)

(1)반역배경(삼하 13:1-15:12)
①솔로몬이 출생(삼하 5:13-15, 12:24-25, 대상 3:4-9, 14:3-7)한 이후에 압살롬은 자기 친누이를 범하고버린 이복 동생인 암논을 죽이고 도망한 지 3년 만에 예루살렘으로 돌아온다.
②그러나 예루살렘에서 자기를 위해 병력을 준비한 지 4년 만에 헤브론으로 내려가 쿠테타를 일으켰다.
15:6 **압살롬의 행함이 이와 같아서 이스라엘 사람의 마음을 압살롬이 훔치니라.**

(2)다윗의 망명(삼하 15:13-16:14, 시 3편)

①다윗은 압살롬의 반역으로 급히 도망하여 벧메르학을 지나 기드론 시내를 건너 감람산길을 맨발로 도망하여 유대 광야길로 도피하였다.

②그리고 다윗이 바후림에 이르렀을 때 시므이가 저주했다.

*이때 다윗은 시 3편대로 기도했다.

(3)아히도벨과 후새의 책략(삼하 16:15-17:29)

①아히도벨의 책략(17:1-4)▶요단을 건너기 전에 쫓아가자는 것

②후새의 책략(17:8-14)▶다윗은 병법에 능한 사람이라 요단에서 자지 않을 것이니 왕이 직접 전쟁에 나가 기습하는 것이 더 좋을 것이다.

③그러나 다윗은 도망하여 마하나임에 가서 바르실래와 소비 등의 도움 속에 망명생활을 시작했다(17:27-29).

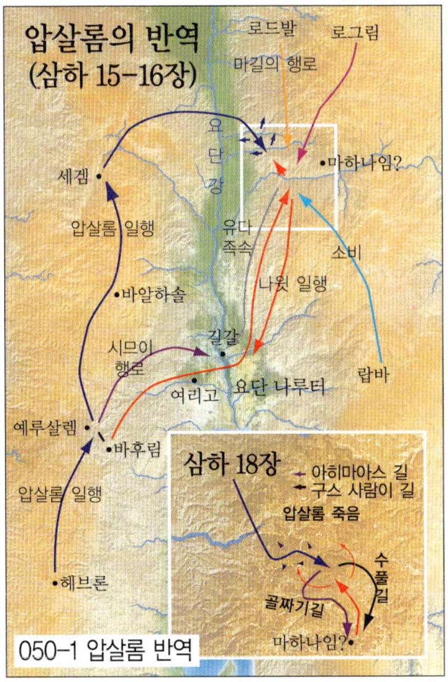

050-1 압살롬 반역

(4)마하나임 수풀 전쟁과 압살롬의 죽음(삼하 18:1-19:7)

쿠테타 후 압살롬은 요압 대신에 아마사로 군지휘관으로 삼고 부친인 다윗을 치기 위해 길르앗 땅에 진을 쳤다. 그러나 마하나임에서 전열을 정비한 다윗의 군대는 에브라임 수풀에서 압살롬 군대를 물리쳤고, 압살롬은 노새를 타고 도망하다가 상수리나무에 머리(한글개역에는 머리털)가 걸려 요압에 의해 죽임을 당했다. 압살롬의 사망 소식에 슬퍼한 다윗은 신복들의 설득에 의해 예루살렘으로의 귀국을 결정하고 요단강가에 이르렀다.

> **네 아버지와 어머니를 공경하라. 이것은 약속이 있는 첫 계명이니(엡 6:2)**
> 다윗은 압살롬의 반역으로 도망하고 자기를 죽이려고 했지만 그 아들이 죽자 불효자를 두고 울었다. 이것이 부모의 마음이 아닌가! 그래서 십계명 중 사람에 대한 첫째 계명도 부모를 공경하라는 것이다.

적용과 실천

실천을 위한 묵상

다윗은 철저히 회개한 사람이었다.

다윗은 밧세바를 범한 후에 왕으로서 그 정도는 괜찮다는 생각을 할 수도 있었고, 나단 선지자의 입을 막을 수도 있었다. 그러나 나단 선지자로부터 하나님의 징계내용을 들었을 때 시 51편대로 철저히 회개했다. 그리고 하나님의 징계를 순수히 받아들이면서 하나님의 자비를 구했다. 죄를 짓지 않는 것도 중요하지만 죄를 지었을 때 겸손한 마음으로 철저히 뉘우치는 것이 더욱 중요하다.

Thinking 불효자식 압살롬의 죽음에 슬퍼하는 아버지 다윗의 마음과 하나님의 마음을 이야기해보자.

핵심 Key word

왕된 다윗	이스보셋 대립	통일왕된 다윗	사무엘 말년	압살롬 반역
헤브론에서	아브넬 피살	예루살렘 정복	다윗 기름부음	다윗의 망명생활

23과 다윗의 후기 통치와 죽음

본문말씀▷삼하 19:8-21:14, 22:1-23:7, 24장, 왕상 1:1-2:11, 대상 21:1-29:22, 시편 다수 새찬송가 585장
핵심말씀▷다윗이 그의 조상들과 함께 누워 다윗성에 장사되니 다윗이 이스라엘 왕이 된 지 사십년이라. 헤브론에서 칠년 동안 다스렸고, 예루살렘에서 삼십삼년 동안 다스렸더라(왕상 2:10-11).

배경 바라보기

시대적 고찰

다윗의 정복이 마무리된 후부터 그가 죽을 때까지 다윗을 대항할 만한 외세는 없었다. 그토록 끈질기게 이스라엘을 괴롭혔던 블레셋 족속은 다윗의 수하에 들어간 이후 더 이상 힘을 쓰지 못했다. 이후 솔로몬 통치 초기까지도 이스라엘 왕국은 더욱 견고해져 갔다.

지리적 고찰

다윗의 활발한 정복활동을 통한 당시 통치 영역은 이집트가 전성기에 아시아에 가졌던 땅과 거의 같은 면적이었다. 남으로는 아카바만의 북단에서부터 애굽 시내(Wadi el-Aris) 하구의 지중해변에 이르는 팔레스틴의 동부와 서부의 전역을 차지했다. 서쪽으로는 사론 평야와 갈멜을 지나 두로까지 이어지는 지중해변과 두로의 국경선에서 오론테스 강의 가데스 부근까지 뻗었고, 그곳에서 동쪽으로 약간 구부러져 하맛(Hamath)의 국경선과 접했다. 북쪽으로는 유프라테스강 상류까지 이르렀다. 반면 동북쪽의 아람족에 대해서는 비교적 속박 없는 통치를 했다. 다윗 왕국은 이스라엘 역사에서 하나님이 아브라함에게 준 애굽강에서 유프라테스강까지를 차지한 시대였다.

문화적 고찰

◐수염을 잡고(삼하 20:9) 고대근동에서 친한 사이에는 서로 포옹하며 입맞춤을 했다. 이때 수염으로 인해 방해가 될 때에는 먼저 상대방의 수염을 옆으로 비끼게 한다음 입맞춤을 했다. 이런 관습은 오늘날까지도 중동 지역에서 일부 행해지고 있다. 그런데 요압은 다윗 왕의 명령을 어긴 아마사를 죽이기 위해 위장된 모습으로 친한 것처럼 입맞춤을 위해 수염을 잡았다. 요압과 아마사는 사촌간이었다(삼하 17:25).

단어해설

공궤(provide sustenance, 삼하 19:32) '떠받들다', '제공하다'는 뜻. 상대방이 필요한 것을 적절히 공급하다는 의미로 특별히 물질적인 부양을 강조한 표현이다.

감역관(tribute, 監役官, 20:24) 노동과 세금에 관련된 제반 업무를 관장하던 관리를 가리킨다. 특히 다윗 당시에는 국가가 주관하는 건축사업의 총감독 역할을 감당했다.

전염병(24:13) '멸망' '멸망시키기 위해 파놓은 구덩이'란 의미이다. 한글개역성경에는 온역. 이는 죽음으로 몰아넣는 치명적인 전염병을 가리킨다. 성경에서 전염병은 기근, 칼, 맹수와 함께 하나님의 4대 형벌 중 하나로 언급되어 있다(겔 14:21).

명철한 모사(대상 26:14) 분별력과 통찰력이 뛰어난 참모내지는 조언자를 가리킨다. 곧 뛰어난 통찰력으로 왕을 돕는 고문 역할을 하는 자를 가리킨다.

반열(alternation, 27:1) 일꾼들이 자신의 순서를 좇아 임무를 교대하는 것을 가리킨다. 성전 문지기는 24반열로 했다.

역대지략(the account of the chronicles, 歷代志略, 24) 지난 세대의 역사를 간략하게 기록한 문서를 가리킨다. 이 문서에는 주로 왕을 중심한 궁중의 역사와 군사, 외교, 행정 등 국가적으로 중요한 사건들에 필요한 정보들이 기록되어 있다.

본문 탐구하기

내용개요 압살롬이 죽은 후 망명생활을 마치고 예루살렘으로 귀환하던 도중 다윗은 세바의 반란이 있었지만 요압에 의해 진압된다. 예루살렘성에 도착한 다윗은 세바 반란 후 관리를 새롭게 임명한다. 얼마 후 3년의 기근이 있자 근본 원인이 사울 때 기브온 사람을 죽인 것에 있음을 알고 사울의 두 아들과 사울의 딸 메랍의 아들을 기브온 사람들에게 내어 주어 죽게함으로 해결한다. 그러나 인구조사로 다시 재앙이 임하게 되고 화목 제물을 드림으로 재앙이 그치게 된다. 이후 성전건축을 위한 준비는 차질없이 진행되었다. 정권 말기에 아도니야의 반역으로 혼란한 정국이 되었으나 솔로몬을 후계자로 세움으로 반역은 일달락 되고 마지막 유언을 한 후 죽어 다윗성에 장사되었다.

QA 본문탐구

③ 망명에서의 귀환 후 예루살렘 통치

1.다윗의 예루살렘 귀환시 영접한 사람들(삼하 19:8b-43)

(1)유다 족속이 다윗 왕을 맞기 위해 길갈로 나옴(삼하 19:8b-15)

①이스라엘 백성들(19:9-10)▶압살롬은 죽었는데 왜 왕을 도로 모셔오는 일에 잠잠하느냐?

②다윗(19:11-14)▶사독과 아비아달 제사장에게 유다 장로들로 하여금 왕을 모셔오는 일을 서두르도록 말하게 함, 골육인 아마사에게는 자신의 지휘관이 될 것이다라고 말하라고 함

③이에 유다 장로들이 왕을 맞아 요단강을 건너가게 하기 위해 길갈로 나왔다(19:15).

(2)다윗을 저주했던 시므이와 므비보셋의 영접(삼하 19:16-30)

①시므이의 신분(19:16)▶바후림에 있던 베냐민 사람 게라의 아들

②시므이와 동행한 사람(19:17)▶베냐민 사람 1000명, 사울 집안의 종 시바와 그의 아들 15명과 종 20명

③시므이가 용서를 구함(19:18-23)▶도망갈 때 저주한 일에 대해 다윗이 용서함

④므비보셋의 영접(19:24-30)▶다윗의 귀환 때까지 단장을 하지 않음

> **피차 용서하되 주께서 너희를 용서하신 것같이 너희도 그리하고(골 3:13)**
> 다윗은 자신이 도망할 때 저주한 시므이를 죽이자는 부하들의 제의까지도 거부하고 용서해 주었다. 이는 원수까지 사랑하라는 예수님의 용서와 같은 큰 용서이다. 그러나 시므이는 솔로몬 때 처형 당했다.

(3)바르실래(바실래)가 다윗을 영접함(삼하 19:31-39): 여리고 앞 요단강가에서

①예루살렘에 함께 가자는 다윗의 호의를 거절하고 아들 김함을 부탁한 후 마하나임으로 돌아 감(19:31-39)

(4)남북 지역의 분쟁(삼하 19:40-43)

①북쪽 지역 사람▶유다 사람들이 어찌 왕을 도둑하여 왕과 그 집안 사람들로 요단강을 건너게 했습니까?

②남쪽 유다 사람▶왕은 우리의 종친인 까닭이다.

③북쪽 지역 사람▶우리는 왕에 대해 10몫(지파)을 가졌다.

④그러나 남쪽 유다 지파 사람의 말이 북쪽보다 더 강경했다.

058-1 다윗 왕이 귀환 중 건넌 여리고 앞 요단강

2. 세바의 반란과 관리들(삼하 20장)

(1)세바의 반란배경과 다윗의 예루살렘궁 도착(삼하 20:1-22)

①압살롬의 반역은 진압되었으나 북쪽 지파들의 다윗에 대한 지지는 크지 않았다. 그래서 다윗의 예루살렘 입성 전에 베냐민 지파의 세바가 북쪽 지파들이 다윗을 따르지 않도록 백성들을 충동시켰다(20:1-2).

②예루살렘에 귀국한 다윗은 왕궁에 있던 후궁 10명을 별실에 가두어 평생을 지내게 했다(20:3).

③그리고 다윗은 반란 진압을 위해 아마사로 하여금 3일내에 유다인을 소집토록 했다(20:4).

④그러나 정한 기한 내에 오지 않자 아비새로 하여금 세바를 추격하게 하였고, 요압도 합류하기 위해 예루살렘에서 올라왔다. 이들은 기브온 큰 바위 곁에 이르러 기일내에 오지못한 아마사를 만나 죽이고 아마사에게 속한 자들로 요압을 따르게 하여 세바를 뒤쫓았다(20:5-13).

⑤요압이 세바를 쫓아 아벨과 벧마아가(또는 아벨 벧마아가)까지 추격하여 그곳 성을 포위하자 세바는 그 성읍에 있던 지혜로운 한 여인에 의해 백성들이 세바를 살해하므로 세바의 반란은 진압되었다(20:14-22).

059-1 세바가 죽은 아벨벧 마아가

(2)세바 반란 후 관리 임명(삼하 20:23-26)

군대 지휘관에 요압, 감역관에 아도람, 사관에 여호사밧, 브렛 사람과 블레셋 사람의 지휘관 브나야, 서기관에 스와가 임명되었다. 그리고 사독과 아비아달은 제사장이 되었고, 이라는 다윗의 대신이 되었다.

3. 기근과 기브온 거민의 요청을 들어줌(삼하 21:1-14)

060-1 기브온, 이스라엘

①다윗 때 3년간 기근이 든 이유(21:1)▶사울이 여호수아 때 기브온 사람을 죽이지 않기로 여호와의 이름으로 맹세한 기브온 사람을 죽였기 때문에

②해결책(21:2-9)▶다윗이 기브온 사람의 요구대로 사울의 아들 7명을 기브온 사람에게 넘겨주어 죽게 했다. 그러나 므비보셋은 넘기지 않았다.

> **짐을 서로 지라. 그리하여 그리스도의 법을 성취하라(갈 6:2).**
> 사울의 기브온 사람 살해로 말미암아 그 징벌로서 다윗시대에 3년간의 기근이 임하였다. 성경에는 개인 또는 일부 극소수의 죄로 인하여 이스라엘 전체가 징계를 받는 모습이 종종 나타난다. 이처럼 어떠한 일에 대해 한 공동체 전체가 책임을 지는 것을 연대책임(連帶責任)이라 한다. 그런데 선민 이스라엘이 이처럼 연대책임을 져야 하는 가장 큰 이유는 하나님께서 당신의 뜻을 실현하기 위해 이스라엘 백성 중 한 사람만이 아닌 그 공동체 전체를 선택하셨기 때문에 그에 따른 책임도 함께 지고 축복도 함께 누리는 것이다. 한편, 이와 마찬가지로 하나님 안에서 유기체적인 연합으로 하나된 신약교회 구성원에게도 동일한 연대책임이 요구된다(갈릴리 성경, 이원희 편찬).

③다윗이 사울과 요나단의 시신을 이장함(21:10-14a)

④이후 다윗의 기도로 기근이 멈추었다(21:14b).

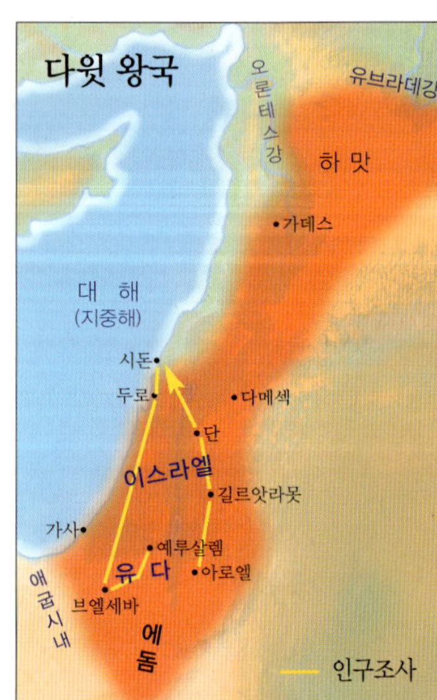

061-1 다윗 왕국

4. 다윗 왕국의 규모(시대적 고찰, 지리적 고찰 참조)

다윗의 영토는 하나님이 아브라함에게 약속한 땅을 차지한 지역이었다.

5. 다윗의 인구조사(삼하 24장, 대상 21장)

063-1 인구조사 출발지인 아로엘, 요르단

(1)다윗의 인구조사 명령과 요압의 인구조사(삼하 24장, 대상 21장)

①인구조사의 목적(삼하 24:1-3 참조, 대상 21:1-3)

* 다윗은 세금징수와 징병을 목적으로 인구조사를 실시했을 것이다.
* 인구조사가 왜 징계의 원인이 되었는가?
  사탄의 충동에 의해(대상 21:1, 삼하24:1) 그 의도가 불신에서 나왔기 때문에, 곧 다윗은 나라가 강해지자 하나님보다 자기의 군사력에 의지하기 위해 인구조사를 실시했다.

②인구조사의 시행(삼하 24:4-9, 대상 21:4-6)

* 인구조사 실시자▷군대장관 요압에 의해 진행되었다.
* 인구조사의 범위▷모압 북쪽 경계 아로엘에서부터 북쪽 시돈까지와 유다 남쪽 브엘세바까지
* 인구조사 기간▷9개월 20일 만에 마쳤다.
* 요압은 자신의 충언(대상 21:3)을 거절하자 레위 지파와 베냐민 지파는 빼고 보고했다(대상 21:6).

> **그러나 너는 내가 네 귀와 모든 백성의 귀에 이르는 이 말을 잘 들으라(렘 28:7).**
> 다윗은 신앙적으로 인구조사를 하지말 것을 충언하는 요압의 요청을 거절하고 인구조사를 하므로 큰 재앙을 가져온다. 충언을 하기도 어렵지만 자신의 단점을 이야기하는 고통스런 충언을 받아들이기는 더욱 어렵다. 그러기에 그렇게 위대한 다윗조차도 요압의 충언을 받아들이지 못했다.

③인구조사의 결과(삼하 24:10-25, 대상 21:7-30)

* 다윗은 하나님에 대해 양심의 가책을 받았고, 이스라엘 백성은 전염병으로 7만 명이 죽는 재앙을 당함
  대상 21:13 **여호와께서는 긍휼이 심히 크시니 내가 그의 손에 빠지고 사람의 손에 빠지지 아니하기를 원하나이다.**
* 잘못을 뉘우친 다윗은 갓 선지자의 말에 따라 여부스의 아라우나 타작마당(후에 솔로몬의 성전자리)에 단을 쌓고 화목제를 드림으로 재앙이 그치게 되었다.

6. 다윗의 성전건축 준비와 성직봉직자와 성전 낙성가(대상 22-26장, 28:1-29:22, 시 30편)

(1)성전건축의 준비(대상 22장, 28:1-29:22)

①성전건축에 필요한 돌과 철과 놋, 백향목 등을 준비함(22:1-5)

②솔로몬에게 성전건축을 부탁함(대상 22:6-16, 28:9-10)▶힘을 다해 성전건축을 마치라(대상 28:10).

③이스라엘 지도자들에게 명령함(22:17-19, 28:1)▶솔로몬을 도우라.

④이스라엘 백성들에게 말함(대상 28:2-8)▶계명을 지키라.

⑤성전건축의 설계도를 솔로몬에게 줌(28:11-21)

⑥회중에게 성전건축 예물을 부탁하고 여호와께 감사함(29.1-22)

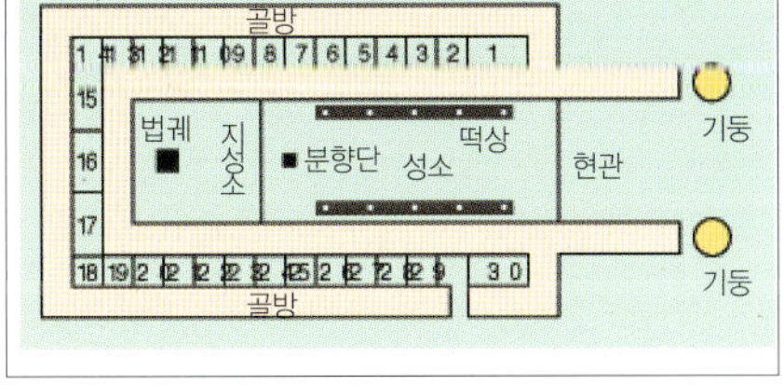

다윗이 솔로몬에게 준 성전 설계도

(2)성전 낙성가(시 30편): 주요 구절

30:5 **저녁에는 울음이 깃들일지라도 아침에는 기쁨이 오리로다.**

(3)레위 사람의 인구조사와 성전직무(대상 23-26장)

①레위인의 인구조사(30세 이상된 남자)▶일반인 38000명, 성전 관리자 24000명, 관원과 재판관 6000명, 악기로 찬양하는 자 4000명(25장), 문지기 4000명(26장)

우리는 기회 있는 대로 모든 이에게 착한 일을 하되 더욱 믿음의 가정들에게 할지니라(갈 6:10).
율법에 따르면 원래 레위인들은 30세에서 50세 사이의 사람들만 직무를 맡게 되어 있었다(대상 23:3, 민 4:3). 그러나 성전건축이 시작되면 훨씬 더 많은 봉사자가 필요하게 될 것임으로 다윗은 그 연령제한을 30세에서 20세로 낮추어 레위인을 계수했다. 본문은 이러한 사실과 아울러 24반열로 늘어나 조직된(대상 23:6-23) 레위인의 성전봉사 직무를 소개한다. 이는 모세시대보다 훨씬 세분화되고 조직화되어 있다는 것이 특징이다. 우리에게 주님을 위한 봉사의 범위가 넓어질 때마다 더욱 감사하며, 일할 수 있는 기회가 올 때마다 봉사와 섬김의 기회를 놓치지 말자(대상 23:24-32).

7.다윗 왕조의 군대와 행정조직(대상 27장)

①섬기는 자들이 숫자대로 순번을 나누었다(27:1).
②순서(27:2-15)▶24000명씩 해마다, 달마다 돌아가며 담당했다.
③다윗 재산의 담당자(27:25-31)▶왕의 창고(아스마웻), 밭과 성읍과 마을과 망대와 창고(요나단), 밭가는 농부(에스리), 포도밭(시므이), 포도주 창고(삽디), 사론 지역의 소떼(시드래), 골짜기 소떼(사밧), 낙타(오빌), 나귀(예드야), 양떼(야시스)
④행정조직(27:32-34)▶서기관(요나단), 왕자의 수종자(여히엘), 왕의 보좌관(아히도벨), 왕의 조언자(여호야다, 아비아달), 지휘관(요압)

다윗 때의 군대조직(대상 27:1-15)

총사령관(군대장관:요압 12개반 통솔)
|
12반장(군지휘관:각반열 2400명)

1월	삽디엘	5월	삼훗	9월	아비에셀
2월	도대	6월	이라	10월	마하래
3월	브나야	7월	헬레스	11월	브나야
4월	아사헬	8월	십브개	12월	헬대

천부장(10명의 백부장 지휘)
|
백부장(10명의 유사 지휘)
|
유사 및 용사

8.다윗 때의 시편들(시편 다수, 삼하 22장)

(1)다윗의 시편들
①목자의 시▶시 8, 19, 23, 29, 144편 ②죄인의 시▶시 32, 38, 51편
③고난의 시▶시 3-7, 11-14, 17, 22, 25-41, 53-59, 61-64, 69-70, 86, 109, 140-143편
④민족의 시▶시 9, 15-16, 18(삼하 22장), 20-21, 24, 30, 36-37, 52, 60, 65, 68, 101, 103, 105, 108, 110, 122, 124, 131, 133, 138-139, 144편

066-1 푸른 초장의 양떼(시 23편)

(2)다윗 이외의 시편들
①고라 자손의 시▶시 42, 44-49, 84-85, 87편
②아삽의 시▶시 50, 73-83편 ③헤만과 에단의 시▶시 88, 89편
④성전에 올라가는 노래▶시 120-121, 130, 134편
⑤작가 미상의 시▶시 1-2, 33, 66-67, 75, 91, 93-95, 97-100, 104, 111, 113-114, 117, 119, 135-136, 146, 148, 150편

067-1 시편 부분 사본, 이스라엘

9.다윗의 노년과 정권 말기(삼하 23:1-7, 왕상 1:1-2:11)

(1)다윗 말년의 왕위 계승권 다툼(왕상 1:1-37)
①아도니야의 반역(1:5-7, 9-10)▶다윗 왕이 늙었을 때 자신이 왕이 되리라 고 다짐하고 에느로겔 근처 소헬렛 바위에서 요압 장군과 제사장 아비아달과 모의하여 동생들과 자기를 따르는 유다 사람들을 초청했다.

068-1 아도니야가 반역을 모의한 에느로겔, 기드론 골짜기와 힌놈 골짜기가 만나는 곳의 기드론 골짜기 쪽에 위치해 있다.

②아도니야의 반대세력(1:8, 11-37)▶반면 나단 선지자와 솔로몬과 브나야는 초청에서 제외되었다. 이에 나단은 밧세바로 하여금 다윗 왕이 솔로몬을 후계자로 선포하도록 했다.

072-1 번제단 뿔, 이스라엘 팀나공원

(2)솔로몬의 대관식(왕상 1:38-53)

①다윗 왕의 명령에 따라 사독 제사장과 나단 선지자와 브나야 등이 솔로몬을 다윗 왕의 노새에 태워 기혼 샘으로 가서 성막에서 기져온 기름으로 솔로몬에게 왕으로 기름을 부었고, 주요 요직자들을 예루살렘으로 소집하여 왕으로 삼았다(1:38-40).

②아도니야는 반역에 실패하자 살기위해 제단 뿔을 잡았고, 솔로몬은 그를 살려 주었다(1:41-53).

그의 피로 말미암아 속량, 곧 죄 사함을 받았느니라(엡 1:7).

솔로몬이 왕으로 등극하자 반역을 꾀한 아도니야는 살기 위해 성전으로 가서 제단 뿔을 잡았다. 그러자 솔로몬은 아도니야를 죽이지 않았다. 율법에는 짐승의 제물을 드릴 때 그 피를 제단 뿔에 뿌렸으며, 당시 제단 뿔을 잡는 자는 죽이지 못하도록 되었다. 신약시대에 사는 우리는 예수 그리스도의 피로 말미암아 죽임(멸망)에서 구원을 얻었다. 그러므로 일평생 어린양되신 예수 그리스도의 피로 구원받았음을 잊지 말자.

(3)다윗의 유언과 죽음(삼하 23:1-7, 왕상 2:1-11)

①다윗에 대한 평가(삼하 23:1)▶높이 세워진 자, 하나님께 기름 부음을 받은 자, 이스라엘에서 노래를 잘하는 자

②유언내용▶너(솔로몬)는 힘써 대장부가 되라(왕상 2:2). 여호와의 명령과 모세의 율법을 힘써 지키라(2:3). 요압을 죽이라(2:5-6). 바르실래의 아들들에게 은총을 베풀라(2:7). 시므이를 무덤에 내려가게 하라(2:8-9).

③다윗의 장사(왕상 2:10-11)▶죽어 다윗성에 장사지냈다.

073-1 다윗 왕의 가묘, 예루살렘

적용과 실천

실천을 위한 묵상

다윗은 자신에게 책임을 돌리는 사람이었다(대상 21:17).

다윗은 인구조사의 범죄로 말미암아 백성들이 비극을 당하게 되는 광경을 보면서 차라리 자신에게 모든 징벌을 내려달라고 간구하였다. 이러한 다윗의 태도는 이스라엘 백성들에게 하나님의 징벌이 내려질 때 모세가 자신의 이름을 생명책에서 제할지언정 백성들은 용서해 달라고 간구하였던 사건(출 32:32)을 연상시킨다. 진정한 지도자는 책임을 질 줄 아는 사람이다(대상 21:9-17).

Thinking 봉사의 지경을 넓히기 위한 자신의 노력을 이야기해보자.

핵심 Key word

다윗의 귀환	3년간 기근	인구조사	성전건축준비	다윗의 말년
용서, 세바반란	기브온 거민	하나님의 징계	재료와 설계도	아도니야, 솔로몬

24과 솔로몬의 초기 통치와 성전건축

본문말씀▷왕상 2:12-4:19, 5:1-9:14, 대상 29:23-28, 대하 1:1-13, 2:1-8:2 새찬송가 210장
핵심말씀▷내가 주를 위하여 거하실 성전을 건축하였사오니 주께서 영원히 계실 처소로소이다(대하 6:2).

배경 바라보기

시대적 고찰

다윗에 이어 솔로몬의 통치기간에도 주위 세력들은 이스라엘을 위협할 정도는 되지 못했다. 그러나 남쪽 이집트에서는 장차 이스라엘을 침공할 시삭(셰숑크)이 이집트 제22왕조의 창시자로 정권을 잡았다. 그래서 솔로몬 당시 여로보암의 망명을 받아들였다. 북쪽 아람은 솔로몬이 완전한 통제를 하지 못했다. 페니키아 지역은 다윗 때부터 두로 왕 히람과의 친밀한 관계를 유지했다.

지리적 고찰

솔로몬 때에는 다윗이 정복한 지역에서 크게 확장되지는 않았다. 특이할만한 것은 시리아 사막 중앙에 다드몰 도시를 건설했다. 그러나 무역을 통해서 통치 영역을 벗어나 세계로 나가는 길을 열었다. 남쪽으로 애굽과 북쪽의 쿠에 사이에 중개무역을 이루었고, 에시온게벨에서 배를 건조하여 바다로 진출했다. 솔로몬은 다윗이 정복한 지역을 더욱 견고하게 통치하기 위해 각처에 병거성과 새로운 성읍들을 건설했다. 국내적으로는 전국토를 12구역으로 나누어 통치했다.

문화적 고찰

◐왕의 첩을 요구하는 것(왕상 2:22-25) 당시 이전 왕의 첩을 아내로 맞는 것은 오직 왕만이 요구할 수 있는 것이었다. 그런데 아도니야는 다윗 왕의 동녀인 아비삭을 요구하므로 처형되었다. 왜냐하면 그것은 반역행위에 해당되었기 때문이었다.

◐풀무(왕상 8:51) 원광을 녹여 분류하는 풀무(firepot)는 성서시대에 벽돌이나 돌을 사용하여 만들었는데 소규모의 가내공업용에서부터 에시온게벨에 있는 솔로몬의 풀무와 같은 대규모의 것이 있다.

풀무의 구조는 원광을 녹이기 위해 화로, 통풍관, 연료실과 불길이 내부 깊숙히 들어가도록 한 통로 등으로 되어 있다. 풀무의 가장 초기의 단계는 사람의 입김으로 불을 지피는 것이었다. 이런 풀무는 원광을 녹여 분류하는 것 외에도 야금이나 토기를 굽거나 빵을 구우며, 벽돌을 굽고, 석회를 굽는 용도로 사용되었다. 풀무는 성경에서 시련과 연단과 같은 비유적인 말로 사용되었는데, 이스라엘 백성들의 이집트 생활은 쇠풀무(왕상 8:51)로 비유되었다.

단어해설

놋바다(왕상 7:23-26) 솔로몬 성전에서 사용되던 놋바다는 하나였다. 물을 담기 위해 놋으로 만든 큰 그릇으로 직경이 10규빗이었다(왕상 7:23). 그 규모가 너무 커서 바다라고 불렀다. 놋바다는 솔로몬 성전의 번제단과 성소 사이에 놓여 있어서 제사장이 성소에 들어가기 전에 손과 발을 씻었다(대하 4:6). 놋바다는 지름이 10규빗, 높이가 5규빗, 둘레가 30규빗 되는 것이었다(왕상 7:23, 대하 4:2). 가장자리 밑에는 12마리의 소가 받치고 있는 모습이 조각되었다. 이 놋바다는 바벨론에 의해 예루살렘이 함락되었던 BC 586년에 바벨론으로 옮겨졌다(왕하 25:13, 16).

하늘들의 하늘(8:27) 고대인들은 하늘을 여러 개로 보았다. 특히 히브리인들은 하늘을 3층으로 이루어진 것으로 생각하였다. '하늘들의 하늘'이란 이 중에서 가장 높은 하늘을 가리킨다. 바울은 셋째 하늘에 올라갔다고 했다(고후 12:2).

본문 탐구하기

내용개요 아도니야의 반역 음모 속에 왕위에 오른 솔로몬은 먼저 부친의 유언에 따라 정적들을 제거한다. 그리고 기브온에서 일천 번제를 드릴 때 지혜를 구하므로 부귀와 영화도 함께 축복받았다. 그리고 다윗이 정복한 넓은 지역을 효과적으로 다스리기 위해 12구역으로 나누고, 성전과 왕궁 건축을 20년 만에 마친다. 성전건축 후에 백성을 향하여 축복연설을 하고 하나님께 기도를 올린다. 그리고 성전 낙성식을 거행했다.

QA 본문탐구

1 솔로몬의 통치 초기

1.솔로몬이 왕위에 오르기까지(왕상 1:32-2:11): 23과의 중복

①솔로몬은 아도니야의 반역 속에 다윗 왕의 명령에 따라 사독 제사장과 나단 선지자와 브나야 등에 의해 기혼 샘에서 왕으로 기름 부음을 받았다(왕상 1:32-48).
②왕위에 오른 후 아도니야를 살려줌(왕상 1:49-53)

2.솔로몬이 통치 초기에 정적들을 처리함(왕상 2:12-46, 대상 29:23-28)

①부친 다윗이 죽은 후에 왕으로 나라를 다스렸다(왕상 2:12, 대상 29:23-30).
②아도니야 처형(2:13-25)▶다윗의 동녀 아비삭을 아내로 요청하므로 처형
③아비아달 제사장 추방(2:26-27)▶고향인 아나돗으로 추방하고, 사독을 제사장으로 대신함(왕상 2:35)
④요압 처형(2:28-35)▶제단 뿔을 붙잡았으나 끌어내 처형하고, 대신 브나야를 군사령관으로 임명
⑤시므이 처형(2:36-46)▶예루살렘을 벗어나지 말라는 것을 어긴 것을 이유로 처형

3.솔로몬의 기브온 제사와 지혜(왕상 3장, 대하 1:2-13)

074-1 일천 번제를 드린 기브온

(1)솔로몬이 기브온에서 제사를 드린 배경(왕상 3:1-4, 대하 1:2-6)
①아직 성전완성 이전이므로 산당이 있는 기브온에서 일천 번제를 드림 (왕상 3:2-4, 대하 1:2-6)
*이때까지 기브온에는 성막이 있었다(왕상 3:4, 대하 1:3).
*다윗은 이곳의 성막은 남겨두고 법궤만 예루살렘으로 가져갔다. 이는 여호수아 당시의 약속을 지키기 위함이었다(수 9:15, 18-21).
*그러나 사울은 이 언약을 깨뜨려 기브온 거민을 처참하게 살육했다(삼하 21:1-6). 반면 다윗은 그런 일에 보상해 주었다. 그래서 이곳의 성막과 번제단을 옮기지 않고 그들로하여금 성막을 위해 나무를 패며, 물을 긷는 일을 하도록 배려했다(수 9:21).

(2)제사 후 하나님이 나타나심(왕상 3:5-15, 대하 1:7-13)
①솔로몬이 지식과 지혜를 구함(왕상 3:5-9, 대하 1:7-10)▶구한 것이 하나님 마음에 들었다.

②하나님이 부와 재물과 영광도 주겠다고 하심(왕상 3:10-15, 대하 1:11-13)

너희는 먼저 그의 나라와 그의 의를 구하라. 그리하면 이 모든 것을 너희에게 더하시리라(마 6:33).
솔로몬은 기브온에서 일천 번제를 드린 후 하나님께서 원하는 것을 구하라고 했을 때 그는 세상의 부귀영화 대신에 나라를 잘 다스릴 수 있도록 지혜와 지식을 구했다. 그것이 하나님의 마음에 기뻐하는 것이 되어 부와 재물과 영광도 덤으로 받았다. 어느 것이 하나님이 더 기뻐하시는 것인가? 하나님의 마음에 드는 기뻐하는 기도, 그것은 자신의 부족함을 깨닫는데서 오는 것임을 알자.

(3)솔로몬의 지혜로운 재판(왕상 3:16-28)
①소송내용(3:16-22)▶3일 차이로 태어난 두 아들 중 한 아들이 죽고, 아들을 바꾼 것에 대한 사건
②판결내용(3:23-28)▶산 아들을 둘로 나누어 주도록 한 후 살아있는 아들의 친모를 밝혀 냄

4. 솔로몬의 관리들과 행정구역(왕상 4:1-19)

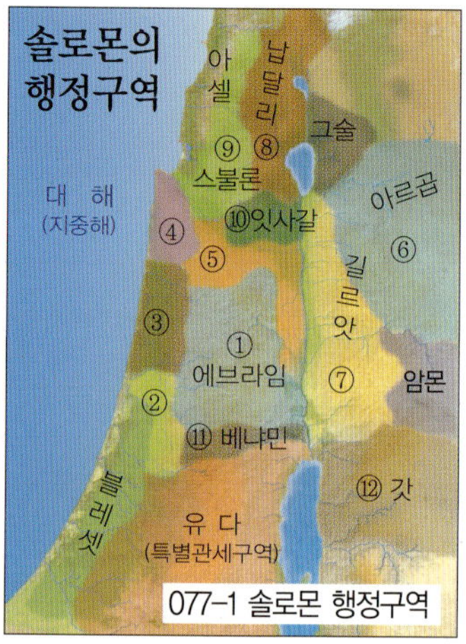

077-1 솔로몬 행정구역

(1)솔로몬의 관리들(왕상 4:1-6)
*제사장(아사리아) *서기관(엘리호렙, 아히야) *사관(여호사밧)
*군사령관(브나야) *지방관장의 두령(아사리아)
*제사장겸 왕 친구(사붓) *궁내대신(아히살) *노동 감독관(아도니람)

(2)12행정구역 설정(왕상 4:7-19): 왕과 왕실의 원할한 양식 공급을 위해
①솔로몬에게 주어진 과제는 부왕이 정복한 통치지역을 성전건축과 더불어 효율적으로 다스리는 것이었다. 그래서 다윗 당시에 있었던 포로들의 강제노동 정책을 계속 이어 나갔고, 관직의 조직도 다윗 당시의 것을 그대로 유지하고 오히려 궁내대신과 관리장을 추가했으며(왕상 4:2-6), 지방행정도 확대 강화하였다.
②이에 본토를 12구역으로 나누어 그곳에 각각 지방장관격인 관장(ruler)을 두어 관리케 했다(4:7-19). 이같은 행정구역 정책의 가장 큰 이유는 각 지방의 충성심을 조정함으로 예루살렘에 있는 중앙정부에 완전히 묶어 두려는 계획과 건축사업을 위한 막대한 재정의 원활한 각출을 그 목적으로 하고 있었다.
그래서 관장 중 2명(벤아비나답, 아히마아스)은 왕실과 혼인관계로서 직결되어 있었다.
③관장의 임무(왕상 4:7)▶왕과 왕실의 1개월분의 양식을 일년에 한번씩 돌아가며 준비해야 했다.

2 솔로몬의 성전건축

1. 성전건축 준비(왕상 5장, 대하 2장)

078-1 레바논의 백향목

(1)다윗 때 준비한 것
①성전건축은 다윗 때부터 이미 계획되었으나 하나님이 허락치 않음으로
②다윗 때 레바논에서 가져온 백향목 등 이미 준비된 가운데 이루어졌다.

영생에 이르는 열매를 모으나니 이는 뿌리는 자와 거두는 자가 함께 즐거워하게 하려 함이라(요 4:36).
솔로몬은 다윗이 준비한 많은 건축자재를 가지고 성전을 지었다. 세상에는 준비하는 자가 있는 반면 그것을 거두는 자가 있다. 우리는 내가 뿌린 것(준비한 것)을 다른 사람이 거둘 때 불평하거나 실망하기도 한다. 그러나 주님은 뿌리거나 거두거나 함께 즐거움에 참여토록 하시는 분이시다.

(2)솔로몬과 두로 왕 히람과의 협정 체결(왕상 5:1-12, 대하 2:3-16)

①두로 왕은 레바논에 있는 백향목과 잣나무과 백단목 재목을 두로 항구에서 뗏목을 띄워 이스라엘 욥바 항구까지 공급하였고, 금도 보내 주었다. 히람의 신하는 벌목과 수송을 맡았다(왕상 5:1, 대하 2:3-9).

②이에 소요되는 비용은 솔로몬이 담당했다(왕상 5:10-14, 대하 2:10-16). 벌목자에게는 찧은 밀과 보리를 각각 2만 고르, 포도주와 기름을 각각 2만 밧을 주기로 함, 육체노동은 솔로몬이 역군(3만 명을 일으켜 한달에 1만 명씩 교대로 돕도록)을 일으켜 충당하고, 아도니람이 감독을 맡았다. 히람 궁정에는 해마다 밀 2만 고르와 맑은 기름 20고르를 주기로 함(왕상 5:10-12)

081-1 백향목의 해운 도착 항구인 욥바

(3)성전건축에 필요한 일꾼을 선발함(왕상 5:13-18, 대하 2:1-2, 17-18)

①대상▶이스라엘 경내에 있는 이방인들 15만 3600명

②일의 담당▶7만 명은 짐꾼으로, 8만 명은 벌목자로, 3600명은 감독자로 삼았다.

2. 성전건축(왕상 6장, 7:13-51, 8:1-11, 대하 3:1-5:14)

(1)성전건축 시작(왕상 6:1, 대하 3:2)

출애굽 후 480년, 솔로몬이 왕위에 오른지 4년(시브월, 2월 2일)에

(2)성전건축 장소(대하 3:1)

예루살렘 모리아 산의 여부스 사람 오르난의 타작마당에 다윗이 정한 곳

082-1 모리아 산 성전자리에 있는 황금돔 사원, 이스라엘 예루살렘

(3)성전본당 제작(왕상 6:2-36, 대하 3:3-14): 설계는 다윗 때 완성

①성전설계▶다윗이 하나님께 받은 것을 솔로몬에게 주었다.

②성전크기▶길이 60규빗, 너비 20규빗, 높이 30규빗로 백향목 서까레와 널판으로 덮었다.

③성전제작▶본당 천장은 잣나무에 순금을 입히고 그 위에 종려나무와 사슬 형상으로 새김

*성전 앞 현관(낭실)은 길이와 너비가 각각 20규빗, 높이 120규빗으로 안에는 순금으로 입혔다.

*성전 안쪽 마루는 잣나무로 만들고 백향목 널판으로 마루에서 천장까지 벽에 입힘(왕상 6:15)

*지성소는 길이, 너비, 높이가 각각 20규빗으로 백향목 널판에 금을 입혀 막이 만들었다.

*언약궤를 두기 위해 길이, 너비, 높이가 각각 20규빗으로 지성소(내소)를 만듬(왕상 6:19-20)

*지성소(내소) 문은 올리브나무(감람나무)로 두짝을 만들고, 그룹과 종려와 핀 꽃을 새기고 금으로 입혔다(왕상 6:31-32).

*성소는 지성소 앞에 길이 40규빗(왕상 6:17), 너비 20규빗으로 만듬

(4)성전본당 건축의 완성(왕상 6:9-14, 37-38, 대하 5:1)

①즉위 4년 시브월(6-7월)에 성전 기초를 쌓음

②즉위 11년 불월(종교력으로 8월, 1-2월), 성전건축이 7년 만에 모두 끝남

083-1 솔로몬 성전 복원도, 켈크너 설계

(5)성전 부속기구의 제작과 내부장식(왕상 7:13-51, 대하 3:15-17, 4장)

①두개의 놋기둥 제작(왕상 7:13-22, 대하 3:15-17)

②놋제단과 놋바다 제작(왕상 7:23-26, 39b, 대하 4:1-5, 10)
③놋받침 수레를 제작(왕상 7:27-37)
④물두멍과 부삽과 대접 제작(왕상 7:38-47, 대하 4:6, 11-18)
*놋바다(대하 4:2-5) 외에 물두멍(대하 4:6, 14) 10개를 추가로 제작
*물두멍은 제사장의 수족을 씻기 위한 용도(출 30:17-21, 대하 4:6)
*놋바다(molten sea)는 지름 10규빗, 높이 5규빗, 둘레(원추) 30규빗 크기로 12마리의 소가 받치는 모습으로 제작됨
⑤뜰과 기타 성전 부속기구 제작
(왕상 6:36, 7:48-51, 대하 4:7-9, 19-22)
⑥성소 사방벽은 그룹들과 종려와 핀 꽃 형상을 아로새겼다(왕상 6:29).

084-1 솔로몬 때 만든 놋바다를 파괴하는 바벨론 군인들

085-1 물두멍, 이스라엘 팀나 공원

(6)언약궤를 성전으로 옮김(왕상 8:1-11, 대하 5:2-14)
①장로들과 지파의 우두머리와 족장들을 예루살렘으로 소집함(왕상 8:1)
②7월(에다님월, 9-10월)에 레위인과 제사장들이 언약궤와 성막의 기구들을 다윗성에서 성전으로 옮겼다(왕상 8:2-4).
③그리고 양과 소로 제사를 드리고(왕상 8:5-9)
④이때 레위 사람 헤만과 여두둔과 그 아들들과 형제들이 악기로 하나님을 찬양했고 여호와의 영광이 성전에 가득했다(왕상 8:10-11, 대하 5:12-14).

086-1 언약궤를 옮김, 모형 촬영

3. 성전건축 완성 후(왕상 7:1-12, 8:12-9:14, 대하 6:1-8:2)

(1)성전건축 후 솔로몬의 축복연설과 기도(왕상 8:12-61, 대하 6장)
①축복연설 내용(왕상 8:54-61, 대하 6:1-11)
왕상 8:56 **여호와를 찬송할지로다. 그가 말씀하신 대로 그의 백성 이스라엘에게 태평을 주셨으니 그 종 모세를 통하여 무릇 말씀하신 그 모든 좋은 약속이 하나도 이루어지지 아니함이 없도다.**
②기도 내용(왕상 8:12-53, 대하 6:12-42)
대하 6:14-15 **이르되 이스라엘의 하나님 여호와여, 천지에 주와 같은 신이 없나이다. 주께서는 온 마음으로 주의 앞에서 행하는 주의 종들에게 언약을 지키시고 은혜를 베푸시나이다. 주께서 주의 종 내 아버지 다윗에게 허락하신 말씀을 지키시되 주의 입으로 말씀하신 것을 손으로 이루심이 오늘과 같으니이다.**

여호와는 하나님이시요, 신실하신 하나님이시라. … 천 대까지 그의 언약을 이행하시며(신 7:9)
솔로몬은 성전건축 후 "그 종 모세를 통하여 무릇 말씀하신 그 모든 좋은 약속이 하나도 이루어지지 아니함이 없도다"(왕상 8:56)라고 기도했다. 그렇다. 사람은 약속을 어기지만 하나님은 한번 약속한 것은 반드시 이루시는 신실하신 분이시다. 이런 하나님의 약속을 굳게 믿고 나갈 때, 어떤 상황 속에서도 좌절하거나 낙심하지 않는다. 선을 행하다가 낙심하지 말지니 때가 이르면 거둔다고 했다(갈 6:9).

(2)성전 봉헌식(왕상 8:62-66, 대하 7:1-10)
①화목제의 희생제물을 드림▶소가 2만 2천마리, 양이 12만 마리
②번제와 소제와 감사제물의 기름을 드림
③14일간 여호와 앞에 절기를 지킴
하맛 어귀에서부터 애굽강까지의 사람들이 예루살렘에 모여 함께 했다.

087-1 솔로몬 때 행정관서 오펠

(3)궁전건축(왕상 7:1-12)
①크기▶길이 100규빗, 너비 50규빗, 높이 30규빗
②재료와 기간▶레바논 백향목으로 13년 동안 왕궁을 건축함

088-1 두로 왕 히람의 석묘, 레바논

(4)여호와께서 솔로몬에게 나타남(왕상 9:1-9, 대하 7:11-22)
①때▶여호와의 성전과 왕궁건축을 마친 때에(왕상 9:1)
②말씀내용(왕상 9:3)

여호와께서 그에게 이르시되 네 기도와 네가 내 앞에서 간구한 바를 내가 들었은즉 나는 네가 건축한 이 성전을 거룩하게 구별하여 내 이름을 영원히 그곳에 두며, 내 눈길과 내 마음이 항상 거기에 있으리니

(5)솔로몬이 히람에게 갈릴리의 성읍을 줌(왕상 9:10-14, 대하 8:1-2)
①솔로몬은 성전건축 후 대가 외에 갈릴리 지역의 성읍 20곳을 줌
②그러나 히람은 대가로 받은 것에 만족하지 못했다.
그래서 히람은 이곳을 가불 땅(쓸모없는 땅)이라 하여 되돌려 주었다.
솔로몬은 다시 돌려받은 이곳에 성읍을 건축하여 이스라엘 자손들이 거주토록 했다.

080-1 갈릴리 지역에 있는 현대 기불 마을

적용과 실천

실천을 위한 묵상

사람의 만족은 상대적인 것이다(왕상 9:12-14).
솔로몬이 성전건축을 마친 후 재료와 사람을 동원하여 도운 히람에게 고마움의 표시로 약정한 것 외에 갈릴리 지역의 성읍 20곳을 주었다. 그러나 히람은 만족하지 않고 그 땅을 쓸모없는 땅이란 뜻의 '가불 땅' 이라고 부른 후 도로 돌려주었다. 이스라엘은 북쪽으로 올라갈수록 비옥하다. 반대로 페니키아(레바논) 지역은 남쪽으로 내려올수록 척박하다. 솔로몬 입장에서는 가장 북쪽의 비옥한 곳에 있는 성읍을 주었지만, 북쪽 페니키아 지역에 있는 두로 왕 히람에게는 가장 남쪽에 있는 좋지 못한 것이었다. 그래서 솔로몬이 준 성읍에 만족하지 않고 '가불 땅' 이라 했다. 사람의 만족감은 상대적인 것이다. 나에게는 가장 좋은 것이라도 상대방에게는 가장 좋지 못할 것일 수도 있다. 그러므로 언제나 내 중심이 아니라 상대방 중심으로 마음을 헤아리는 것이 중요하다. 신앙 역시 내 중심이 아니라 하나님 중심으로 사는 것이 중요하다.

Thinking 선한 일을 하다가 낙심했던 때가 언제인지 이야기해보자.

핵심 Key word

솔로몬의 정적처리	기브온 제사	성전건축	왕국건축
아도니야, 아비아달, 요압, 시므이	일천 번제, 지혜구함	7년간	13년간

25과 솔로몬의 통치 말기와 저술들

본문말씀▷왕상 4:20-34, 9:15-11:43, 대하 1:14-17, 8:3-11, 9장, 시 72, 127편, 잠, 전, 아　　새찬송가 150장
핵심말씀▷솔로몬이 유브라데 강에서부터 블레셋 땅과 애굽 지경까지의 모든 왕을 다스렸으며(대하 9:26)

배경 바라보기

시대적 고찰 솔로몬은 다윗이 확장한 이스라엘의 힘을 사용했다고 볼 수 있다. 솔로몬은 널리 무역을 확장했다. 아프리카, 인도, 예멘(시바)에 이르기까지 국제적인 무역을 통하여 보석, 금, 은, 상아, 향신료, 원숭이, 공작 등을 수입하고 금속가공도 뛰어났다. 소아시아 길리기아로부터는 말을, 이집트로부터는 말과 마차를 도매로 수입해서 헷 사람의 왕들과 시리아 왕들에게 다시 팔았다(왕상 19:28-29). 그는 수출입 물품을 저장하는 큰 창고를 지었다. 이집트와 페니키아 사이에 대상들의 길목인 하솔과 므깃도에 물류창고를 짓고, 이집트와 예루살렘 길목인 벧호론과 게셀에도 창고를 지었고, 남쪽으로 내려가는 길에 바알랏과 다말에도 지었다. 므깃도에는 말들을 두는 마굿간을 만들었으며, 예루살렘에는 그의 왕궁과 성전을 건축했다. 솔로몬은 아카바만의 에일랏 근처에 있는 에시온게벨에서 많은 배를 건조하기도 했다(왕상 9:26).
이런 모든 일들은 정략결혼과 막강한 군사력과 솔로몬의 뛰어난 외교로 인해 가능했다.

지리적 고찰 다윗 이후 솔로몬 때의 통치영역은 지리적으로 별다른 변동이 없었다. 다만 무역을 통해 비통치 영역이 확대되었을 뿐이다. 나머지는 24과를 참조하라.

문화적 고찰 ◐핀 숯을 머리위에 놓는 것(잠 25:22) 고대근동 지방에서는 숯불을 조리용으로만 쓰지 않고 밤에 난방용으로도 사용하였다. 그래서 불씨는 무척 귀중하게 취급되었고, 불이 꺼질 경우 이웃집에서 불씨를 빌리기가 쉽지 않았다. 그러나 인자한 이웃에게서 불씨를 얻을 경우, 숯불을 머리 위로 높이 들어 그 사람의 인자함을 공개적으로 칭송했다. 본절은 원수에게도 이렇게 인자를 베풀라는 의미로 이해된다. 실제로 다윗은 사울을 죽일 수 있는 기회가 두 번이나 있었으나 판단을 하나님께 맡겼으며, 자신을 저주한 시므이에게 자비를 베풀었다(문화성경).

단어해설

백단목(대하 9:11) 겉은 흑색이고 속은 진홍색으로 내구성이 강한 나무이다. 솔로몬은 이것을 성전과 왕궁의 건축자재로 사용했다.

돌쩌귀(잠 26:14) 문설주를 위와 아래로 고정시키는 것을 가리킨다. 고대에서는 성문이나 문을 돌로 구멍을 판 돌쩌귀에 설주를 고정시켜 축으로 삼은 것에 매달아 사용했다.

절구(27:22) 절구(mortar)란 공이를 사용하여 곡식이나 약초 등 기타 재료들을 찧는 용기를 가리킨다. 절구를 이용하여 알곡의 껍질을 벗기거나 빻아 분말을 만드는데 사용했다. 절구는 석회석 외에 거칠고 견고한 현무암(화산암)으로도 만들었는데 윗부분이 움푹 패인 단순한 원통형에서 다리가 있고 장식된 것에 이르기까지 다양하게 만들었다. 때로 절구 중에는 배수관 역할을 하는 구멍이 있는 것도 있었다. 만나는 절구에 빻기도 했다(민 11:8).

고벨화(아 1:14) 근동 지역에서 자생하는 관목으로 강한 향기를 발하는 흰꽃이 핀다.

내용개요 성전과 왕궁건축을 20년 만에 마친 솔로몬은 각처에 성읍을 건설하고 국고성과 병거성도 건축하여 국방력도 튼튼히 했다. 그의 군사력은 이전에는 생각할 수 없었던 병거가 1400대나 되었고, 마병 역시 12000이나 되었다. 이런 강한 국방력과 더불어 지정학상의 여건을 잘 활용하여 중개무역을 통해 막대한 재정수입을 꾀했다. 그의 재산과 지혜는 동방의 그 누구보다 많았고 뛰어났다. 그는 잠언과 전도서와 아가서를 저술했다. 그러나 그는 말년에 이방 여인을 아내로 두는 정략결혼을 통해 이방신을 따르고 하나님의 경고를 귀담아 듣지 않으므로 결국 나라가 분열되는 경고를 받게되었다. 그는 죽어 다윗성에 장사되었다.

QA 본문탐구

③ 성전건축 이후의 솔로몬 통치

090-1 솔로몬이 건축한 다드몰, 시리아

1. 솔로몬이 성읍들과 국고성과 병거성을 건축
(왕상 9:15-24, 대하 8:3-11)

①토착민들을 노예와 일꾼으로 삼아 각처의 건축사업에 동원했다. (왕상 9:20-23, 대하 8:7-10).
②하맛 소바를 공격하여 점령하고 성읍으로 건축했다(대하 8:3).
③게셀, 벧호론, 다드몰, 바알랏, 하솔, 므깃도 등을 성읍으로 건축함 (왕상 9:15-18, 대하 8:4-6a)
④국고성과 병거성과 마병성들을 각처에 건축함(왕상 9:19, 대하 8:6b)
⑤바로의 딸들을 위해 밀로성을 건축함(왕상 9:24, 대하 8:11)

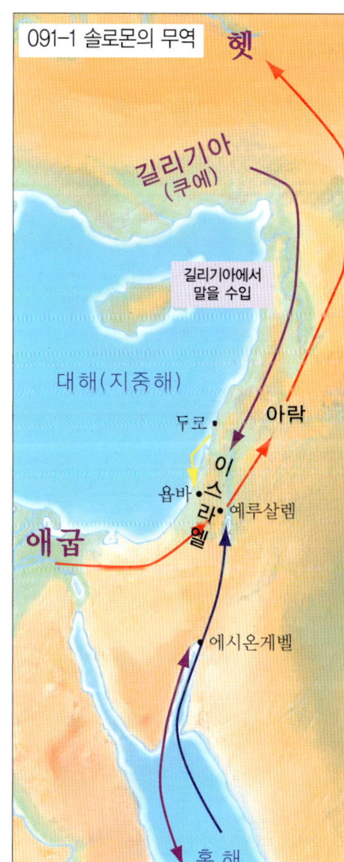

091-1 솔로몬의 무역

2. 솔로몬의 군사력과 무역
(왕상 4:26, 9:25-10:15, 26, 28-29, 대하 1:14, 16-17, 9:1-14, 25-28)

(1)군사력(왕상 4:26, 10:26, 대하 1:14, 9:25-26): **병거를 예루살렘에 주둔** 병거 1400대, 마병 12000명(왕상 4:26에는 병거와 말 외양간 40000, 마병 12000명, 대하 9:25에는 말 외양간이 4000, 마병이 12000명)

(2)무역(왕상 9:26-10:15, 28-29, 대하 1:16-17, 9:1-14)
솔로몬은 팔레스틴을 통과하는 무역로를 장악함으로 이 무역로를 지나는교역활동을 통해 많은 국고를 축적하고 이런 부의 축적을 통해 성전건축과 다른 건축사업을 활발하게 진행할 수 있었다.
①두로 왕 히람과의 무역(왕상 5장, 9:10-11)▶24과에서
*두로와의 교역은 건축을 위한 자재 수입과 곡물 수출로 이루어졌다.
*솔로몬은 두로의 히람 왕과 협정을 체결하여 레바논에 있는 백향목과 잣나무 재목을 수입하였고, 대신 히람 궁정의 식물로 해마다 밀 2만석

과 맑은 기름 20석을 주었다.

②스바 여왕의 방문외교(왕상 10:1-10, 13, 대하 9:1-9, 12)

솔로몬 당시 사베인들(Sabeans)은 남부 아라비아(지금의 동부 예멘)에 한 왕국을 세워 북쪽 팔레스틴과 메소포타미아로 가는 대상 통로에 있는 전략적 요지에 있으면서 서남 아라비아의 유명한 특산물의 교역을 지배하였다. 특히 낙타를 이용하여 아라비아 지역의 교역 주도권을 잡고 있었다. 이런 왕국의 여왕인 시바가 솔로몬을 방문한 것은 무역협정을 위한 것임을 추측할 수 있다. 이 일로 솔로몬은 아라비아의 무역에서 생기는 세금과 관세를 국고로 들어 올 수 있었다.

③홍해에서의 무역(왕상 9:26-28, 10:11-12, 대하 9:10-11)

*히람과 합작하여 홍해 물가의 에시온게벨에서 배를 건조하여 홍해를 통해 오빌의 금과 백단목과 보석을 수입하였다(왕상 9:26, 대하 8:17).

④애굽과의 거래(왕상 10:28-29, 대하 1:16-17)▶왕실 독점사업으로

*중개무역▷애굽으로부터 병거 1대에 은 600세겔을 주고 수입했고, 쿠에로부터는 말을 1마리에 은 150세겔을 주고 수입하여 아람과 헷 족속에게 다시 수출하였다.

*므깃도에 400-450마리를 수용할 수 있는 마굿간을 만들었다.

⑤세입금(왕상 10:14-15, 대하 9:13-14)▶

금 666달란트와 그 외에 무역상과 객상들이 가져온 금과 은

092-1 이스라엘쪽의 아카바만 홍해

093-1 에시온게벨, 요르단

094-1 므깃도의 마굿간터, 이스라엘

나를 의뢰하는 자는 땅을 차지하겠고, 나의 거룩한 산을 기업으로 얻으리라(사 57:13).

하나님이 아브라함에게 준 약속의 땅인 팔레스틴 지역은 두 강대국 사이에 있어 약하면 양쪽으로부터 착취를 당하고, 강하면 양쪽으로 부터 이익을 얻었다. 역대 왕 중 솔로몬은 이런 지리적인 이익을 가장 크게 얻었다. 그런데 성경은 나라의 강약이 오직 하나님께 달려있음을 이스라엘 역사를 통해 보여준다.

3. 솔로몬의 영화와 재산(왕상 4:20-25, 27-34,, 10:16-25, 27, 대하 1:15, 9:15-24, 27-28)

(1)하루의 음식량(왕상 4:20-25, 27-28)

가는 밀가루 30고르, 굵은 밀가루 60고르, 소 30마리, 양 100마리와 그외 사슴, 노루, 거위 등이었다.

(2)솔로몬의 지혜(왕상 4:29-34)

①모래같이 넓은 마음을 주사 동쪽 지역과 애굽의 모든 지혜보다 뛰어남

②잠언 3000가지와 노래 1005편을 씀

③레바논의 백향목에서 담에 나는 우슬초까지 가르칠 수 있었다.

(3)재산(왕상 10:16-25, 27, 대하 1:15, 9:15-24, 27-28)

①금 600세겔 되는 금방패 200개를 만듬, 상아로 큰 보좌를 만들고 정금으로 입힘, 12사자상을 만들어 여섯 층계에 놓음(왕상 10:16-20)

②마시는 그릇은 모두 금이요, 은을 귀히 여기지 않을 정도(왕상 10:21).

095-1 레바논의 백향목

096-1 우슬초, 이집트 시내산

4. 솔로몬의 저술(시 72, 127편, 잠언, 전도서, 아가서)

(1)솔로몬의 시편들(시 72, 127편)

①시 72편▶메시아시 ②시 127편▶교훈시, 성전에 올라가는 노래

(2)솔로몬의 잠언(잠)

①중심주제▶여호와를 경외하는 것이 지식의 근본이거늘, 미련한 자는 지혜와 훈계를 멸시하느니라(잠 1:7).

②일반주제▶

*지혜와 명철과 지식(중심구절▷1:7, 2:3-4, 9:10, 16:16, 19:8)
*지혜로운 자와 어리석은 자(중심구절▷10:8, 10:23, 12:15-16, 15:14, 27:12, 29:11)
*의인과 악인(중심구절▷3:33, 4:18-19, 10:3, 11, 12:26, 14:11, 15:8-9, 24:16, 28:1, 29:6-7)
*정직과 거짓(중심구절▷11:1, 12:7, 21:15)
*재물의 욕심과 보증(중심구절▷3:9-10, 10:2, 11:4, 15:16, 16:8, 18:11, 19:4, 20:16, 22:1, 28:6, 25)
*말과 언행, 다툼과 화목(중심구절▷4:23, 10:12, 12:14, 15:1-2, 16:24, 18:8, 25:9-11, 29:20)
*하나님 경외와 하나님 능력(중심구절▷14:26-27, 15:3, 33, 16:9, 33, 19:23, 29:25)
*교훈과 책망과 징계(중심구절▷3:1-2, 11-12, 10:17, 12:1, 17:10, 22:6, 29:15)
*겸손과 교만(중심구절▷16:18-19, 18:12, 29:23)
*게으름과 부지런함, 가난한 자, 방탕(중심구절▷6:6-11, 14:4, 28:27)
*간음과 음녀(중심구절▷5:3-4, 6:26, 7:22)
*부모와 자식, 부부, 친구(중심구절▷10:1, 11:22, 12:4, 14:1, 15:20, 18:24, 19:13, 21:9, 27:10)
*통치자와 지도자, 왕과 신하(중심구절▷12:17, 19:12, 20:28, 23:1-2, 25:13, 29:4, 14)
*인생, 마음, 평안과 근심, 분노와 성급함, 소망(중심구절▷14:10, 13, 29-30, 16:32, 25:28)
*음식과 술(중심구절▷20:1, 23:20-21)
*기타▷3:25-26, 6:16-19, 18:1, 20:22, 25:17, 27:1-2, 28:4, 29:13)
*아굴의 잠언▷30장
*르무엘 왕을 훈계한 잠언▷31장

잠 14:4 **소가 없으면 구유는 깨끗하려니와 소의 힘으로 얻는 것이 많으니라.**

097-1 돌 구유(잠 14:4), 므깃도

(3)솔로몬의 전도서(전)

①중심주제▶인생의 허무함(전도자가 가로되 헛되고 헛되며, 헛되고 헛되니 모든 것이 헛되도다.)

②일반주제▶삶에 대한 권면의 책(1:2, 12:13)

*전도자가 이르되 헛되고 헛되며, 헛되고 헛되니 모든 것이 헛되도다(1:2). ➡ 일의 결국을 다 들었으니 ➡ 하나님을 경외하고 그의 명령들을 지킬지어다. 이것이 모든 사람의 본분이니라(12:13).

주께서 … 그 영화를 좀먹음 같이 소멸하게 하시니 참으로 인생이란 모두 헛될 뿐이니이다(시 39:11).
하나님을 떠난 인생은 고칠 수 없다(1:15). 그 인생은 전적으로 헛된 것이며(2:11), 슬픔으로 충만해 있으며(4:1), 인생의 목적도 없다(4:2, 8:15). 또 그 인생은 불확실하다(9:11-12). 세상의 모든 것을 누린 솔로몬이 인생에 대해 마지막으로 결론을 내린 것은 헛되고 헛되다는 것이다. 왜 세상 것만을 바라보고 사는 인생이 헛된 인생인가? 세상 것은 영원하지 못하기 때문이다. 오직 세상을 창조하신 하나님을 경외하며 사는 것이 참된 인생이다. 왜냐하면 하나님만이 영원하신 분이시기 때문이다.

(4)솔로몬의 아가서(아)

①중심주제▶사랑(예수님과 교회간의 사랑)

②일반주제▶신부(술람미 여인)로 비유된 교회와 신랑(예수)으로 비유된 교회와의 사랑에 대한 책

③이야기 순서로 엮은 아가서

술람미 여인은 예루살렘 북쪽 80㎞ 지점에 위치한 수넴 근처의 바알하몬에 있는 솔로몬 왕의 포도밭을 소작하는 한 어머니의 딸이었다(8:1). 그의 가족은 어머니와 두 아들과 두 딸이었으나 두 아들은 아마 이복 오빠인 듯하다(6:9, 8:1). 술람미 여인은 두 오빠의 미움을 받아(1:6) 포도밭에서 여우를 잡기 위해 덫을 놓았고(2:15), 염소를 먹이기도 했으며(1:8), 집 밖으로 자주 나가 포도밭을 돌보느라 햇볕에 그을려 아름다운 피부가 검게 그을렸다(1:6).

098-1 수선화(아 2:1), 이스라엘

그러던 어느 날 정체불명의 한 잘생긴(1:3-4) 사람이 포도밭을 찾아와 술람미 여인에게 관심을 가지지만(1:6) 술람미 여인은 그가 변장한 솔로몬인지 모르고 목동인 줄 알고 그 남자의 양떼에 관해 묻는다(1:7). 그러자 그 남자는 여인에게 분명하게 사랑을 표시하고(1:8-10) 다시 돌아오겠다고 약속한 후 여인의 곁을 떠난다.

남자가 떠난 후 여인은 두 차례에 걸쳐 사랑을 고백하고 떠난 남자에 관한 꿈을 꾼다.

첫 번째 꿈은 자기와 그 남자가 이미 결혼한 사이가 되나 침상에서 일어나 보니 남자가 없는 것을 발견하고 일어나 그 남자를 찾아 길을 나서는 것이다(3:1, 4).

두 번째 꿈은 사랑하는 남자가 돌아와 자기에게 문을 열어달라고 간청하나 자신은 "어찌 벗은 옷을 다시 입으며, 씻은 발을 다시 더럽히겠느냐?"하며 거절한다. 그러나 곧 마음이 변해 문을 열고 뛰어나갔으나 남자는 사라지고 없었다(5:2-5). 이에 여인은 냉정한 행동으로 간청을 묵살했던 것을 후회하고 그 사랑하는 남자를 찾아 미친듯이 헤매다가 성을 순찰하는 경비대를 만나 상처를 당하고 웃옷을 빼앗기는 수모와 학대를 당한다. 그러나 그런 가운데서도 술람미 여인은 예루살렘 여자들을 보고 자기가 사랑하는 사람을 보면 병이 날 정도로 당신을 사랑한다는 자신의 심정을 전해달라고 부탁한다(5:6-8). 그리고 돌연히 남자가 있는 곳을 찾아낸다(6:2-3)는 것이 두 번째 꿈의 내용이다.

이런 두 가지 꿈을 꾼 후 몇년이 지난 어느 날 솔로몬은 바알하몬에 있는 자기 소유의 포도밭을 왕의 모습으로 찾아와 술람미 여인을 불러 세우자 그녀는 자기가 사랑했던 그 목자임을 알았다. 그때 솔로몬은 이미 자기가 60명의 왕후와 80명의 후궁(비빈) 등 무수한 시녀를 거느리고 있지만 "자기의 완전한 자는 당신뿐이요"라고 하면서 자신이 사랑하는 신부가 될 것을 설명한다(6:8-9). 그리고 자기 수레(연)에 태워(3:9-10) 예루살렘궁을 향해 출발한다(3:7-8).

그에게는 사람을 외모로 취하는 일이 없는 줄 너희가 앎이라(엡 6:9).

솔로몬은 수많은 후궁과 첩을 두었다. 그러나 그가 진정한 사랑을 발견하고 느낀 것은 검게 그슬린 피부를 가진 술람미 여인이었다(아 6:9). 외모나 세상 환경만을 보고 한 사랑은 그 외모와 환경이 변할 때 사랑도 변하기 마련이다. 변하지 않는 참사랑은 변하지 않는 마음에서 나오는 사랑이다. 그래서 우리를 향한 주님의 사랑은 변치 않는 영원한 사랑이다. 우리는 변해도 주님의 사랑은 영원하다.

5. 솔로몬의 말년(왕상 11장, 대하 9:29-31)

(1)여호와를 떠난 솔로몬의 마음(왕상 11:1-13)

①이방 여인을 아내로 맞음(11:1-3)▶바로의 딸, 모압과 암몬과 에돔과 시돈과 헷의 여인들

②이방 신들을 따름(11:4-8)▶이방 여인을 아내로 삼은 것으로 인해
시돈의 여신 아스다롯, 암몬의 밀곰, 모압의 그모스신 등의 산당을 지어 제사지내도록 함. 후궁이 700명, 첩이 300명으로 이들이 솔로몬 왕의 마음을 하나님으로부터 돌이켜 이방신을 따르게 했다.
③하나님의 경고(11:9-13)▶두번의 경고에도 듣지 않자 나라가 나누일 것을 경고함
왕상 11:9 **솔로몬이 마음을 돌려 이스라엘의 하나님 여호와를 떠나므로 여호와께서 그에게 진노하시니라. 여호와께서 일찍이 두 번이나 그에게 나타나시고**

099-1 솔로몬의 이방인 후궁터, 예루살렘의 기드론 골짜기와 멸망산 사이

(2)솔로몬을 대적한 자들(왕상 11:14-40): 이방신을 섬김으로
①애굽으로 도망했던 에돔인 하닷이 대적함(11:14-22)
②수리아 왕 르손이 대적함(11:23-25)
③신하였던 여로보암의 대적(11:26-40)
아히야로부터 북쪽 10지파의 왕이 되게하겠다고 여로보암에게 말함
이에 솔로몬이 죽이려하자
여로보암은 솔로몬이 죽을 때까지 애굽에서 망명생활을 했다.

(3)솔로몬의 죽음(왕상 11:41-43, 대하 9:29-31)
①예루살렘 통치 40년 만에 죽어 다윗성에 장사됨
②솔로몬의 행적과 지혜는 솔로몬 실록에 기록됨

100-1 다윗과 남유다 열왕들이 묻힌 다윗성 지역, 예루살렘

적용과 실천

실천을 위한 묵상

처음보다 나중이 좋아야 한다(왕상 11:9-11).
솔로몬은 처음에는 나라를 잘 다스릴 수 있도록 하나님께 지혜를 구함으로 세상의 부귀영화도 받았다. 그것은 그가 구한 것이 하나님께서 기쁘시게 받은 기도가 되었기 때문이었다. 그러나 그렇게 받은 지혜와 부와 명성으로 인해 말년에는 이방 여인으로 인해 결국 우상숭배에 빠져 나라가 갈라지는 예언을 받게 되었다. 믿는 자에게는 처음보다 마지막이 더 중요하다. 비록 가는 길이 좁은 길이라할지라도 마지막이 생명의 길이기 때문에 우리는 세상의 좁은 길을 걸어가는 것이다. 세상에서 넓고 편안한 길을 선택하여 가므로 결국 멸망으로 마치는 어리석은 자가 되지 말자.

Thinking 내가 가진 것 중에 가장 오랫동안 자신을 기쁘게 한 것이 무엇인지 이야기해보자.

핵심 Key word

성전건축 후 통치	솔로몬의 저술	솔로몬 말년	솔로몬 죽음
국방강화, 무역활발	시편 2개, 잠, 전, 아	이방여인, 우상숭배	다윗성 장사

26과 왕국의 분열과 초기의 남북 왕들

본문말씀▷왕상 12-14장, 15:1-22, 15:25-16:28, 대하 10:1-16:10 새찬송가 435장
핵심말씀▷이에 이스라엘이 다윗의 집을 배반하여 오늘날까지 이르니라(대하 10:19).

배경 바라보기

시대적 고찰

애굽이 제21왕조의 말기에 절망적인 상태로 사실상 정치가 아멘의 제사장들에 의해 통치되고 있을 때 이스라엘은 통일왕국의 번영을 누리고 있었다. 그러나 리비아 귀족 출신 군인인 세숑크(Shosheng, 성경에는 시삭) 1세가 왕위에 올라 제22왕조의 창시자가 된 후부터는 강력한 군사력을 갖기 시작했다.

공교롭게도 이때 이스라엘은 분열의 비극을 맞아 국경에서의 잦은 분쟁으로 통일 당시 가졌던 세력은 급속히 약화되어 주위 국가에 대한 지배력마저 감당할 수 없을 정도였다. 이에 시삭은 아시아에서의 이집트의 권위를 되찾으려고 했다. 그래서 솔로몬 때 여로보암에게 망명처를 제공해 주기도 했다. 마침내 이스라엘이 분열된 지 5년째인 르호보암 즉위 5년(BC 917년)에 시삭 1세는 엄청난 병력으로 팔레스틴의 원정길에 올라 남유다를 멸망 직전까지 몰고갔다. 그러나 다행스럽게도 내정(內政)의 취약으로 시삭의 군대는 스스로 쟁취한 것들을 포기한 채 팔레스틴에서 철수할 수밖에 없었다. 다행히 북이스라엘과 남유다는 막대한 피해만 입은 채 애굽에 멸망당하지 않았다.

지리적 고찰

이스라엘의 분열은 다윗과 솔로몬 당시 가졌던 주위 국가에 대한 통치권을 급격히 약화시켜 남유다에서는 서남쪽에 위치한 블레셋의 여러 도시가 가드를 제외하고는(대하 11:8) 대부분이 유다의 지배에서 벗어났으며, 유다로 하여금 국경 부근의 전투로 인해 바쁘게 만들었다(왕상 15:27, 16:15). 동쪽에 있던 암몬과의 결합은 최소한 지리적으로 파괴되었고, 그들은 유다에 대한 충성을 할 의무를 지지 않았다.

북이스라엘도 상황은 마찬가지였다. 이미 솔로몬 당시 독립국가로 형성되었던 다메섹(왕상 11:23-25)은 점차 세력이 커지면서 아람 족속의 왕국이 형성되어 점차 이스라엘을 위협하는 존재로 떠올랐다. 그러나 모압은 이때까지 이스라엘에게 조공을 바친 것같다. 결국 이스라엘의 분열은 본토(가나안) 외의 솔로몬 때 가졌던 광할한 지역은 통치권에서 벗어났고 외세의 침략에 어려움을 겪어야만 했다.

문화적 고찰

◐시체를 짐승이 먹는 것은(왕상 14:11) 성경에서 개는 아주 천박한 짐승으로 취급되었으며, 회개치 않는 강퍅한 사람, 이방인, 영적으로 짐승과 같은 거짓 선지자를 가리키는 관용어가 되었다. 히브리인들은 죽어서 무덤에 묻히지 못하고 동물의 밥이 되는 것을 가장 큰 수치로 여겼다(시 79:2: 렘 7:33). 여로보암의 가족들은 아비야만을 제외하고는 하나님의 진노를 당해 이러한 수치를 당하였다(왕상 15:29).

단어해설

난봉꾼과 잡배(대하 13:7) 난봉꾼(worthless)은 행동이 허랑방탕한 것이나 그런 사람을 말한다. 문자적으로는 가치가 없는 헛된 것 혹은 그런 사람을 뜻한다. 잡배는 '벨리알(사탄)의 자식들' 이라는 말이다.

본문 탐구하기

내용개요 이스라엘이 남북으로 분열되자 북쪽에서 왕이 된 여로보암은 예루살렘으로 제사를 지내기 위해 내려가는 민심을 잡기 위해 벧엘과 단에 금송아지를 만들어 제사토록 하고 레위인이 아닌 자들로 제사장을 삼았다. 그러나 많은 자들이 남쪽으로 망명을 하게 되어 북쪽은 쇠퇴하고 남쪽은 점점 강해졌다. 하나님의 사람의 경고에도 불구하고 여로보암이 계속 악행을 일삼자 결국 아들이 주고 그 집이 멸망할 것을 예고받았다. 한편, 남유다의 르호보암은 북이스라엘과의 긴장과 싸움 속에서 애굽 시삭의 침공을 받아 전국이 피폐되었으나 다행히 본국 사정으로 시삭이 철수하므로 멸망은 면했다. 르호보암은 17년 통치 후에 죽어 다윗성에 장사되었다. 이후 아비얌이 왕이 되었고, 여전히 북이스라엘과 싸움을 치루었으나 신앙으로 승리했다. 아비얌이 3년 통치 후 죽고 그 아들 아사가 왕위에 올랐다. 아사의 41년의 통치기간 동안 북이스라엘은 바아사, 엘라, 시므리, 오므리, 아합으로 이어지는 반역이 계속되었다.

QA 본문탐구

1 남북 왕국의 분열과 초기 왕들

1. 북쪽 지파들의 배반과 왕국의 분열(왕상 12:1-24, 대하 10:1-11:4): BC 928년

(1)분열배경(왕상 12:1-24, 대하 10:1-11:4)

①무리한 건축사업과 성전건축의 재정 확보를 위한 솔로몬의 강제노동과 북쪽 지파에 무겁게 매겨진 세금 징수 등 강경정책은 특별히 북쪽에 있는 지파에게 불만을 갖게 했으며 갈수록 그 불만은 더 높아 갔다.

②솔로몬이 죽고 그 아들 르호보암이 세겜에서 왕위 대관식을 갖게 될 때 북쪽 지파는 솔로몬 당시 애굽의 시삭에게 망명했다가 귀국한 여로보암을 북쪽 지파의 대표자로 세우고 르호보암에게 찾아가 강제노동으로 쌓인 불만을 호소하고 고역과 무거운 멍에를 완화시켜 줄 것을 요구하였다.

이에 르호보암은 부친과 함께했던 노인의 의견을 거부하고 소년들의 요구대로 더욱 강경책을 펼침으로 이스라엘은 분열의 요인이 되었다.

왕상 12:14 내 아버지는 채찍으로 너희를 징계하였으나, 나는 전갈 채찍으로 너희를 징치하리라.

③결국 북쪽 10지파는 르호보암의 역군의 감독인 아도니람을 죽였고, 르호보암은 예루살렘으로 도망하였다. 그리고 여로보암을 공회로 청하여 북이스라엘의 초대왕으로 선택하였다. 이로써 통일왕국은 3대의 짧은 역사로 마치고 BC 928년 이스라엘은 북이스라엘과 남유다로 분열되었다.

001-2 분열 왕국

> **우리를 우리 주 그리스도 예수 안에 있는 하나님의 사랑에서 끊을 수 없으리라(롬 8:39).**
> 솔로몬 사후 르호보암은 짐을 가볍게 해주면 여전히 잘 섬기겠다는 북쪽 지파의 요구를 거절하고 더욱 강압적인 정치를 하므로 결국 나라가 분열되는 결과를 초래했다. 칼로 제압하는 것은 외적인 것이요, 그것은 얼마가지 못한다. 그러나 온유함은 오래간다. 역사적으로 보면 페르시아 왕 고레스의 융화정책은 광대한 지역을 큰 어려움 없이 다스리는 원동력이 되었다. 예수께서도 칼이 아니라 희생적인 십자가 사랑을 통해 사망의 권세를 깨뜨리고 인류구원을 이루셨다. 세상의 어떤 위협이나 칼도 사랑을 이기지는 못한다.

2.북이스라엘의 초대왕 여로보암의 초기 통치(왕상 12:25-14:18, 대하 11:13-17)

(1)금송아지 제단을 만듦(왕상 12:25-33, 대하 11:15)

①북이스라엘의 초대왕이 된 여로보암은 왕이 되자마자 세겜성을 건축하여 수도로 삼아 이스라엘을 다스렸다(왕상 12:25)

②그러나 백성들이 예루살렘으로 제사를 드리러 가므로 여론이 르호보암에게 돌아갈 것을 두려워하여,

*벧엘과 단에 금송아지를 만들어 놓고 제사하도록 함(르호보암의 길)

*산당을 짓고 일반인으로 제사장을 삼음(왕상 12:26-33).

002-1 단의 산당터, 이스라엘 텔 단

(2)북쪽 제사장들과 레위인들이 남쪽 유다로 넘어옴(대하 11:13-14, 16-17)

레위인이 아닌 자들로 제사장을 삼는 여로보암의 종교정책으로 많은 백성들과 제사장들이 남유다로 망명을 하게 되는 결과를 가져옴

이로써 북이스라엘은 쇠퇴했고, 남유다는 점차 강해지기 시작했다.

003-1 벧엘의 산당터, 이스라엘

(3)벧엘의 제단과 늙은 선지자(왕상 13장)

①여로보암이 벧엘에서 분향할 때 남유다에서 온 하나님의 사람이 와서 그의 손을 굳어지게 했다가 낫게 하는 기적을 나타냈고, 하나님의 말씀대로 아무것도 먹지 않은 채 다른 길로 돌아갔다(13:1-10).

②이 사실을 아들을 통해 알게 된 벧엘에 있는 늙은 선지자가 하나님의 사람을 만나 그를 속여 자기집으로 오게하여 떡을 먹게 했다(13:11-19).

③하나님은 말씀을 어긴 그를 사자가 물어 죽게 했고, 늙은 선지자는 그를 자기 성에 장사지냈다(13:20-32).

④이후 여로보암은 악한 길을 떠나지 않았고 결국 그 집이 멸망했다(13:33-34).

(4)여로보암의 아들 아비야의 죽음(왕상 14:1-18)

①여로보암이 병든 아들을 위해 아내를 변장시켜 실로에 있는 아히야 선지자에게 보냄(14:1-5)

②아히야는 여호와께서 알려준대로 여로보암 아내에게 아들이 죽을 것과 여로보암의 집이 멸망할 것을 말했고, 그 말대로 여로보암의 아내가 문지방에 이를 때에 아들이 죽었다(14:6-18).

3.남유다 르호보암의 통치(왕상 14:21-31, 대하 11:5-12, 11:18-12:16)

(1)르호보암의 요새건축과 가족(대하 11:5-12, 18-23): BC 928-920년

①대하 11:5-12, 12:1-4에 의하면 왕국분열 후 르호보암은 통치 초기, 시삭 침략 전에 국경선 확보를 위해 요새를 건축하였음을 말하고 있다. 그러나 남북의 긴장관계로 볼 때 르호보암의 요새구축은 그의 즉위 5년에 있은 애굽 시삭 1세의 침입을 받은 후 재차 공격시에 방어할 수 있는 요새를 구축했다.

②가족(11:18-23)▶아내 18명, 첩 60명, 아들 28명, 딸 60명

(2)르호보암의 악행과 애굽 시삭의 침공(왕상 14:21-28, 대하 12:1-12)

①분열된 지 5년째인 르호보암 즉위 5년(BC 917년)에 시삭 1세는 병거 1천 2백승, 마병 6만 명과 그외 엄청난 병력으로 팔레스틴 원정길에 올랐다(대하 2:1-3).

②시삭 1세의 침략을 당한 르호보암은 성전과 왕궁에 있는 보물을 빼앗겼다고 성서는

004-1 시삭 3세의 상형문자, 이집트 라암셋

기록하고 있으나 아마 조공을 주었을 것이다. 북이스라엘은 더 큰 수난을 받았다(대하 12:4, 9-11).
③시삭의 침입은 르호보암이 나라가 강해지므로 그가 여호와의 율법을 버렸기 때문이었다(대하 12:5-8).
④그러나 시삭의 군대는 내정의 취약으로 팔레스틴에서 철수할 수밖에 없었다.

그런즉 선 줄로 생각하는 자는 넘어질까 조심하라(고전 10:12).
시삭이 침입한 것은 르호보암이 나라가 강해지자 여호와의 율법을 버렸기 때문이었다(대하 12:1-2). 강해질수록 하나님을 의지하는 것은 더 어렵다. 우리는 평안하고 축복 가운데 있을 때 더욱 두려운 마음으로 하나님을 경외해야 축복을 계속 이어갈 수 있다. 올라갈 때 더욱 낮추고, 강해질 때 더욱 주님을 의지하라.

(3)르호보암의 죽음(왕상 14:29-31, 대하 12:13-16): BC 913년
①남유다의 르호보암과 북이스라엘의 여로보암 사이는 항상 전쟁이 있음(왕상 14:30, 대하 12:15b)
②41세에 즉위한 후 17년 동안 나라를 다스린 후 죽어 다윗성에 장사됨(왕상 1:31, 대하 12:13)
③그에 대한 행적은 선지자 스마야와 선견자 잇도의 족보책과 유대 왕 역대지략에 기록됨(대하 12:15a)

4. 남유다 왕 아비얌(아비야)의 통치(왕상 15:1-8a, 대하 13:1-22): BC 911년

(1)아비얌의 즉위(왕상 15:1-2, 대하 13:1-2a): BC 913년(북이스라엘 여로보암 즉위 18년에)

(2)북이스라엘 여로보암과의 싸움(왕상 15:3-7a, 대하 13:2b-20a,)
①아비얌은 아버지가 행한 죄를 행하고, 여호와 앞에 온전치 못했다.
②아비얌(아비야)은 40만 명, 여로보암은 80만 명으로 서로 대진하고 있었다(대하 13:2-3).
③이때 아비야가 외침(대하 13:4-12)▶에브라임산지의 스마라임 산위에서
북이스라엘의 금송아지 숭배와 제사장을 임의로 임명하고, 하나님을 배반한 것을 외쳤다.
④북이스라엘이 매복군을 두어 남유다군을 앞뒤로 포위함(대하 13:13)
⑤그러나 남유다가 하나님께 부르짖음으로 북이스라엘은 50만 명이 죽고 패했다(대하 13:14-21).

(3)아비얌의 죽음(왕상 15:3-5, 7b-8a, 대하 13:21-22): BC 911년
①예루살렘 통치 3년 만에 죽어 다윗성에 장사됨
②그에 대한 행적은 선견자 잇도의 주석책과 유대 왕 역대지략에 기록되었다.

5. 남유다 아사 왕의 초기 통치(왕상 15:8b-10, 대하 14:1): BC 911년

(1)아사의 즉위(왕상 15:8b-10, 대하 14:1): BC 911년(여로보암 20년에)
①북이스라엘 여로보암 20년에 왕위에 올라 ②예루살렘에서 41년간 통치함

6. 북이스라엘 여로보암의 죽음(왕상 14:19-20, 대하 13:20b): BC 910년

①여로보암은 22년 통치 후 여호와께서 치심으로 죽었고 ②행적은 이스라엘 왕 역대지략에 기록되었다.

7. 북이스라엘 나답의 통치(왕상 15:25-27a, 31): BC 910년

①통치평가▶남유다 아사 왕 2년에 즉위하여 2년 동안 여로보암의 악한 길로 행함

②남유다 아사 3년에 바아사의 반역으로 죽임을 당하고, 그의 행적은 이스라엘 왕 역대지략에 기록됨

8.북이스라엘 바아사의 통치(왕상 15:11-22, 27b-34, 16:1-7, 대하 14:2-16:10): BC 909년부터

005-1 바아사가 수도로 삼은 디르사

(1)북이스라엘 바아사의 통치(왕상 15:27b-34)
①남유다 아사 왕 3년에 반역하여 왕이 된 후 14년간 통치(왕상 15:27b)

(2)남유다 아사 왕의 구스인 격파(대하 14:8-15)
①유다 왕 아사 때에 구스 사람 세라가 남유다를 치러 올라옴(14:8-10)
*당시 유다의 군사력은 보병 중에 창을 든 자가 30만 명, 활을 든 자가 28만 명이었다.
구스인 세라는 보병 100만 명과 병거 300승을 가지고 올라와 마레사의 스바다 골짜기에 진을 쳤다.
②이에 아사는 하나님께 기도한 후 나가 구스인 세라를 쳐서 파한 후 그랄까지 좇아 전멸시켰고, 많은 전리품을 노략하였다. 이밖에도 그랄 주위에 있는 애굽인 거주 성읍들을 치고 노략물을 취했다(14:11-15).
*아사의 기도 내용(대하 14:11)
여호와여, 힘이 강한 자와 약한 자 사이에는 주밖에 도와 줄 이가 없사오니 우리 하나님 여호와여, 우리를 도우소서. 우리가 주를 의지하오며 주의 이름을 의탁하옵고 이 많은 무리를 치러 왔나이다.
여호와여, 주는 우리 하나님이시오니 원하건대 사람이 주를 이기지 못하게 하옵소서 하였더니

(3)남유다 아사 왕의 개혁(왕상 15:11-15, 대하 14:2-5, 15장)
①전리품으로 제사를 드리고(즉위 15년 3월), 백성들에게 여호와만을 찾을 것을 맹세시켰다(대하 15:1-15)
②남색한 자를 좇아내고 우상을 없앰(왕상 15:12), 그러나 산당은 제하지 않음(왕상 15:12, 14, 대하 15:17).
③아세라상을 만든 어머니 태후의 위를 폐하고
그 우상을 찍어 기드론 시냇가에서 불사름(왕상 15:13, 대하 15:16)
④여호와의 제단을 재건하고 아버지와 자기가 구별한 은금 그릇을 성별하여 하나님의 성전에 드림(왕상 15:15, 대하 15:18)
⑤이때부터 아사 왕 35년까지 전쟁이 없이 태평을 누렸다(대하 14:6-7, 15:19).
대하 15:19 **이 때부터 아사 왕 제삼십오년까지 다시는 전쟁이 없으니라.**

006-1 아세라(아스다롯)상

나의 평안을 너희에게 주노라. 내가 너희에게 주는 것은 세상이 주는 것과 같이 아니하니라(요 14:27).
아사는 여호와가 보시기에 선과 정의로 행하고 여호와의 율법을 행하므로 하나님은 그에게 평안을 주셨다(대하 14:2-6). 주님이 주시는 평안은 세상이 주는 일시적인 평안과 다르다. 그 평안은 말씀을 행하는데서 온다. 왜냐하면 주님의 말씀은 세상의 근심과 불안을 몰아내기에 충분하기 때문이다.

(4)남유다 아사 왕과 북이스라엘 바아사 왕(왕상 15:16- 22, 32, 대하 16:1-10)
①남유다 아사 왕 36년에 북이스라엘 바아사가 남유다를 침공함(왕상 15:16-17, 대하 16:1)
②아사가 아람 왕에게 예물을 주어 북이스라엘을 공격토록 함(왕상 15:18-20, 대하 16:2-3)
③바아사는 라마를 포기하고 돌아가고, 아사는 미스바와 게바를 요새화함(왕상 15:21-22, 대하 11:4-6).
대하 16:7 **왕이 아람 왕을 의지하고 왕의 여호와를 의지하지 아니하였으므로 아람 왕의 군대가 왕의 손에서 벗어났나이다.**
④이에 선견자 하나니가 아사를 책망함(대하 16:7-10)

(5)바아사의 죽음(왕상 16:1-7): BC 886년
①선견자 하나니가 바아사를 책망함(16:1-5)
②바아사는 죽어 디르사에 장사되고, 행적은 역대지략에 기록됨(16:6-7)

9. 북이스라엘 엘라, 시므리, 오므리 왕의 통치(왕상 16:8-28)

(1)엘라(왕상 16:8-10a, 14, BC 886년): **남유다 아사 왕 26년에 즉위**
통치 2년 만에 시므리의 반역으로 죽고, 그의 행적은 역대지략에 기록됨

(2)시므리(왕상 16:10b-13, 15-20, BC 885년): **남유다 아사 왕 27년에**
반역하여 엘라를 죽이고 왕이 되어 디르사에서 7일 통치 후 자살함

(3)오므리(왕상 16:21-28, BC 885년): **백성들에 의해 추대되어 6년간 통치**
사마리아성을 건설했으나 여로보암의 악한 길로 행하다가 죽어 사마리아성에 장사됨
*바아사와 엘라의 연대기 오류 문제는 여기서는 다루지 않고 별도 연구

선을 구하고 악을 구하지 말지어다(암 5:14). 악에게 지지말고 선으로 악을 이기라(롬 12:21).
북이스라엘의 시므리와 오므리 왕을 비롯한 많은 왕들이 반역으로 왕이 되고, 반역에 의해 죽임을 당했다. 악을 통해 얻은 권세는 악에 의해 무너지는 것은 인류 역사의 보편적인 사실이다. 악은 악을 낳는다. 그러므로 선으로 악을 이기라는 말씀을 잊지 말자.

적용과 실천

실천을 위한 묵상

언제나 하나님만을 의지하는 신앙(대하 14:11, 16:7-10).
아사는 처음에는 신앙의 왕으로 하나님을 의지하여 막강한 군사력을 가진 구스 사람 세라의 침공을 물리쳤다. 그러나 북이스라엘 바아사가 침공했을 때는 같은 동족임에도 불구하고 아람 왕에게 뇌물을 주어 북이스라엘을 공격하도록 했다. 이 일을 책망하는 선견자 하나니마저 가두는 악을 행했다. 변함없이 하나님만을 의지하는 신앙이야말로 항상 하나님의 도움을 받을 수 있는 비결이다.

Thinking 하나님을 의지하는 신앙이 약해질 때는 언제인지 이야기해보자.

핵심 Key word

왕국 분열	여로보암	나답, 바아사	엘라	시므리	오므리
현대BC 922년 전통BC 931년	금송아지 숭배	2년, 24년 통치	2년 통치	7일 최단통치	6년 통치

르호보암	아비얌	아사
요새건축, 시삭 침공	3년 통치, 남북전쟁	종교개혁, 구스인격파

27과 아합 왕과 엘리야의 활동

본문말씀▷왕상 15:23-24, 16:29-22:47, 대하 16:11-14, 17:1-19:3 새찬송가 274장
핵심말씀▷오므리의 아들 아합이 그의 이전의 모든 사람보다 여호와 보시기에 악을 더욱 행하여(왕상 16:30)

배경 바라보기

시대적 고찰 남유다 아사 왕 역시 오래간만에 남북의 화평관계를 유지하는 가운데 국방력도 튼튼하여 블레셋과 아라비아는 남유다에게 조공을 바쳤다. 남유다 왕 아사 38년에 북이스라엘의 왕이 된 오므리의 아들 아합은 국력강화와 주위 국가와의 공조내지는 긴밀한 관계유지의 부친 정책들을 이어나갔다. 당시 아람(다메섹)은 벤하닷(Benhadad)이 주위의 다른 군소 아람 왕국들의 왕들을 폐위시키고 총독을 두어 이스라엘을 위협하고 있었다. 결국 아합 당시 북이스라엘과 아람과는 3차례의 전쟁이 일어났다. 북이스라엘은 아람과의 3차례 전쟁 중 두 번의 승리를 거두었으나 남유다 여호사밧 왕과의 연합으로 이루어진 3번째 길르앗 라못 전투에서 전사했다. 한편, 이 시기에 북쪽 앗수르는 강대국으로서 면모를 갖추고 있었고, 마침내 BC 853년 북쪽의 쿠에(Kue)로부터 아람, 이스라엘, 암몬뿐만 아니라 이집트에 이르는 지역까지 거의 모든 지역의 군대가 연합하여 앗수르와 싸운 칼칼(Qarqar) 전투가 일어났다.

지리적 고찰 북이스라엘의 아합 왕은 요르단 동편의 북쪽 지역을 두고 아람과 싸워 동북쪽의 대부분 지역을 차지했다. 그러나 마지막 세 번째 싸움에서는 길르앗 라못을 두고 아람 왕과 전투를 벌였으나 패배하여 다시 아람에게 넘겨 주었다. 당시 활동했던 엘리야의 고향은 디셉이었다. 그리고 그가 가뭄 때 피한 그릿 시내와 가뭄이 끝난 후에 후계자로 세운 엘리사의 고향인 아벨므홀라 등은 모두 요단강 동쪽, 얍복강 북쪽에 위치해 있다. 그 외에 아합 왕과 엘리야와 관련된 지명은 북쪽 페니키아 지역에 있는 사르밧과 북이스라엘의 갈멜산, 그리고 남쪽의 브엘세바와 최남단의 호렙산 등은 모두 가나안 중심지에서 벗어난 지역에 있다.

문화적 고찰 ◐겉옷의 의미(왕상 19:19-20) 고대에 직분자의 옷은 그 직분을 상징한다. 제사장의 에봇은 제사장직을 상징한다. 일반적으로 고대에 자주색은 왕의 색으로 왕이나 제사장 옷은 자주색 실로 옷을 짰다. 선지자의 겉옷은 선지자직의 표징으로 여겨졌다(Keil). 따라서 엘리야가 자기 겉옷을 엘리사에게 던진 것은 그의 선지자직을 계승한다는 뜻이었다. 참고로 성서시대 거지의 겉옷은 잠자리용으로도 사용되었으며, 그것은 가난의 상징이기도 했다.

단어해설

겨릿소(왕상 19:19) 한 겨리는 멍에 하나에 한쌍으로 된 두 마리의 소가 멘 것을 말한다.

갑옷 입는 자 … 것이라(20:11). 이 속담은 전쟁을 해보지도 않고 반드시 이긴다고 자만하는 어리석음을 비유한 것이다.

산의 신(20:23) 이스라엘의 하나님 여호와를 가리킨다. 하나님께서는 시내산에서 이스라엘 백성에게 율법을 주셨기에 이방인들은 하나님을 '산의 신'이라 불렀다.

유산을 … 금하실지로다(21:3). 하나님께서 이스라엘 백성 개개인에게 기업으로 주신 가나안 땅은 영구히 매매할 수 없다(레 25:24-28).

본문 탐구하기

내용개요 오므리에 이어 북이스라엘의 왕위에 오른 아합 왕은 이전의 어떤 왕들보다 더욱 악행을 저질렀으며, 바알 숭배 역시 극에 달했다. 그의 통치기간 중에 남유다는 아사가 통치 41년 만에 죽었다. 이어 왕이 된 여호사밧이 왕위에 오르자 남북관계는 오래간만에 긴밀한 화평관계를 갖게 된다. 남유다의 여호사밧은 선한 정치를 했다. 그동안 남아있던 남색자들을 쫓아내고, 종교개혁을 단행하여 여호와 신앙을 굳게 했다. 아울러 국방도 강화했다. 한편, 북쪽에서는 엘리야가 가뭄을 예고하고 갈멜산에서 바알 선지자들을 제거하는 신앙의 승리를 거두지만 이세벨을 피해 호렙산까지 도망한다. 이후 아합 왕은 아람과의 전투에서 2번의 승리를 거두지만, 나봇의 포도원을 강제로 빼앗은 일로 인해 세 번째 전투에서 사망하므로 아합의 정치는 엘리야의 예언대로 비참한 종말을 고했다.

QA 본문탐구

② 북이스라엘 아합 왕과 남유다 아사 왕 말기부터 북이스라엘 멸망까지

10. 북이스라엘 아합 왕(왕상 15:23-24, 16:29-34, 대하 16:11-14): BC 874년

(1)아합 왕의 즉위(왕상 16:29): 남유다 아사 왕 즉위 38년에

(2)아합 왕의 악정(왕상 16:30-34)
①이전의 어떤 왕보다 악행을 저질렀다.
②시돈 왕 엣바알의 딸 이세벨을 아내로 맞은 후 바알 숭배에 빠졌다.
③사마리아에 바알 신전과 제단을 쌓고, 아세라상을 만들었다.
당시 벧엘 사람 히엘이 여리고성을 재건하다가 두 아들을 잃었다(수 6:26의 예언 성취).

누가 현숙한 여인을 찾아 얻겠느냐? 그의 값은 진주보다 더 하니라(잠 31:10).
아합 왕은 이방 여인 이세벨을 아내로 맞이함으로 이스라엘로 하여금 바알 숭배에 빠지게 하고 자신과 아내 모두 비참한 최후를 맞았다. 세상을 지배하는 것은 남자요, 그 남자를 지배하는 것은 여자라는 말이 있다. 좋은 아내는 집안을 살리나, 나쁜 아내는 집안을 망하게 한다.

(3)남유다 아사 왕의 말년과 죽음(왕상 15:23-24, 대하 16:11-14)
①즉위 39년에 발병이 생기고, 41년에 죽어 다윗성에 장사되었다.
②아사 왕의 행적은 유나 왕 역대지략에 기록되었다.

11. 남유다 여호사밧의 초기 통치(왕상 17:1-22:47, 대하 17:1-19:3): BC 873년

(1)남유다 여호사밧 왕의 즉위(왕상 22:41, 대하 17:1a, 20:31): 35세 때, 북이스라엘 아합 왕 4년에

(2)여호사밧의 초기 통치(왕상 22:42-47, 대하 17-19장, 20:32-33): 하나님이 함께하심
①아사 왕 때 남아있던 남색자들을 쫓아냄(왕상 22:45-47, 대하 20:32-33)
②국방을 튼튼하게 함▶견고한 성에 군대를 주둔시킴, 요새와 국고성을 건축함(대하 17:2, 12-19)

③여호와의 길로 행하여 산당과 아세라 목상을 제거함(대하 17:3-6)
④방백들과 레위인과 제사장들을 여러 성읍에 보내 율법을 가르치게 함(대하 17:7-9)▶즉위 3년에
⑤블레셋과 아라비아 사람들이 조공을 바침(대하 17:10-11)
⑥북이스라엘 아합 왕과 화평관계를 유지함(왕상 22:44)

온전한 사람을 이루어 그리스도의 장성한 분량이 충만한 데까지 이르리니(엡 4:13)
여호사밧은 남색자를 쫓아내고, 아세라 목상을 제거하며, 율법을 가르치게 하는 좋은 점이 있었다. 그러나 북이스라엘의 아합 왕과 사귀는 단점을 갖고 있었다. 사람에게는 장점과 단점이 있다. 장점은 더욱 본받고 단점을 줄이는 일은 일평생 동안 노력해야 할 일이다. 왜냐하면 사람은 완전하지 못하기 때문이다.

(3)아합 왕 때 엘리야의 활동(왕상 17-19장)

아합 왕 때의 시대적인 배경 엘리야는 길르앗의 디셉 출신으로 아합 왕 때 활동한 선지자이다. 아합은 북이스라엘의 오므리 왕조 중 대표적인 왕으로 당시 북이스라엘은 아합의 아내 두로 왕 엣바알의 딸인 이세벨의 바알숭배 장려 정책으로 인하여 여호와의 종교가 최대의 위기를 겪었다. 성서는 아합은 바알을 조금만 섬겼다고(왕하10:18) 기록하고 있으나 결국은 이세벨의 종교성으로 애매한 절충주의에 빠져 들었다. 이에 예언자 집단에서는 날카로운 비판을 가했고, 이세벨은 하나님의 예언자들을 박해하기에 이르렀다(왕상 18:13). 엘리야는 이런 종교적인 어두운 시대적 배경 속에서 야웨(여호와) 신앙의 회복을 위해 활동하였다.

①디셉에서(왕상 17:1)▶엘리야 선지자는 요단 동쪽에 있는 길르앗 지방의 디셉 사람으로 오므리 왕가의 아합 왕이 북이스라엘을 다스릴 때 이스라엘에 수년 동안 가뭄이 있을 것을 경고하는 가운데 등장했다.
*이슬도 내리지 않은 것은 극심한 가뭄을 말한다.
왕상 17:1 **내 말이 없으면 수 년 동안 비도 이슬도 있지 아니하리라.**
*가뭄기간은 3년인가, 3년 6개월인가?
왕상 17:1에는 수 년 동안, 왕상 18:1에는 제 삼년에, 약 5:17에는 삼년 육 개월 동안(눅 4:25 참조)으로 나온다. 이는 가뭄이 건기에 시작하면 어차피 6개월은 가뭄이므로 3년이고, 우기에 시작하면 6개월이 더 길다.
②그릿 시냇가에서(왕상 17:2-7)▶가뭄 예고 후 아합을 피해 숨어 지냄
*그릿 시냇가는 요르단의 와디 야비스(Wadi Yabis)로 생각된다.
*까마귀가 가져다 주는 떡과 고기를 먹고 지내다가 계속된 가뭄으로 시냇물이 말라 사르밧으로 올라갔다.
③사르밧과 사마리아로 가는 길에서(왕상 17:8-18:19)▶
*사르밧은 신약시대에 사렙다로 불리웠다(눅 4:26). 이곳은 지중해 북쪽, 오늘날 레바논의 해안 항구인 시돈과 두로 사이, 곧 시돈 남쪽 13km, 두로 북쪽 22.5km에 소재하는 소도시이다. 옛 이름이 사르밧이었던 것을헬라인들은 사라판드(Sarafand)라고 불렀고 오늘날도 사라판드이다.
*그릿 시냇물이 마르자 하나님의 명령에 따라 사르밧으로 올라갔다.
*사르밧의 한 과부는 가루 한 움큼과 조금 남아 있는 기름으로 만든 작은 떡 한개를 엘리야에게 주었다. 그럴때 엘리야는 가뭄이 그칠 때까지 통의 가루와 기름이 떨어지지 않는 기적을 베풀었다. 이후 죽은 사르밧 과부의 아들을 살려주었다.

008-1 디셉, 요르단 마르 엘리야스

009-1 그릿 시내, 요르단 와디 야비스

010-1 텔 사르밧, 레바논 사르판다

네 소유를 팔아 가난한 자들에게 주라. 그리하면 하늘에서 보화가 네게 있으리라(마 19:21).
사르밧 과부는 마지막 먹고 죽으려고 했던 한 움큼의 밀가루와 기름 조금으로 작은 빵 한개를 만들어 엘리야에게 가져다 주었다. 그가 그렇게 한 것은 그렇게 하면 가뭄이 끝날 때까지 가루통에 밀가루가 떨어지지 않고 기름 그릇에 기름이 없어지지 않을 것이라는 말씀을 믿었기 때문이었다. 사르밧 과부에게 그것은 작두 펌프의 마중물과 같은 것이다. 그가 마지막 최후의 것까지 드릴 때(그런 신앙) 끊이지 않는 축복이 임했다. 만일 그것을 드리지 않았다면 그는 가뭄에 굶어 죽을 수밖에 없었을 것이다. 하나님은 때로 우리에게 남은 마지막 것까지 드릴 것을 요구하신다. 그것은 전부를 요구하시는 것이다.

* 사르밧에서 3년을 지낸 후에 가뭄이 끝난 것을 아합에게 알리기 위해 사마리아로 내려가는 도중에 아합의 궁내대신 오바댜를 만났다(18:1-6).
* 그리고 아합 왕을 만나지 말 것을 강청하는 것을 거절하고 왕을 만난 엘리야는 바알과 아세라 선지자들과 대결할 것을 제의했다(18:7-19).

④갈멜산의 대결(왕상 18:20-46)▶

* 갈멜산은 산맥으로 가장 넓은 곳이 14.4km, 길이는 32km이다. 가장 높은 곳이 546m이며, 엘리야가 싸운 곳은 '케렌하-갈멜'로 482m이다.
* 엘리야의 제의를 받아들인 아합은 바알 선지 450명과 아세라 선지 400명을 갈멜산으로 나오게 하여 어느 신이 참신인지를 불의 위함으로 대결하였다. 결국 엘리야의 제단에 불이 임했고, 바알 선지자들은 기손 시내에서 죽임을 당했다. 엘리야의 승리는 사람의 수에 있지 않았다.
* 그리고 아합에게 비가 올 것을 알려 주었고, 아합은 엘리야의 말대로 서둘러 사마리아로 내려갔다.

우리의 싸우는 무기는 육신에 속한 것이 아니요, 오직 어떤 견고한 진도 무너뜨리는 하나님의 능력이라(고후 10:4). 믿음의 선한 싸움을 싸우라. 영생을 취하라(딤전 6:12).
신앙의 승리는 사람의 수에 있는 것이 아니다. 왜냐하면 영적 싸움은 세상의 무기를 가지고 싸우는 싸움이 아니기 때문이다. 그것은 오직 주님을 향한 확고한 믿음으로 이길 수 있는 싸움이다.

012-1 기손 시내서 본 갈멜산

⑤브엘세바로 도망함(왕상 19:1-7)▶

* 이세벨은 바알 선지자를 죽인 엘리야를 죽이려고 했다. 이에 엘리야는 브엘세바까지 도망하여 그곳 로뎀나무 아래에서 죽기를 구했다.
* 브엘세바의 지정학상 의미▷브엘세바는 인간이 살 수 있는 남방 한계선상의 도시이다. 엘리야는 이제 더 이상 내려가면 사람이 살 수 없는 곳으로 도망해야 하는 그 지점에서 죽기를 구하고 있는 것이다.
* 북이스라엘의 갈멜산에서 국경을 넘었음에도 왜 죽기를 구했는가? 당시 북이스라엘의 아합 왕과 남유다의 여호사밧 왕과는 동맹관계에 있어 국경을 넘어도 안전하지 못했기 때문이다. 그러나 천사가 준 음식을 먹고 힘을 얻어 호렙산까지 갔다.

013-1 브엘세바, 텔 비르세바

⑥호렙산으로(왕상 19:8-18)

* 브엘세바에서 호렙산까지는 13일 거리이나 엘리야는 40일 만에 호렙산에 도착했다(신 1:2 참조). 그리고 하사엘을 다메섹 왕으로, 예후를 북이스라

014-1 로뎀나무의 저자, 이스라엘

엘 왕으로, 엘리사를 자신의 후계자로 세우라는 명령을 받음

⑦아벨므홀라(왕상 19:19-21)▶

*아벨므홀라는 요단 동편, 디셉 남동쪽에 있는 엘리사의 고향이다. 아합 때에는 북이스라엘의 영향력이 약한 지역이다.

*12겨리의 소로 밭을 갈고 있는 엘리사를 만나 자기 겉옷을 던져 자기를 따라오게 했다. 엘리야가 자기 겉옷을 엘리사에게 던진 것은 그의 선지자 직을 계승한다는 뜻이었다.

015-1 엘리야가 머문 호렙산 중턱

*엘리사는 12겨릿소를 놓고 밭을 갈던 쟁기로 화목을 삼아, 그중에 한 마리의 소를 제물로 잡고 엘리야를 따랐다.

왕상 19:21 **엘리사가 그를 떠나 돌아가서 한 겨릿소를 가져다가 잡고 소의 기구를 불살라 그 고기를 삶아 백성에게 주어 먹게 하고 일어나 엘리야를 따르며 수종들었더라.**

016-1 겨릿소로 밭을 가는 팔레스틴 농부

너희 중의 누구든지 자기의 모든 소유를 버리지 아니하면 능히 내 제자가 되지 못하리라(눅 14:33).
엘리사는 엘리야의 후계자로 부름을 받았을 때 농사를 짓던 겨릿소를 잡고, 소의 기구들을 불살라 그 고기를 삶아 백성들에게 주고 엘리야를 따르며 수종들었다. 겨릿소와 그 기구는 엘리사가 생존을 위해 사용했던 것이었다. 특히 생존도구를 재목으로 삼아 겨릿소를 삶은 것은 이제까지 생존을 위해 살았던 모든 것을 버린 것을 의미한다. 이것은 예수의 제자들이 그물을 버리고 예수를 좇는 것과 같이 모든 것을 버려야 주님의 제자의 길을 갈 수 있음을 보여주는 것이다. 이것이 바로 제자의 삶이다.

(4)북이스라엘 아합 왕과 아람 왕 벤하닷과의 싸움(왕상 20장)

①1차 싸움(20:1-25)

*32명의 왕들이 모여 벤하닷과 함께 올라가 사마리아를 포위함

*아합 왕은 벤하닷의 항복요구를 거절했고, 한 선지자는 여호와께서 아람 군대를 물리칠 것을 아합 왕에게 말함

*아합이 선지자의 말대로 청년 232명과 그외 7000명으로 선제 공격을 감행하여 승리함

*선지자가 재침공 대비를 위해 군사력을 강하게 할 것을 말함

*아람 신하들의 승리를 위한 대책(왕상 20:23-25)

왕상 20:23 **그들의 신은 산의 신이므로 그들이 우리보다 강하였거니와 우리가 만일 평지에서 그들과 싸우면 반드시 그들보다 강할지라.**

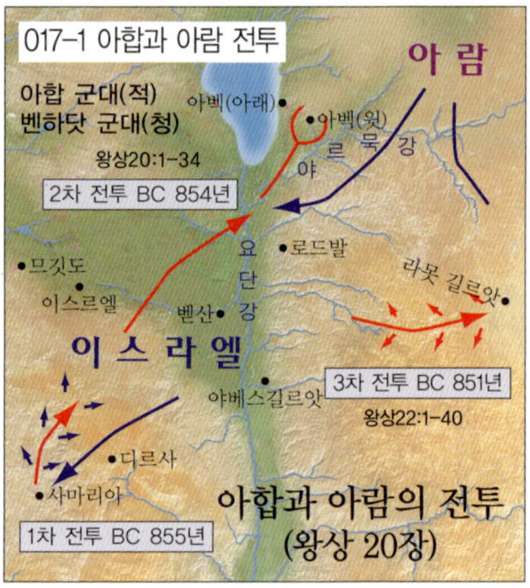

017-1 아합과 아람 전투

왕 밑에 있는 32명의 왕들의 왕 직책을 없애고 대신에 총독을 세우고 잃어버린 군대만큼 보충하십시오.

②2차 싸움(20:26-43): 1차 싸움 이듬해

벤하닷이 아벡으로 올라와 진을 치자 아합 군대도 마주대해 진을 쳤다. 이스라엘은 하나님의 사람의 말대로 진을 친지 7일 만에 싸워 12만 7천 명을 죽이는 대승을 거두었다. 그러나 멸하기로 작정한 하나님의 말씀을 어기고 벤하닷을 풀어주므로 장차 죽을 것을 예고받았다(20:42).

018-1 벤하닷이 진을 친 아벡, 이스라엘, 골란고원

(5)아합 왕이 나봇의 포도원을 빼앗음(왕상 21장): 아람과 2차 싸움 후에

①이세벨의 모략에 따라 나봇을 죽이고 그의 포도밭을 강제로 빼앗은 일로 아합은 엘리야로부터 죽을 것을 예고받았다(왕상 21:1-26).

개들이 나봇의 피를 핥은 곳에서 개들이 네 피도 핥을 것이다(21:19).
②아합이 뉘우치자 재앙을 아들의 시대에 내리게 하였다(21:27-29).
옷을 찢고, 굵은 베로 몸을 동이고, 금식하고, 굵은 베에 누웠다.

(6)북이스라엘 아합 왕과 남유다 여호사밧의 연합
(왕상 22:1-40, 대하 18장)
①아람과 2차 싸움에서 승리한 후 3년이 지나 아합 왕이 길르앗 라못을 찾기 위해 남유다 여호사밧과 연합하여 싸움을 준비함(왕상 22:1-4)
②그러나 길르앗 라못을 공격하지 말라는 미가야의 진실된 예언을 무시하고 공격하다 화살에 맞아 죽었다(왕상 22:5-36, 대하 18:3-34).
③아합은 사마리아에 장사되고 피묻은 병거는 사마리아 못에서 씻자 개들이 그 피를 핥아 먹음으로 엘리야의 예언이 이루어짐(왕상 22:37-38)
④아합 왕의 행적과 상아궁 건축은 역대지략에 기록되었다(22:39-40).

(7)북이스라엘 아합 왕 사후, 남유다 여호사밧 왕의 통치(대하 19:1-3)
①선견자 예후가 여호사밧을 책망함(대하 19:1-3)
북이스라엘 아합 왕과 연합하여 싸운 일에 대해
대하 19:2 **왕(여호사밧)이 악한 자(아합)를 돕고 여호와를 미워하는 자들을 사랑하는 것이 옳으니이까?**

018-2 나봇 포도원 지역, 이스르엘

019-1 길르앗 라못, 요르단

020-1 아합 왕궁터, 사마리아

적용과 실천

실천을 위한 묵상

하나님은 인간의 한계선상에서 100% 역사하신다(왕상 19:3-8).
브엘세바는 인간이 살 수 있는 남방 한계선상의 도시이다. 엘리야는 이제 더이상 내려가면 사람이 살 수 없는 곳으로 도망해야 하는 그 지점에서 죽기를 구했다. 엘리야에게 브엘세바는 종점인생, 막장인생의 자리였다. 우리 역시 브엘세바이 엘리야처럼 내 힘과 노력과 지혜로는 더 이상 할 수 없는 상황에 있을 때가 있다. 그러나 엘리야에게 천사를 통해 음식을 주어 호렙산까지 가게하신 하나님은 오늘 우리에게도 자신이 아무것도 할 수 없을 때 하나님은 100% 역사하심을 기억하자.

Thinking 가장 소중한 것을 드리는 것은 어떻게 가능한지 이야기해보자.

핵심 Key word

북이스라엘 아합 왕
바알숭배, 엘리야 갈멜산 전투, 벤하닷과 전쟁, 나봇포도원 강탈, 길르앗라못 전투에서 사망

남유다 여호사밧 왕	엘리야 여정
남색자 추방, 아합과 길르앗전투	디셉-그릿시내-사르밧-갈멜산-브엘세바-호렙산-엘리사

28과 아합 왕 사후의 여호람과 엘리사

본문말씀▷왕상 22:48-59, 왕하 1:1-8:24, 대하 19:4-21:20, 욥　　새찬송가 459장
핵심말씀▷선지자의 제자들이 … 엘리야의 성령이 하시는 역사가 엘리사 위에 머물렀다 하고(왕하 2:15)

배경 바라보기

시대적 고찰 아합 왕이 아람과의 길르앗 라못 전투에서 전사한 이후 북이스라엘은 본토(팔레스틴 북부)을 유지한 채 요단 동북편 지역은 아람에게 넘어갔다. 이후 북이스라엘은 계속해서 아람의 위협에 시달려야 했다. 단지 엘리사의 예언적 대처로 인해 잠시 위기를 모면했으나 세 번째 아람의 침공시에는 사마리아가 포위되어 극심한 기근 속에 멸망 직전까지 갔으나 하나님의 기적적인 역사로 위기를 모면했다. 한편, 남유다 역시 여호사밧 때 모압 연합군의 침공을 받았으며, 그 아들 여호람 때에는 아라비아 사람의 침입으로 수도가 찬탈되고 왕의 아들과 아내가 사로잡혀 갔다. 또 남쪽의 에돔은 유다 지배에서 벗어나고, 립나 역시 유다를 배반하기에 이르렀다.

지리적 고찰 북이스라엘 아합 왕의 사후 남북 왕국의 지리적인 배경은 본토(팔레스틴)를 중심으로 이루어졌다. 남북 왕국 모두 본토를 벗어나지 못했으며, 오직 외부에서 팔레스틴 지역으로 침입해 오는 적들을 방어하는데 국한되었다. 당시 가장 중요한 외세 중 하나는 아람(Aram)이었다. 아람의 헬라어식 이름은 시리아(Syria)이다. 아람의 땅은 다소 명확하지 못한데 그것은 정치적, 지리적인 개체가 아닌 단지 아람 사람들이 집거하고 있음을 가리키기 때문이다. 대체로 이 지역은 요단강 동편의 팔레스틴 북동부 즉, 비옥한 초생달 지역 주변 지대로부터 티그리스와 유프라테스강 계곡까지를 말한다. 이 지역 중에 아람 나하라임(시 60편 제목)은 대상 19:6에는 메소보다미아로 나오는데 이곳은 하란을 포함한 밧단 아람과 동일한 지역이다.

문화적 고찰 ◐성문 어귀(왕하 7:3) 성문의 주된 목적은 성벽으로 된 성의 출입을 가능하게 하고 성읍을 안전하게 하는 것이다. 그러나 고대에는 사람의 출입이 많고 문 앞에 비교적 넓은 광장이 있기 때문에 국가정책을 알리는 장소로 이용되었고, 일반인들은 새로운 소식을 접하는 곳이기도 했다. 때로는 재판이 이루어지기도 했다.

단어해설

갑절이나 내게(왕하 2:9) 여기서 '갑절'은 문자적으로 두 배를 뜻하는 것이 아닌 엘리사가 엘리야의 '영적 장자'로서 그의 사역을 이어받기 원한다는 표현이다. 이스라엘의 상속법에 따르면, 유산 상속 때 장자는 다른 자식들보다 두 배를 차지했다(신 21:17).

불수레와 불말(11) 구약 성경에서 불은 대개 하나님의 현현을 상징하였다(출 3:2, 합 3:3-5). 여기서 불타는 듯한 광채로 둘러쌓인 불수레와 불말은 하나님께서 엘리야를 하늘로 데려가기 위해 보낸 것이다.

내 아버지여 … 그 마병이여(12) 하나님이 이스라엘의 아버지이자, 보호자라는 의미이다(13:14).

사환(servant, 使喚, 4:12) 주인의 심부름을 하거나 시중드는 일을 맡은 '종'이나 '노예'를 가리킨다. 이스라엘 사회에서 종이나 노예는 완전한 예속이 아니라 개인적인 자유를 어느 정도 누릴 수 있었으며, 가정을 이룰 수도 있었다

내용개요 아사 왕에 이어 왕위에 오른 여호사밧은 부왕과 같이 선행을 베풀었다. 백성으로 하여금 여호와를 찾게 했고, 그런 신앙으로 여호와의 도움을 받아 외적을 쉽게 물리쳤다. 그러나 악한 북이스라엘 아하시야 왕과의 교제로 인해 책망을 받기도 했다. 북이스라엘의 아하시야는 병이 들었을 때 바알세붑에게 치료유무를 물으므로 엘리야로부터 죽음을 예고받았다. 그가 죽은 후 북이스라엘의 왕이 된 여호람 때에는 엘리야가 승천을 앞두고 있었다. 그리고 엘리야의 후계자가 된 엘리사는 많은 기적을 베풀었다. 그러는 사이에 남유다도 여호사밧이 죽고 북이스라엘과 동명이인인 여호람이 왕이 되었다. 남유다 여호람 때 엘리사는 본격적인 사역을 시작했는데 그는 수넴 여인의 죽은 아들을 살리고, 보리떡 20개와 채소 1자루로 100명을 먹이는 기적을 베풀었으며, 아람 군대의 침공을 여호람 왕에게 미리 알려주어 대비케 하였으며, 아람 군대가 도단을 포위했을 때는 눈을 멀게하기도 했다.

QA 본문탐구

12. 남유다 여호사밧의 후반기 통치(대하 19:4-20:30)

(1)여호사밧의 개혁(대하 19:4-11)

①전국을 순찰한 후 백성들로 하여금 여호와께 돌아오도록 함

②견고한 성읍에 재판관을 세워 성읍에 상주하도록 함▶레위인과 제사장은 예루살렘에서 여호와께 속한 일을, 족장들은 일반 일을 재판토록 함

(2)여호사밧의 전쟁과 기도(대하 20:1-30)

①모압, 암몬, 마온 연합군이 여호사밧을 치기 위해 엔게디로 옴(20:1-2)

②이에 여호사밧이 기도하고 백성들에게 금식을 선포함(20:3-4)

③여호사밧의 연설(20:5-13)

20:6 **주의 손에 권세와 능력이 있사오니 능히 주와 맞설 사람이 없나이다.** 20:12 **우리를 치러 오는 이 큰 무리를 우리가 대적할 능력이 없고, 어떻게 할 줄도 알지 못하옵고, 오직 주만 바라보나이다.**

> **귀인들을 의지하지 말며, 도울 힘이 없는 인생도 의지하지 말지니(시 146:3)**
> 여호사밧은 도저히 맞설 수 없는 군사력의 열세에서 모압 연합군의 침략에 '오직 주만 바라보나이다.'(20:12)라고 기도했다. 자신의 능력으로는 감당할 수 없는 상황에서 사람을 의지하지 않고 하나님을 찾는 자야말로 가장 지혜로운 사람이다. 왜냐하면 하나님은 그런 자를 능히 도우시는 분이기 때문이다.

④여호와의 영이 야하시엘에게 임함(20:14-19)

*이 전쟁은 너희에게 속한 것이 아니라 하나님께 속한 것이다(20:15).

⑤남유다 여호사밧의 승리(20:20-30)

*여호사밧이 드고아에서 하나님만 의지할 것을 외치고, 찬양함(20-21)

*여호와께서 복병을 두어 암몬과 모압과 세일 산 주민들을 치게하여 서로 싸우게 하였다(22).

*여호사밧이 싸움없이 3일 동안 전리품만을 갖고 예루살렘으로 돌아옴

*승리에 감사하며, 브라가 골짜기에서 여호와를 찬양했다(26-28).

022-1 여호사밧이 여호와만을 의지하라고 외친 드고아 지역, 이스라엘

13.북이스라엘 아하시야의 통치(왕상 22:48-49, 51-53, 왕하 1:1-2:11, 대하 20:35-37): BC 853년

(1)북이스라엘 아하시야의 즉위(왕상 22:51): 남유다 여호사밧 왕 즉위 17년에

(2)북이스라엘 아하시야의 통치(왕상 22:52-53, 왕하 1:1)
①여로보암의 악한 길로 행하며 바알을 섬김 ②아합 사후 아하시야 때 모압이 이스라엘을 배반함(왕하 1:1)

(3)여호사밧(남)과 아하시야(북)의 교제(왕상 22:48-49, 대하 20:35-37)
①두 왕이 에시온게벨에서 배를 건조함(왕상 22:48)
다시스의 금을 가져오기 위해
②여호사밧이 아하시야의 백성이 배에 타 돕고자 하는 것을 거절함
③엘리에셀의 예언(대하 20:35-37)▶왕(여호사밧)이 아하시야와 교제하므로
여호와께서 배를 파괴할 것입니다.

023-1 에시온게벨, 요르단

(4)엘리야와 북이스라엘 아하시야와 그의 죽음(왕하 1:2-18): BC 852년
①다락에서 떨어져 병이 들자 치료유무를 위해 에그론의 바알세붑신에게 사자를 보냄(1:2)
②엘리야가 아하시야의 사자에게 아하시야가 죽을 것을 말함(1:3-4)
③이에 아하시야가 엘리야에게 50부장과 군사 50명을 보냄(1:5-16)
*엘리야는 불이 하늘에서 내려와 그들을 태워 죽이도록 했고, 다시 온 자들도 똑같이 불에 태워 죽었다.
*세 번째의 사자는 간구함으로 살아서 아하시야에게 그가 죽을 것을 말해주었다.
④아하시야의 죽음(왕하 1:17-18)▶엘리야의 예언대로 죽고 아들이 없어 여호람이 왕이 되었다.

(5)엘리야의 승천여정(왕하 2:1-11)
①아하시야가 죽고 여호람이 북이스라엘의 왕이 된 때 엘리야는 하나님의 명령에 따라 길갈로 갔다(2:1).
그곳에서 엘리사를 머물게 하고자 했으나 엘리사는 계속해서 엘리야를 따랐다.
*엘리야의 승천여정 중에 있는 길갈은?
여리고 근처로 보기도 하나 대다수의 학자(아하로니)들은 벧엘 북쪽 13㎞ 지점의 일리율리아로 본다.
②엘리야는 길갈을 출발하여 벧엘로 감(2:2-3)▶이곳 선지자의 제자들이 스승을 따르지 말라고 함
③벧엘을 떠나 여리고로 감(2:4-5)▶여리고에 있는 선지자의 제자들도 스승을 따르지 말라고 만류함
④여리고에서 요단강가로 감(2:6-8)▶엘리야가 겉옷으로 요단강을 가름
⑤엘리야의 승천▶요단강가(2:9-11)
*엘리사가 엘리야의 성령이 하시는 역사가 갑절이나 임하기를 구했고 엘리야는 회오리바람 속에 불말이 이끄는 불수레를 타고 승천하였다.
이때 엘리사는 자기 옷을 찢고 엘리야의 겉옷을 취했다. 그리고 그 겉옷으로 요단강을 갈라 건넌 후 여리고로 왔다(2:12-14 참조).

024-5 엘리야가 승천한 곳, 요르단

우리가 선을 행하되 낙심하지 말지니 포기하지 아니하면 때가 이르매 거두리라(갈 6:9).
엘리야의 승천여정은 점차 짧아지는 여정이었지만 그를 따르는 엘리사에게는 갈수록 힘든 여정이었다. 정상에 가까울수록 거리는 짧아지나 힘은 갈수록 더 든다. 그러므로 힘들고 고난이 커질수록 응답과 성취는 가까이 다가옴을 믿고 낙심하지 말자.

14.북이스라엘 요람의 통치(왕상 22:45, 50, 왕하 2:12-3:27, 대하 20:31-34, 21:1)

(1)북이스라엘 요람(여호람)의 즉위(왕하 3:1-3): BC 852년(남유다 여호사밧 왕 즉위 18년에)
악을 행했으나 부모 같지는 않았다. 왜냐하면 그는 아버지가 만든 바알 주상을 제거했기 때문이다.

(2)엘리사의 활동 1(왕하 2:12-3:27)

①요단강에서 여리고로(2:12-22)

＊엘리야와 함께한 여정(왕상 19:19-21, 왕하 2:1-11)

＊엘리사는 요단강 물을 갈라 건넌 후 여리고로 돌아왔다(2:14).

＊이를 본 선지자의 제자(생도)들은 엘리사에게 경배하고 자신들의 지도자 위치에 놓았다(2:15-18).

＊여리고에서 좋지 않은 물을 소금을 던져 고쳤다(2:19-22).

025-1 엘리사의 샘, 여리고

②여리고에서 벧엘과 갈멜산을 거쳐 사마리아로 돌아왔다(2:23-25)

＊벧엘로 갈 때 대머리라고 조롱하는 아이들을 저주하여 암곰 두 마리가 나와 42명을 죽게 했다(2:23-24).

＊이후 갈멜산으로 갔다가 사마리아로 돌아왔다(2:25).

026-1 사마리아 아합궁터, 이스라엘

③사마리아에서 에돔 광야로 원정(3:4-27)▶남북 왕국의 연합군에 종군함

＊아합 왕 사후에 모압 왕 메사가 여호람 때 북이스라엘을 배반함(5)

＊북이스라엘 요람이 남유다 여호사밧과 연합하여 모압 원정길에 올랐고, 도중에 에돔도 합세했다(6-8).

＊원정 7일째 마실 물이 없을 때 남북 왕이 엘리사에게 가서 물음(9-15)
왕하 3:14 **내가 만일 유다의 왕 여호사밧의 얼굴을 봄이 아니면 그 앞에서 당신을 향하지도 아니하고**

> **땅 위의 모든 족속이 너의 씨로 말미암아 복을 받으리라(행 3:25).**
> 북이스라엘 여호람 왕은 배반한 모압을 치기 위해 유다 왕 여호사밧과 연합하여 남하하던 중 물이 없어 어려움을 당할 때 엘리사에게 도움을 요청했다. 이때 엘리사는 여호사밧을 생각하여 종군했다(왕하 3:14). 나 때문에 다른 사람이 구원받는다면 얼마나 보람된 일인가?

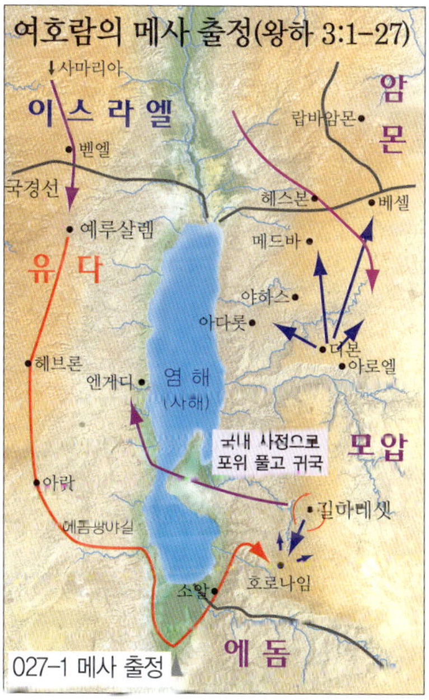

027-1 메사 출정

＊엘리사가 큰물이 흘러내릴 것을 예고해 주었다(16-20).
이에 물이 에돔쪽에서부터 흘러와 연합군을 구했다.

＊세 연합군은 모압의 공격을 물리치고 도망하는 모압군을 추격하고 주위의 성읍을 헐고 길하레셋까지 포위하였다(21-25).

＊패망의 위기에 있던 모압 왕 메사는 칼찬 군사 700명과 함께 에돔 왕에게 피하려고 했으나 실패하였다(26).
이에 자기 왕위를 이을 맏아들을 성위에서 번제로 드렸다(27).
이때 이스라엘은 고국 사정으로 포위를 풀고 돌아갔다(27).

028-1 모압 수도 길하레셋, 요르단

(3)남유다 여호사밧의 죽음(왕상 22:45, 대하 20:31-34, 21:1): BC 848년
죽어 다윗성에 장사되고 그의 행적은 예후의 글과 이스라엘 열왕기와 유다 왕 역대지략에 기록되었다.

15. 남유다 여호람의 통치(왕하 4:1-8:24, 대하 21:2-20, 옵): BC 848년

(1)남유다 여호람의 즉위(왕하 8:16, 대하 21:1): 북이스라엘 요람(여호람) 즉위 5년에

(2)남유다 여호람의 초기 통치(왕하 8:17-19, 대하 21:2-7, 11-15, 20a): 32세에 왕위에 올라 8년간 통치
①여호사밧은 죽을 때 장자인 여호람에게는 왕위를 주고, 나머지 아들에게는 재물과 견고한 성읍을 줌
②여호람은 아합의 딸을 아내로 맞고 그로 인해 모든 동생과 이스라엘 몇 명 방백들을 죽임
③또한 산당을 세우고, 예루살렘 주민으로 음행하게 하고, 북이스라엘의 왕들의 악한 길로 행함
④결국 여호와께서 자녀들과 재물을 큰재앙으로 치시고 창자에 병이 걸려 창자가 빠져나올 것을 예언받음

029-2 고대 수넴 지역, 이스라엘

(3)엘리사의 활동 2(왕하 4-7장, 8:1-6)
①죽은 선지자 생도의 아내가 빌려온 그릇에 기적으로 기름을 채움(왕하 4:1-7)
②수넴에 갔을 때 자기를 위해 다락방을 지어 쉬게했던 그곳 여인에게 아들을 낳게 했다(왕하 4:8-17).
③길갈에 있을 때▶수넴으로 가서 수넴 여인의 죽은 아들을 살렸다(4:18-37).
④길갈에 왔을 때 국속에 있는 독을 해독하고, 흉년이 들어 굶주린 선지자 생도들을 위해 바알살리사에서 가져온 보리떡 20개와 채소 1자루로 100명을 먹였다(4:38-44).
⑤ 길갈에서 도단으로 가기까지 성서에 나오는 사건은(왕하 5:1-6:7)?
*아람 왕 벤하닷 2세의 군대장관인 나아만의 문둥병을 고침(5장)
왕하 5:12 **다메섹 강 아바나와 바르발은 이스라엘 모든 강물보다 낫지 아니하냐? 내가 거기서 몸을 씻으면 깨끗하게 되지 아니하랴 하고 몸을 돌려 분노하여 떠나니**
엘리사의 종 게하시가 엘리사를 속이고 나아만에게 예물을 받음으로 나병에 걸림(5:24-27)
*물에 빠진 도끼를 나뭇가지를 던져 도끼를 떠오르게 하여 건져 줌(왕하 6:1-7)
⑥도단에 있을 때 아람 군대의 침공을 알려 줌(왕하 6:8-23)
*아람 왕 벤하닷이 요람을 치기 위해 북이스라엘 진영에 내려올 때마다 엘리사는 침공 정보를 미리 왕에게 기별하여 방비하게 하였다.
*이것을 아람 왕의 신복이 알고 왕에게 고하자 아람 왕 벤하닷은 엘리사를 잡기 위해 군대를 보내 밤에 도단을 포위하였다. 아침에 포위당한 것을 안 엘리사는 그들의 눈을 어둡게 하였다.
게하시에게(6:17)▷**여호와여, 원하건대 그의 눈을 열어서 보게 하옵소서.**
아람 군대에게(6:18)▷**원하건대, 저 무리의 눈을 어둡게 하옵소서.**

030-1 도단, 이스라엘

*엘리사는 도단에서 눈이 멀게 된 아람 군대를 이끌고 사마리아로 오게 한 후 눈을 뜨게 하였다.
*그리고 죽이지 않고 음식을 주어 먹게한 후 고국으로 돌려 보냈다.
⑦이후 다시 수넴으로 가서 아들을 살려준 수넴 여인에게 7년 동안 가뭄이 있을 것을 알려 줌(8:1-2)
⑧7년의 가뭄 뒤에 돌아 온 수넴 여인의 소유를 회복시켜 줌(왕하 8:3-6)
⑨7년 정도 지난 후 아람 군대가 사마리아를 포위함(왕하 6:24-7:20)
*이에 음식값은 폭등하고 자식을 삶아 먹는 비참한 상황까지 이르게 되었을 때 엘리사는 하루만에 음식물 가격이 폭락할 것을 예언했다.
*아람 군대는 군대 소리를 듣고 이스라엘이 헷사람과 애굽 군대에 구원을 요청하여 오는 줄 알고 모든 것을 남겨두고 급히 도망하였다.

031-1 사마리아 성문 어귀, 이스라엘

*이 사실을 4명의 나병환자를 통해 안 요람 왕은 사실 확인 후 나가 아람 군대의 물건들을 취했다.

(4)엘리사와 아람 왕 벤하닷(왕하 8:7-15)

①이후 엘리사는 다메섹에 있을 때 아람 왕 벤하닷의 병의 치료 유무를 알기 위해 많은 예물을 갖고 온 하사엘이 아람 왕이 되어 이스라엘에게 잔악한 침략 행위를 저지를 것을 알고 울었다(8:7-14).

②하사엘은 귀국하여 벤하닷에게 물에 적신 이불을 덮어 죽게 했다(8:15).

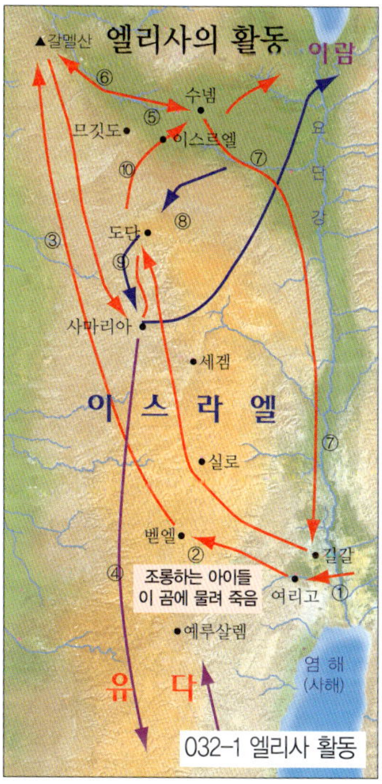

032-1 엘리사 활동

(5)여호람 때 주위 국가들의 배반(왕하 8:20-22, 대하 21:8-10, 16-17)

①아라비아 사람들이 유다의 재물과 여호람의 아들들과 아내들을 탈취함

②에돔이 유다의 지배에서 벗어나고, 립나도 유다를 배반함

③이 일 후 여호람은 여호와의 치심으로 창자에 병이 걸렸다.

(6)오바댜서(옵)

①기록연대▶남유다 여호람 통치 시기 혹은 예루살렘 멸망 직후

②내용▶에돔의 심판에 대해 오바댜가 받은 계시이다.

옵 1:3-4 **너의 마음의 교만이 너를 속였도다. 바위 틈에 거주하며 높은 곳에 사는 자여, 네가 마음에 이르기를 누가 능히 나를 땅에 끌어내리겠느냐 하니 … 별 사이에 깃들일지라도 내가 거기에서 너를 끌어내리리라.**

(7)남유다 여호람의 죽음(왕하 8:23-24, 대하 21:18-20): BC 841년

창자에 병이 든지 2년 만에 아끼는 자 없이 죽어 다윗성에 장사되었다.

적용과 실천

실천을 위한 묵상

축복은 준비한 그릇만큼 받는다(왕하 4:1-7).

엘리사는 죽은 선지자 생도의 아내 중 빚으로 두 아들이 종이 될 어려움에 있는 여인에게 빌려온 빈그릇에 기름을 채우게 하는 기적으로 빚을 갚고 생활을 할 수 있도록 했다(왕하 4:1-7). 여인이 그릇을 적게 빌렸다면 적은 기름만 받았을 것이다. 하나님의 축복도 준비된 그릇만큼 담을 수 있다.

Thinking 하나님의 축복을 담을 수 있는 그릇은 어떤 그릇인지에 대해 이야기해보자.

핵심 Key word

아하시야	엘리야 승천여정	여호람(북)	오바댜
악행, 모압배반	길갈-벧엘-여리고-요단강가	즉위, 엘리사 활동	에돔심판예언

여호사밧 후반기	여호람(남)	엘리사 종군
모압 연합군을 침입실패, 엘리사 종군, 죽음	주위 국가배반, 창자병	남북연합군에 종군

29과 아하시야(남)부터 요아스(북)까지

본문말씀▷왕하 8:25-14:16, 대하 22:1-25:24　　　새찬송가 314장
핵심말씀▷예후가 이와 같이 이스라엘 중에서 바알을 멸하였으나(왕하 10:28)

배경 바라보기

시대적 고찰

예후가 쿠데타를 일으키고 남유다의 아하시야를 죽이고 바알 숭배자를 척결하는 정책으로 유다와의 동맹은 즉시 단절되었다. 그러나 이런 종교개혁에도 불구하고 예후 통치 말기와 예후의 아들 여호아하스의 통치 17년 동안에도 군사력은 아주 약한 상태로(왕하 13:7) 사실상 아람의 속국이나 다름이 없었다. 이러한 상황 속에서 아람 왕 하사엘은 요단 동편 지역을 모두 빼앗았다. 그러나 북이스라엘을 학대하던 아람의 하사엘이 죽고 그 아들 벤하닷 3세가 아람의 왕위에 올랐을 때 아람은 앗수르에게 BC 806년 항복하고 앗수르의 지배를 강요당하고 있었다. 그렇다고 앗수르가 팔레스틴까지 지배력을 가질 수 있는 여력은 가지고 있지 못했다. 왜냐하면 우랄투(Uratu=Ararat)와의 전쟁으로 인해 군사력을 팔레스틴까지 침투할 여유가 없었기 때문이었다. 이런 갑자스런 국제정세의 변화 속에서 여호아하스에 이어 북이스라엘의 왕위에 오른 요아스는 임종시 엘리사의 예고처럼 벤하닷 3세의 아람을 세 번 공격하여 여호아하스 때 빼앗겼던 2-3개 성읍을 되찾았다.

한편, 북이스라엘 요아스 2년에 남유다의 왕위에 오른 아마샤도 북이스라엘과 마찬가지로 모처럼 유리한 국제정세 속에서 번영을 누릴 수 있는 기회를 맞았다. 그리하여 유다는 에돔의 셀라를 정복했다(왕하 14:1-7). 아람은 앗수르의 남하로 그들의 지배하에 들어갔으나 앗수르는 아직 팔레스틴까지는 침공하지 못하는 국제상황 속에서 남북 두 왕국은 번영과 발전의 기회를 가질 수 있었다. 그러나 이런 기회는 남북 왕국간에 오히려 군사적 대결을 야기시키는 요인으로도 작용했다.

지리적 고찰

남유다의 아하시야 왕과 북이스라엘의 예후 왕에서부터 북이스라엘의 여로보암 2세 이전까지 지리적인 배경은 팔레스틴 본토와 요단 동편 지역에서 일어난 싸움으로 한정된다. 특히 북이스라엘의 경우에는 요단 동쪽과 북쪽 지역이 주요무대가 되었다. 아직은 메소포타미아나 이집트까지 지리적인 배경은 확장되지 않았다. 그러나 점차 앗수르의 세력은 확장되고 있었다.

문화적 고찰

◐머리에 기름을 붓는 것(왕하 9:3, 6) 성경시대에 머리에 기름을 붓는 의식은 왕과 제사장과 선지자를 임명할 때 행해졌다. 기름은 양이나 소의 뿔로 만든 것에 담겨져 옮겨졌다. ◐양털 깎는 집(10:12) 당시 목축을 주업으로 하는 이 지역에서는 1년에 한번 양털을 깎는 것은 대축제였다. 그래서 정해진 장소에서 이웃을 초청하여 잔치하며 양털을 깎았다.

단어해설

파수꾼(왕하 9:17) '멀리 내다 보다' 라는 뜻이다. 이는 높은 곳에서 먼 곳까지 적의 움직임을 감찰해야 하는 파수꾼의 역할을 단적으로 보여준다.

눈을 그리고 머리를 꾸미고(30) 죽음이 임박한 최후의 순간까지도 외모의 치장에 힘쓴 이세벨의 허영을 증거해 주는 대목이다.

신원(대하 24:22) '철저하게 조사하다' 라는 뜻. 공의로 인생을 판단하시는 하나님의 심판행위를 말한다.

본문 탐구하기

내용개요

남유다의 아하시야가 자기와 연합하여 아람과 싸우다가 부상당한 북이스라엘의 요람(여호람)을 방문할 때 예후의 반역에 의해 통치 1년 만에 살해당하고 그의 아들마저 살해 당했다. 그런 틈을 타서 아달랴는 남유다의 왕의 씨를 진멸하고 왕권을 찬탈한다.
한편, 반역으로 북이스라엘의 왕이 된 예후는 바알숭배를 철저히 척결했다. 7년 후 남유다에서는 제사장 여호야다에 의해 아달랴가 살해당하고 요아스가 어린 나이에 왕위에 올랐다. 여호야다의 개혁과 성전을 보수하는 요아스의 선정에 의해 남유다는 모처럼 선한 정치가 이루어진다.
요아스 때 북이스라엘은 여호아하스가 왕위에 올랐다. 이때 북이스라엘은 아람 왕 벤하닷의 침입으로 요아스 때까지도 학대를 받게 된다. 그리고 엘리사는 죽음에 임박하여 자신에게 문병을 온 북이스라엘의 요아스에게 아람에게 3번 승리할 것을 예언하고 죽어 장사된다. 한편, 남유다의 요아스는 여호야다의 사후 여호와를 버림으로 아람의 침입을 받고 요아스는 부상당한 후 신복에 의해 살해된다. 이어 남유다 왕에 등극한 아마샤는 부왕을 죽인 자들을 죽이고 29년의 통치기간 동안 정직히 행했다. 이때 북이스라엘은 예언대로 아람에게 세 번의 승리를 거두었으며, 남유다는 에돔과의 싸움에서 대승을 거두었다. 그러나 북이스라엘의 요아스와 싸움을 걸어 싸우다가 사로잡히고 예루살렘은 약탈 당했다. 그리고 요아스는 죽었다.

QA 본문탐구

16. 남유다 아하시야의 통치(왕하 8:25-29, 9:29, 대하 22:1-6): BC 841년

(1)남유다 아하시야의 즉위(왕하 8:25, 9:29): 북이스라엘 왕 요람 즉위 12년에

(2)남유다 아하시야의 통치(왕하 8:26-29, 대하 22:1-6)

①왕이 된 배경▶여호람 때 아라비아 사람이 여호람의 아들들을 잡아가고 막내인 아하시야만 남겨두었기 때문에 막내이지만 왕으로 추대되었다.
②아합 집의 사위로 1년 통치기간 동안 아합의 집같이 악을 행했다.
③북이스라엘 요람(여호람)과 연합하여 길르앗 라못에서 아람 왕 하사엘과 싸웠다. 이때 여호람은 부상을 당했고, 아하시야는 그를 문병갔다.

033-1 길르앗라못, 요르단 텔 엘 후슨

많은 친구를 얻는 자는 해를 당하게 되거니와 어떤 친구는 형제보다 친밀하니라(잠 18:24).
남유다 아하시야는 악행을 저지르는 북이스라엘 여호람과의 친밀한 교제속에 연합하여 아람과의 길르앗 라못 싸움에 함께 했으나 부상당해 죽임을 당하게 되었다. 친구따라 강남간다는 말처럼 그리스도인의 사귐은 신앙의 도움이 되어야 한다. 4명에 의해 고침받은 중풍병자처럼 내가 먼저 신앙의 좋은 친구가 되자.

17. 예후의 반역과 북이스라엘 왕 등극(왕하 9:1-10:33, 11:1-16, 대하 22:7-23:15): BC 841년

(1)엘리사가 예후에게 왕으로 기름을 부음(왕하 9:1-13)

(2)예후가 요람 왕에게 반역함(왕하 9:14-10:17, 대하 22:7-9)

①예후가 요람(여호람)에게 반역 사실을 알리지 않도록 하고 병들어 있는 요람이 있는 이스르엘로 갔다.

그러나 요람은 나봇의 밭에서 예후를 만나 반역을 알고 도망하다가 화살에 맞아 죽음(왕하 9:14-25)

②예후는 예언대로 요람의 시체를 나봇의 밭에 던지도록 했다(9:26).

③요람을 병문안 왔다가 도망하던 남유다 아하시야를 죽임
(왕하 9:27-29, 대하 22:7-9에는 사마리아에서 죽임)

④이스르엘에서 자기편이 될 사람에게 이세벨을 죽이게 함(왕하 9:30-37)

⑤아합 왕의 아들 70명을 장로들로 하여금 죽이도록 함(왕하 10:1-11)

⑥예후가 남유다 아하시야의 형제 42명을 죽인 후(왕하 10: 12-14)
사마리아에서 아합에게 속한 자들을 진멸했다(10:15-17).

034-1 이스르엘의 아합 왕 별장

(3)아달랴가 남유다 정권을 찬탈(왕하 11:1-3, 대하 22:10-12): BC 841년

북이스라엘의 예후에게 남유다의 왕이 될 아들이 죽임을 당하고 요아스만 남았다. 이에 아달랴는 왕의 씨를 진멸하고 남유다의 왕위를 찬탈했다. 제사장 여호야다가 요아스를 숨겨 6년 동안 키웠다.

(4)예후의 바알 숭배자 처단(왕하 10:18-33)

①바알을 위한 거짓 대회를 열어 바알 숭배자들을 진멸했고, 하나님은 4대 왕위를 약속하심(10:18-31)

양을 이리 가운데 보냄과 같도다. 그러므로 너희는 뱀같이 지혜롭고 비둘기같이 순결하라(마 10:16).
예후는 북이스라엘의 왕위에 오르자 거짓으로 바알을 위한 잔치를 배설한 후 그들을 진멸했다. 그런 예후에게 하나님은 4대에 걸쳐 왕위를 주겠다고 약속하셨다. 비록 속임수를 사용했지만 하나님이 가장 싫어하시는 우상숭배자를 척결했기 때문이다. 하나님은 의로운 속임수로 여기신 것이다.

②아람의 하사엘 왕이 북이스라엘 지역을 침공함(10:32-33)▶아르논 강의 아로엘에서 바산 지역까지

(5)아달랴에 대한 반역(왕하 11:4-16, 대하 23:1-15): 아달랴가 왕위를 찬탈한지 7년째에 제사장 여호야다가 반역하여 요아스를 왕으로 세우고, 아달랴는 성전에서 도망가다가 살해 당함

036-1 아르논 강가의 아로엘, 요르단

035-1 예후의 굴욕, 대영박물관
예후가 살만에셀 3세에게 엎드려 조공을 드리는 모습이다.

18. 남유다 요아스 왕의 등극과 제사장 여호야다의 개혁
(왕하 10:34-36, 11:17-12:5, 대하 23:16-24:14, 욜): BC 835년

(1)요아스 왕의 즉위(왕하 11:21-12:1, 대하 24:1): 북이스라엘 예후 7년, 7세 때

(2)제사장 여호야다의 개혁(왕하 11:17-20, 12:2-3, 대하 23:16-21, 24:2-3)

①하나님만 찾을 것을 언약하자, 백성들이 우상을 부수고 바알 제사장 맛단을 죽임(대하 23:16-17)

②여호야다가 레위 제사장의 수하 직원와 성전 문지기를 세움(대하 23:18-19)

③요아스를 왕좌에 앉히고, 두 아내에게 장가가도록 함(왕하 11:19-20, 대하 23:20-24:3)

037-1 요엘 선지자
미켈란젤로 작

(3)요아스의 초기 통치시 요엘에게 임한 하나님의 말씀(욜)

①주제▶메뚜기 떼의 습격을 통해 이스라엘에게 임할 엄중한 심판을 경고

②중심내용▶1장(메뚜기 떼 재앙), 2장(여호와의 날), 3장(열방의 심판과 유다의 회복)

(4)요아스의 성전보수 명령(왕하 12:4-5, 대하 24:4-5)

①제사장과 레위인에게 유다 각처의 성읍에서 성전보수 비용을 거두어 수리하도록 명령함

②그러나 레위인들이 성전보수를 서두르지 않음

(5)예후의 죽음(왕하 10:34-36): BC 814년

①사마리아에서 28년간 통치한 후 죽어 사마리아에 장사됨

②예후의 행적에 대한 것은 북이스라엘 역대지략에 기록됨

038-1 사마리아 왕궁터, 이스라엘

(6)요아스가 성전보수를 재개함(대하 24:6-14)

①남유다 요아스 23년까지 성전수리가 지체되자 성전 앞에 궤를 놓고 성전수리 비용을 드리게 함(24:6-10)

②모아진 성전 모금액은 성전 수리자에게 직접 주어 성전을 수리하도록 함(24:11-14)

왕하 12:15 **그 은을 받아 일꾼에게 주는 사람들과 회계하지 아니하였으니 이는 그들이 성실히 일을 하였음이라.**

③보수를 마친 후 남은 돈은 성전기물을 제조하는 데 사용함(24:14)

내가 성실한 길을 택하고, 주의 규례들을 내 앞에 두었나이다(시 119:30).
요아스가 성전수리를 맡겼을 때 성전수리자들은 성실하게 일을 하고 정직하게 비용을 사용했기 때문에 비용을 정산(회계)하지 않았다. 성실과 정직은 믿는 자의 귀한 덕목이다. 특히 불신자들이 맡긴 일에 더욱 성실하게 일하고, 부당하게 많은 이익을 추구해서는 안된다. 믿는 자는 생활을 통해 주님을 증거해야 한다.

19.북이스라엘 여호아하스의 통치와 죽음(왕하 13:1-9, 대하 24:15-22): BC 814년

(1)여호아하스의 즉위와 통치(왕하 13:1-9): 남유다 요아스 즉위 23년에

①여호아하스가 부친 예후의 뒤를 이어 북이스라엘의 왕위에 오름

②17년의 통치기간 동안 여로보암의 죄를 따라 악행하자 여호와께서 아람 왕 하사엘과 그의 아들 벤하닷에게 학대를 받게 함, 아람 왕은 마병 50명과 병거 10대와 보병 1만 명만 남겨두도록 했다.

③죽어 사마리아에 장사되고 그의 행적은 북이스라엘 역대지략에 기록됨

(2)남유다의 제사장인 여호야다의 죽음과 스가랴의 외침(대하 24:15-22)

①여호야다가 130세 죽어 제사장으로 다윗성에 장사됨▶성전에 대한 선행으로

②여호야다 사후에 제사장 스가랴가 여호와를 버린 것을 책망하자 요아스 왕이 성전안에서 스가랴를 돌로 쳐 죽였다. 사가랴(스가랴)는 여호야다의 아들로 주장된다. 마 23:35 **그러므로 의인 아벨의 피로부터 성전과 제단 사이에서 너희가 죽인 바라갸의 아들 사가랴의 피까지 땅 위에서 흘린 의로운 피가 다 너희에게 돌아가리라.**

040-1 스가랴 제사장 무덤, 예루살렘

20.북이스라엘 요아스 왕의 즉위와 아람의 남유다 침공

(왕하 12:17-21, 13:10-11, 14-21, 대하 24:23-27): BC 798년

(1)여호아하스 왕의 아들 요아스가 북이스라엘의 왕이 됨(왕하 13:10-11): 요아스는 남유다 왕과 동명이인

①남유다 요아스 왕 즉위 37년에 사마리아에서 왕이 되어 16년간 통치했다.

(2)아람 왕의 남유다 침략(왕하 12:17-21, 대하 24:23-27)
①스가랴 사후 1년 만에 아람 왕 하사엘이 남유다를 침공하여 예루살렘의 노략물을 다메섹 왕에게 보냄
②남유다 요아스가 성전과 왕궁의 금과 은을 아람의 하사엘에게 주어 예루살렘을 떠나게 함
③남유다의 패배 원인▶여호와를 버린 요아스를 징벌하기 위한 것
④요아스는 부상을 당한 후 밀로궁에서 신복에 의해 살해되어 다윗성에 장사됨

(3)엘리사의 말년과 죽음(왕하 13:14-21)
①북이스라엘 요아스 왕이 병든 엘리사를 방문하자 엘리사가 요아스에게 화살을 쏘고 땅을 치라고 함
②요아스가 화살을 쏘고, 땅을 세 번침▶이에 아람을 세 번 공격하여 승리할 것을 설명함
③그리고 엘리사는 죽어 장사되었다(13:14-21).▶후에 죽은 자가 엘리사 뼈에 닿았을 때 살아났다.

21. 남유다 아마샤의 등극과 통치(왕하 13:12-13, 22-25, 14:1-16, 대하 25:1-24): BC 796년

(1)남유다 아마샤의 등극과 통치(왕하 14:1-6, 대하 25:1-4)
①북이스라엘 요아스 즉위 2년에 25세의 나이로 왕위에 올라 29년간 통치함
②여호와 보시기에 정직히 행했으나, 산당은 제거하지 않음
③부왕인 요아스를 죽인 자들을 죽였으나, 그들의 자녀들은 율법에 따라 죽이지 않았다.

(2)북이스라엘 요아스(여호아스)와 아람과의 전쟁(왕하 13:22-25)
①아람 왕 하사엘은 항상 북이스라엘을 학대했으며, 그의 사후에 벤하닷 3세가 아람 왕이 되었다.
②요아스는 아람의 벤하닷 3세에게 엘리사의 예언대로 3번의 싸움에서 승리하고 빼앗긴 성읍을 되찾음

벤하닷((Ben-Hadad)

벤하닷은 벤하닷 1, 2, 3세인 시리아 세 왕의 이름이다. 하닷은 시리아인들이 숭배하던 폭풍의 신이고, '벤'은 아들이란 뜻이다. 곧 '하닷의 아들' 이란 뜻으로 시리아 왕들의 보편적인 명칭이 된 것같다.
벤하닷 1세(왕상 15:18, 대하 16:4, 렘 49:27)는 다메섹 왕국을 세운 헤시온의 손자로 남유다의 아사 왕이 북이스라엘의 바아사 왕을 공격해 달라는 요청을 받고 북이스라엘과의 동맹을 깨고 침략해 들어갔다.
벤하닷 2세(왕하 6:24)는 벤하닷 1세의 아들로 인정되며 하닷이드리 또는 하닷에셀(Hadadezer)이다. 그는 아합 왕 때 2차례 북이스라엘을 공격했으나 패하고 두 번째에는 사로잡혔다. 그러나 죽지 않고 석방되어 이스라엘과 시리아 사이에는 한동안 평화관계가 유지되었다. 이후 엘리사를 잡기 위해 병사를 보내 도단을 포위했으나 오히려 눈을 멀게 하는 하나님의 역사로 사마리아로 사로잡혀갔다가 풀려나 다메섹으로 패퇴했다(왕하 6:8-23). 얼마 후 벤하닷 2세는 다시 사마리아를 포위했으나 헛소문에 속아 급히 퇴각하였다(왕하 7:6-7). 다메섹에 돌아온 벤하닷은 병들어 누워있을 때 사령관인 하사엘에게 살해 당했다(왕하 8:7-15).
벤하닷 3세(왕하 13:24)는 벤하닷 2세를 죽이고 왕위를 차지한 시리아 하사엘 왕의 아들로 왕의 계승권은 없었으나 부친의 죽음으로 왕조의 이름을 물려 받았다. 그가 왕위에 올랐을 때 북이스라엘은 예후의 아들 여호아하스가 통치하던 때였다. 그는 북이스라엘을 공격하여 나약하게 만들었으나(왕하 13:7) 앗수르의 람만 니라리 3세에게 다메섹이 함락되고 그의 치하에 있던 시리아 왕국은 몰락하게 되었다.

(3)남유다 아마샤의 에돔과의 전쟁(왕하 14:7, 대하 25:5-16)
①국방력을 강화함(대하 25:5-8)▶30명의 용사를 세우고, 북이스라엘군 10만 명을 고용함

②그러나 하나님의 사람의 권면을 받아들여 북이스라엘군을 돌려보냈다(대하 25:9-10).

대하 25:9 **아마샤가 하나님의 사람에게 이르되 내가 백 달란트를 이스라엘 군대에게 주었으니 어찌할까? 하나님의 사람이 말하되 여호와께서 능히 이보다 많은 것을 왕에게 주실 수 있나이다 하니라.**

> **그(웃시야)가 여호와를 찾을 동안에는 하나님이 형통하게 하셨더라(대하 26:5).**
> 아마샤는 북이스라엘 군대를 고용하여 에돔 군대와 싸우려고 했으나 하나님의 사람의 권면을 받아들여 하나님을 믿고 의지하므로 북이스라엘 군대를 돌려보내고 자기 군대만으로 싸웠을 때 승리했다. 그러나 승리 후에는 하나님을 버리고 오히려 세일(에돔) 사람의 신상을 세우고 경배하는 우상숭배에 빠짐으로 결국 하나님의 책망을 받았다.

③남유다 군사로만 세일 자손(에돔 사람) 1만 명을 죽이고 셀라를 정복하고 욕드엘이라 부름(왕상 14:7b, 대하 25:11-12), 유다가 1만 명을 죽임

④돌려보낸 북이스라엘군인들이 유다 성읍을 약탈하고 남유다 사람 3000명을 사마리아로 사로잡아 감(대하 25:13)

⑤아마샤는 승리 후 우상숭배에 빠져 하나님의 책망을 받음(대하 25:14-16)

041-1 셀라(욕드엘), 요르단 에스 실

(4)아마샤(남)와 요아스(북)와의 전쟁(왕하 14:8-14, 대하 25:17-24)

①아마샤가 에돔에서 승리한 후 북이스라엘에게 싸움을 걸음(대하 25:17-20).

②결과(대하 25:21-24)▶북이스라엘에게 벧세메스에서 패하고 아마샤는 사로잡혔으며 예루살렘의 성전과 왕궁의 재물이 탈취당했고, 사람들은 볼모로 잡혀갔다.

(5)북이스라엘 요아스의 죽음(왕하 13:12-13, 14:15-16): 사마리아에 장사됨

적용과 실천

실천을 위한 묵상

칭찬보다 책망에 더 귀를 기울이자(대하 24:1-22).

제사장 여호야다에 의해 어린 나이에 왕위에 오른 남유다의 요아스 왕은 선한 왕으로 통치했으나 여호야다가 죽자 돌이켜 여호와를 버렸다. 이에 여호와를 버린 것을 책망하는 여호야다의 아들 스가랴를 성전 안에서 돌로 쳐 죽이는 악행을 저질렀다. 그는 형들의 죽음 속에서 자신을 건져낸 여호야다의 은혜를 잊어버리고 자신을 책망하는 스가랴를 죽였다. 잘못된 것을 책망하는 권면을 잘 받아들이는 자야말로 큰 자이다.

Thinking 혹 이제까지 은혜를 잊어버린 것이 없는지 서로 이야기해보자.

핵심 Key word

여호람(북)	예후	여호아하스	요아스(북, 16년)
예후에게 살해됨	바알숭배자척결	아람 왕에게 패함	엘리사 죽음, 아람 공격

아하시야	아달랴(7년)	요아스(남)	아마샤(29년)
하사엘과 싸움	왕위 찬탈	여호야다개혁, 요엘, 성전보수	에돔, 이스라엘과 전쟁

30과 여로보암 2세와 북이스라엘의 멸망

본문말씀▷왕하 14:17-18:12, 대하 25:25-31:21, 사 1-17, 21-29, 32-35장, 호, 암, 욘, 미 새찬송가 255장
핵심말씀▷이스라엘로 범죄하게 한 느밧의 아들 여로보암의 죄에서 떠나지 아니하였더라(왕하 15:28).

배경 바라보기

시대적 고찰

남유다의 아마샤와 북이스라엘의 요아스가 죽은 후 남유다에서는 웃시야(아사랴)가, 북이스라엘에서는 여로보암 2세가 즉위했다. 이때 앗수르의 세력은 다메섹을 정복하고 조공을 받는 상황이기에 아람(수리아) 족속은 이스라엘에 대하여 더이상 위협적인 존재가 되지 못했다. 그렇다고 앗수르의 세력이 이스라엘에게 큰 위험을 가져다 줄 정도는 아니었다. 이런 세력균형 속에서 남북은 다시 한 번 경제적인 번영을 누릴 수 있었다.

그러나 이러한 두 왕국의 번영은 사회적, 도덕적 그리고 종교적으로 극심한 부패를 가져오게 하여 이스라엘로 돌이킬 수 없는 파멸의 자리로 들어가게 하는 요인이 되었다. 이에 호세아와 아모스는 심판과 회개를 촉구했다. 그러나 여로보암 2세 사후 북이스라엘은 스가랴, 살룸, 므나헴, 브가히야, 베가로 이어지는 반역 속에 급격한 몰락의 길을 치달았다. 이런 짧은 기간 동안에 일어나는 정권의 혼란 속에서 앗수르에서는 그동안 움추렸던 확장주의가 다시 고개를 들기 시작했다. 그러다가 디글랏 빌레셋 3세 때 앗수르는 북이스라엘을 침공했다. 이때 북이스라엘의 마지막 왕 호세아는 앗수르 왕에게 막대한 조공을 바친 덕택으로 점령당하지 않은 이스라엘 남부 지역을 겨우 통치할 수 있었을 뿐이었다.

이후 남유다의 아하스는 북이스라엘의 호세아와 아람 왕 르신의 연합군의 공격을 받자 막대한 조공을 주어 앗수르에 도움을 요청했다. 이에 디글랏 빌레셋 3세의 군대에 의하여 위기를 면했다. 그러나 훗날 앗수르가 북이스라엘과 아람의 두 나라보다 더 위험하다는 이사야의 경고를 알지 못했다(사 7:4). 이후 북이스라엘은 얼마가지 못해 앗수르의 살만에셀 5세의 침략으로 멸망 당했다(BC 722년).

지리적 고찰

국제적인 정세에 힘입어 북이스라엘 여로보암 2세와 남유다의 웃시야 때에는 모처럼 다윗이 차지했던 광할한 지역을 다시 차지하게 되었다. 그러나 얼마되지 않아 북이스라엘은 본토만을 지키다가 멸망당했고, 남유다는 간신히 한정된 지역만을 지킴으로 역사의 무대는 점차 팔레스틴에서 광할한 앗수르제국으로 확대되었다.

문화적 고찰

◐굴뚝에서 나가는 연기(호 13:3) 좀더 정확한 번역은 벽에 있는 구멍(굴뚝)에서 나는 연기이다. 왜냐하면 이스라엘에서는 굴뚝이 발견된 적이 없기 때문이다. 따라서 굴뚝은 창문에 있는 작은 구멍을 말한다. 당시 건물의 창문은 자연광이 집안으로 들어오게 하는 중요한 역할을 했다.

단어해설

여로보암의 손(왕하 14:27) 여로보암 2세를 통해 북이스라엘을 번영케 하신 하나님의 섭리를 드러내셨다는 고백. 이는 하나님이 범죄한 북이스라엘에게 다시 기회를 주어 회개하고 돌아오게 하기 위함이었다.

앗수르 왕 불(Pul, 15:19) 디글랏 빌레셀 3세(BC 745-727년)를 가리킨다. 불은 바벨론식 이름이다.

본문 탐구하기

내용개요

여로보암 2세가 북이스라엘의 왕으로 등극하자 주위 정세는 유리하게 전개되어 남북 모두 강한 국가를 갖게 되었고, 모처럼 부유를 누렸다. 그러나 부유는 타락과 부패를 가져왔고, 이에 호세아와 아모스 선지자는 심판과 회개를 외쳤다. 여로보암 2세가 죽은 후 북이스라엘은 스가랴가 6개월, 살룸이 1개월의 짧은 통치로 끝나고 므나헴이 10년, 브가히야가 2년의 통치로 막을 내렸다. 그리고 베가가 20년 통치했으나 앗수르의 디글랏 빌레셋 3세(불)의 침공으로 대부분 북쪽 지역을 빼앗기고 말았다.
유다의 웃시야 왕은 나라가 강해지자 말년에 교만하여 나병에 걸려 아들 요담이 통치하는 지경에 이르렀다. 웃시야가 죽던 해 이사야 선지자는 예언활동을 시작했고, 뒤이어 미가 선지자도 히스기야 때까지 예언했다. 베가 사후 북이스라엘은 호세아가 왕위에 올랐으나 친애굽 정책으로 인해 결국 앗수르에게 멸망 당했다. 유다는 이후 136년 더 명맥을 유지했다.

QA 본문탐구

22.북이스라엘 여로보암 2세의 등극(왕하 14:17-27, 대하 25:25-28, 욘): BC 793년

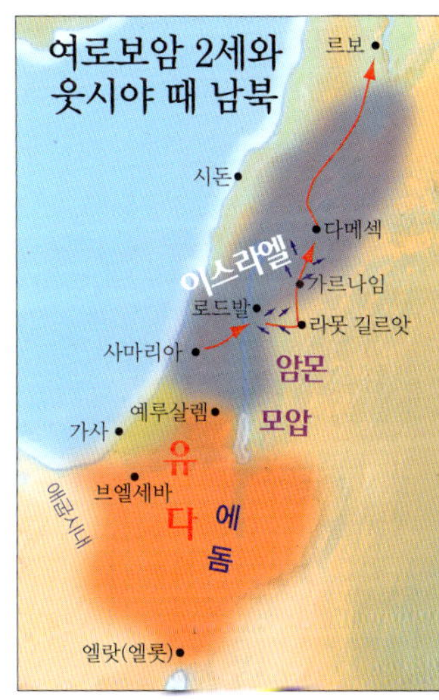

(1)여로보암 2세의 등극(왕하 14:23): 남유다 아마샤 즉위 15년에

(2)여로보암 2세의 초기 통치(왕하 14:24-27)
①여로보암 1세의 악에서 떠나지 않음
②북이스라엘 영토를 하맛에서 아라바 바다까지 회복함

(3)요나 선지자의 활동(욘)
①활동시기▶여로보암 2세 때(왕하 14:25), BC 760년 전후
②중심주제와 내용▶니느웨에 대한 심판경고와 니느웨 백성들의 회개
*1장▷하나님의 명령과 불순종(배 안에서), 욘 1:3
*2장▷요나의 기도(물고기 뱃속에서), 욘 2:2
*3장▷요나의 선포와 니느웨 백성의 회개(니느웨성에서), 욘 3:5
*4장▷요나의 불평과 하나님의 자비(햇빛에서), 욘 4:10-11

043-1 니느웨 성문, 이라크

> **하나님은 모든 사람이 구원을 받으며, 진리를 아는 데에 이르기를 원하시느니라(딤전 2:4).**
> 앗수르는 이스라엘의 대적이었지만 그 수도에 있는 니느웨 사람들은 마음에도 없는 요나가 외친 하나님의 말씀을 듣고 왕에서부터 모든 국민이 금식하며 철저히 회개하였다. 이에 하나님은 니느웨를 멸망시키려는 계획을 바꿔 구원하였다. 구원은 원수까지에게도 열려 있다. 그러므로 우리는 나를 반대하고 핍박하는 자들에게까지 구원의 복음을 전해야 한다.

(4)남유다 아마샤의 죽음(왕하 14:17-22, 대하 25:25-28): BC 767년
①여호와를 버린 후 백성들의 반역에 라기스로 도망한 후 그곳에서 죽어 다윗성에 장사되었다.

044-1 박넝쿨로 알려진 아주까리, 이스라엘

23. 남유다 웃시야의 즉위와 초기 통치(왕하 14:28-15:4, 대하 26:1-15, 호, 암)

(1)웃시야의 즉위(왕하 15:1-2, 대하 26:1): 여로보암 2세 즉위 27년, 16세 때, BC 792년

045-1 블레셋의 아스돗, 이스라엘

(2)웃시야(아사랴)의 초기 통치(왕하 15:3-4, 대하 26:2-15)
①엘랏을 건축하여 유다에 복귀시킴(대하 26:2)
②스가랴가 사는 날 동안 여호와를 찾으며 정직히 행했다(26:3-5).
③블레셋의 가드, 야브네, 아스돗 등의 성벽을 헐고 성읍을 건축함(26:6)
④국방력을 튼튼히 함(26:7-9, 11-15)▶아라비아와 마온 사람들을 공격하고 암몬 사람들은 조공을 바침, 예루살렘과 네겝 광야에 망대를 세움, 장교가 2600명, 그 휘하의 군대가 30만 7500명으로 무장시키고, 무기를 개발시켰다.
⑤농업을 진흥시킴(26:10)▶물웅덩이를 파고, 가축을 기르고, 산과 밭에 농부와 포도밭 관리자를 둠

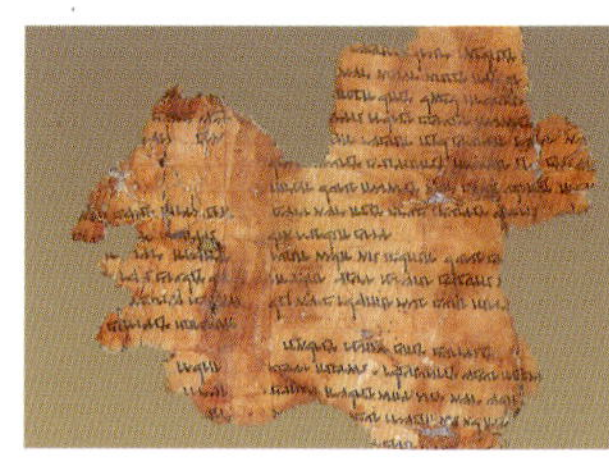
046-1 호세아서 사본, 쿰란 발견

(3)호세아 선지자의 외침(호): 사랑의 선지자
①활동시기▶여로보암 2세 때(BC 782년)부터 멸망 때(BC 722년)까지
②중심주제와 내용▶방탕한 아내를 사랑하는 호세아 선지자와 그 가정을 통해 하나님의 이스라엘에 대한 사랑을 말함
*선지자적 결혼(1-3장) *음행(4-6장) *거역(7-8장)
*징계에 대한 호세아의 외침(9-11장) *이스라엘의 회복약속(12-14장)

또 내 이름을 위하여 집이나 형제나 자매나 부모나 자식이나 전토를 버린 자마다 여러 배를 받고 또 영생을 상속하리라(마 19:29).
호세아 선지자는 하나님의 명령에 따라 음행한 여자와의 결혼을 통해 이스라엘을 향한 하나님의 사랑을 전했다. 그는 자신의 가정, 자신의 인생을 희생시킨 사랑의 선지자였다. 이는 자신의 생존도구까지도 버리고 예수를 따른 제자들과 같았다. 부모를 공경하는 것이 사람의 제일되는 계명이다. 그런 계명을 희생시키면서까지 복음(주님)을 위해 살 때 주님이 주시는 상급은 얼마나 크겠는가?

(4)아모스 선지자의 외침(암): 공의의 선지자
①활동시기▶여로보암 2세 때, 지진 2년 전, 남유다 웃시야 때(BC 760-755년)
②중심주제와 내용▶이방 나라와 이스라엘에 임할 심판예언
*1-2장▷열방과 유다와 이스라엘에 대한 심판
암 1:2b **목자의 초장이 마르고, 갈멜산 꼭대기가 마르리로다.**
갈멜산은 년중 강우량이 700-800㎜로 다른 지역에 비해 가장 비가 많이 내리는 곳이다. 이런 곳이 마른다는 것은 가뭄이 얼마나 심했는지를 말해주는 것이며, 이는 이스라엘에게 내리는 징계가 큼을 상징한다.
*3-6장▷타락한 백성과 심판에 대한 선포(3장)와 회개하지 않음(4장)과 회개를 권면(5-6장)
암 4:1 **사마리아의 산에 있는 바산의 암소들아, 이 말을 들으라. 너희는 힘 없는 자를 학대하며, 가난한 자를 압제하며, 가장에게 이르기를 술을 가져다가 우리로 마시게 하라 하는도다.**
바산의 암소란 가장 기름지고 살진 암소를 가리킨다. 이는 비유적으로 사치와 향락에 빠져 나태하고 게으른 북왕국의 부요한 자들을 가리킨다.

047-2 바산의 암소, 골란고원

*7-9장▷북이스라엘에게 내릴 5가지 재앙에 대한 환상과 회복과 위로

(5)여로보암 2세의 죽음(왕하 14:28-29): 41년 통치 후 죽어 장사됨, BC 753년

24.북이스라엘의 스가랴와 살룸의 통치(왕하 15:5, 8-16, 대하 26:16-21)

(1)스가랴의 통치(왕하 15:8-12): 남유다 웃시야(아사랴) 왕 38년에 왕이 됨(왕하 15:8), BC 753
①통치▶6개월 통치기간 동안 여로보암의 죄를 행함
②죽음▶살룸의 반역으로 살해되고, 그의 행적은 북이스라엘 왕 역대지략에 기록됨

(2)살룸의 통치(왕하 15:13-16): 남유다 웃시야(아사랴) 왕 38년에 왕이 됨, BC 753
①통치▶사마리아에서 1개월 통치기간 동안 여로보암의 죄를 행함
②죽음▶므나헴의 반역으로 살해되고, 그의 행적은 북이스라엘 왕 역대지략에 기록됨

(3)남유다 웃시야의 교만과 나병(왕하 15:5, 대하 26:16-21)
①나라가 강성해지자 교만하여 성전에서 분향하려고 하다가 이마에 나병이 걸림
②이후 죽을 때까지 나병에 걸렸고, 아들 요담이 섭정함

25.북이스라엘의 므나헴과 브가히야와 베가 왕의 통치
(왕하 15:6-7, 17-29, 대하 26:22-23, 사 1-6장)

048-1 디글랏 빌레셀의 두상, 대영박물관

(1)므나헴의 통치(왕하 15:17-22): 남유다 웃시야(아사랴) 39년에 왕이 됨, BC 752년
①10년의 통치기간 중 여로보암의 죄를 따라 악을 행함
②앗수르 불(디글랏 빌레셋 3세)의 침략 때 은 1000달란트를 주고 물러가게 함

(2)브가히야의 통치(왕하 15:23-26): 남유다 웃시야 50년에 왕이 됨, BC 742년
①2년의 통치기간 중 여로보암의 죄를 따라 악을 행함
②신하인 베가의 반역으로 수행원 50명과 함께 살해됨

(3)베가의 통치(왕하 15:27-29): 남유다 웃시야가 죽던 해(즉위 52년)에 왕이 됨, BC 740년
①사마리아에서의 20년 통치기간 중 여로보암의 죄를 따라 악을 행함
②앗수르 불(디글랏 빌레셋 3세)의 침략으로 북쪽 지역이 점령당하고 백성들이 사로잡혀 감

049-1 고모라 추정지, 요르단 누메이라

(4)남유다 웃시야의 죽음(왕하 15:6-7, 대하 26:22-23): BC 740년
①죽어 다윗성에 장사되었으나, 나병으로 인해 왕실 묘실 근처에 장사됨
②그의 행적은 이사야가 기록했고, 유다 왕 역대지략에 기록됨

(5)이사야의 소명과 예언 1(사 1-6장): BC 739-681년 사이
①이사야의 소명(사 1:1-9, 6:1-13)▶웃시야가 죽던 해 시작(BC 740년)
 *사 1:3-9을 읽고 묵상하자.
②예언내용▶*포도밭 노래(사 5:1-7) *소돔, 고모라, 신실한 성읍의 타락(1:10-17, 21-26, 2:6-18)
 *예루살렘의 멸망예언과 백성 심판(1:18-20, 2:1-5, 19-22, 3:1-26, 4:1-6, 5:8-31, 32:9-11

26. 남유다 요담의 통치(왕하 15:32-38, 대상 5:23-26, 대하 27:1-9, 미)

(1)요담의 즉위와 통치(왕하 15:32-35, 대하 27:1-6): BC 740년부터

①북이스라엘 베가 왕 2년에 왕이 됨, 25세 때

②통치▶정직히 행했으나 산당에서 제사를 드림, 성전 윗문을 건축
오펠 성벽 증축, 산중에 성읍을 건축하고 수풀 가운데 진영과 망대 건축
암몬과 싸워 승리한 후 3년간 조공을 받음

050-1 요담이 증축한 오펠 지역

(2)미가 선지자의 예언(미)

①남유다의 요담, 아하스, 히스기야 때까지 예언활동을 함

②예언내용▶사마리아와 예루살렘에 대한 심판과 회복약속

*사마리아와 유다에 대한 심판(1-3장) *메시아 왕국의 도래(4-5장)

*이스라엘의 책망과 구원 약속(6-7장)

051 미가 선지자 출신지 모레셋

(3)므낫세 반지파의 자손들(대상 5:23-26)

①주거지역▶바산에서부터 헤르몬 산까지

②가나안 신을 섬김으로 앗수르의 불(디글랏 빌레셋 3세)의 침략에 의해
사로잡혀 할라, 하볼, 하라, 고산 강가로 유배되어 거주함

(4)남유다 요담의 죽음(왕하 15:36-38, 대하 27:7-9): BC 732년

052-1 북이스라엘 백성들이 잡혀가 살았던 고산, 시리아 텔 할라프

27. 남유다 아하스의 즉위와 초기 통치(왕하 15:30-31, 16:1-9 대하 28:1-21, 사 7-12, 15-17, 21:11-17, 23, 34장): BC 732년

(1)아하스의 즉위(왕하 16:1, 대하 28:1): 북이스라엘 베가 왕 17년에

(2)아하스의 초기 통치(왕하 16:2-4, 대하 28:2-4)

①우상숭배▶바알상을 만들어 분향, 아들을 불가운데 지나게 함
산들과 푸른 나무 아래서 제사와 분향을 함

053-1 푸른나무, 이스라엘 네오투케두밈(성서식물원)

(3)이사야의 예언 2(사 7:2-12:6): BC 739-681년 사이

①배경시기▶아람의 르신과 북이스라엘 베가의 연합군 동맹이 이루어진 때(7:2)

②예언내용▶

*아람과 북이스라엘의 연합군의 동맹은 이루어지지 못하고 에브라임은 65년내 멸망할 것이다(7:2-9).

*아하스에게 한 말(7:10-25)▷7:14 **처녀가 잉태하여 아들을 낳을 것이요, 그의 이름을 임마누엘이라 하리라.**

*여호와께서 이사야에게 한 예언 말씀(8-12장)▷앗수르에 대한 것과 메시아 예언

사 8:6 **이 백성이 천천히 흐르는 실로아(실로암) 물을 버리고, 르신과 르말리야의 아들을 기뻐하느니라.**

사 8:7-8 **그러므로 주 내가 흉용하고 창일한 큰 하수, 곧 앗수르 왕과 그의 모든 위력으로 그들을 뒤덮을 것이라. 그 모든 골짜기에 차고 모든 언덕에 넘쳐 흘러 유다에 들어와서 가득하여 목에까지 미치리라. 임마누엘이여, 그가 펴는 날개가 네 땅에 가득하리라 하셨느니라.**

이 물을 마시는 자마다 다시 목마르려니와 내가 주는 물을 마시는 자는 영원히 목마르지 아니하리니(요 4:13-14)

실로아 물은 기드론 골짜기를 적시는데 이스라엘이 이 실로아 물을 버린 것은 하나님을 의지하지 않고 세상 물을 의지한 것이다. 그러나 훗날 성전 문지방에서 흘러나온 물이 이 기드론 골짜기를 통해 사해로 흘러들어가는 에스겔 선지자의 환상을 통해 이스라엘이 회복될 것을 보여준다(겔 47장). 세상의 물은 언제가는 마르게 마련이다. 그러므로 생명수의 원천이 되는 예수 그리스도를 의지할 때만이 마르지 않는 영원한 생수를 마시게 된다.

054-1 실로암(실로아) 물, 예루살렘

(4)북이스라엘 베가 왕이 아람 왕 르신과 함께 남유다를 공격(왕하 16:5-6, 대하 28:5-15, 사 7:1)

①아람 왕이 남유다 사람을 다메섹으로 끌고 갔고, 북이스라엘도 남유다를 크게 살륙했다(대하 28:5-7).

②오뎃 선지자의 권면(대하 28:8-11)▶남유다를 네 손(북)에 넘긴 것은 여호와가 유다에 대해 진노했기 때문이다. 그러므로 그들을(남) 노예로 삼지말고 풀어주라.

용서하라. 그리하면 너희가 용서를 받을 것이요(눅 6:37)

베가 왕 때 북이스라엘은 남유다를 공격하여 많은 사람들을 포로로 잡아갔다. 이때 오뎃 선지자는 남유다가 그렇게 된 것은 북이스라엘이 잘했기 때문이 아니라 남유다가 하나님께 범죄했기 때문이라고 말하면서 포로들을 돌려보내라고 했다. 우리도 때로 내가 잘해서가 아니라 상대방이 잘못해서 혜택이나 유익을 얻을 때가 있다. 그럴수록 자신을 먼저 살펴보고, 상대방의 허물이나 잘못에 너그러운 자가 되자.

＊[베가에 대한 연대문제] 왕하 15:30에는 베가가 남유다 요담 20년에 살해된 것으로 나온다. 그러나 왕하 16:1에는 그의 즉위 17년에 요담이 죽고 그 아들 아하스가 남유다의 왕이 되었다고 기록하고 있다. 남유다 왕 아하스가 베가의 침입을 받은 것에 의하면 베가는 요담 때가 아닌 아하스 때까지 생존해 있었다.

(5)남유다 아하스가 앗수르에 도움을 요청(왕하 16:7-9, 대하 28:16-21)

①요청 상황▶아람 왕 르신과 북이스라엘 베가의 침입을 받게 되자 앗수르의 디글랏 빌레셀 3세에게 도움을 요청함

②결과▶앗수르가 아람의 다메섹을 점령하고 르신 왕을 죽였으나 앗수르는 아하스를 공격했다. 그래서 아하스는 앗수르의 디글랏 빌레셀에게 예물을 주었으나 도움이 되지 못했다.

055-1 앗수르의 디글랏 빌레셀에 의해 점령당한 아람의 다메섹 성벽

(6)북이스라엘 베가 왕의 죽음(왕하 15:30-31): 남유다 요담 왕 20년에 호세아의 반역으로

(7)이사야의 예언 3(사 15-17장, 21:11-17, 23장, 34장): 이방에 대한 예언

①앗수르에 대한 심판예언(34:1-4)

②모압에 대한 심판예언(15-16장)

③에브라임과 다메섹에 대한 심판예언과 세상 나라를 꾸짖음(17장)

④두마와 아라비아에 대한 심판예언(21:11-17, 34:8-17)

⑤두로와 시돈에 대한 경고(23장)

056-1 두마, 사우디아라비아

28. 북이스라엘 마지막 왕 호세아의 통치

(왕하 16:10-17:2, 대하 28:22-27, 사 13-14장, 21:1-10): BC 731-722년

(1)호세아 왕의 즉위(왕하 17:1-2): 남유다 아하스 왕 12년에

(2)남유다 아하스의 범죄와 죽음(왕하 16:10-20, 대하 28:22-27): 호세아 왕 2년에
①아하스의 다메섹 방문(왕하 16:10-11)▶디글랏 빌레셀을 만나기 위해
②아하스의 범죄(왕하 16:12-18, 대하 28:22-25)▶어려울 때 더욱 여호와께 범죄함
*다메섹 신들에게 제사함▷아람 왕들이 그들을 도운 것처럼 나도 그 신에게 제사하여 돕게 할 것이다.
*다메섹에서 본 제단의 설계도를 제사장 우리야에게 보내 제단을 만들게 함
*우리야가 만든 이방 제단에만 제물을 드리도록 했으며, 각 성읍에 산당을 세워 분향토록 했다.
*성전의 기구들을 부수고, 예루살렘 구석마다 이방 제단을 쌓고, 성전기구를 다른 곳으로 옮겼다.

하나님은 우리의 피난처시요 힘이시니, 환난 중에 만날 큰 도움이시라(시 46:1).
남유다 아하스 왕은 북이스라엘과 아람 왕 르신의 연합군 침공에 이방국 앗수르에게 도움을 요청했다. 그러나 앗수르는 유다에 유익이 없었다. 여호사밧은 암몬과 모압과 세일 자손의 연합군이 침공해 올 때 "우리를 치러오는 이 큰 무리를 우리가 대적할 능력이 없고 어떻게 할 줄을 알지 못하옵고 오직 주만 바라보나이다."(대하 20:12)라고 했다. 내 힘으로 의지하지 못할 때 사람보다 하나님을 먼저 의지하는 자가 되자. 강한 자와 약한 자 사이에 도와줄 분은 오직 하나님뿐이시다.

③아하스가 죽자 다윗성에는 들였으나 왕들의 묘실에는 장사하지 않았다(왕하 16:19-20, 대하 28:26-27).

(3)이사야의 예언 4(사 13-14장, 21:1-10): 남유다 아하스 왕이 죽던 해(사 14:28)
①블레셋에 대한 심판예언(14:29-32) ②바벨론과 앗수르에 대한 심판과 경고(13:1-14:28, 21:1-10)

29. 남유다 히스기야의 즉위와 초기 통치

(왕하 17:3-23, 18:1-12, 대하 29-31장, 사 22, 24-29, 32-33, 35장): BC 716?

(1)히스기야의 즉위(왕하 18:1-2, 대하 29:1): 북이스라엘 호세아 왕 3년, 25세 때, BC 728년?

(2)히스기야의 성전정화(왕하 18:3-4, 대하 29:2-36)
①산당을 없애고, 주상과 아세라상과 모세 때 만든 놋뱀을 부숨(왕하 18:3-4, 대하 29:2)
②1월에 성전을 수리하고, 성전정화를 외침▶이에 레위인이 16일 만에 성전을 정결케 함(대하 29:3-19)
③성전정결 후 성전에서 제사를 드림(대하 29:20-28)
④성전제사 후 여호와께 찬송하고 백성들에게 제물을 가져오게 함(대하 29:29-36)

(3)히스기야의 유월절 지킴(대하 30장)
①유월절 지킬 것을 유다와 북이스라엘 전지역에 전하도록 함▶단에서 브엘세바까지(30:1-9)
②반응▶대부분 사람들이 조롱했으나 일부 사람들은 겸손한 마음으로 예루살렘에 와서 지킴(30:10-12)
③유월절을 1개월 늦은 2월에 지키고, 히스기야 왕은 기도를 올렸다(30:13-27).

(4)히스기야의 종교개혁(왕하 18:5-7a, 대하 31장)
①유월절을 마친 후 각 지역에 있는 우상들을 제거함(대하 31:1)
②히스기야 왕이 제사장과 레위인에게 성전에서 해야할 직무를 맡김(대하 31:2-4)
③성전에 예물을 드리게 하여 직임자에게 주었으나 차고 넘침(대하 31:5-21)

(5)유다의 히스기야가 앗수르를 배반함(왕하 18:7b-8): 그래서 앗수르의 지배하에 있는 블레셋을 침

(6)이사야의 예언 5(사 22, 24-29, 32-33, 35장)

①환상의 골짜기에 대한 경고(22:1-14) ②타락한 관리 셉나에 대한 경고(22:15-25) ③세상에 대한 심판을 예언함(24장) ④주님께 찬양함과 여호와께서 연회를 베풂(25:1-8) ⑤모압에 대한 심판(25:9-12) ⑥여호와께서 승리를 약속하심(26장) ⑦메시아 예언(32장) ⑧시온의 회복예언(35장) ⑨에브라임에 대한 경고와 치리자에 대한 심판(28:1-22) ⑩농부 비유를 통한 교훈(28:23-29) ⑪아리엘에 대한 심판예언과 심판을 통한 연단(29, 27장) ⑫심판과 회복(33장)

(7)북이스라엘 멸망의 시대적 배경(왕하 17:3-23, 18:9-12)

호세아는 침략국 앗수르의 디글랏 빌레셋 3세의 봉신국의 신분으로 정복되지 않은 남쪽 일부의 영토만을 다스리면서 기회만 있으면 독립국으로의 존립을 위해 반란을 마음먹고 있었다(17:3). 그러던 중에 디글랏 빌레셋 3세가 죽고 그의 아들 살만에셀 5세가 왕위에 오르자 호세아는 이집트 소(So) 왕에게 도움을 약속받고 앗수르에게 드리는 공물을 드리지 않고 배반하였다(17:4a). 그러자 앗수르의 살만에셀 5세는 BC 724년에 배반한 호세아를 공격하였다. 당시 이집트는 분열 상태로 북이스라엘을 전혀 도울 수가 없었다. 결국 호세아는 잡혀 옥에 갇혔고(17:4b), 살만에셀 5세는 사마리아를 3년간 포위한 뒤 호세아 9년, 곧 히스기야 6년(BC 721년)에 사마리아를 함락시켰다(17:5-6a, 18:10). 이로써 북이스라엘은 200여년의 역사에 종말을 고했다. 그러나 살만에셀 5세는 북이스라엘을 점령하자마자 사망했다. 앗수르는 북이스라엘 백성들을 끌고가 고산 강가의 할라와 하볼과 메대 사람의 성읍에 강제로 이주시켰다(17:23, 18:11).

058-1 고산 강가의 양떼, 시리아

적용과 실천

실천을 위한 묵상

남의 허물을 위해 기도하자(대하 30:18-19).
히스기야 왕은 즉위하여 시행된 유월절 절기에 성결하지 못한 가운데 유월절 양의 고기를 먹어 규례를 어긴 무리를 위해 용서의 기도를 올렸다. 하나님은 그런 히스기야의 기도를 들으시고 백성을 고치셨다. 우리도 남의 허물을 책잡거나 지적하기보다는 먼저 그 허물을 덮어주는 자가 되자.

Thinking 상대방의 불이익이 나에게 이익이 되는 경우에 대해 이야기해보자.

핵심 Key word

여로보암 2세	스가랴, 살룸	므나헴, 브가히야	베가	호세아
욘, 암, 호 선지 활동	6, 1개월 통치	앗수르 침입, 2년	20년통치	북이스라엘 멸망

아마샤	웃시야	요담	아하스	히스기야
반역으로 죽음	국방강화, 나병	이사야와 미가 활동	앗수르 도움 요청	종교개혁

31과 남유다 잔존시대 1(웃시야 때까지)

본문말씀▷왕하 17:24-41, 18:13-23:30, 대하 32-35장, 사 18-20, 30-31, 36-66장, 렘 1-20장, 습, 나
핵심말씀▷너희 묵은 땅을 갈고, 가시덤불에 파종하지 말라(렘 4:3). 새찬송가 379장

배경 바라보기

시대적 고찰

앗수르(앗시리아)제국는 살만에셀 5세 때 이스라엘을 멸망시켰다(BC 721년). 이때 히스기야는 앗수르의 감시의 눈길 속에서 앗수르의 속박에서 벗어나기 위해 앗수르의 반응을 살펴가면서 전면적인 종교개혁을 단행하였다(왕하 18:1-8). 그리고 살만에셀 5세와 사르곤이 죽고 그 아들 산헤립(BC 704-681년)이 왕위에 오르는 것을 기회로 앗수르에 대한 조공을 거절하였다. 그러나 앗수르 산헤립은 바벨론이 잠시 조용한 틈을 타서 히스기야 14년에 팔레스틴에 내려와 앗수르에 반항하는 반란군을 강타하였다. 이때 유다는 예루살렘만 남겨놓은 채 처참하게 파괴되었다. 그러나 여호와의 사자가 앗수르 진에서 18만 5천 명을 죽이는 기적을 베풀었다. 이에 앗수르 군대는 갑자기 퇴각하였고, 유다는 멸망 직전에서 1세기 이상 더 존속할 수 있었다.

유다는 므낫세 왕 때까지도 앗수르에 조공을 바치는 충성 속에서 그 명맥을 유지해 나갔다. 므낫세 사후 요시야 때에는 비록 앗수르 봉신국의 처지에 있었으나 당시 앗수르는 지배력이 급속히 퇴조하는 과정에 있었다. 이리하여 북이스라엘 멸망 이후 유다는 앗수르의 몰락기를 틈타 다시 한 번 짧은 기간이나마 독립을 누릴 수 있었다. 그러나 요시야 말년에 이르러 앗수르는 마침내 BC 610년에 바벨론과 그 동맹군에 의해 점령당했다. 이때 요시야는 애굽의 바로 느고를 므깃도에서 막다가 부상당해 전사했다.

지리적 고찰

북이스라엘 멸망 후 성경의 중심은 예루살렘을 중심한 남쪽으로 국한되었다. 그리고 선지자들의 이방에 대한 예언에 언급된 세계 각 나라로 분산되어 나타난다. 특히 이 시대에는 애굽과 앗수르와 바벨론과의 싸움의 배경이 된 메소포타미아 북서쪽의 갈그미스와 앗수르의 팔레스틴 침공으로 폐허가 된 유다와 블레셋 지역에 있는 각 성읍들이 지리적인 주요무대이다.

문화적 고찰

◐피리(렘 48:36) 성경시대의 관악기에는 할릴(저, 피리), 케렌(뿔), 하쪼르(나팔), 쇼파르(양각 나팔) 등이 있다. 이중에 할릴(피리)은 갈대나 금속 또는 상아로 만들었다. 이 할릴의 입 부분은 두 개의 파이프로 이루어졌기 때문에 '더블 피리'로 번역하는 것이 더 정확하다. 이 할릴은 여러 번 성경에 나타나는데(왕상 1:40, 사 5:12, 30:29, 렘 48:36 등) 주로 잔치나 연회 같은 기쁨이 동반되는 상황에서 연주되었으나 때로 본문에서처럼 애도의 상황에서도 연주되었다.

단어해설

산고(렘 48:41) 아이를 해산할 때 겪는 고통을 말한다. 본문은 적군의 침입으로 간담이 녹은 모압 용사들의 마음으로 비유하고 있다. 곧 바벨론 침공을 받은 모압 용사들의 마음이 아이를 해산할 때 겪는 고통과 같이 될 것이라는 뜻이다.

다림 보던 추(왕하 21:13) 이는 집을 건축할 때 수평을 잡기 위해 사용하는 기구를 가리킨다. 본문에서는 상징적으로 사마리아의 범죄를 측량하는 데 기준이 된 하나님의 공의의 율법을 가리킨다. 곧 하나님은 사마리아를 다림 보던 추로 잰다는 것이다.

본문 탐구하기

내용개요 북이스라엘 멸망 후 앗수르에서 사르곤 2세가 정권을 장악하는 과정속에 블레셋 지역과 사마리아 지역에서는 이집트의 충동을 받아 각처에서 반란이 일어났다. 한편, 남유다는 히스기야가 통치하고 있었다. 히스기야는 선한 통치를 했으나 앗수르의 위협 가운데 있었다. 이때 이사야 선지자는 이방 나라에 대해 예언했다.

당시 히스기야는 선한 통치 속에서 앗수르의 침략을 받았으나 하나님의 기적적인 도움으로 멸망당하지 않았다. 그러나 히스기야의 뒤를 이은 므낫세는 이방신 숭배와 무죄한 자를 죽이는 온갖 악행을 저지르다가 바벨론으로 끌려간 후 뉘우치자 다시 왕위에 오른 후에는 우상을 제거하기도 했다. 그런 가운데서도 이사야는 희망의 메시지를 전한다. 므낫세 사후 아몬은 2년의 짧은 통치로 끝나고, 유다는 요시야에 의해 31년의 통치기간 동안 종교개혁과 율법책을 발견한 후 유월절을 지키는 선한 정치로 나라의 평안을 유지했다. 그러나 요시야는 바로 느고의 북진을 므깃도에서 막다가 부상당해 예루살렘에서 죽음으로 한동안 평안했던 남유다는 다시 쇠퇴와 불안한 정국을 맞이 한다.

QA 본문탐구

1 남유다 잔존시대 1

1. 멸망 후 북이스라엘 지역(왕하 17:24-41, 18:13-20:21, 대하 32장, 사 18-20, 30-31, 36-39장)

(1)사르곤 2세의 출정과 북이스라엘 사람들의 추방(왕하 17:24-41, 사 20장)

061-1 가사, 이스라엘 가자 지구

①북이스라엘의 멸망 후 앗수르 본토에서는 사르곤 2세(Sarcon Ⅱ)가 정권을 장악했다. 이런 소요사태를 계기로 서쪽의 하맛(Hamath) 지역과 블레셋 지역의 가사가 반란을 일으켰고, 각처에서 반란이 일어났다.

②이에 사르곤 2세는 폭동진압을 위해 출정하여 하맛을 굴복시킨다음 팔레스틴 남쪽으로 진격하여 가사와 라비를 정복하고, 가사 왕을 돕기 위해 올라온 이집트 군대를 격파시키고 조공까지 받게 되었다. 그리고 반란에 가담했던 사마리아에 대하여 재발을 막기 위해 그 지역의 주민들을 광범위하게 앗수르의 변경과 정복한 메대의 성읍으로 이주시켰다.

③공백이 생긴 사마리아 지역은 바벨론, 구다, 아와, 하맛, 스발와임 등에서 온 백성들로 이주시켜 정착시켰다. 사마리아로 이주해 온 자들이 여호와를 경외하지 않자 여호와께서 몇 명을 죽이셨다. 이 소식을 들은 앗수르 왕은 사로잡힌 자 중 제사장 한 명을 파송하여 여호와의 법을 무리들에게 가르치게 했다. 그럼에도 각 민족이 동시에 자기 신도 섬김으로 팔레스틴은 혼합종교 사회가 되었다(왕하 17:24-41).

④한편, 유다는 앗수르에 굴복하므로써 북이스라엘과 같은 멸망은 모면하였으나 앗수르는 BC 721년에 유다 지역은 아니었지만 아스돗의 반란을 진압하기 위해 다시 가나안 출정을 감행했다.

061-5 아세가, 이스라엘

⑤사르곤 2세는 군대장관 다르단을 보내 아스돗을 정복하였고(사 20:1), 유다, 에돔, 모압의 반란도 즉각 진압하였다(사르곤 2세의 비문). 그리고 깁브돈, 에글론, 가드와 유다의 아세가까지 정복하였다. 이때 이사야는 알몸으로 다님으로 애굽과 구스에 대한 징표를 보여주었다(사 20:2-6).

(2)북이스라엘 멸망 후 이사야의 예언 6(사 18-19, 30-31장)
①구스에 대한 예언(18장) ②애굽에 대한 예언(19장) ③애굽과 맺은 맹약의 헛됨과 패역한 백성(30:1-17)
④자기 백성에게 베푼 하나님의 은혜(30:18-26) ⑤여호와께서 앗수르를 칠 것을 말씀하심(30:27-31:9)

(3)앗수르 왕 산헤립의 침공과 히스기야(왕하 18:13-19:34, 대하 32:1-20, 사 36:1-37:35)
①산헤립 침공(히스기야 즉위 14년)에 대한 히스기야의 방어(왕하 18:13, 대하 32:1-8, 사 36:1)
*성밖에 있는 물의 근원을 막음
*성벽을 보수하여 망대를 세우고, 외성을 쌓았으며, 밀로를 견고케 함
*무기를 제작하고, 지휘관을 세워 백성을 지휘토록 함
*성문 광장에서 백성들을 위로함▷대하 32:6-8을 읽고 묵상
②산헤립이 다르단, 랍사시스, 랍사게에게 라기스에서 예루살렘으로 진격하도록 명령을 내림(왕하 18:17-36, 대하 32:9-16, 사 36:2-21)
*앗수르가 내려와 예루살렘 윗 못 수도 곁에 진을 치고 포위함
*산헤립의 랍사게 장군이 엘리아김, 셉나, 요아에게 "히스기야에게 속지 말라"(왕하 18:30-31)고 외침
*랍사게의 말을 들은 히스기야의 반응(왕하 19:1-7, 사 37:1-7)
옷을 찢고, 굵은 베옷을 입고, 성전에서 엘리아김과 셉나와 제사장된 장로에게 베옷을 입혀 이사야 선지자에게 보냄
*이사야의 응답▷앗수르가 본국으로 돌아가고, 산헤립은 칼에 죽을 것이라는 여호와의 말씀을 전함
③히스기야가 사람을 라기스로 보내 예물을 주기로 하고 산헤립의 요구대로 예물을 줌(왕하 18:14-16)

062-1 다윗성 밖에 있는 기혼샘

063-1 히스기야 사절단을 알현하는 산헤립, 대영박물관

④산헤립이 히스기야에게 사자를 보냄(왕하 19:8-13, 대하 32:17-19, 사 37:8-13)▶앗수르의 재차 위협
*상황▷립나와 싸우는 중 구스가 자기를 치러온다는 소식을 들었을 때
*내용▷히스기야의 말에 속지말라고 하며 하나님을 모욕하고 비방함
⑤히스기야의 기도(왕하 19:14-19, 대하 32:20, 사 37:14-20)
*때▷산헤립의 사자에게 편지를 받아 읽은 후 성전에 들어감(왕하 19:14)
*내용▷사 37:20 **우리 하나님 여호와여, 이제 우리를 그(앗수르)의 손에서 구원하사 천하 만국이 주만이 여호와이신 줄을 알게 하옵소서.**

064-1 라기스 전경, 이스라엘

정직한 자의 기도는 그가 기뻐하시느니라(잠 15:8). 내가 여호와의 이름으로 기도하기를(시 116:4)
히스기야는 항복하라는 산헤립의 편지를 받고 성전에 들어가 여호와 앞에 편지를 놓고 구원을 통해 주님께서 여호와인 줄 알게 해달라고 기도했다. 그런 기도는 하나님의 마음을 움직였고, 마침내 하나님의 기적적인 개입으로 앗수르는 18만 5천 명이 죽은 후 돌아갔다. 우리의 기도 역시 자신만을 위한 기도가 아니라 나를 통해 주님이 하나님이심을 모든 사람들에게 나타나게 해달라고 하는 기도를 하자.

⑥이사야가 히스기야에게 하나님의 말씀을 전함(왕하 19:20-34, 사 37:21-35)
*그가(산헤립) 오던 길로 돌아가고 이 성에 이르지 못할 것이다(사 37:33-34).

(4)앗수르 군사와 산헤립의 죽음(왕하 19:35-37, 대하 32:21-23, 사 37:36-38)
①여호와께서 사자(천사)를 보내 앗수르 군사 18만 5천 명을 죽이심

065-1 라기스 서간, 대영박물관

②산헤립은 귀국한 후 반역으로 아드람멜렉과 사레셀에게 살해되고 에살핫돈이 왕이 됨(왕하 19:36-37)

066-1 에살핫돈궁터, 이라크 니느웨

(5)히스기야의 발병과 회복(왕하 20:1-11, 대하 32:24, 사 38장)

①병들어 죽게된 히스기야의 기도(왕하 20:2-3)

사 38:3 **주의 목전에서 선하게 행한 것을 기억하옵소서.**

②이사야가 여호와의 말씀을 전함(왕하 20:4-7, 사 38:5-6)

15년 더 살 것이며, 다윗으로 인해 이 성을 보호할 것이다.

③치료에 대한 증표(왕하 20:8-11, 사 38:7-8)

해시계 그림자가 10도 뒤로 물러가게 함

067-2 해시계, BC 1세기, 이스탄불 고고학박물관

(6)히스기야의 교만과 바벨론 사신(왕하 20:12-19, 대하 32:25-31, 사 39장)

①병을 고침받은 후 교만했으나 뉘우치자(대하 32:25-26) 하나님이 심히 많은 재물을 주심(32:27-29)

②기혼 샘을 막아 터널을 뚫어 다윗성 안으로 끌어들임 (대하 32:30)

③바벨론 므로닥발라닥 사신들에게 보물창고와 무기고와 창고의 모든 것을 보여줌 (대하 32:31 읽고 묵상하자.)

068-1 히스기야 터널의 수직갱

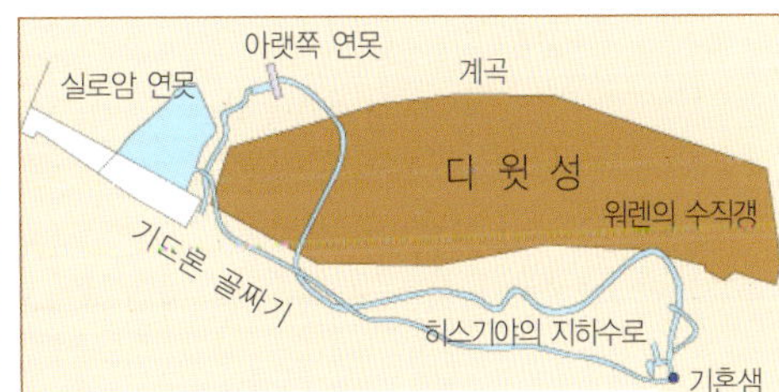

069-1 히스기야 수로의 단면도(대하 32:30)

*이사야가 바벨론 사신들이 본 모든 것들이 바벨론으로 옮겨지게 될 것을 말함(사 39장)

(7)히스기야의 죽음(왕하 19:20-21, 대하 32:32-33): 다윗성 왕들의 묘실 중 높은 곳에 장사

2.므낫세의 통치(왕하 21:1-18, 대하 33:1-20, 사 40-66장): BC 687-643년

(1)므낫세의 즉위(왕하 21:1, 대하 33:1): 12세에 즉위하여 55년간 통치

070-1 힌놈 골짜기, 예루살렘

(2)므낫세의 악행(왕하 21:2-16, 대하 33:2-9)

①이방의 가증한 일을 본받아 산당을 다시 세움(왕하 21:2)

②아합의 행위를 따라 바알 제단을 쌓고, 일월성신을 섬기고, 성전에서 이방 제단을 쌓고 아세라상을 세움, 힌놈 골짜기에서 아들을 불가운데 지나게 함, 마술사를 신임하여 악행을 저지름, 무죄한 자를 많이 죽임(왕하 21:3-11)

③하나님의 징계계획(왕하 21:12-15)▶씻어 엎어버리고, 원수에게 넘겨 노략거리가 되게 할 것임

> **또 아비들아, 너희 자녀를 노엽게 하지 말고 오직 주의 교훈과 훈계로 양육하라(엡 6:4).**
> 히스기야는 남유다 역대 왕 중에 가장 훌륭한 신앙의 사람이었다. 그러나 그의 아들 므낫세는 역대 왕 중에 가장 악한 왕으로 이방신을 가장 크게 숭배한 자였다. 훌륭한 아버지에 가장 악한 아들이 된 것은 무엇 때문인가? 아마 정치는 성공했어도 자식 교육은 신앙적으로 이루어지지 않았기 때문이었을 것이다.

(3)이사야의 마지막 희망의 말씀(사 40-66장)

①40:2 **노역의 때가 끝났고, 그 죄악이 사함을 받았느니라.**

②41:17 그들의 혀가 마를 때에 나 여호와가 그들에게 응답하겠고
③42:3 상한 갈대를 꺾지 아니하며, 꺼져가는 등불을 끄지 아니하고, 진실로 정의를 시행할 것이며
④43:1 너는 두려워하지 말라. 내가 너를 구속하였고, 내가 너를 지명하여 불렀나니 너는 내 것이라.
⑤43:19 보라. 내가 새 일을 행하리니 이제 나타낼 것이라. … 내가 광야에 길을, 사막에 강을 내리니
⑥51:11 여호와께 구속 받은 자들이 돌아와 노래하며 시온으로 돌아오니
⑦결론▶55:1 오호라. 너희 모든 목마른 자들아, 물로 나아오라. 돈 없는 자도 오라. 너희는 와서 사 먹되 돈 없이, 값 없이 와서 포도주와 젖을 사라. 55:6 너희는 여호와를 만날 만한 때에 찾으라. 가까이 계실 때에 그를 부르라. 60:1 일어나라. 빛을 발하라. 이는 네 빛이 이르렀고, 여호와의 영광이 네위에 임하였음니라.

(4)므낫세의 뉘우친 기도와 죽음(왕하 21:17-18, 대하 33:10-20)
①므낫세의 깨달음(대하 33:10-12)▶앗수르에 의해 바벨론으로 잡혀가자 크게 겸손하여 뉘우치고 기도함
②왕위에 복귀함(대하 33:13)▶하나님은 뉘우친 므낫세를 다시 왕위에 앉게 하였다.
③뉘우친 후(대하 34:14-17)▶성벽을 수축하고, 견고한 성읍에 지휘관을 파견하고, 성전에 있는 우상을 제거하고 이방 제단을 성 밖으로 던짐, 여호와의 제단을 보수하고, 백성들로 하여금 여호와만 섬기도록 함
④죽음(왕하 21:17-18, 대하 33:18-20)▶죽어 웃사의 동산에 장사되었고 요시야가 왕위에 오름

3. 아몬의 통치(왕하 21:19-26, 대하 33:21-25): BC 643-641년

아몬은 22세 때 즉위하여 2년간 통치했다. 그는 부친이 만든 우상에게 제사하며 경배하는 악행을 하다가 신하의 반역으로 죽어 웃사의 동산에 장사되었다.

요시야 왕 때의 역사적인 배경(왕하 22:1-23:30, 대하 34-35장)

①부친과 같이 악행을 일삼았던 아몬(BC 642-640년)이 신복에 의해 암살된 후 국민들의 지지를 받아(왕하 21:24) 8세에 왕위에 오른 요시야는 비록 앗수르 봉신국의 처지에 있었으나 당시 앗수르는 제국 판도에 대한 지배력이 급속히 퇴조하는 과정에 있었다. 요시야 통치 12년인 BC 629(8)년에 앗수르는 앗슈르바니팔의 노후로 인해 그 아들 신사르이스쿤이 왕세자의 섭정으로 왕위에 올라 공동통치를 하는 내정 상황과 서부 지역에 대한 실제적인 지배력이 약화되기 시작한 상황이었다.
요시야는 유다뿐만 아니라 앗수르가 속주(屬州)로 편제했던 북부 지역까지 아세라 목상과 바알의 단을 훼파하는 일대 종교개혁을 시도하였다. 사실상 이때는 앗수르에 대한 봉신은 형식에 불과했고, 앗수르는 유다에 간섭할 처지에 있지 못했다. 앗수르의 군대는 이 지역에서 거의 사라져 버렸고, 요시야의 통치 지역이 되어 버렸다. 그리하여 욥바의 남쪽 해변에 구축했던 요새가 알려 주듯이 지중해변까지 그의 지배력을 확장시켰다. 한편, 남쪽 경계는 브엘세바 이남까지 이르렀다. 이리하여 북이스라엘의 멸망 이후 유다는 앗수르의 몰락기를 틈타 다시 한 번 짧은 기간 동안이나마 독립을 누릴 수 있었다.
②바로 느고의 출정(대하 35:20-25, 왕하 23:29-35, 렘 46:1-47:7)
북이스라엘의 멸망 후 일시적으로 독립을 누렸던 요시야는 말년에 이르러 국제정세에 상당한 변화를 가져오는 사건을 겪었다. 이미 대제국으로서 봉주국의 통치력이 급격히 약화된 앗수르는 마침내 BC 610년에 마지막 보루인 하란을 지키고 있던 앗슈루발릿이 바벨론과 그 동맹군에 의해 공격을 받아 점령 당했다. 한편, 이집트의 바로 느고는 BC 609년 패주한 앗슈루발릿을 돕고 하란 탈환을 위해 갈그미스로 북진하는 도중 가사를 치고(렘 47:1) 므깃도에 이르렀다. 이때 유다 왕 요시야는 이집트의 팔레스틴 통치를 염려하여 바로 느고의 진군을 저지하다가 전사하였다.

4. 요시야의 통치(왕하 22:1-23:30, 대하 34-35장, 습, 나, 렘 1-20장): BC 640-609년

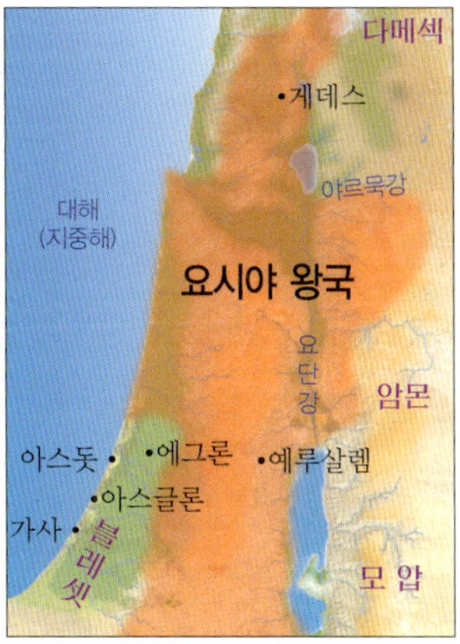

071-1 요시야 왕국

(1)요시야의 즉위(왕하 22:1, 대하 34:1-2): 8세에 즉위하여 31년간 통치

(2)스바냐 선지자의 예언(습): 요시야 통치기간 중(습 1:1, BC 640-609년)

①여호의 날(1장)▶분노의 날, 환난과 고통의 날, 패망의 날, 흑암의 날(1:15)

②이스라엘 이웃 나라가 받을 벌(2장)

블레셋 도시들(가사, 아스글론, 아스돗, 에그론), 모압과 암몬, 구스

③예루살렘에 대한 심판(3:1-8)과 회복예언(3:9-20)

*심판▷3:6 **그들의 모든 성읍이 황폐하며, 사람이 없으며, 거주할 자가 없게 되었느니라.**

*회복▷3:20 **내가 그 때에 너희를 이끌고, 그 때에 너희를 모을지라.**

(3)요시야 왕의 율법책 발견과 종교개혁(왕하 22:3-23:20, 24-27, 대하 34:2-33)

①개혁과정▶즉위한지 8년 만(16세)에 여호와를 찾고, 12년에 종교개혁을 실시함(대하 34:2-7)

*이전에 성전보수를 위해 드린 헌금으로 성전을 수리하도록 함(왕하 22:3-7)

*대제사장 힐기야가 성전수리 중에 율법책을 발견함(왕하 22:8, 대하 34:8-15)▷즉위 18년

*요시야가 율법책의 내용을 듣고 자기 옷을 찢고, 율법책에 대해 여호와께 물으라고 명령(왕하 22:9-13, 대하 34:16-21)

*여선지 훌다가 요시야의 겸손함으로 재앙을 겪지 않을 것을 말함(왕하 22:14-20, 대하 34:22-28)

*무리들을 성전으로 모이게 한 후 율법책을 낭독하게 하고 언약을 세움(왕하 23:1-3, 대하 34:29-32)

②개혁내용(왕하 23:4-24, 대하 34:33)▶

*이방 신상과 관련된 기물들을 제거함(대하 34:3-4)

*이방 우상을 섬긴 제사장들과 일월성신 숭배자들을 폐하고 산당의 제사장들을 죽임(왕하 23:5, 19-20, 대하 34:5)

*성전에 있던 남색자의 집을 헐음(왕하 23:7)

*유다 성읍에 있는 이방 산당과 여로보암이 세운 산당과 도벳을 더럽게 하고 산당을 헐어버림(대하 34:6-7)

*몰렉에게 자식을 드리지 못하게 함(왕하 23:10)

072-1 여로보암이 세운 산당, 텔 단

(4)요시야 왕이 유월절을 시킴(왕하 23:21-23, 대하 35:1-19)

①발견된 율법책에 기록된 대로 즉위 18년 1월 14일에 유월절을 지킴(왕하 23:21-23, 대하 35:1)

②제사장들에게 성전에서 행할 직무를 부여함(대하 35:2-6)

③요시야 왕과 방백들이 유월절 제물을 드림(대하 35:7-19)

> **이를 위하여 너희가 부르심을 받았으니 그리스도도 너희를 위하여 고난을 받으사 너희에게 본을 끼쳐 그 자취를 따라오게 하려 하셨느니라(벧전 2:21).**
> 요시야가 율법책을 발견한 후 대대적인 유월절을 지킬 때, 어린양과 어린 염소 3만 마리와 수소 3000마리를 제물로 드렸다. 이를 본 방백들도 즐거운 마음으로 제물을 드렸다. 그러나 이제는 성전을 주관하는 힐기야, 스가랴, 여히엘 등도 제물을 드렸다. 이어 레위인의 우두머리들도 제물을 드렸다. 한 사람 왕의 모범이 많은 사람들에게 모범이 되었다. 예수님도 스승으로서 먼저 제자들에게 발을 씻어 줌으로 모범을 보이셨다.

(5)예레미야의 예언 1(렘 1-20장): BC 628년

①예레미야의 활동(1:1-3)▶요시야 왕 13년부터 시드기야 왕 11년까지

②초기의 예언내용(1-20장)

*예언활동 시작과 살구나무 가지와 끓는 가마의 환상(1장)

*이스라엘과 유다의 죄와 심판(2-3장)▷당시 유다의 2가지 악행

렘 2:13 **내 백성이 두 가지 악을 행하였나니**
곧 그들이 생수의 근원되는 나를 버린 것과
스스로 웅덩이를 판 것인데 그것은 그 물을 가두지 못할 터진 웅덩이들이니라.

073-1 저수조(웅덩이), 이스라엘 바라

네가 스스로 지혜롭게 여기는 자를 보느냐? 그보다 미련한 자에게 오히려 희망이 있느니라(잠 26:12).
하나님이 약속한 가나안 땅은 하늘에서 비를 내려야 살 수 있는 곳으로 하나님을 의지해야만 살 수 있었다. 그런데 이스라엘은 하나님이 비가 내리지 않아도(하나님의 도움이 없어도) 자신들의 지혜로 웅덩이를 파서 살 수 있는 방법을 강구한 것이다. 웅덩이를 판 것은 지혜로운 일이나, 하나님을 불신한 동기에서 나온 지혜는 악을 행하게 한다. 모든 것은 하나님을 믿는 믿음의 바탕에서 이루어져야 한다.

*유다가 살 길(4장)▷내 앞에서 가증한 것을 버리라(1). 묵은 땅을 갈고 가시덤불을 파종하지 말라(3). 네 마음의 악을 씻어버리라(14).

074-1 우기 때의 요단강, 이스라엘 단

*예루살렘과 유다의 허물과 죄와 심판(5-9장)

*우상숭배의 실상과 심판에 대한 백성들의 탄식(10장)

*여호와의 언약과 예레미야를 죽이려고 하는 아나돗 사람(11장)

*예레미야의 질문과 하나님의 응답(12장)

예레미야의 질문(1-4)▷1b **악한 자의 길이 형통하며, 반역한 자가 다 평안함은 무슨 까닭이니이까?**

하나님의 대답(5-17)▷5b **네가 평안한 땅에서는 무사하려니와 요단강 물이 넘칠 때에는 어찌하겠느냐?**

*허리띠와 포도주 가죽부대의 비유, 교만에 대한 경고(13장)

4-5 **너는 사서 네 허리에 띤 띠를 가지고 일어나 유브라데로 가서 거기서 그것을 바위틈에 감추라 하시기로 내가 여호와께서 내게 명령하신 대로 가서 그것을 유브라데 물가에 감추니라.**

베띠를 쉽게 썩게되는 습기가 많은 유브라데 물가 바위틈에 숨기라는 것은 하나님을 떠나 세상을 사랑하여 교만에 빠진 유다는 필연적으로 부패하여 아무 쓸모없게 될 것을 암시적으로 보여주는 행동이다.

075-1 유브라데(바라), 본문의 유브라데는 메소포타미아의 유프라테스 강이 아니라 오늘날 이스라엘 예루살렘 동북쪽 9km 지점의 유대 광야에 있는 바라(수 18:23)를 가리킨다.

*심판 날(14장)과 예레미야의 기도에 대한 여호와의 말씀(15장)

*멸망 중의 구원 약속(16장)

*여호와를 의지하는 길과 안식일 성수(17장)

*토기장이 비유와 가증한 일을 행하는 이스라엘(18:1-17)

*예레미야를 죽이려고 함(18:18-23)

*깨진 옹기의 비유(19장)

*예레미야 선지자와 성전 총감독인 바스훌 제사장(20장)

예레미야는 자신을 학대한 바스훌에게 "바벨론으로 잡혀가 그곳에서 죽을 것이다"라고 함(20:6)

075-2 토기장이, 터키 아바노스

20:6 **바스훌아, 너와 네 집에 사는 모든 사람이 포로 되어 옮겨지리니 네가 바벨론에 이르러 거기서 죽어 거기 묻힐 것이라. 너와 너의 거짓 예언을 들은 네 모든 친구도 그와 같으리라.**

(6)나훔 선지자의 예언(나): 요시야의 종교개혁 이후부터

①니느웨에 대한 나훔의 경고(1장)▶여호와는 질투와 보복하시는 하나님

②니느웨의 멸망예언(2-3장)

*네 부끄러운 곳을 세상 민족에게 보일 것이다.

*불이 너를 삼키고 칼이 너를 벨 것이다.

076-1 니느웨 성문 입구, 이라크 모습

077-1 바로 느고의 출정

(7)요시야 왕의 죽음(왕하 23:28-30, 대하 35:20-27)

성전 정돈 후 앗수르의 잔존부대를 돕기 위해 북진하는 애굽 바로 느고를 므깃도에서 막다가 부상당한 후 예루살렘에 와서 죽자 애가를 지어 그의 죽음을 슬픈 마음으로 노래했다.

*왕하 23:29의 한글개역개정판의 바로 느고가 앗수르 왕을 '치고자'는 잘못된 번역으로 '돕고자'로 번역해야 한다. 영역본인 NIV와 TEV에는 'to help'로 번역했다.

당시 앗수르는 갈그미스에서 바벨론과 전투를 하고 있었으며, 이때 애굽의 바로 느고는 앗수르를 돕기 위해 북진하고 있었다.

적용과 실천

실천을 위한 묵상

악한 자의 형통은 잠시뿐이다(렘 12:5).

유다의 멸망과 멸망 후에 활동했던 예레미야는 하나님께 악한 자의 길이 형통하며 반역한 자가 다 평안함은 무슨 까닭이니이까(렘 12:1-4)라고 질문했다. 이에 하나님은 네가 평안할 때는 무사하지만 요단강 물이 넘칠 때에는 어떻게 하겠느냐라고 대답하셨다. 그렇다. 악한 자의 형통은 잠시뿐이며, 결국 요단강 물이 넘치는 하나님의 심판 때에는 멸망할 수밖에 없다. 그러므로 욥기가 주는 교훈처럼 악한 자의 형통은 잠시이나, 의인의 결국은 영원한 평안임을 기억하자.

Thinking 터진 웅덩이(렘 2:13)처럼 내 노력이 허사가 된 때와 그 원인에 대해 이야기해보자.

핵심 Key word

북이스라엘 멸망 후	히스기야 통치
사르곤 원정, 사마리아인 강제이주	이사야 징표와 예언, 산헤립 침공과 기도, 생명연장

므낫세 통치(55년)	아몬 통치	요시야 통치(31년)
우상숭배, 이사야예언(40-66장)	우상숭배	스바냐와 나훔 예언, 종교개혁, 죽음(므깃도)

32과 남유다 잔존시대 2(포로 전까지)

본문말씀▷왕하 23:31-25:21, 대하 36:1-21, 렘 21:1-39:10, 39:15-18, 45-51장, 52:1-30, 겔 1-31장, 단 1-2장, 합 새찬송가 586장

핵심말씀▷이와같이 유다가 사로잡혀 본토에서 떠났더라(왕하 25:21b).

배경 바라보기

시대적 고찰

비록 애굽의 하란 재탈환은 실패했지만 남유다에 대한 영향력은 유지되어 요시야의 아들 여호아하스를 옥에 가두고, 그 형제 엘리아김을 여호야김으로 개명하여 왕으로 삼고 여호아하스는 애굽으로 잡아 갔다. 그리고 여호아하스는 그곳에서 죽었다. 그러나 애굽의 유다 지배는 잠시뿐 1년 후 느부갓네살은 팔레스틴으로 내려와 애굽 세력을 몰아냈다(왕하 24:7). 그리하여 유다는 잠시 누렸던 독립을 잃고 당분간 바벨론의 속국 상태로 바벨론과 이집트의 계속된 전쟁 속에서 시달림을 받게 되었다. 여호야김은 느부갓네살에게 충성할 것을 다짐하고 그의 봉신이 되었다(왕하 24:1).

그러던 중 BC 601년 바벨론이 약 1년 동안 본국에서 군대를 재조직하는 기회를 틈타 여호야김은 3년 만에 바벨론에게 반기를 들었다(왕하 24:1). 그러나 BC 598년 12월에는 바벨론의 주력 부대가 유다로 진격하였다. 이때 여호야김은 백성들에 의해 죽었을 것이다(렘 22:18-19). 여호야김이 죽자 그 아들 여호야긴이 18세에 왕위에 올랐다. 그러나 3개월도 안되어 예루살렘은 바벨론에게 포위되어 함락되었다.

느부갓네살은 성전과 왕궁의 보물과 백성과 귀족과 왕족과 내시 등 18000명 이상을 사로잡아 갔다. 그리고 여호야긴의 아자비 맛다니야를 시드기야로 개명하여 왕으로 세웠다. 당시 시드기야는 왕이라기보다 섭정자에 불과했다. 그리고 시드기야는 애굽을 믿고 바벨론을 배반하여 결국 느부갓네살에게 잡혀 바벨론으로 끌려가 그곳에서 죽었다. 이로써 북이스라엘에 이어 남유다도 역사의 무대에서 사라졌다.

지리적 고찰

남유다의 마지막 23년은 유다 지역 자체보다 애굽과 앗수르와 신흥 바벨론의 강대국 사이에 벌어지는 팔레스틴 쟁탈전이 주요무대가 된다. 멸망하는 앗수르를 돕기 위한 애굽과 바벨론과의 메소포타미아 북서쪽 끝인 갈그미스에서의 전투, 이를 요시야가 므깃도에서 막고, 이후 바벨론의 침공과 재침공으로 인한 블레셋 지역과 유다 각 지역, 유다 멸망 후 바벨론으로 사로잡혀 가는 산발적인 지역이 이 시대의 무대가 되었다.

문화적 고찰

◐광주리(렘 24:1-2) 갈대나 싸리 혹은 버들가지 등으로 만든 물건을 담는 그릇이다. 팔레스틴과 중동 지역에서는 사람의 머리가 들어갈 수 있는 크고 둥근 광주리 혹은 바구니(왕하 10:7)가 있었는데 이 광주리는 주로 무화과 열매를 담는데 사용되었다(렘 24:1-2). 그리고 가정에서 쓰는 반죽통(신 28:5)과 비슷한 광주리는 주로 농산물을 담는데 사용했다(신 26:2-4). 그 외에 빵을 담는데 사용되는 뚜껑이 있는 소쿠리(광주리, 삿 6:19), 없는 바구니(마 14:20 헬라어 '코피노스')가 있다. 바울이 다메섹 성벽에서 타고 내려온 광주리(행 9:25)는 헬라어 '스피리스'로 사람이 탈 만큼 큰 광주리였다.

단어해설

두 기둥(왕하 25:16) 성전 입구에 세워놓은 두 기둥으로 야긴과 보아스를 가리킨다(왕상 7:15-22).

내용개요 요시야 왕 사후 왕위에 오른 여호아하스는 부친과 달리 악을 행하다가 애굽의 바로 느고에 의해 폐위되고 애굽으로 끌려가 그곳에서 죽었다. 이어 애굽의 바로 느고에 의해 왕위에 오른 엘리아김은 여호야김으로 개명되었고, 강제로 은금을 갹출하여 여호아하스 때 내린 벌금을 애굽에 냈다. 당시 예레미야는 여호야김에 대해 예언했고, 성전 뜰에서 하나님의 말씀을 전했으며, 애굽과 이스라엘과 블레셋과 또다른 것에 대해서도 예언했다. 하박국도 이때 예언활동을 했다. 여호야김은 바벨론을 배반하므로 침공을 받아 다니엘을 비롯한 많은 사람들이 처음 바벨론으로 유배되었다. 유배 이후 다니엘은 느부갓네살의 꿈을 해석하여 나라의 통치자로 임명받았다. 그리고 예레미야는 이방에 대한 예언을 했다. 여호야김 사후 여호야긴이 왕위에 올랐을 때 유다는 재차 바벨론의 침공을 받아 여호야긴은 사로잡혔고, 성전기물과 함께 두 번째로 바벨론 유배가 이루어졌다. 여호야긴 후 바벨론에 의해 왕위에 오른 시드기야는 예레미야가 전한 하나님의 말씀에 순종하지 않고 성전을 더럽히는 악행을 하다가 바벨론을 배반했다. 결국 다시 침공한 바벨론에 의해 남유다는 멸망했다. 이때 시드기야는 두 눈이 뽑힌 채 바벨론으로 사로잡혀가 그곳에서 죽었다. 이런 가운데에도 에스겔과 예레미야의 예언은 계속되었다.

QA 본문탐구

② 남유다 잔존시대 2(요시야 사후부터)

5. 여호아하스(살룸)의 통치(왕하 23:31-34, 대하 36:1-4, 렘 22:10-12): BC 609년

(1)여호아하스의 즉위(왕하 23:31, 대하 36:1-2a): 23세에 즉위하여 3개월 통치

(2)여호아하스의 통치와 죽음(왕하 23:32-34, 대하 36:2b-4, 렘 22:10-12)
①조상들의 행위대로 악을 행하다가 애굽의 바로 느고에 의해 3개월 만에 폐위되고 립나에 갇힘
②애굽의 바로 느고가 유다로 하여금 은 100달란트와 금 1달란트를 벌금으로 내게 함
③애굽으로 끌려가 애굽에서 죽음▶렘 22:10-12이 예언이 이루어짐

6. 여호야김(엘리아김)의 통치(왕하 23:35-24:7, 대하 36:5-8, 렘 22:13-23, 25-26장, 35-36장, 45:1-49:33, 단 1-2장, 합): BC 609-598년

(1)여호야김의 즉위: 25세에 즉위하여 11년간 통치(왕하 23:35-37, 대하 36:5)
①애굽의 바로 느고에 의해 왕이 됨(본래 이름은 엘리아김이었으나 느고가 여호야김으로 고침)
②바로 느고가 여호아하스에게 내린 벌금을 명령대로 바침

(2)예레미야의 예언 2(렘 22:13-19, 26장, 46-47장): 여호야김 통치 원년부터
①여호야김(엘리아김)에 대한 예언(22:13-19)▶네 두 눈과 마음은 탐욕과 무죄한 피를 흘림과 압박과
②성전 뜰에서 말씀을 전함(26:1-19, 24)▶내가 이 성전을 실로같이(삼상 4:12-22) 되게 하고
③우리야의 예언(26:20-23)▶예언을 들은 여호야김이 죽이려하자 애굽으로 도망했으나 다시 잡아와 죽임
④애굽 바로 느고의 군대에 대한 예언과 이스라엘에 대한 구원 약속(46장)

> **지혜로운 자의 혀는 양약과 같으니라(잠 12:18).**
> 여호야김은 옳은 소리를 하는 우리야를 애굽까지 가서 잡아다 죽였다. 자기에게 듣기 싫은 소리지만 그것이 자신을 살리는 것이라면 쓴소리라도 들어야 한다. 다윗도 요압 장군의 신앙적 충언을 무시하고 인구조사를 강행하다가 결국 하나님께 큰 징계를 받았다. 달콤한 사탕은 당장은 좋지만 결국 이를 썩게 한다.

⑤블레셋에 대한 예언(47장)

(3)하박국 선지자의 호소와 여호와의 응답(합 1-3장)

①하박국▶1:2 **여호와여, 내가 부르짖어도 주께서 듣지 아니하시니 어느 때까지리이까?**

②하나님▶1:5 **너희의 생전에 내가 한 가지 일을 행할 것이라.**

③하박국의 기도(3장)▶3:2 **여호와여, 주는 주의 일을 이 수 년 내에 부흥하게 하옵소서.**

(4)예레미야의 예언 3(렘 25, 35-36, 45장): 여호야김 즉위 4년, 느부갓네살 즉위 원년

①유다는 70년 동안 바벨론을 섬길 것이고, 바벨론은 죄악으로 인해 영원히 폐허가 될 것이다(25:1-14).

②세상 나라에 대한 진노의 술잔(25:15-38)

③레갑 자손의 순종(35장)▶조상 요나답의 명령(35:7-9)에 순종하나 이 백성은 순종하지 않음(36:16)

④예레미야와 두루마리(36장)▶여호야김 왕이 두루마리 책을 불태우자 예레미야가 다시 기록함

(5)여호야김 왕의 말년(왕하 24:1-4, 대하 36:6-7, 단 1:1-2)

①느부갓네살의 1차 출정▶여호야김 즉위 3년에 출발하여 이듬해 예루살렘성을 포위함(단 1:1)

②여호야김 즉위 4년부터 느부갓네살을 3년간 섬긴 후에 배반함

③느부갓네살의 2차 출정▶예루살렘으로 올라와 여호야김을 쇠사슬로 결박하여 바벨론으로 사로잡아감(그러나 실제로 시행되지는 않은 듯함), 이때 성전기구 일부를 바벨론으로 가져감

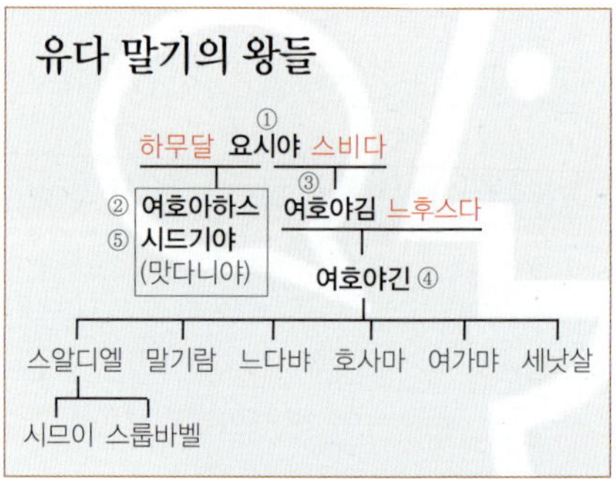

(6)바벨론의 1차 유배(단 1:3-21): 다니엘과 세 친구

①느부갓네살이 이스라엘의 왕족과 귀족들을 잡아오도록 함(1:3-4a)

②잡아온 자들에게 학문을 가르치고, 왕이 지정한 음식을 먹도록 함(1:4b-17) 다니엘은 지정한 음식대신 채식했으나 다른 사람보다 혈색이 좋음

③다니엘과 세 친구(사드락, 메삭, 아벳느고)가 선발되어 왕 앞에 서게 됨(1:18-20)

079-1 느부갓네살 궁전터, 이라크

(7)느부갓네살 왕의 꿈과 다니엘의 해석(단 2장): 느부갓네살 즉위 2년

①꿈 내용(2:31-35)▶사람 모양을 한 큰 신상이 뜨인 돌에 의해 부서지고, 그 돌은 세상에 가득하게 됨

②다니엘의 꿈 해석(2:36-45)▶네 짐승의 환상(단7 장)과 비교

*머리(금)▷바벨론의 느부갓네살을 말함, 네 짐승의 환상에서는 사자 같고 독수리 날개가 있음

*가슴과 팔(은)▷바사의 고레스 왕을 말함, 네 짐승의 환상에서는 곰 같고 세 개의 갈빗대를 물었음

*배와 넓적다리(놋)▷헬라의 알렉산더를 말함, 네 짐승의 환상에서는 표범 같고 날개와 머리가 각각 4개

*종아리(철)와 발(철과 진흙)▷로마의 가이사를 말함, 네 짐승의 환상에서는 철로 된 이와 10개 뿔이 있음

③꿈해석 결과(2:46-49)▶다니엘은 많은 예물을 받고, 나라의 통치자로 임명받음

(8)예레미야의 예언 4(렘 22:20-23, 48:1-49:33): 이방 나라에 대한 예언

①모압에 대한 심판예언(48장)▶느보, 기랴다임, 미스갑, 맛멘, 호로나임, 길헤레스, 디본, 아로엘, 아르논 골짜기, 보스라, 십마, 야셀, 엘르알레, 소알, 호르나임 등

②암몬(49:1-6), 에돔(49:7-22), 다메섹(49:23-27), 게달과 하솔(49:28-33)에 대한 심판예언▶랍바, 헤스본, 드단, 하맛, 아르밧 등

③여호야김에 대한 예언과 예루살렘에 대한 탄식(22:20-23)

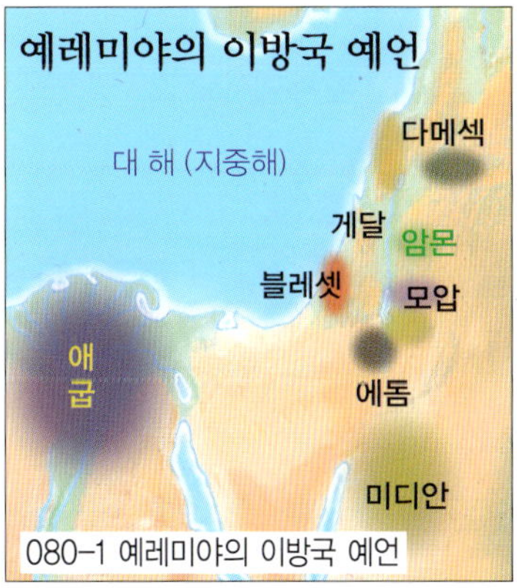

080-1 예레미야의 이방국 예언

(9)여호야김 왕의 죽음(왕하 24:5-7, 대하 36:8)

7. 여호야긴의 통치(왕하 24:8-16, 대하 36:9-10a, 렘 22:24-30): BC 598년

(1)여호야긴(여고냐)의 즉위(왕하 24:8-9, 대하 36:9): 18세에 즉위하여 3개월 통치

(2)여호야긴의 죽음 예언(렘 22:24-30): 다른 지방으로 쫓겨나 그곳(바벨론)에서 죽을 것이다.

(3)바벨론의 2차 유배(왕하 24:10-16, 대하 36:10a): 여호야긴 때

①바벨론의 3차 침공(왕하 24:10-11)▶느부갓네살 신하에 의해 예루살렘이 포위됨(BC 597년)

②여호야긴이 잡혀 느부갓네살 왕 앞에 섬(왕하 24:12)▶느부갓네살 즉위 8년

③왕과 왕족과 권세자들과 기술자들이 바벨론으로 사로잡혀 감, 성전기물도 가져감(왕하 24:13-16)

8. 유다의 마지막 왕 시드기야(왕하 24:17-25:21, 대하 36:10b-21, 렘 21:1-22:9, 23-24장, 27-38장, 39:1-10, 15-18, 49:34-39, 50-51장, 52:4-30, 겔 1-31장)

(1)시드기야의 즉위(왕하 24:17-18, 대하 36:10b-11, 렘 37:1): 21세에 즉위하여 11년 통치(BC 597-586)

①느부갓네살에 의해 왕이 됨▶맛다니야를 느부갓네살이 시드기야로 고침

081-1 마른 무화과 열매, 요르단

(2)예레미야의 환상(렘 24장): 바벨론 2차 유배 후(렘 24:1)

①내용(24:1-3)▶성전 앞에 놓인 극히 좋은 무화과와 극히 나쁜 무화과가 담긴 두 광주리

②해석(24:4-10)▶유다 포로를 극히 좋은 무화과와 같이 잘 돌볼 것이다.

(3)시드기야와 유다 지도자들이 불순종(왕하 24:19-20, 대하 36:12-16, 렘 37:2-3a)

①시드기야▶악을 행하고, 예레미야가 전한 말씀 앞에 겸손하지 않음

②제사장과 지도자들▶이방의 가증한 일을 따라 성전을 더럽게 함, 하나님의 말씀을 멸시함

(4)예레미야의 예언 5(렘 23:9-40, 27-29장, 34:8-22, 49:34-39, 50-51장): 시드기야 즉위 4년

①예레미야와 거짓 선지자들(27장)과 하나냐(28장)

②스마야에게 보낸 예레미야의 편지(29장)

③엘람(49:34-39)과 바벨론(50-51장)에 대한 심판예언

④선지자에 대한 말씀(23:9–40)▶23: 11 **선지자와 제사장이 다 사악한지라. 내가 내 집에서도 그들의 악을 발견하였노라.**

082–1 엘람 지역의 초가잠빌, 이라크

⑤언약을 파기한 이스라엘에 대한 말씀(34:8–22)

＊때▷시드기야가 하나님 앞에 언약을 맺고 자유를 선포한 후에

＊계약내용▷히브리인 노예에 자유를 주고, 동족을 종으로 삼지 못하게

(5)유다의 바벨론 포로 전 에스겔의 예언(겔 1–24장): 여호야긴이 사로잡힌 지 5년 4월 5일에 예언을 시작

①여호와의 보좌(1장)▶그발 강가에서, 4생물의 형상(사람, 사자, 소, 독수리의 얼굴과 4개의 날개)

②소명받은 에스겔(2–3장)▶애가와 애곡 재앙이 기록된 두루마리 책을 먹음, 파수꾼으로서의 에스겔(3:17)

③여러 비유를 통한 예언과 기타 예언(4–24장)

쓸모없는 포도나무 비유(15장), 독수리와 포도나무 비유(17장)

신포도 비유(18:1–9), 심판의 칼 비유(21:1–123), 풀무불 속의 찌꺼기 비유(22:17–22), 음란한 두 자매 비유(23장), 끓는 가마의 비유(24:1–14)

083–1 네 생물(수레바퀴) 환상을 보는 에스겔 선지자

(6)바벨론의 4차 유다 침공(왕하 25:1, 렘 39:1, 52:4): 시드기야 즉위 9년

(7)포위기간 예레미야의 예언(렘 21:1–22:9, 23:1–8, 30–32장, 33:14–34:7)

①시드기야가 스바냐를 예레미야에게 보내 여호와께 간구하도록 부탁함(21:1–2)

②예레미야의 답변 예언(21:3–22:9)▶유다의 모든 백성을 바벨론에게 넘길 것이다.

＊21:8 **보라. 내가 너희 앞에 생명의 길과 사망의 길을 두었노라. 너는 이 백성에게 전하라.**

＊22:9 **이는 그들이 자기 하나님 여호와의 언약을 버리고 다른 신들에게 절하고 그를 섬긴 까닭이라.**

청년이여, 네 어린 때를 즐거워하며, 네 청년의 날들을 마음에 기뻐하여 마음이 원하는 길들과 네 눈이 보는 대로 행하라. 그러나 하나님이 이 모든 일로 말미암아 너를 심판하실 줄 알라(전 11:9).
예레미야는 유다의 멸망예언속에서 생명과 사망의 길을 두었다는 하나님 말씀을 전하라는 사명을 받았다. 멸망의 예언속에도 희망이 있음을 보여준다. 그것은 생명과 사망의 길(렘 21:8)에서 어떤 선택을 하느냐에 달려 있다. 생명의 길, 그것은 하나님의 언약을 기억하고 다시 하나님께 돌아오는 것이다.

＊32:15 **이 땅에서 집과 밭과 포도원을 다시 사게 되리라.**

포도 수확은 5–6년이 걸리므로 안정된 사회에서만 재배가 가능하다. 곧 영구적인 정착생활을 의미한다.

084–1 아나돗, 이스라엘 아나타

③아나돗의 밭을 산 예레미야와 그의 기도(32장)▶시드기야 즉위 10년

④느부갓네살 즉위 10년에(예레미야가 시위대 뜰에 갇혀 있을 때)

⑤이스라엘과 유다 회복에 대한 예언(23:1–8, 30–31장, 33:14–26)

(8)포위기간의 에스겔 예언(겔 25–31장): 시드기야 10년에

①암몬, 모압, 세일, 에돔, 블레셋에 대한 심판예언(25장)

②애굽에 대한 심판예언(29장, 30–31장)

③두로와 두로 왕과 시돈에 대한 심판예언(26:1–28:24)

④이스라엘이 받을 복에 대한 예언(28:25–26)

085–1 두로, 레바논 띠로

(9)예레미야의 바벨론 재침공 예언(렘 37:3b-21, 38장, 39:15-18)
①바벨론이 애굽의 진격소식에 포위한 예루살렘을 떠남(37:3-11)▶예레미야는 바벨론 재침공을 경고
②이리야가 예레미야를 서기관 요나단의 집에 있는 뚜껑 씌운 웅덩이에 가둠(37:12-16)
③시드기야 왕이 예레미야를 요나단의 집에서 꺼내 감옥 뜰에 둠(37:17-38:13)
그러나 반역죄로 말기야의 구덩이에 던져진 후 다시 왕에 의해 시위대 뜰에 머물게 됨
④바벨론에게 항복하면 살 것이라는 하나님의 말씀을 시드기야 왕에게 말함(38:14-28, 39:15-18)
이후 예레미야는 살아남을 것이라는 말씀을 들었고, 예루살렘이 함락될 때까지 시위대 뜰에 갇혀 있었다.

(10)예루살렘성의 함락과 시드기야의 최후(왕하 25:2-7, 대하 36:17, 렘 39:2-8, 52:5-14)
①예루살렘 함락(왕하 25:2-4a)▶시드기야 왕 11년 4월 9일, BC 586년
②시드기야가 도망하다가 여리고 평지에서 사로잡힘(왕하 25:4-6)
③왕궁과 고관들의 집이 불타고, 많은 사람들이 사로잡힘(왕하 25:7)
시드기야는 아들이 죽는 것을 본 후 자신은 두 눈이 뽑힌 채 쇠사슬에 결박당해 바벨론으로 끌려감

087-1 시드기야가 잡힌 여리고 평지

(11)성전파괴와 바벨론 3차 유배(왕하 25:8-21, 대하 36:18-21, 렘 39:9-10, 52:15-30)
성전기물들과 함께 대부분의 사람들이 바벨론으로 잡혀가고 비천한 자(흙의 백성)만 남았다.

하나님이 약속으로 준 땅의 의미
①약속으로 준 땅의 상실(바벨론 포로)은 역사의 끝을 의미한다(렘 21:9-10).
②약속으로 준 땅의 회복(귀환)은 새로운 역사의 시작을 의미한다(스 9:11). 회복에는 정화작업이 필요
③상실된 땅의 개념과 회복될 땅의 개념 사이에는 죽음에 이를 정도의 심한 갈등이 있다(렘 12:1-2).
④이를 극복하면 영원한 기업이 된다(스 9:12, 렘 32:15).

적용과 실천

실천을 위한 묵상

회개와 순종은 회복의 지름길이다(렘 24장).
하나님께서는 비탄에 빠진 예레미야에게 무화과 두 광주리의 비유를 통해 유다 백성이 바벨론의 포로로 끌려가는 것은 멸망을 위한 것이 아니라 오히려 보존을 위한 것이라고 말씀하심으로 용기와 소망을 주었다. 하나님의 뜻과 방법에 순종할 때 비록 징벌 가운데서도 다시 하나님의 백성으로 회복될 수 있음을 상기하자.

Thinking 기도의 응답이 늦어질 때(합 1:2) 자신이 취한 태도에 대해 이야기해보자.

핵심 Key word

여호아하스(3개월)	여호야김(11년)	여호야긴(3개월)	시드기야(11년)
애굽으로 끌려감	바벨론 1차유배	바벨론 2차유배	남유다 멸망, 3차유배, 에스겔

33과 바벨론 포로시대

본문말씀▷왕하 25:22-26, 렘 39:11-14, 40-44장, 52:31-34, 애가, 겔 32-48장, 단 3-9장, 시편 새찬송가 406장
핵심말씀▷딸 시온의 성벽아, 너는 밤낮으로 눈물을 강처럼 흘릴지어다(애 2:18).

배경 바라보기

시대적 고찰

남유다를 비롯하여 팔레스틴과 그 북부 전지역을 정복하며 바벨론을 세계 제일의 강대국으로 성장시킨 느부갓네살은 군소국가의 정복과 상업독점으로부터 들어오는 막대한 재정으로 제국을 일대 번영으로 이끌었다. 당시 유다는 그달랴를 총독으로 두어 다스렸으나 그달랴는 얼마되지 않아 이스마엘에 의해 살해되었다.

느부갓네살이 죽은 후(BC 562년) 바벨론은 후계자 3명에 의해 7년 동안 유지되었다. 그후 왕권은 그의 아들 에윌므로닥(왕하 25:27, BC 562-560년)에게 계승되었으나 2년 후인 BC 560년에 반역으로 살해되고, 처남인 네르갈사레셀(렘 39:3, BC 620-556년)이 4년간 통치했다. 그후 그 아들 라바시 말둑이 왕위에 올랐으나 9개월 만에 음모단에 의해 살해되고, 음모단의 하란 출신 아람족 나보니두스(BC 556-539년)라는 귀족이 왕위에 올랐다. 이후 그 아들 벨사살은 공동통치자로서 바벨론궁에서 나누어 나라를 다스렸다. 그 후 나보니두스는 아라비아 별장에서 죽고 벨사살 왕은 메대 족속 아하수에로의 아들 다리오에게 죽임을 당했다. 이로써 바벨론은 다리오의 통치하에 있다가 BC 539년에 일어난 파사(페르시아)의 고레스에게 완전히 멸망 당했다. 이때 예레미야는 애굽에서, 에스겔은 포로로 잡혀간 바벨론에서 예언했다.

지리적 고찰

남유다가 멸망하고 바벨론으로 유배된 후 당시 세계의 중심무대는 팔레스틴에서 메소포타미아 지역으로 옮겨졌다. 이후 바사 왕 고레스의 해방령이 내려질 때까지 성경의 중심무대는 바벨론을 중심으로 메소포타미아 중남부 지역으로 제한되었다. 그 외에는 단지 예레미야나 에스겔 선지자의 예언에 나타난 각국 이방 지역이 언급될 뿐이다.

문화적 고찰

◐피있는 고기를 먹으며(겔 33:25) 하나님께서는 사람들이 고기를 식용으로 삼되, 그 피는 먹지 말도록 금하셨다(창 9:3, 4). 이는 피가 곧 생명과 직결된 것이므로 생명을 존중히 여기기 위해서이다. 이런 점에서 짐승의 피는 오직 제사를 위해서만 제단에 뿌려졌고, 식용 짐승일지라도 피채 먹는 것은 엄격히 금지되었다. 한편, 고대근동 지방에서는 사냥한 고기를 피채 먹는 것이 일반화되어 있었다. 이스라엘 백성이 피있는 고기를 먹는 것은 하나님의 명령을 어기는 것이다.

단어해설

선대(렘 40:4, 善待) '높은 지위로 끌어 올리다' 라는 뜻이다. 예레미야의 처우에 관해 전권을 위임받은 느부사라단이 예레미야를 바벨론으로 데려가기 위한 제안이다. 그러나 예레미야는 유다에 그대로 남았다.

여름 과일(summer fruits, 12) 신실한 삶을 의미한다. 이는 이웃 사랑을 실천하며, 적극적으로 봉사하는 삶을 상징한다.

멍에의 나무(겔 34:27) 짐승의 목에 멍에를 고정시킬 때 사용하는 나무이다. 이것은 압제를 상징한다.

옛적 높은 곳(36:2) 요단계곡에서부터 지중해 연안에 이르는 가나안(이스라엘) 지역을 말한다.

종들(애 5:8) 유다를 지배하는 바벨론 관리들

본문 탐구하기

내용개요 느부갓네살에 의해 라마에서 석방된 예레미야는 함께 바벨론으로 가자는 제안을 거절하고 미스바로 가서 남은 자들과 함께 거한다. 그리고 예루살렘에 임한 심판에 대해 애가를 짓는다. 한편, 유다 지역은 바벨론에 의해 임명된 그달랴 총독에 의해 통치되었다. 그러나 암몬 왕 바알리스에 의해 이스마엘에게 살해당한다. 이때 요하난은 이스마엘을 기브온에서 만나 포로로 잡혀있는 자들을 구해낸 후 바벨론의 보복을 두려워하여 애굽으로 내려가지 말라는 예레미야의 경고를 무시하고 강제로 예레미야를 데리고 애굽으로 내려간다. 이후 예레미야는 애굽에서 예언을 하다가 죽었으며, 당시 에스겔 선지자는 애굽과 이방 나라에 대한 심판과 이스라엘의 회복에 대해 예언한다.
한편, 바벨론에 사로잡혀간 다니엘의 세 친구는 느부갓네살이 만든 금 신상에 절하지 않음으로 풀무불 속에 던져지나 하나님의 도움으로 살아난다. 에스겔은 다시 성읍과 성전에 대한 환상과 이스라엘의 회복과 미래의 땅과 분배와 그 외에 많은 예언을 하다.

QA 본문탐구

1 바벨론 포로시대

001-1 예레미야가 풀려난 라마

1. 예레미야의 석방(렘 39:11-14, 40:1-6)

(1)느부갓네살이 사령관인 느부사라단에게 예레미야가 원하는대로 해주도록 명령함(렘 39:11-12)

002-1 미스바, 이스라엘 텔 엔 나스베

(2)예레미야의 석방(렘 39:13-14, 40:1-6)
바벨론으로 끌려가던 중 라마에서 느부갓네살의 석방명령에 따라 풀려났다. 이때 느부사라단은 함께 바벨론으로 가든지 가지 않든지 선택권을 주사 예레미야는 미스바로 가서 그다랴의 집에 있으면서 남은 백성들과 함께 거했다.

> **그리스도의 고난에 참여하는 것으로 즐거워하라 이는 … 즐거워하고 기뻐하게 하려 함이라(벧전 4:13).**
> 예레미야는 바벨론으로 함께 가자는 제안을 거절하고 그대로 유다 땅에 남아 미스바로 가서 남은 백성들과 함께 거했다. 그는 자신의 안락보다 남은 자들과 함께 멸망당한 고국 땅에 남았다. 모세 역시 자신의 안락을 포기하고 민족과 함께 고난받는 것을 택했다(히 11:24-25). 이는 믿음으로 고난 너머에 있는 더 귀한 것을 바라보았기 때문이다(히 11:26).

2. 예레미야의 애가(애 1-5장)

003-1 구름낀 시온성인 예루살렘

(1)예루살렘의 슬픔(애 1장)
①1:6 **딸 시온의 모든 영광이 떠나감이여, 그의 모든 지도자들은 꼴을 찾지 못한 사슴들처럼 뒤쫓는 자 앞에서 힘없이 달아났도다.**
②2:1 **슬프다. 주께서 어찌 그리 진노하사, 딸 시온을 구름으로 덮으셨는가!**

(2)예루살렘에 대한 엄정한 심판(애 2장): 애 2:5, 7, 11, 20

2:5 **주께서 원수같이 되어 이스라엘을 삼키셨음이여, … 딸 유다에 근심과 애통을 더하셨도다.**

(3)여호와의 진노와 회개와 소망(애 3장): 애 3:27, 40, 48-49, 58

(4)멸망 후의 예루살렘 참상(애 4장): 애 4:4, 10

4:4 **젖먹이가 목말라서 혀가 입천장에 붙음이여, 어린아이들이 떡을 구하나 떼어 줄 사람이 없도다.**

(5)긍휼을 위한 마지막 기도(애 5장): 애 5:20-21

5:20 **주께서 어찌하여 우리를 영원히 잊으시오며, 우리를 이같이 오래 버리시나이까?**

3.유다 지역 최초의 총독 그달랴(왕하 25:22-25, 렘 40:7-41:18)

(1)느부갓네살이 유다 지역의 총독으로 그달리야(그달랴)를 임명(왕하 25:22-23, 렘 40:7-8)

①그달랴를 따르는 자들이 미스바로 모임

(2)그달랴 총독이 미스바에서 연설함(왕하 25:24, 렘 40:9-12)

왕하 25:24 **너희는 갈대아(바벨론)인을 섬기기를 두려워하지 말고 이 땅에 살며 바벨론 왕을 섬기라. 그리하면 너희가 평안하리라.**

004-1 그달랴 총독이 유다 지역을 다스렸던 미스바, 이스라엘 텔 엔 나스베

(3)그달랴가 살해됨(왕하 25:25, 렘 40:13-41:18)

①그달랴는 암몬 왕 바알리스가 자신을 죽이려고 한다는 요하난의 말을 믿지 못하고 바알리스가 보낸 이스마엘에 의해 식사를 하던 중 살해됨

②그달랴를 살해하고 돌아가던 이스마엘을 요하난이 기브온 물가에서 만나자 이스마엘은 포로로 잡은 자들을 놓고 암몬 자손에게로 도망함

③요하난은 갈대아(바벨론)를 두려워하여 애굽으로 도망하기 위해 베들레헴 근처 게롯 김함에 잠시 머무름(41:16-18)

005-1 게롯 김함, 베들레헴 근교

4.그달랴 총독 사후 예레미야의 예언(렘 42장, 43:1-4)

(1)요하난 일행이 예레미야를 찾아와 그를 통해 주신 하나님의 말씀대로 순종할 것을 말함(렘 42:1-6)

(2)여호와의 말씀을 전한 예레미야(렘 42:7-43:4)

①바벨론을 두려워하지 말라. 애굽으로 내려가면 칼과 기근과 전염병으로 죽을 것이다(42:7-22).

②그러나 요하난 일행은 믿지 못함(43:1-4)

사람이 내 말을 지키면 영원히 죽음을 보지 아니하리라(요 8:51).

요하난 일행은 애굽으로 내려가면 죽을 것이다라는 예레미야를 통해 주신 하나님의 경고를 무시하고 애굽으로 내려갔다. 하나님의 말씀을 떠난 결과는 죽음뿐이다. 어떻게 보면 바벨론에게 항복하라는 말이 매국노 같을지모르나 그것이 결국은 다시 고국으로 돌아오게 될 것이라는 하나님의 약속이라면 그 말씀에 순종해야 한다. 왜냐하면 하나님은 단지 바벨론을 유다를 징벌하기 위한 도구로 사용하시는 것이기 때문이다.

5. 애굽에서의 예레미야(왕하 25:26, 렘 43:5-44:30, 51:64b 참조)

(1)요하난 일행이 예레미야를 강제로 애굽으로 데리고 감(왕하 25:26, 렘 43:5-7)

(2)애굽에서의 예레미야(렘 43:8-44:30, 51:64b 참조)
①다바네스에서 임한 하나님의 말씀(43:8-13)
②믹돌, 다바네스, 바드로스에 사는 자에 대한 하나님의 말씀(44장)
③예레미야의 죽음▶애굽 남쪽 엘레판틴섬에서 죽었다고 전함(51:64b 참조)

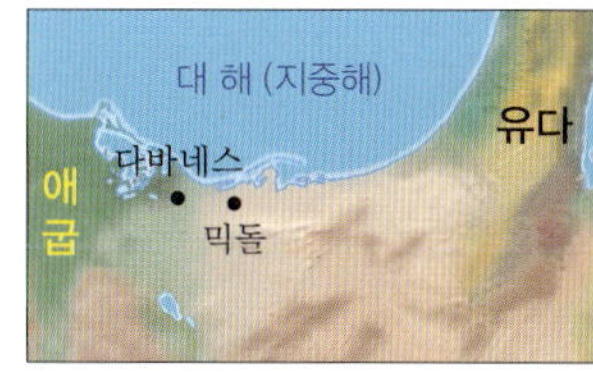

006-1 디바네스, 이집트

007-1 믹돌, 이집트

008-1 예레미야가 죽은 엘레판틴, 이집트

6. 예루살렘 함락 후 에스겔 예언(겔 32-39장)

(1)예루살렘 함락 소식을 들음(겔 33:21-22): 사로잡힌 지 12년째(BC 585년) 10월 5일에

(2)예언내용(겔 32:17-39:29): 사로잡힌 지 12년째 어느 달 15일(렘 32:17)
①본토에 남은 자에 대한 심판(33:23-33)
②이스라엘의 거짓 목자에 대한 예언과 양떼를 구원하심(겔 34장)
거짓 목자의 행위(34:1-5)▷34:3 **너희가 살진 양을 잡아 그 기름을 먹으며 그 털을 입되, 양떼는 먹이지 아니하는도다.**
③세일 산과 에돔에 대한 심판예언(35장)▶35:2
④이스라엘 땅과 백성의 회복예언(36장)▶36:8-12, 22, 24
⑤마른 뼈가 살아나는 환상과 이스라엘의 회복예언(37장)▶말씀이 들려질 때 마른 뼈가 살아남

009-1 양떼와 목자, 이스라엘 가드

죽은 자들이 하나님의 아들의 음성을 들을 때가 오나니 곧 이 때라. 듣는 자는 살아나리라(요 5:25).
에스겔이 하나님의 말씀을 대언할 때 마른 뼈들이 살아나는 환상을 보았다. 그것은 마른 뼈 같은 이스라엘이 회복될 것을 보여주는 것이었다. 마른 뼈들도 하나님의 말씀이 들려질 때 살아나는 것처럼 하나님의 말씀은 생명이다. 우리에게도 하나님의 말씀으로 들려지기만 하면 죽은 신앙이 살아나는 역사가 일어난다. 그러므로 "하나님의 말씀으로 들려지도록 복된 귀를 열어 주소서"라는 기도를 우선순위에 놓자.

⑥하나님의 도구가 된 '곡'과 이스라엘의 회복에 대한 예언(38-39장)
겔 39:25 **내가 이제 내 거룩한 이름을 위하여 열심을 내어 야곱의 사로잡힌 자를 돌아오게 하며**
⑦큰 악어로 비유된 애굽 왕에 대한 심판예언(32:1-16)▶사로잡힌 지 12년 12월 1일
⑧죽은 자들의 세계(32:17-32)▶사로잡힌 지 12년 어느 달 15일
⑨파수꾼으로 세움받은 에스겔(33:1-20)▶33:7, 33:1-6을 읽고 파수꾼의 사명에 대해 묵상하자.
33:7 **인자야, 내가 너를 이스라엘의 족속의 파수꾼으로 삼음이 이와 같으니라.**

7. 느부갓네살의 금 신상 숭배와 다니엘의 세 친구(단 3장)

010-1 금 신상을 세운 두라, 시리아

(1)금 신상을 세움(단 3:1)
①재료와 크기▶금, 높이 60규빗(27m), 너비 6규빗(270㎝)
②장소▶메소포타미아 중남부의 두라 평지

(2)낙성식(단 3:2-7)
①참석자▶각 지역의 총독, 수령, 행정관, 모사, 재무관과 재판관, 법률사, 각 지방 모든 관원들
②왕의 명령▶금 신상에 절하지 않는 자는 풀무불에 넣도록 함

(3)풀무불에 던져진 다니엘의 세 친구(단 3:8-30)
①갈대아인들이 절하지 않는 다니엘의 세 친구를 왕에게 고발함(3:8-12)
②왕의 제안(3:13-15)과 다니엘 세 친구의 대답(3:16-18)
3:18 **그렇게 하지 아니하실지라도 왕이여, 우리가 왕의 신들을 섬기지도 아니하고, 왕이 세우신 금 신상에 절하지도 아니할 줄을 아옵소서.**
③다니엘 세 친구가 풀무불에 던져졌으나 하나님의 보호를 받아 건짐 받음
④느부갓네살이 조서를 내려 하나님께 경솔히 말하는 자는 죽이도록 함
⑤느부갓네살은 다니엘의 세 친구를 각 지방에서 더욱 높임

011-1 풀무불 속의 다니엘 세 친구

다시 사람의 정욕을 따르지 않고 하나님의 뜻을 따라 육체의 남은 때를 살게 하려 함이라(벧전 4:2).
다니엘의 세 친구는 금 신상에 절하지 않음으로 왕에게 고발 당해 풀무불에 던져지게 되었어도 하나님이 건져주실 줄 믿었으며, 설사 그렇게 하지 않을지라도 금 신상에는 절하지 않겠다는 믿음으로 풀무불에 던져졌다. 그러나 하나님은 그런 그들을 풀무불에서 보호해 주셨고, 그로 인해 오히려 바벨론에서 높임을 받았다. 우리도 다니엘의 세 친구처럼 '그리아니 하실지라도'(내가 원하는대로 되지 않을지라도)라는 신앙을 갖자.

8. 에스겔이 이상 중에 본 성읍과 성전(겔 40-44장)

012 에스겔이 본 번제단(겔 43:13-17)

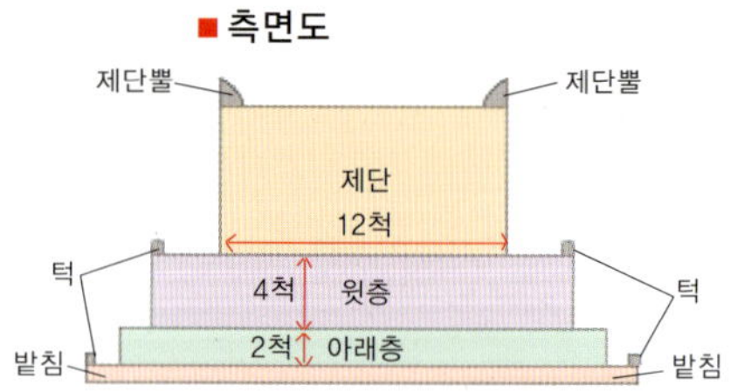

(1)환상을 본 시기(겔 40:1): BC 573년
사로잡힌 지 25년째, 예루살렘이 함락된 지 14년 1월 10일

(2)환상내용(겔 40-44장)
40장▶성전 뜰과 문, 41장▶성전 본관, 42장▶안뜰내의 방들
43장▶하나님의 영광의 재현, 44장▶예배에 수종드는 레위인

9. 에스겔의 후반기 예언(겔 45-48장)

(1)수종드는 자들을 위한 거룩한 구역(겔 45:1-8)과
치리자에 대한 권면(겔 45:9-17)

(2)절기와 제사에 대한 예언(겔 45:18-46:24)
①1월 1일▶성소를 정결케 하라(45:18-20).
수송아지의 피로 성소의 문설주에 바르라.

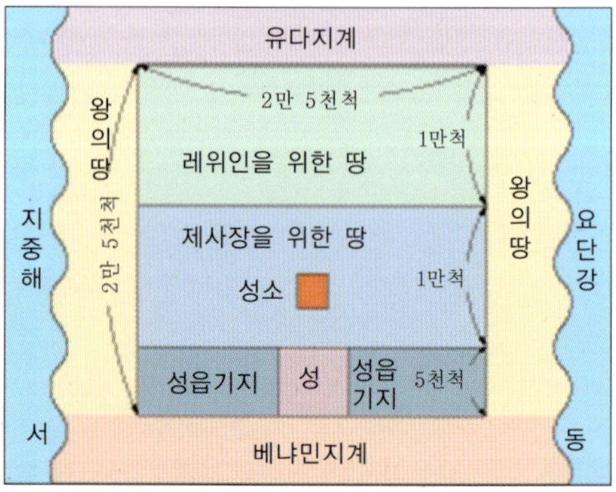

013 하나님께 드려질 거룩한 땅(겔 45:1-8)

②1월 14일▶유월절을 지키라(45:21-25). ▷7일간 무교병을 먹고 제사 드림
③안식일과 매월 첫 날(46:1-10)▶예배와 제사를 드림
④명절과 성회 때 드리는 제사(46:11-15)와 기타 사항(46:16-24)
아침마다 번제와 소제를 드림

014-1 엔게디, 이스라엘

(3)성전에서 나오는 물 환상(겔 47:1-12): 이스라엘 회복에 대한 말씀

47:10 **또 이 강가에 어부가 설것이니 엔게디에서부터 에네글라임까지 그물치는 곳이 될 것이라. 그 고기가 각기 종류를 따라 큰 바다의 고기같이 심히 많으려니와**

015-1 에네글라임, 이스라엘 에인 파스카

에네글라임의 뜻은 '두 송아지의 샘', '어린 암소의 샘'이다. 이곳에 대한 위치로는 엔게디 북쪽 사해 근교의 키르벳 쿰란 남쪽 3-4km 지점, 엔게디 북쪽 25-26km 지점에 있는 에인 파스카(Ein Fashkha, Einot Tsukim)로 알려진다. 대부분 학자들은 이곳을 에스겔 환상에 나타난 성전 문에서 흐른 물이 바다(사해)로 흘러들어와 만나는 곳으로 보고 있다. 이곳은 꼭 한 번 이스라엘의 황금시대와 관련하여 에스겔 선지자의 예언에서 언급된다(겔 47:10). 에인 파스카에는 1958년 약간의 거주민이 살고 있었다. 오늘날 이스라엘 정부는 이곳을 나무들이 숲을 이루고, 물고기가 살고, 새가 날아드는 곳으로 만들었다.

무리가 예수를 만지려고 힘쓰니 이는 능력이 예수께로부터 나와서 모든 사람을 낫게 함이러라(눅 6:19).
에스겔은 성전 문지방 중 동쪽에서 물이 흘러나와 사해로 흘러들어가는 환상을 본다. 이때 성전에서 나온 물이 닿는 곳마다 생물이 살고, 고기가 살며, 바닷물이 되살아나는 역사가 일어날 것을 말하고 있다. 성전에서 나온 물이 닿은 곳마다 살아나는 역사가 일어나듯 우리도 나를 만나는 사람마다, 내 생활을 보는 이마다, 교회와 접하는 사람마다, 복음이 전해지는 곳마다 영과 육이 구원받는 역사가 일어나기를 기도하자.

(4)미래의 땅과 분배에 대한 예언(겔 47:13-48:35)
〈겔 47:13-23 하나님이 회복시켜 줄 새로운 땅의 경계〉

47:13 **주 여호와께서 이같이 말씀하셨느니라. 너희는 이 경계선대로 이스라엘 열두 지파에게 이 땅을 나누어 기업이 되게 하되 요셉에게는 두 몫이니라.**

*북쪽은▷대해에서 헤들론 길을 거쳐 스닷 어귀까지니(47:15)
*동쪽은▷하우란과 다메섹과 및 길르앗과 이스라엘 땅 사이에 있는 요단강이니(47:18)
*남쪽은▷다말에서부터 므리봇 가데스 물에 이르고, 애굽 시내를 따라 대해(지중해)에 이르나니(47:19)
*서쪽은▷대해라(지중해). 남쪽 경계선에서부터 맞은 쪽 하맛 어귀까지 이르나니(47:20)

016-1 새 땅의 경계

(5)에스겔의 죽음: 느부갓네살 통치 때
전승에 의하면 느부갓네살의 통치 때 바벨론에서 죽어 바벨론 근교의 그발 강과 유프라테스 강 사이에 있는 케필(Kefil)에 장사되었다고 전한다.

10. 느부갓네살의 두 번째 꿈과 다니엘의 해석(단 4장)

017-1 소처럼 풀을 뜯는 느부갓네살

(1)느부갓네살의 조서(단 4:1-3)
①내용▶하나님이 자신에게 행한 놀라운 일을 모든 백성과 나라에 알린다.

(2)느부갓네살의 두 번째 꿈(단 4:4-37): 궁에서 평안이 거할 때(BC 570년)
①꿈(환상) 내용(4:4-18)▶땅 중앙에 큰 나무가 있는데 하늘에서 내려온 거룩한 자(순찰자)가 나무를 베어내고, 나무 아래에 있던 짐승을 떠나게 하고, 새들은 그 나무 가지에서 떠나게 하되 그루터기는 남겨두라는 명령을 받는다. 그리고 짐승의 마음을 받아 7년을 지내라고 순찰자가 명령함
②다니엘의 해석(4:19-27)▶
*나무는 느부갓네살을 가리킨다. 왕은 7년 동안 사람에게 쫓겨나 들짐승과 함께 살며 소처럼 풀을 먹을 것임
*그루터기는 남겨두라(26)고 하셨으니 나라는 하나님이 다스리는 줄을 왕이 깨달은 후에야 왕의 나라가 견고해질 것입니다.
*그러므로 공의와 가난한 자를 긍휼히 여김으로 죄악을 용서받으십시오.

018-1 그루터기, 한국 문경새재

만군의 여호와께서 우리를 위하여 생존자를 조금 남겨 두지 아니하셨더면 우리가 소돔 같고, 고모라 같았으리로다(사 1:9, 롬 9:29에는 씨를 남겨 두지 아니하셨더라면).
하나님은 남유다를 멸망시킨 바벨론의 느부갓네살에게 꿈을 통해 그루터기는 남겨두라는 명령을 하셨다. 그루터기는 잘린 나무의 밑둥을 말하는데 이는 멸망 당한 이스라엘이 아주 멸망당하지 않고 그루터기와 같이 남겨두어 다시 회복시키실 것임을 보여준다. 이는 심판 중에서도 하나님이 베푸시는 자비를 보게 한다.

③다니엘의 꿈 해석이 이루어짐(4:28-37)

11. 여호야긴의 석방(렘 52:31-34)

(1)석방시기: 여호야긴이 사로잡힌 지 37년, 바벨론 에윌므로닥 즉위년 12월 27년

(2)석방 후: 죄수복을 벗기고, 잘 대해 주고, 다른 지역의 왕보다 지위를 높이고, 왕 앞에서 음식을 먹게 함

12. 포로기의 시편들(시 44, 74, 79-80, 85, 89, 102, 106, 123, 137편): 포로생활의 모습

(1)고라 자손의 교훈시(시 44, 85편): 시 44:11-12, 22-26, 85:4
(2)아삽의 교훈시(시 74, 79-80편): 시 74:1, 10-11, 79:1, 80:7)
(3)에스라인 에단의 교훈시(시 89편): 시 89:49
(4)기타 시편들(시 102, 106, 123, 137편)
①고난당하는 자가 토로하는 기도(시 102편)▶시 102:1-5
②작자 미상의 교훈시(106편)▶시 106:40
③성전에 올라가는 노래(시 123, 137편)▶시 123:2
시 137:2-3 **그중의 버드나무에 우리가 우리의 수금(키노르)을 걸었나니, 이는 우리를 사로잡은 자가 거기서 우리에게 노래를 청하며 (중략) 자기들을 위하여 시온의 노래 중 하나를 노래하라 함이로다.**
키노르(수금)은 기쁠 때 연주하는 악기이다. 그런데 포로상태에서 수금을 연주하는 자가 없었기에 버드

나무에 걸어놓았다. 그런데 이스라엘을 포로로 잡아간 바벨론은 이스라엘로 하여금 기쁠 때 연주하는 수금을 강제로 연주하도록 했다. 그래서 시인은 우리의 수금을 버드나무에 걸었다고 고백하고 있다.

13. 다니엘의 4짐승과 숫양과 숫염소의 환상(단 7-8장)

(1)4짐승의 환상(단 7장): 벨사살 왕 원년
①사자 같은 짐승 ②곰 같은 짐승 ③표범 같은 머리 4개가 있는 짐승 ④10개의 뿔을 가진 짐승

(2)숫양과 숫염소의 환상(단 8장): 벨사살 왕 3년에, 몸은 수산성에 환상은 을래 강변에서
①숫양의 환상: 서쪽, 북쪽, 남쪽을 향해 들이 박음 ②숫염소의 환상: 숫양의 두 뿔을 꺾음

14. 벨사살 왕의 잔치(단 5장)와 예레미야가 예언한 70년을 깨달음(단 9장)

①벨사살 왕이 성전에서 가져온 기물로 술을 마심(5:1-4) ②잔치에 나타난 글을 다니엘이 해석(5:5-29)
③이 일 후에 다니엘이 예레미야가 예언한(렘 25:11) 70년을 책을 통해 깨달음(단 9장)

15. 사자굴 속에서 건짐받은 다니엘(단 6장)

①사자굴 속에 갇힌 다니엘: 다리오 2세 때, 왕의 금령을 어기고 예루살렘을 향해 기도하므로
②사자굴에 던져졌으나 하나님의 도움으로 살아나오고 참소한 자들은 사자의 밥이 됨

적용과 실천

실천을 위한 묵상

일시적인 안락보다 미래의 약속을 바라보며 살자(렘 42:10-12).
유다 멸망 후 요하난 일행은 비록 바벨론에게 멸망한 땅이지만 그대로 거하면 다시 회복시켜 주시겠다는 하나님의 약속을 버리고 일시적인 인락과 안전을 위해 애굽으로 내려갔다. 그러나 그들에게 주어진 예언은 칼과 기근으로 멸망한다는 것이었다. 우리 역시 일시적인 안락을 위해 현실적으로 당하는 고난을 피해 믿음의 자리에서 벗어나는 자가 되지 말자.

Thinking 현재의 고난과 주님이 약속한 장래의 영광에 대해 이야기 해보자

핵심 Key Word

예레미야 석방	유다 총독통치	애굽에서의 예레미야	에스겔 예언
예레미야의 애가	그달리야, 살해됨	다바네스, 믹돌, 바드로스	예루살렘 함락후
여호야긴 석방	**느부갓네살 두번째 꿈**	**에스겔 환상**	**느부갓네살**
사로잡힌 지 37년	다니엘의 해석	성전문지방, 죽음	금신상, 다니엘 친구

34과 귀환시대 1(바사 왕 고레스부터)

본문말씀▷스 1-6장, 단 10-12장, 학, 슥, 시 78, 116, 118, 125-126, 128-129, 132, 147, 149편

새찬송가 525, 550장

핵심말씀▷그의 백성된 자는 다 유다 예루살렘으로 올라가서 … 여호와의 성전을 건축하라(스 1:3).

배경 바라보기

시대적 고찰

바벨론의 마지막 왕 나보니두스와 섭정 왕 벨사살은 느부갓네살의 말둑신 대신 모친이 섬긴 달신인 신(Sin)을 섬기기 위해 10(11)년간 아키투(신년행사)를 열지 않았다. 이에 바사의 고레스가 바벨론 진입시 말둑 제사장과 백성들이 성문을 열어주므로 무혈로 입성했다. 이때 바사는 메대를 이겼으나 부친의 궁중정략결혼을 생각해서 속국으로 하지 않고 연합국의 성격을 띠었다.

바사가 메대를 굴복시킨 후 고레스는 융화정책의 일환으로 해방령을 내려 유다인은 스룹바벨의 주관하에 첫 번째로 귀환하게 되었다. 이때까지도 다니엘은 예언활동을 했다. 바사(페르시아)는 고레스(Cyrus) 2세 때 그 번영이 절정에 달했다. 그러나 고레스는 바사 동부(카스피해) 지역의 반란군 진압 때 사망했다.

고레스 2세의 사후 왕위에 오른 그 아들 캄비세스 2세(Cambyses Ⅱ)는 애굽까지 정복하였다(BC 525년). 그러나 3년 후 그가 죽자 반란으로 가우마타가 정권을 잡아 수산에서 왕위에 올랐다. 그러나 2개월 만에 가우마타는 귀족들에게 암살당하고 다리오 1세가 왕이 되었다. 다리오는 계속 세력을 확장하여 유럽 다뉴브강까지 진출하여 헬라와 충돌했으나 마라톤 전투에서 패했다(BC 491년). 다리오 즉위 원년까지도 다니엘은 예언을 했으며, 다리오 즉위 2년에는 학개 선지자가 성전재건을 외쳤고, 스가랴 선지자도 예언을 시작했다.

지리적 고찰

이스라엘을 멸망시킨 바벨론이 페르시아(바사)에게 멸망당한 후 고레스의 해방령에 의해 본토인 팔레스틴으로 귀환하게 되자 성경의 중심무대는 메소포타미아 중남부와 팔레스틴 두 곳에서 이루어진다. 이때 유다는 귀환한 포로들의 명단(스 2:1-34,7:6-38)과 함께 나오는 주요 정착지의 명단과 성벽 수축자들의 명단에서 지방 총독들에 대한 세부적인 사항이 기록된 것을 볼 수 있다. 특히 총독의 이름과 같이 있는 인장자국은 당시 유다의 크기를 말해 주는 증거가 된다.

문화적 고찰

◐봉하지 않은 편지(느 6:5) 고대 세계에서는 대개 파피루스나 양피지에 내용을 기록하여 단단히 묶은 후 겉에 도장을 찍어 인봉함으로써 서신의 내용을 비밀에 부치는 것이 일반적인 관례였다. 그런데 산발랏은 오히려 느헤미야를 모함하는 편지를 봉하지 않음으로 의도적으로 그 모함이 더욱 확산되기를 기대했던 것같다.

◐왕이 묻는 규례(에 1:15) 고대 페르시아(바사)에서 왕은 자신이 모르는 것은 규례와 법을 잘아는 현자들에게 묻는 전례가 있었다. 그래서 왕명을 거역한 왕후에 대한 처리 역시 아하수에로 왕은 현자에게 물었다.

단어해설

측량줄(슥 4:10) 한글개역성경에는 '다림줄'. 건축시 크기나 거리를 측정하기 위해 사용되는 기구로 여기서는 심판을 판가름하는 공의로운 기준을 상징한다.

에바(12) 고체의 부피를 재는 도량형

본문 탐구하기

내용개요 바벨론의 포로생활을 하던 유다는 바벨론을 멸망시킨 바사 왕 고레스의 해방령에 의해 본토로의 귀환이 시작된다. 이때 첫 번째로 귀환을 주도한 스룹바벨과 예수아 등은 본토에 도착한 후 성전재건을 시작하지만 방해 세력에 의해 성전재건은 다리오 왕 때까지 중단된다. 당시 다니엘은 남방 왕과 북방 왕과 마지막 때에 대해 예언을 했다. 다리오 왕이 즉위한 후 성전재건은 다시 시작되었으며 이때 학개와 스가랴 선지자는 성전재건을 외쳤다. 그리고 스가랴 선지자는 환상을 통해 이스라엘과 이웃 나라에 대한 심판을 예언하고, 동시에 이스라엘의 회복과 메시아에 대한 예언을 한다. 마침내 성전재건은 완성되었고, 이스라엘의 회복에 관련된 시편들이 기록되었다. 한편, 바사의 아하수에로 왕 때에는 모르드개와 에스더를 통해 유다인이 구원받은 사건이 있었으며, 말라기에 의해 마지막 선지자 활동이 그치게 된다.

QA 본문탐구

1 귀환시대 1

1. 바사 왕 고레스의 해방령(스 1:1-4): 고레스 즉위 원년에, BC 538년

①이유(1:1)▶예레미야를 통해 하신 말씀을 이루게 하기 위해
②방법(1:1)▶고레스의 마음을 감동시켜
③내용(1:2-4)▶하나님이 세상 나라를 나(고레스)에게 주고 예루살렘 성전을 건축하게 하라고 말씀하셨다.
*그러므로 하나님의 백성된 자는 예루살렘으로 올라가 성전을 건축하라(1:3).
*본토에 남아 있는 백성들은 물질로 돕고, 성전건축 예물을 기쁘게 드리라(1:4).

020-1 "나는 고레스 왕이다"라는 문구가 새겨진 돌기둥, 이란 파살가데

> **그리스도의 평강이 너희 마음을 주장하게 하라(골 3:15).**
> 하나님은 유다인을 본토로 돌아오게 하시기 위해 당시 바사 왕 고레스의 마음을 감동시켜 해방령을 내리게 하셨다. 이는 마음을 주관하시는 분은 하나님인을 보여준다. 사람의 마음은 관리를 받아야 한다. 사울 왕에게서 하나님의 영이 떠날 때 악한 영이 들어와 괴롭힘을 받았다. 우리의 마음은 자신도 어쩔 수 없는 상태에 있을 때가 있다. 그러므로 다윗처럼 주의 성령을 나에게서 거두어가지 말라는 기도가 필요하다. 또한 우리의 마음을 성령께서 주관하도록 부탁하는 기도 역시 필요하다.

2. 시온으로의 1차 귀환(스 1:5-4:24): BC 538년

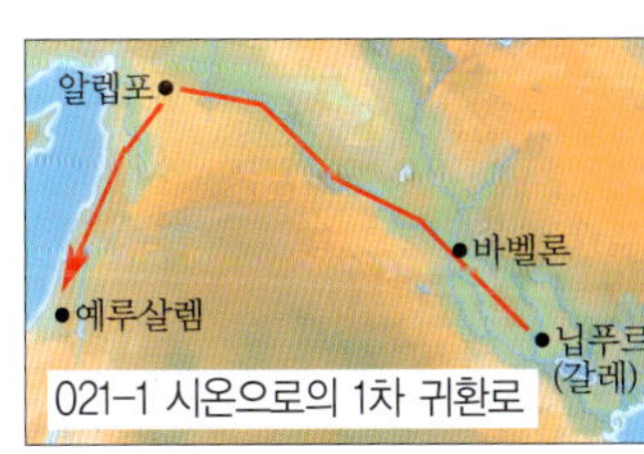

021-1 시온으로의 1차 귀환로

(1)귀환시기: 고레스 원년에 해방령이 내림(스 1:1)

(2)귀환자(스 1:5, 2:1-67): 주도자는 스룹바벨과 예수아
스룹바벨, 예수아, 느헤미야, 모르드개 등 42,360명과 노비 7337명과 노래하는 자 200명

(3)성전재건 헌금(스 1:6-11, 2:68-70)
①족장, 총독, 백성▶드린 합계가 금 61000다릭, 은 5000마네, 제사장 옷 100벌
②고레스 왕이 느부갓네살이 빼앗아 온 성전 그릇을 꺼내 유다 총독 세스바살에게 넘겨 줌

(4)귀환 후 첫 번째 번제(스 3:1-7)

①귀환 후 7째 달(9-10월)에 예수아와 스룹바벨 등이 하나님의 제단을 만듬

②규례대로 초막절을 지키고 매일 번제를 드림

③성전지대를 놓기 위해 백향목을 레바논에서 욥바로 실어옴

022-1 초막절의 초막, 이스라엘

(5)성전재건 시작과 방해(스 3:8-4:5)

①시작(3:8)▶귀환 후 2년 2월(4-5월)에

②20세 이상된 레위인이 감독을 맡음(3:9-11)▶스룹바벨, 예수아 등

③성전기초를 본 제사장과 레위인이 여호와를 찬송했으나, 솔로몬 성전을 본 자들은 대성통곡함(3:12-13)

④대적자들은 성전재건에 동참을 거절당하자 성전재건을 방해함(4:1-5)▶다리오 왕 즉위 때까지 중단됨

(6)성전재건을 방해한 조서(스 4:6-24)

①조서를 올린 자와 시기(4:6-10)▶비슬람, 미드르닷, 다브랏 등이 바사 왕 아하수에로 즉위 원년에

②조서내용(4:11-16)▶왕이 허락하여 귀환한 유다인들이 악한 성읍을 건축하면 왕에게 세금을 바치지 않을 것이고, 왕은 그 지역을 잃을 것입니다.

③결과(4:17-24)

*왕이 조서를 내릴 때까지 예루살렘성을 건축하지 못하게 하라(4:21).

*성전재건이 다리오 왕 즉위 2년 때까지 중단됨(4:24)

023-1 힛데겔(티그리스)강, 이라크

3. 다니엘의 환상과 예언(단 10-12장): 힛데겔 강가에서

(1)세마포 옷을 입고 순금 띠를 띤 자의 환상(단 10장)

①환상을 본 때와 장소(10:1-4)▶고레스 즉위 3년에 큰 전쟁에 관한 환상을 깨달은 후 3주간 슬퍼하고, 첫째 달(3-4월) 24일에 힛데겔 강가에서

②환상내용(10:5-21)▶순금 띠를 띤 자가 온 이유는?

마지막 날에 유다 백성이 당할 일을 알게하기 위해, 바사(페르시아) 이후에 헬라가 올 것이다. 그들을 대항할 자는 천사 미가엘 뿐이다.

10:14 **이제 내가 마지막 날에 네 백성이 당할 일을 네게 깨닫게 하러 왔노라.**

024-1 다리오 알현, 이란 페르세폴리스

(2)남방 왕과 북방 왕에 대한 예언(단 11장)

①예언의 때(11:1)▶다리오 즉위 원년

②예언내용(11:2-45)▶

*바사와 헬라에 대한 예언▷페르시아에 세 명의 왕이 일어날 것이요 다음의 4번째 왕은 이전 왕보다 부요하고 강함으로 헬라제국을 칠 것이다. 그리고 능력있는 왕이 일어나 큰 권세로 다스리나 강해질 때 나라가 갈라질 것이다(헬라제국의 분열).

*남방 왕과 북방 왕에 대한 예언▷남방 왕이 북방 왕을 공격하여 승리한 후 북방 왕이 몇 차례 남방 왕을 공격하나 실패할 것이다. 그러나 마지막 때에는 북방 왕이 남방 왕을 공격해서 많은 보물을 빼앗아 갈 것이지만 결국에는 종말을 맞게 될 것이다.

025-1 다니엘 무덤이 있는 이란 수산

026-1 다니엘의 무덤, 이란 수산

(3)마지막 때에 대한 예언(단 12장)
①개국 이후 가장 큰 환난이 있을 것이다(12:1).
②구원받을 자와 영원히 부끄러움을 당할 자가 있을 것이다(12:2).
③마지막 때에 이 말을 간수하고 봉함하라(12:4, 9).
④이 모든 일이 끝나는 때는 3년 반이 지난 때이다(12:7).
⑤너(다니엘)는 가서 마지막 날을 기다리라(12:13, 1:21 참조).

4.중단된 성전재건을 다시 시작(스 5:1-6:13, 학)

027-1 고레스 왕의 성전재건 조서가 발견된 악메다궁터, 이란

(1)성전재건을 다시 시작함(스 5:1-6:13)
①시작한 때(5:5)▶아하수에로 왕 사후, 다리오 1세 때
②성전재건을 시작한 동기(5:1)▶스가랴 선지자가 예언한 것으로 인해
③성전재건 주도자(5:2-5)▶예수아가 주도하고 선지자들이 도와 줌
④닷드네 총독과 스달보스내와 그 동관 아바삭이 다리오 왕에게 성전재건에 대한 조서를 올림(5:6-17).
⑤악메다궁에서 고레스 왕의 성전재건을 허락하는 조서를 발견(6:1-5)
다리오 왕의 성전재건 허락(6:6-12)
⑥총독과 그의 동관들이 신속히 성전재건을 준행함(6:13)

028-1 학개 무덤, 예루살렘

(2)학개 선지자의 외침(학 1-2장): 다리오 즉위 2년 6월(8-9월) 1일
①다리오 즉위 2년 6월(8-9월) 1일(1:1-15)▶스룹바벨과 여호수아에게
②다리오 즉위 2년 7월(9-10월) 22일(2:1-9)
유다 총독 스룹바벨과 대제사장 여호수아와 백성들에게
③다리오 즉위 2년 9월(11-12월) 24일(2:10-23)▶제사장들과 백성들과 스룹바벨에게
*이 백성은 그 손이 하는 일과 드리는 것이 모두 부정하다.
*너희는 이전의 재앙을 기억하라. 오늘부터는 복을 줄 것이다(2:18-19).
*내가 너(스룹바벨)를 세우고 너를 인장으로 삼으리니 이는 내가 너를 택하였음이니라(2:23).

종은 저녁 그늘을 몹시 바라고, 품꾼은 그의 삯을 기다리나니(욥 7:2)
바벨론 남쪽은 부요한 지역이었다. 바벨론 때 사로잡혀간 유다인들은 바벨론이 바사에게 정복당한 후 이곳의 유다인들은 바사의 융화정책 속에서 두 세대(70년)가 지났다. 그동안 이들은 포로생활에서 벗어나 어느 정도의 자유로움 속에서 지리적인 풍요를 누릴 수 있었다. 그러다보니 하나님이 약속한 가나안 땅에 대한 갈망이 식어지게 되었다. 이에 스룹바벨과 느헤미야 등이 고국으로 돌아갈 것을 외쳤지만 생각보다 너무 적은 인원만이 귀한 길에 올랐다. 세상의 풍요는 대부분 하나님 나라에 대한 열정과 갈망을 잃게하거나 식어지게 한다. 그러나 하나님을 바라는 자는 결코 수치를 당하지 않을 것이다(사 49:23).

5.스가랴 선지자의 외침과 환상과 예언(슥 1-8장)

029-1 스가랴 선지자
미켈란젤로 작, 바티칸

(1)스가랴의 외침(슥 1:1-6): 다리오 즉위 2년 8월(10-11월)
①1:3 **여호와께서 이처럼 이르시되 너희는 내게로 돌아오라. 만군의 여호와의 말이니라. 그리하면 내가 너희에게로 돌아가리라. 만군의 여호와의 말이니라.**
②1:4 **너희 조상들을 본받지 말라. … 악한 길, 악한 행위를 떠나서 돌아오라.**

(2)스가랴의 환상(슥 1:7-6:15): 다리오 즉위 2년 11월(1-2월) 24일

①말탄 자, 네 뿔, 네 대장장이에 대한 환상(1:7-21)

②예루살렘의 측량줄을 잡은 자에 대한 환상(2장)

③대제사장 여호수아가 천사 앞에 섬(3장)▶내 도를 행하며 내 규례를 지키면(3:7)

④금 등잔대와 두 감람나무의 환상(4장)▶여호와께서 스룹바벨에게 하신 말씀(4:6-7)

⑤날아가는 두루마리와 에바 속의 여인에 대한 환상(5장)▶온 땅에 내리는 저주

＊에바는 고체를 재는 도량형으로 여기서는 인간 행실을 판단하는 기준을 의미한다.

⑥네 병거의 환상과 면류관을 쓴 대제사장 여호수아(6장)▶네 병거는 네 바람을 말함

(3)스가랴의 금식교훈과 회복에 대한 약속(슥 7-8장): 다리오 즉위 4년 9월(11-12월) 4일

①너희의 금식은 나를 위한 것이 아니라 너희 자신을 위한 것이다(7장).

내가 기뻐하는 금식은 흉악의 결박을 풀어주며, 멍에의 줄을 끌러 주며, 압제당하는 자를 자유하게 하며, 모든 멍에를 꺾는 것이 아니겠느냐(사 58:6)?

스가랴 선지자는 70년의 포로기간 중 매년 다섯째 달과 일곱째 달에 금식하고 애통한 것이 하나님을 위한 것인지 반문하면서 형식적인 금식을 책망하고 있다. 참된 금식은 약한 자를 돌보고 공의를 행하며 하는 금식이며, 그것이 하나님이 기뻐하시는 것을 행하는 참된 금식이다.

030-1 스가랴 선지자의 무덤 입구, 예루살렘 감람산, 선지자들의 무덤

②예루살렘의 회복과 영광(8장)▶8:19

6. 성전 재건축 완성과 유월절 지킴(스 6:14-22, 슥 9-14장)

(1)성전 재건축 완성과 봉헌식(스 6:14-18): 다리오 즉위 6년 아달월(2-3월) 3일

성전 봉헌식 거행▶속죄제를 드리고, 제사장과 레위인으로 하여금 순번대로 성전에서 섬기도록 함

(2)유월절을 지킴(스 6:19-22)

①날짜와 기간▶1월(3-4월) 14일부터 7일간

②규례▶몸을 정결케 하고, 유월절 양을 잡음

031-1 나귀를 타고 예루살렘에 입성하는 벳바게교회내 성화, 이스라엘 벳바게

(3)스가랴의 예언(슥 9-14장)

①이방에 대한 심판예언(9:1-8)▶

하드락, 다메섹, 하맛, 두로, 시돈, 아스글론, 가사 , 에그론, 아스돗

②메시아에 대한 예언(9:9-11:14, 14:1-11)▶

＊메시아 강림예언(9:9-17)▷그는 겸손하여 나귀를 타시나니(9:9)

＊여호와의 구원약속(10장)▷메시아의 통치예언

＊메시아 수난예언(11:1-14)▷내가 곧 그 은 삼십 개를 여호와의 전에서 토기장이에게 던지고(13)

＊메시아 재림예언(14:1-11)▷여호와의 날이 이르리라.(1)

③우매한 목자(11:15-17)▶양떼를 버린 못된 목자에게 칼이 팔과 눈에 내릴 것이다.

④세상 나라에 승리할 예루살렘의 회개와 구원약속(12-13장)

⑤예루살렘과 이방 나라들(14:12-21)

7. 이스라엘 회복과 관련된 시편(시 78, 116, 118, 125-126, 128-129, 132, 147, 149편)

(1)아삽의 교훈시(시 78): 78:5-8

78:11 **여호와께서 행하신 것과 그들에게 보이신 그의 기이한 일을 잊었도다.**

(2)삭가 미상의 시(시 116, 118, 147, 149편): 116:5, 118:1, 29

116:1 **여호와께서 내 음성과 내 간구를 들으시므로 내가 그를 사랑하는도다.**

너희가 내게 부르짖으며 내게 와서 기도하면, 내가 너희들의 기도를 들을 것이요(렘 29:12)
시인은 여호와를 사랑하는 이유를 자신의 간구(기도)를 들어주시기 때문이라고 했다. 우리가 하나님을 사랑하는 가장 큰 이유는 죄에서 건지사 영원한 생명을 주신 것이요, 그 다음은 여러 가지 이유가 있겠지만 그중에서 가장 큰 이유는 시인처럼 우리의 기도를 들으시기 때문이 아닌가?

(3)성전에 올라가는 노래(시 125-126, 128-129, 132)

126:4 **여호와여, 우리의 포로를 남방 시내들 같이 돌려 보내소서.**

네게브(남방) 지역은 가는 모래와 바위로 이루어진 석회석 지역으로 우기 때 비가 오면 지형이 알아 볼 수 없을 정도로 변하는데 하나님의 역사가 사람이 예측할 수 없는 상황으로 일어난다는 표현이다.

032-1 남방 시내(와디), 이스라엘

적용과 실천

실천을 위한 묵상

영원하신 하나님만을 바라보자(단 11장).

고레스 2세는 바벨론을 점령한 바사(페르시아)의 첫 번째 왕이다. BC 330년경 알렉산더는 페르시아를 점령하고 다리오 왕이 세운 페르세폴리스를 불태운 후 돌로 된 다리오 왕의 무덤을 훼파하기 위해 왔다. 그때 석비에 새겨진 글을 보고 통역관에게 그 뜻을 물었는데 그 내용은 이런 것이었다. "나 고레스는 한 때 세계를 지배했다. 그러나 언젠가는 이 땅도 다른 왕에게 정복될 것을 나는 알고 있다. 그러나 이곳을 점령한 자여, 그대도 누구에겐가 점령당할 것이다. 그러니 내 묘를 파괴하지 말기 바란다" 그러자 알렉산더는 말에서 내려 자신이 입고 있던 왕복을 묘에 덮어주고 떠났다고 한다. 세상의 권력은 영원하지 않다는 것을 고레스나 알렉산더는 깨달았다. 그러므로 언젠가는 사라질 세상 것을 바라보지 말고 영원하신 하나님만을 바라보며 살자.

Thinking 하나님을 사랑하는 이유에 대해 이야기해보자.

핵심 Key word

바벨론 멸망	바사 고레스 왕	1차 귀환(5만여명)	다니엘환상
나보니두스, 벨사살	해방령, 1차귀환	스룹바벨, 예수아 인도	바사와 헬라 예언

성전재건 시작	성전재건 완성	이스라엘 회복관련 시편
학개외침, 스가랴 예언	유월절 지킴, 스가랴 예언(9-14장)	아삽, 작가미상, 성전노래 등

35과 귀환시대 2(에스더서부터)

본문말씀▷에, 말, 스 7-10장, 느(느 7:5-73은 34과에서), 대상 1-9장 새찬송가 278장
핵심말씀▷내가 예루살렘에 이르러 머무른 지 사흘 만에(느 2:11)

배경 바라보기

시대적 고찰

다리오 1세 사후에는 사치와 향락에 빠져 바사의 국방력은 점점 쇠약해졌는데 다리오의 뒤를 이은 크세르크세스(아하수에로)는 철저히 아테네 침략을 준비하고 사기 진작을 위해 잔치를 베풀었다(에 1:3-4). 그러나 살라미스 해전에서 크게 패한 후(BC 480년) 이전에 잔치 때 왕명을 어긴 와스디 때문에 전쟁에 패했다는 부하들의 건의에 와스디를 왕후에서 폐위시키고 에스더를 왕후로 삼았다(BC 479년). 에스더서는 당시의 사건을 배경으로 하고 있다. 아하수에로는 전쟁에서 패한 후 BC 465년 암살되었으며, 다리오 1세 이후 아닥사스다 3세까지 계속 내리막길을 걸은 바사는 다리오 3세 때 헬라의 알렉산더와 잇수스 전투에서 참패한 후 결국 BC 333년 알렉산더에게 멸망했다. 마지막 선지자 말라기는 아닥사스다 2세 때 활동했다. 바사 말기는 팔레스틴 지역에 대한 영향력은 거의 상실된 상태였다.

지리적 고찰

바사 당시 역사의 무대는 악메다, 수산, 페르세폴리스 등 페르시아 본토였지만 유다인의 2-3차 귀환을 통해 성경의 무대는 오히려 팔레스틴으로 옮겨졌다. 특히 예루살렘 성전과 성벽재건이 이루어진 이 시기는 예루살렘이 성경의 핵심 지역이 되었다.

문화적 고찰

◐금식(에 4:16) 서원이나 종교적 목적으로 음식을 절제하는 것을 말한다. 성경에서는 하나님에 대한 경건한 금욕적인 표현으로서 금식을 한 기록이 나온다. 특히 하나님의 계시에 접할 때(출 34:28), 죄에 대한 회개의 표현(삼상 7:6, 왕상 21:27, 시 69:10), 탄원(삼하 12:16)이나 슬픔의 표현(삼상 31:13) 등에 행해졌다. 금식은 본래 타의가 아닌 자발적인 행위였고, 왕명에 의한 금식이라도 돌발적인 국민적 사건에 대응하기 위한 것이었다. 원래 유다에서는 대속죄일에 한 차례 금식하였는데, 포로기 이후에는 4차례의 정기 금식일이 있었다(슥 8:19). 곧 느부갓네살에 의해 예루살렘의 포위가 시작된 바벨론 월력 10월 10일(태양력 12-1월), 예루살렘이 함락된 탐무즈월(4월) 9일(태양력 6-7월), 성전이 파괴된 아브월(5월) 7일(태양력 7-8월), 그달랴가 살해된 티쉬리월(7월) 2일(태양력 9-10월) 등이었다. 이것은 차츰 의례화되었다. 에스더는 금식한 후 죽으면 죽으리라는 각오로 왕 앞에 나갔다.
신약에서 바리새인들은 주 2회 금식하는 열성을 보였지만, 예수님은 형식적 금식에 대해 꾸짖으시며 진실된 금식을 가르치셨다. 진정한 금식은 금식 행위 자체가 아니라 사랑의 행위가 동반되어야 한다(사 58:3-12).

단어해설

봉헌(느 12:27) 귀한 헌물을 하나님께 바치는 예식을 말한다. 이것은 하나님의 주권을 온전히 인정하는 표시요, 하나님께 맡기는 행위이다.
금규(에 4:11, 8:4, golden sceptre) 금으로 된 왕의 지팡이로 왕의 권세를 상징하였다. 금규(금홀)를 내미는 것은 용서와 승락의 의미로 아하수에로 왕은 에스더가 허락없이 자기에게 나올 때 금규을 내밀어서 왕 앞에 오는 것을 승락했다.

본문 탐구하기

내용개요 바사 왕 아하수에로는 잔치 때 오기를 거부한 와스디 왕후를 폐위시키고 에스더를 왕후로 맞이 한다. 왕후가 된 에스더는 모르드개의 권유에 따라 '죽으면 죽으리라'는 마음으로 왕 앞에 나가 유다인을 죽이려고 하는 하만의 흉계로부터 유다인을 구한다. 당시 선지자인 말라기는 여호와의 날과 심판과 동시에 주님의 강림을 예언한다. 2차 귀환 때 에스라는 율법을 가르쳤고, 3차 귀환 때는 유다 총독으로 부임한 느헤미야에 의해 강한 반대와 위협 속에서도 예루살렘 성벽재건을 완성하고 봉헌식을 거행한다. 그리고 바사 본국으로 갔다가 다시 유다로 돌아온 후에는 잘못된 것들을 바로 잡았다.

QA 본문탐구

8. 에스더서 연구(에)

033-1 다리오와 아하수에로의 겨울 궁전터, 이란 페르세폴리스

034-1 수산궁터, 이란 수스

(1)아하수에로 왕후인 와스디의 폐위(에 1장)

①아하수에로의 즉위(BC 486년, 1:1-2)▶수산궁에서 다리오 1세의 뒤를 이어 왕이 되어 인도에서 구스까지 127도를 다스림

②잔치▶즉위 3년에(살라미 전투를 앞두고) 장수, 귀족, 지방장관, 신하들을 위해 180일간 열림

*180일 후에는 일반 백성을 위해 왕궁 후원 뜰에서 7일간 잔치를 베풂 임금에게 내리는 술이 끝이 없고, 마시는 것도 법도가 있었다(1:7-8).

*왕후 와스디도 잔치를 베풂(9)▷왕궁에서 여인들을 위해서

*잔치 7일 째 아하수에로 왕은 왕후의 미모를 자랑하기 위해 잔치에 오도록 했으나 거절하자 왕후를 폐위시킴

와스디의 폐위 배경▷헬라의 도시국가 연합과의 전쟁을 앞두고 사기 진작을 위해 잔치를 베풂었으나(즉위 3년 BC 484년, 에 1:3), 왕후 와스디가 불참했다(에 1:9). 그리고 살라미 해전(BC 480년)에서 패한 후 장군들이 와스디의 잔치 불참을 패인으로 제의하여 폐위되었다. 그러므로 와스디의 폐위와 에스더의 왕후 즉위는 살라미 전투 이후이다.

(2)아하수에로의 왕후가 된 에스더(에 2장)

①왕후에 대한 신하들의 제안(2:1-4)▶아리따운 처녀를 소집한 후, 정결케 하고, 왕후를 선발하도록 함

②에스더가 왕후로 선발됨(2:5-18)▶에스더는 모르드개의 조카 딸로 모르드개 밑에서 양육을 받음

(3)하만의 흉계와 모르드개(에 3-7장)

①배경(3:1-6)▶하만이 높은 지위에 올랐을 때 모르드개가 자기에게 절하지 않자 유다인을 죽이려고 함

②시기(3:17-11)▶아하수에로 즉위 12년 1월(3-4월)에 모여 유다인 학살 날자를 12월로 정함(3:7)

③계획(3:12-15)▶법률을 지키지 않는 자에 대한 처벌 권한을 받아 12월 13일에 유다인을 진멸토록 함

④모르드개의 대책(4장)▶조카로 왕후가 된 에스더에게 유다인 구원을 왕께 아뢰도록 부탁함

*모르드개▷4:14 **네가 왕후의 자리를 얻은 것이 이 때를 위함이 아닌지 누가 알겠느냐?**

*에스더▷4:16 **규례를 어기고 왕에게 나아가리니 죽으면 죽으리이다.**

> **그러므로 누구든지 이런 것에서 자기를 깨끗하게 하면 … 모든 선한 일에 준비함이 되리라(딤후 2:21).**
> 하만이 유다인을 진멸하려고 할 때 모르드개는 왕후가 된 에스더를 만나 "네가 왕후가 된 것은 이 때를 위함이 아닌가(에 4:14)?"라고 말했다. 유다인으로서 대 페르시아제국의 왕후가 된 에스더는 유다인의 진멸 속에서도 자신은 살아남을 수 있었다. 그러나 그가 왕후가 된 것은 모르드개의 말처럼 유다인을 구원하려는 하나님의 때에 사용하시기 위함이었다. 하나님은 자신의 때를 위해 에스더를 왕후로 준비시키셨다. 그러므로 하나님이 언제든지 사용하실 수 있도록 항상 준비하는 자가 되자.

⑤에스더가 왕 앞으로 나아가 하만의 흉계를 말함(5-7장)
이때 모르드개가 이전에 왕의 반역을 알게한 사실로 인해 존귀케 됨(6장)

037-1 부림절에 에스더서를 읽는 오늘날 유대인, 예루살렘

(4)유다인의 구원과 부림절(8-9장)
①에스더가 왕에게 모르드개와 자신과의 관계를 말하자 왕은 모르드개에게 왕의 인장반지를 줌(8:1-2)
②에스더가 유다인을 살리기 위해 왕께 간구하자 모르드개에게 임의대로 조서를 써서 살 방안을 찾도록 했다. 이에 유다인이 자신들을 죽이려고 하는 대적자들을 죽이도록 조서를 써서 대적자들을 죽이게 함(8:3-17)
③모르드개가 유다인이 구원받은 날인 매년 아달월(3-4월)을 기념하여 절기로 지키도록 했다(9장). 여기서 부림절이 기원되었다.

038-1 에스더와 모르드개 무덤, 악메다, 이란 에크바타

9. 말라기 선지자의 예언(말)

(1)이스라엘에 대한 여호와의 사랑, 제사장과 백성들의 죄(말 1:1-2:9)
①여호와의 사랑(1:1-5)▶1:2 내가 야곱을 사랑하였고
②제사장과 백성들의 죄(1:6-2:9)▶여호와의 이름을 멸시함, 흠 있는 제물을 드림, 여호와의 말을 듣지 않음

(2)유다의 죄악상(2:10-16)
①거짓과 가증한 일을 행함 ②성소를 욕되게 하여 이방신의 딸과 결혼함
③눈물, 울음, 탄식으로 여호와의 제단을 가리게 함

(3)주님의 사자와 주님의 강림(말 2:17-3:6)
①3:1 **내가 내 사자를 보내리니 그가 내 앞에서 길을 준비할 것이요**
②3:5 **내가 심판하러 너희에게 임할 것이라.**

040-1 말라기 선지자가 사자를 보내리라고 예언한 세례자 요한의 예수 소개, 이요한 작

(4)십일조와 여호와를 경외하는 자(말 3:7-18)
3:10 **너희의 온전한 십일조를 창고에 들여 나의 집에 양식이 있게 하고, 그것으로 나를 시험하여 내가 하늘 문을 열고 너희에게 복을 쌓을 곳이 없도록 붓지 아니하나 보라.**

> **너희 보물 있는 곳에는 너희 마음도 있으리라(눅 12:34).**
> 하나님은 유일하게 십일조를 통하여 자신을 시험(test)하도록 허락하셨다. 그만큼 십일조는 하나님을 얼마나 사랑하는지를 보여주는 가장 큰 행위이다. 왜냐하면 사람은 물질이 있는 곳에 마음이 있기 때문이다.

(5)여호와의 날과 심판(말 4장)

2 귀환시대 2

10. 시온으로의 2차 귀환과 에스라의 활동(스 7-10장)

1, 2차 귀환 때의 바사 왕 ①고레스(BC 539-530) ②캄비세스 가우마타(BC 530-522) ③다리오 1세(BC 522-486, BC 490년 마라톤 전투=헬라와 바사) ④아하수에로(크세르크세스 1세, BC 486-465, BC 486년 살라미 전투=헬라와 바사) ⑤아닥사스다 1세(BC 465-424)

(1)아닥사스다의 조서와 에스라의 찬양(스 7:11-28)
①에스라에게 예루살렘으로 가기를 원하는 자들은 올라가도록 함(7:11-13)
②재물과 예물을 드리고 협조하도록 함(7:14-24)
③율법을 아는 자들로 하여금 강 건너편 지역에서 재판하도록 함(7:25-26)▶산헤드린의 기원으로도 봄
④에스라의 감사 찬양(스 7:27-28)▶왕의 마음에 성전을 허락하도록 하신 하나님께

(2)귀환시기(스 7:9): 바사 왕 아닥사스다 즉위 7년 1월(7-8월) 1일 바벨론 출발(BC 457년경)하여 5월에 도착

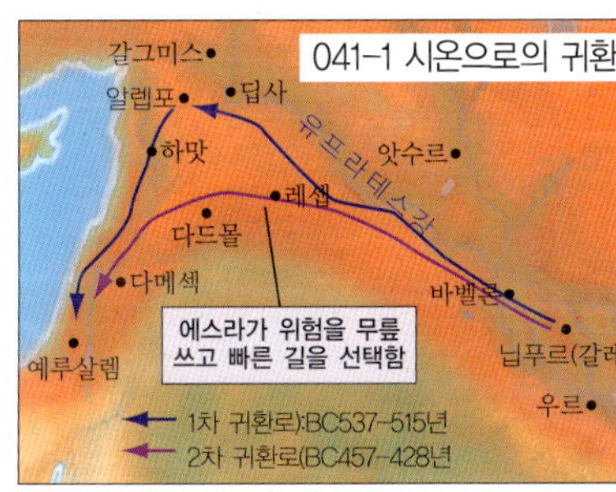

041-1 시온으로의 귀환

(3)귀환여정과 도착(7:7-9, 8:15-36)
①아하와로 흐르는 강(운하)에 모였으나 레위인이 없자 3일간 머무는 동안 레위인 20명을 데리고 옴(8:15-20)
②그리고 강가에서 평탄한 귀국을 위해 금식을 선포하고 기도했다(8:21-23). 이때 성전을 위한 예물을 받음(8:24-30)
③그해 12일 귀국길에 올랐다. 귀국길은 스 8:22-23, 31에 의하면 1차 귀환 때와는 달리 통상경로를 따라가지 않고 위험하지만 짧은 길로 간 것으로 추측된다.
④예루살렘에 도착함(7:7-10, 8:32-36)▶아닥사스다 즉위 7년 5월 1일에
*성전예물 전달과 번제를 드림(8:32-36)
*에스라가 백성들을 모아 예루살렘의 관원이 될 때까지 율법을 가르쳤다(7:6-10, 8:32). 당시 아람어는 외교상 공식언어였기 때문에 에스라가 율법을 가르칠 때에는 아람어 통역이 필요했을 것이다(느 8:8).

042-1 2차 귀환로, 시리아 사막

(4)귀한자(스 7:1-8, 8:1-14): 주도자는 학사겸 제사장인 에스라
*무압과 요압 자손 등 남자만 1496명, 38명의 제사장과 돕는이 220명

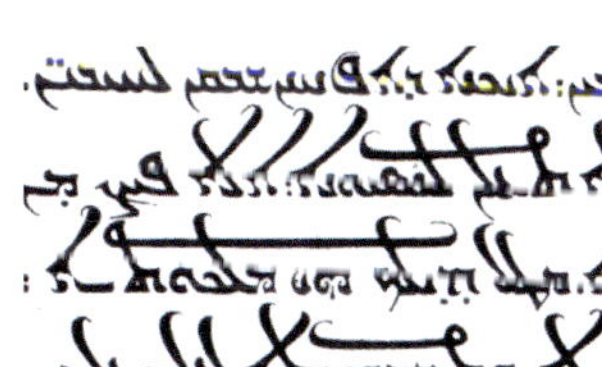
043-1 아람어, 시리아 마룰라

(5)에스라의 회개 기도와 백성들의 자복(스 9-10장)
①기도내용(9장)▶귀환자들이 이방 여인의 가증한 일을 행하여 그들의 딸을 아내와 며느리로 맞이한 피가 섞이는 죄를 범한 것에 대해
②백성들의 자복(10장)▶회개하고 이방 여인을 내보냄, 죄로 인해 속건제를 드림

그러므로 회개에 합당한 열매를 맺고, 속으로 아브라함이 우리 조상이라 말하지 말라(눅 3:8).
에스라의 회개 기도로 백성들이 자복하고 이방 여인을 내보냈다. 참된 회개는 행동이 따르는 회개가 참된 회개이다. 회개는 뉘우침(회)과 그에 따른 행동의 변화(개)가 있어야 한다.

11. 시온으로의 3차 귀환과 느헤미야의 활동(느, 대상 9장), 느 7:5-73은 34과에서

(1)3차 귀환배경(느 1:1-2:10): 아닥사스다 1세 즉위 20년(BC 444년, 스 2:1)

학자인 에스라의 가장 가까운 동역자는 유다 총독 스룹바벨이다. 아닥사스다 왕이 에스라에게 2차 귀환을 허락한 지 14년이 지났다. 그동안 도시와 성벽재건은 산발랏 등의 방해로 지체되었다. BC 445년 느헤미야는 성벽재건의 지체 소식을 들은 후 아닥사스다 왕의 허락을 받고 임시 총독으로 예루살렘으로 내려와 반대를 무릎쓰고 주어진 6개월 동안 성벽을 완성하고 바사로 돌아갔다. 그리고 후에 유다 총독으로 다시 예루살렘으로 내려왔다.

(2)귀환경로: 당시 귀환로는 에스라가 갔던 길로 추정된다. 왜냐하면 당시 예루살렘성이 훼파되었다는 말을 듣고 느헤미야가 심히 슬퍼했기 때문에 가장 빠른 길(1100㎞ 정도)을 갔을 것이기 때문이다.

＊귀환하지 않은 상당수의 유다인들은 주로 닙푸르를 중심한 지역에서 그대로 살았다.

(3)느헤미야의 귀환과 성벽재건(느 2:11-7:4)

①예루살렘 도착과 성을 시찰함(2:11-20)

②성문을 재건함(3장)▶양문(대제사장 엘리아십과 그 형제 제사장이 건축), 어문(하스나아의 자손들), 옛문(요야다와 므술람이 재건), 골짜기문(하눈과 사노아 주민이 재건), 분문(말기야가 재건), 샘문(살룬이 재건), 마문(제사장들이 각각 자기 집과 마주 대한 부분까지 재건), 양문과 성모퉁이까지(금세공업자와 상인들이 재건)

느헤미야 때 성문(느 3장)

044-1 성문 위치

③성벽재건 방해자들의 비웃음과 위협(4장)

(당시 산발랏이 사마리아 총독으로, 도비야가 암몬 총독으로 있었다.)

＊산발랏의 조롱과 위협과 암살 모의 등이 있었다.

도비야▷4:3 **그들이 건축하는 돌 성벽은 여우가 올라가도 곧 무너지리라.**

느헤미야 기도▷4:4 **우리가 업신여김을 당하나이다. 원하건대 그들이 욕하는 것을 자기들의 머리에 돌리사 노략거리가 되어 이방에 사로잡히게 하시고**

＊절반 완성 때▷도비야 일행의 공격소식에 방비하며 성벽을 재건함

④낙심한 유다 사람과 느헤미야의 계획(5장)

＊내부적으로 재건의 힘이 빠지고, 외부적으로 공격 위협에 놓이므로 낙심함

＊반은 방비하고, 반은 성벽을 재건토록 함, 가난한 백성들을 위해 채권자들에게 1/100을 돌려 주고 이자를 받지 않도록 했다. 또 느헤미야 자신은 아닥사스다 즉위 20년부터 12년 동안 총독이 받는 녹(급여)을 받지 않았고, 자신에게 속한 종들까지도 노역을 하도록 했다.

045-1 도비야 글씨가 새겨진 바위, 요르단

너희가 짐을 서로 지라. 그리하여 그리스도의 법을 성취하라(갈 6:2).
느헤미야는 성벽재건에 반대하는 도비야의 위협과 암살모의와 재정 부족 등 안과 밖으로 어려움에 처하자 자신이 받는 총독의 급여(녹)를 받지 않았으며, 자신에게 속한 종들까지도 노역에 참여하도록 했다. 그리고 채권자들에게는 이자를 받지 않도록 했다. 진정한 지도자는 백성과 어려움을 함께 나누는 자이다. 그럴 때 백성들은 지도자를 따른다. 예수께서도 섬김을 받으려면 먼저 섬기라고 가르치셨다.

④산발랏의 느헤미야에 대한 음모(6:1-14)▶성문의 문짝을 달지 못했을 때

산발랏이 느헤미야를 죽이기 위해 오노 평지에서의 만남을 제안함

⑤성벽공사를 마침과 성문을 지킴과 지도자를 세움(6:15-16, 7:1-4)▶건축 52일만인 에룰월(8-9월) 25일

⑥도비야가 느헤미야에게 위협함(6:17-19)
⑦이전 귀환자들의 명단을 확보함(느 7:5-73, 스 2:1-70)

046-1 오늘날 오노 지역, 이스라엘

(4)귀환 후 예루살렘성과 기타 지역에 거주한 자들(대상 9장, 느 11:1-12:26)
①첫 번째 귀환시 자기 기업의 성읍에 거주한 이스라엘 사람들(대상 9:1-34, 느 11:1-19)▶제사장, 레위 사람, 느디님 사람
＊지도자들은 예루살렘에 거주하고, 나머지는 제비뽑아 1/10은 예루살렘에 나머지는 다른 성읍에 거주함
＊성 문지기는 172명(느 11:19), 성막 문지기는 총 212명(대상 9:22-27)
②나머지 다른 기업에 거주한 자들(대상 9:35-44, 느 11:20-36)
③이전 귀환한 자들과 그 후손들과 기타 제사장과 족장들을 기록함(12:1-26)▶기브온 조상과 사울의 족보

(5)에스라의 율법 가르침과 초막절 지킴(느 8장)
①에스라의 율법 낭독(8:1-6)▶수문 앞 광장에서 7월(9-10월) 1일에
②예수아 외 여러 명이 백성들에게 율법의 뜻을 해석하여 깨닫게 함(8:7-9)
③느헤미야가 백성들에게 말함(8:10)▶**여호와로 인하여 기뻐하는 것이 너희의 힘이니라.**
④레위인이 말함(8:11-12)▶오늘은 성일이니 조용하고 근심하지 말라.
⑤초막절을 지킴(8:13-18)▶에스라가 모세의 율법에서 초막절 절기가 기록된 것을 보고 백성에게 알림으로 7월(9-10월)에 초막절을 지켰다.
＊백성들이 초막에서 7일간 거하는 동안 에스라는 날마다 율법책을 낭독

047-1 초막절 때 유다인, 예루살렘

(6)귀환자들의 뉘우침과 언약에 인봉한 자들(느 9-10장)
①뉘우침의 내용(9:1-3)▶7월(9-10월) 24일에 백성들이 모여 금식하며, 굵은 베옷을 입고, 티끌을 무릅쓰고, 이방인과 절교하고, 서서 죄와 조상들의 허물을 자복했다.
②예수아 외 여러 명이 여호와께 부르짖고 찬양한 후(9:4-8), 출애굽과 조상들의 죄에 대해 말함(9:9-37). 그리고 죄로 인해 언약을 세워 기록하고, 방백과 레위인과 제사장들이 인봉함(9:38)
③언약에 인봉한 자들(10장)▶총독 느헤미야, 제사장(10:1-8), 레위 사람(10:9-27)
④남은 백성과 제사장과 레위 사람과 율법을 준행하는 자들이 지주로 맹세하고, 규례를 정함(10:28-39)
＊맹세내용(28-31)▷율법을 지켜 행하여 자녀들을 이방 백성과 결혼시키지 않고, 안식일을 지켜 매매하지 않고, 7년마다 땅을 쉬게 하고, 모든 빚을 탕감할 것입니다.
＊규례내용(32-39)▷매년 1/3세겔을 성전 비용으로 수납하고, 해마다 정한 시기에 성전제사에 필요한 나무를 바치고, 첫 수확물과 첫 아들과 짐승의 첫 새끼를 바치며, 십일조를 레위인에게 줄 것입니다.

이방인에게까지 회개하고 하나님께로 돌아와서 회개에 합당한 일을 하라 전하므로(행 26:20)
이스라엘 백성들은 이제 율법을 준수하겠다는 구체적인 언약을 세운다. 이 언약은 말로만의 맹세가 아니라 구체적으로 서명자들의 이름까지 기록하며(9:1-27), 이를 어길 때는 저주를 받겠다는 내용까지 포함하는 강력한 성격의 것이었다(9:28-29). 이와 같이 신앙은 말과 생각으로만이 아니라 생활의 세부적인 부분에 이르기까지 구체적인 행동으로 결실되어져야 한다.

(7)성벽 봉헌식 거행(느 12:27-43, 13:1-3)
①봉헌식 준비(12:27-30)▶제사장과 레위인은 몸을 정결케 하고, 백성과 성문과 성벽을 정결케 함

②봉헌식 거행과 율법 낭독(12:31-47, 13:1-3)
＊방백들은 성벽에 오르게 하고, 찬송하는 무리는 둘로 나누어 성벽 위로 대열를 지어 가게 함
＊봉헌식 날 큰 무리가 제사를 드리고, 율법이 정한대로 제사장과 레위인에게 드린 것을 곳간에 쌓게 함
＊모세의 책을 낭독하자 유다인은 섞인 무리(잡족)를 이스라엘 가운데서 분리했다.

(8)느헤미야의 마지막 행적(느 13:4-31): 본국에 갔다가 다시 온 후(BC 432년)
①유다 총독으로 12년간(BC 444-433년) 봉직한 후 바사(페르시아)로 귀환했다가 바사 궁에서 1-2년 봉직한 후 다시 유다로 왔다(13:6-7a).
②유다에서의 느헤미야 개혁(13:7b-31)
＊엘리아십이 도비야를 위해 성전 뜰에 방을 만든 사실을 알게 됨(7-9)
＊레위인이 받을 몫을 주지 않으므로 레위인들이 자기 밭으로 도망한 사실을 알게 됨(10-14)
＊안식일을 어기고 장사하는 이방 사람을 보고 안식일에 성문을 닫게 함(15-22)
＊유다인이 이방 여인을 아내로 맞은 것을 보고 책망하고 때림(23-27)
＊대제사장 엘리아십의 손자가 산발랏 사위가 되어 제사장 직분을 더럽게 한 것을 보고 자기를 떠나도록 함
③느헤미야가 다시 유다로 오자 도비야가 사마리아로 도피하였고, 그 일행은 사마리아 오경을 남겼다. 이때 그리심 산에 사마리아 신전을 세웠다.

12. 이스라엘 자손의 족보(대상 1:25-26, 42, 2-8장)

(1)아담부터 아브라함까지(대상 1:1-27): 창 11:10-14 참조

(2)아브라함에서 야곱까지의 자손(대상 1:28-42, 2:1-2)
대하 1:35-38, 창 30장, 36:20-21 참조

(3)르우벤 자손과 그 거주지(대상 5:1-10)

(4)시므온 자손과 그 거주지(대상 4:24-43)

(5)레위인의 가계와 그 거주지(대상 6:1-65)
①레위인의 가계(6:1-30)
②회막 앞에서 찬송하는 레위인들과 아론의 자손(6:31-53)
③레위인의 거주지(6:54-65)

(6)유다의 자손(대상 2:3-8, 18-55, 4:1-4, 9-23)
①유다 자손(2:3-8, 18-24, 4:1-4, 9-10)
②다른 족보(4:11-12, 14, 16-23)
③갈렙 자손(2:42-55, 4:13, 15)
④여라므엘의 자손(2:25-41)

(7)납달리 자손(대상 7:13)

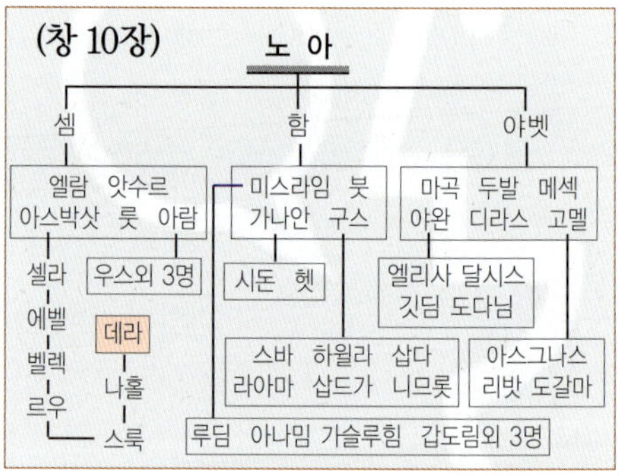

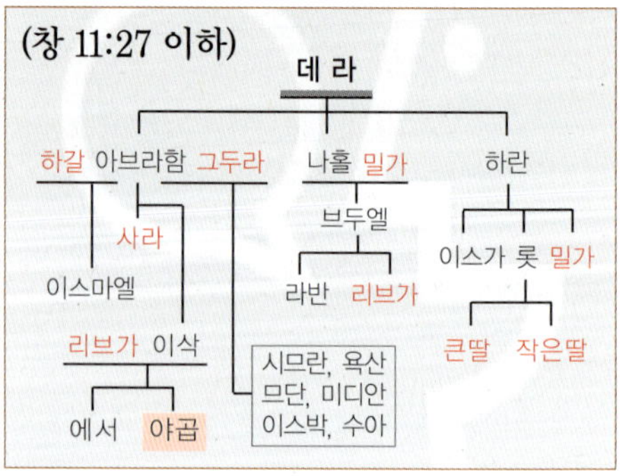

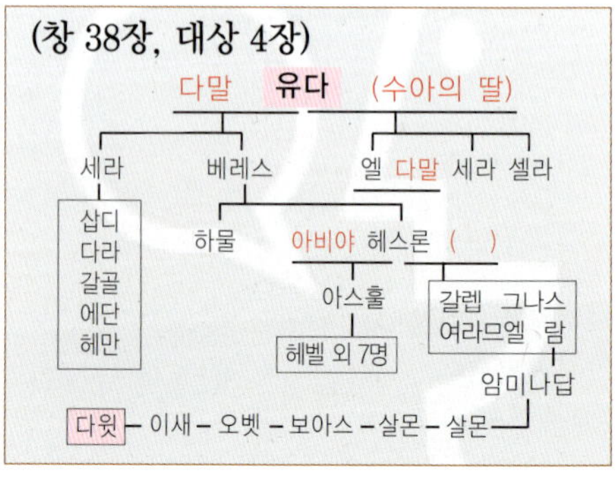

(8)갓 자손(대상 5:11-17)

(9)아셀 자손(대상 7:30-40)

(10)잇사갈 자손(대상 7:1-5)

(11)요셉 자손(대상 7:14-29)

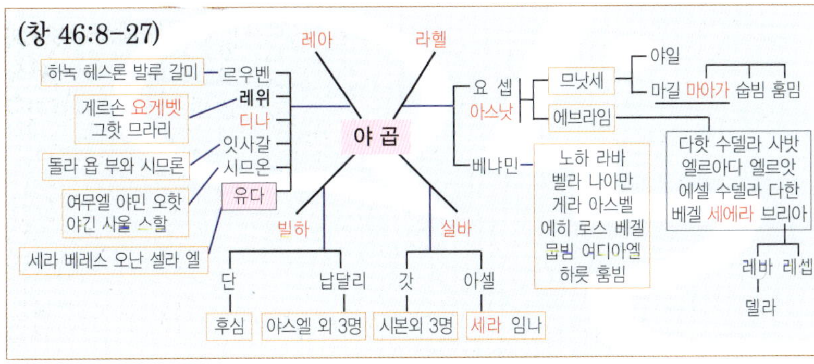

(12)베냐민 자손(대상 7:6-12, 8장)
①베냐민 자손(대상 7:6-12, 8:1-28)
②기브온과 예루살렘의 베냐민 사람들(대상 8:29-40)

(13)다윗의 가계와 솔로몬 왕의 자손(대상 2:9-17, 3장)

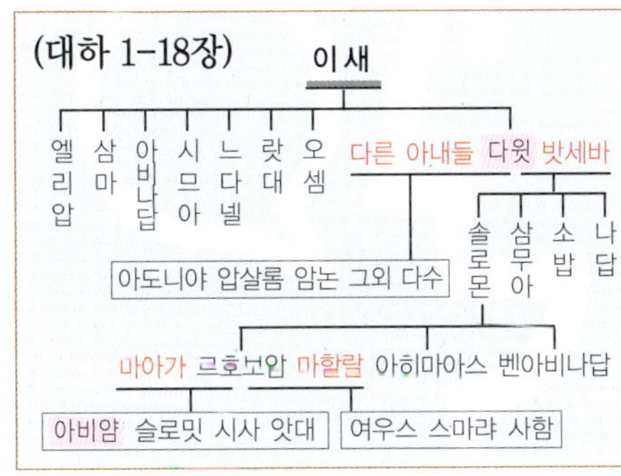

적용과 실천

실천을 위한 묵상

하나님을 경외함이 뛰어난 자가 되자(느 7:2).

느헤미야는 하나냐에 대해 말하기를 '무리에서 뛰어난 자' 라고 하였다. 무엇이 뛰어나다는 말인가? 그것은 다름아닌 하나님을 경외하는 마음이었다. 우리도 이같은 평판을 들을 수 있다면 얼마나 좋겠는가! 오늘날 우리는 주변에서 좋은 직장에 다닌다느니, 많은 재산을 모았다느니, 아름다운 외모를 가졌다느니 하는 등의 평판을 듣는 사람들을 많이 발견하게 된다. 그러나 사람 앞에서 그같은 좋은 평판을 아무리 많이 듣는다 하더라도 하나님 앞에서 칭찬받지 못한다면 그 모든 것이 무슨 소용이 있겠는가? 우리에게는 우리 삶에 어울리는 가장 귀한 평판이 있다. "하나님을 경외함이 무리중에서 뛰어난 자." 이제 이러한 평판을 우리 것으로 삼도록 하자.

Thinking 욕심 때문에 일어난 좋지 못한 결과에 대해 서로 이야기해보자.

핵심 Key word

에스더	2차 귀환(아닥사스다 7년, BC 457년)
아하수에로, 부림절	아닥사스다의 귀환조서, 에스라가 인도, 백성들의 회개
말라기 예언	3차 귀환(아닥사스다 20년, BC 444년)
유다의 죄악상, 십일조	느헤미야 총독이 인도, 성문과 성벽재건, 산발랏 방해, 에스라 율법

36과 신구약 중간시대(마카베오 상, 하)

본문말씀▷마카베오 상(1), 마카베오 하(2) 8:1-4 새찬송가 104장
핵심말씀▷알렉산더가 죽은 후 그들은 모두 자기 지역에서 왕위에 올랐다(마카 일 1:9).

배경 바라보기

시대적 고찰 헬라 북쪽 마게도냐에서 필립(BC 359-336년)이 스파르타를 제외한 거의 대부분의 도시국가들을 정복하였다. 이에 그의 아들 알렉산더는 왕위에 오른 지 2년 뒤에 헬라의 도시들을 바사의 억압에서 해방시켰다. BC 334년에는 바사(Persia)로 원정길을 떠나 바사 왕 다리오 3세의 군대를 잇수스(잇소)에서 타파한 후(BC 333년) 도주하는 다리오를 추격하지 않고, 페니키아의 도시들을 점령하기 위해 지중해로 남하하여 6개월 만에 두로에게 항복을 받고, 수리아와 팔레스틴을 거쳐 애굽 북부 지역까지 함락시킨 후, 나일 강 하류에 알렉산드리아 도시를 건설하였다. 그리고 다시 북상하여 초생달 옥토를 따라 티그리스 강을 건너 BC 331년에 바사 왕 다리오 3세의 대군을 알벨라(아르빌)에서 대파하고 바벨론에 입성했다. 그후 다리오가 BC 330년 부하에게 암살당하자 바사는 알렉산더의 것이 되었다.
그러나 알렉산더의 갑작스런 사망 후 BC 275년경에는 장군들에 의해 대체로 세 개의 왕국으로 분할되었다. 곧 유럽과 마케도냐와 그리스의 일부는 안티오커스 왕조가, 이집트와 남부 시리아는 톨레미 왕조가, 에게해안에서 힌두쿠시에 이르는 아시아 지역은 셀루커스 왕조의 지배에 속했다. 팔레스틴은 분열로 인해 톨레미 왕조가 차지하여 122년 동안 통치했다. 그러나 이후 셀루커스에게 빼앗겼다. 이런 와중 속에 모데인(모딘)에서 일어난 마타타이스와 그 아들들에 의해 유다는 잠시 독립을 누렸으나 권력 투쟁과 자체적인 음모 속에서 마지막 시몬이 여리고에서 살해 당함으로 인해 잠시 누렸던 독립도 얼마가지 못한 채 BC 63년 로마의 폼페이 장군에 의해 예루살렘이 함락됨으로 팔레스틴은 로마의 수중으로 들어갔다.

지리적 고찰 알렉산더의 동방원정은 역사적인 무대를 당시 전세계 지역으로 확대시켰다. 중심무대는 그의 정복 루트에 따라 서쪽에서부터 점차 동쪽과 동남쪽으로 무대가 바뀌었다. 특히 잇수스 전투에서 바사의 다리오 3세에게 승리한 후 그의 정복은 바사의 본토가 있는 동쪽이 아닌 성경의 중심무대인 팔레스틴을 향해 지중해안가를 따라 남진했다. 마침내 이집트까지 정복한 후 다시 동쪽으로 정복을 떠났고 인도 변방까지 이르렀다. 신구약 중간시대는 알렉산더의 정복에 초점이 맞추어져 있다.

문화적 고찰 ◐종파 유다 마카베오 요나단 때(BC 160-142년) 유대에는 바리새파, 사두개파, 엣세네파 등 세 파가 생겼다. 그중에 바리새파는 '분리되어 있는 자'란 뜻으로 세상 특히 정치와 결탁하지 않고 철저히 율법을 준수하므로 순수한 신앙을 지키려고 했다. 반면 사두개인들은 세상과 적당히 타협하던 하나의 당파로 마카베오 반란부터 로마 때까지 대제사장직을 계승했다.

단어해설

다윗의 도시(마카 일 1:33) 다윗이 여부스 족속이 살고 있던 곳을 점령한 후 수도로 정한 지역으로 오늘날 예루살렘 분문에서 기드론 골짜기와 실로암 못까지 이르는 경사진 부분이다.

본문 탐구하기

내용개요 알렉산더가 죽자 헬라제국은 나누어져 팔레스틴 지역은 셀루커스와 톨레미의 각축장이 되었다. 이후 셀루커스 왕조의 안티오커스 4세는 애굽 정복에 이어 예루살렘을 약탈한 후 본국으로 돌아갔다. 그후 2년 만에 다시 아폴로니우스를 유다로 파견했고, 아폴로니우스는 예루살렘을 또 다시 약탈하고 다윗성을 요새로 재건했다. 이어 안티오커스 4세는 포고령을 내려 이교 제단을 세우고 율법서를 불태웠다. 이런 가운데 모데인(모딘) 출신 마타타이스와 그의 아들들은 이교 제사를 거부하고 혁명을 일으켰다. 이로 인해 시작된 셀루커스 왕조와의 싸움은 유다 마카베오 때와 요나단에 이어 시몬까지 이어져 마침내 시몬은 실질적인 이스라엘의 독립을 쟁취했다. 그러나 시몬과 그 아들들은 정치적인 야망을 가진 사위에게 여리고에서 살해되었다. 이후 유다는 요한 힐카너스(BC 135-105년), 아리스토불루스 1세(BC 104년), 알렉산더 얀네우스(BC 104-78년), 살로메 알렉산드라(BC 78-59년)에 이어졌다. 그러나 아리스토불루스 2세 때 로마의 폼페이 장군에게 BC 63년 예루살렘이 함락되어 종말을 고했다.

QA 본문탐구

1. 알렉산더의 지배와 그 이후(마카 일 1:1-10): BC 334-323년

(1)알렉산더의 정복(마카 일 1:1-4)
①메대(바사)의 다리오 왕을 무너뜨림▶잇수스 전투에서
②땅끝(인더스 강)까지 점령함

(2)알렉산더 사후 헬라의 분열(마카 일 1:5-10)
①병들어 죽게될 때 장군들에게 자기 지역을 분할해 줌
②헬라제국의 분열(BC 323년)▶본토는 안티오커스, 시리아 지역은 셀루커스, 애굽은 톨레미가 차지했다.

050-1 안티오코스의 팔레스틴 정복

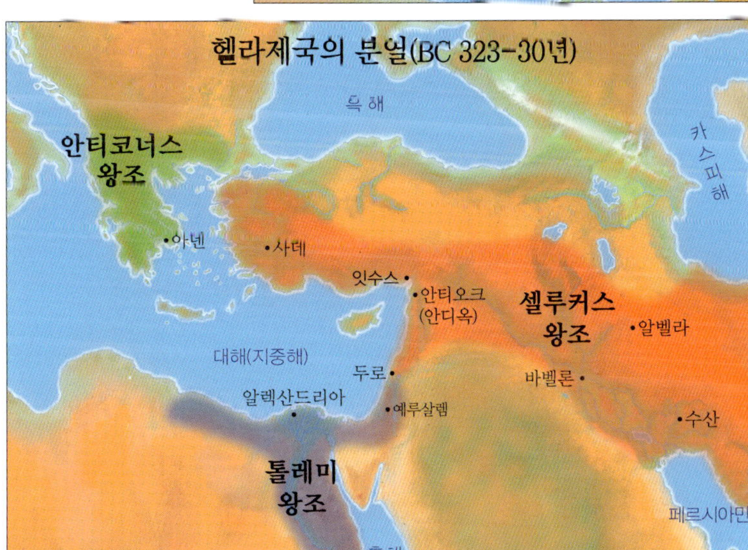

049-1 헬라제국의 분열

2. 안티오커스 4세의 야심과 유다인에 대한 박해(마카 일 1:11-57): BC 170-168년

(1)유다인이 이교도와 맹약을 함(마카 일 1:11-15)

①율법을 거부하는 무리들이 이방인과 조약을 맺을 것을 선동▶그들과 단절해서 사는 동안 재난을 당함

②안티오커스 4세에게 이방인과 교류를 요청하자 허락함

③유다인의 악행

＊이방인의 풍속을 따라 교제함 ＊악한 무리에 가담 ＊예루살렘에 경기장을 건설 ＊할례를 받지 않음

(2)셀루커스 왕조의 안티오커스 4세가 애굽을 정복(마카 일 1:16-25): BC 143년

①군사력을 강하게 한 후 이집트를 정복▶이때 톨레미는 도망함

②애굽 정복 후 팔레스틴으로 진격▶예루살렘 성전을 약탈하고, 많은 백성을 살해한 후 본국으로 돌아감

(3)유다인이 박해를 받음(마카 일 1:26-57): BC 141년, 예루살렘 약탈 2년 후에

①세금 징수원으로 무시아 사람 두목인 아폴로니우스를 팔레스틴에 파견함(1:29)

②아폴로니우스가 예루살렘을 침공(1:30-40)

＊많은 사람을 죽이고 예루살렘성을 약탈하고 방화함

＊예루살렘 성벽을 파괴하고 다윗성을 요새로 재건함

＊여자와 어린아이를 사로잡아가고

＊죄많은 이방인과 율법을 어긴 자를 다윗성에 이주시킴

③안티오커스 4세의 포고령(1:41-57)

＊모든 사람은 이제까지의 풍속을 버리고 한 국민이 되어야 함

＊왕을 예배하고 우상에게 제물을 바치도록 함

＊이교의 제단을 만들고, 율법서를 불태움

051-1 다윗성 경사 부분, 예루살렘

3. 유다인 마타타이스와 그의 아들들의 반란(마카 일 2:1-7, 14-16, 45-50, 65-70): BC 166년

(1)마타타이스의 이력(마카 일 2:1-7)

①여호야립(대상 24:7) 가문 출신인 시몬 제사장의 손자, 요한의 아들

②모데인에 살면서 요한(요한 마카베오), 시몬, 유다, 엘르아살, 요나단 등 5명의 아들을 둠

052-1 모데인(모딘), 이스라엘

(2)마타타이스의 이교제사 거부(마카 일 2:14-16, 45-48)

①예루살렘에서 일어난 부정한 일을 보고 옷을 찢고, 베옷을 입고 통곡함

②안티오커스 4세가 모데인 지역에서의 이교제사를 강요함

③이에 마타타이스는 거절하여 지방에 다니면서 이교제단을 헐고, 강제로 할례를 행하게 함

(3)마타타이스의 유언(마카 일 2:49-50, 65-70): 아들에게

①율법을 적극적으로 지키고, 조상들의 계약을 위해 헌신하라.

②형 시몬은 아버지의 역할을 할 것이니, 그의 말을 따르고 유다는 전투를 지휘하라.

③형제가 단합하여 동족의 원수를 갚고, 학대한 이방인에게 복수하라.

> **우리에게 거하시는 성령으로 말미암아 네게 부탁한 아름다운 것을 지키라(딤후 1:14).**
> 유언은 그 사람이 산 생애의 모든 것이다. 마타타이스가 아들들에게 한 마지막 유언은 율법을 적극적으로 지키라는 것이었다. 우리는 마지막 자녀들에게 무엇을 물려주며, 어떤 부탁을 할 것인가? 신앙의 유산이야말로 가장 귀한 것이다. 평생 모은 물질보다 신앙으로 산 자신의 삶을 물려주도록 힘써 믿음으로 살자.

4.유다 마카베오와 그 형제들의 벧호론 전투(마카 일 3:1, 마카 이 8:1-4): BC 166년

(1)유다 마카베오가 아버지의 역할을 이어받음(마카 일 3:1)

(2)유다 마카베오의 군대조직과 전투(마카 일 3:2-4:35, 마카 이 8:1-4): BC 165년
①야간에 급습하여 적군을 패퇴시키고, 시리아에서 파송된 세금 징수원인 아폴로니우스를 살해함
②셀루커스의 셀론 군대를 물리침(마카 일 3:13-27)▶기습 공격으로 벧호론까지 추격하여 800명을 살해함
유다 마카베오의 연설▷마카 일 3:19 **전쟁의 승패는 군대의 수에 있는 것이 아니다. 승리의 힘은 하나님이 주시는 것이다.**
③안티오커스가 리시아 장군을 유나에 파병(마카 일 3:38-43)
④셀루커스의 고르기아 군대를 물리침(마카 일 4:1-16, 25)
아조토(아스돗)와 얌니아까지 추격하여 3000명을 죽임
⑤셀루커스의 리시아 군대를 물리침
(마카 일 4:28-30, 33-35)▷5000명의 사상자를 내게 함

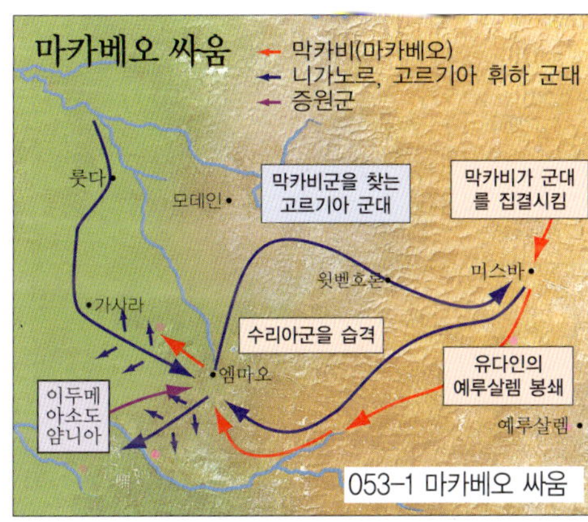

053-1 마카베오 싸움

(3)마카베오의 성전정화(마카 일 4:36-5:2): BC 165년
①시온 산의 성전이 파괴됨(마카 일 4:36-40)
②성전정화 작업(마카 일 4:41-5:2)
*율법을 준수하는 제사장을 선출▷
제사장들은 성소를 정결케하고 부정하게 된 돌을 치움
*번제단 위에 제물을 놓고, 커텐(휘장)을 치고, 9월(11-12월) 25일에 번제단에 희생제물을 드림
*내년 9월(11-12월) 25일에는 8일간 제단을 봉헌한 축일로 지키도록 함
*시온 산을 성벽으로 쌓고 망대를 세움

(4)시몬이 갈릴리의 유다인을 구출함(마카 일 5:9-10, 21-23): BC 163년
①유다인이 길르앗 이방인의 침입을 받아 다데마 요새로 피신 후
유나 마카베오 형제에게 도움을 요청함
②시몬이 프톨레마이스(악고)까지 추격하여 이방인 3000명을 죽임
③갈릴리의 아르바타에 있는 유다인을 구출한 후 예루살렘으로 돌아옴

054-1 프톨레마이스(악고) 성채, 이스라엘

(5)유다 마카베오와 요나단이 길르앗의 유다인을 구출함(마카 일 5:24-28)
①북진 중에 나바테아인들로부터 길르앗 지역의 유다인이 여러 도시에 포위되었다는 소식을 듣게 됨
②유다 마카베오가 방향을 바꿔 보스라를 점령함

(6)요셉과 아자리아스의 패배(마카 일 5:56-68): BC 163년

①유다 마카베오와 형제들이 용감히 싸운다는 소식을 듣고 요셉과 아자리아스가 얌니아로 진격하여 싸웠으나 2000명쯤 죽고 패배함
패배원인▷자신들이 용감하다는 영예만을 얻기 위해 유다 마카베오의 명령을 어기고 싸웠기 때문에
②유다 마카베오와 형제들의 계속된 승리(5:63-68)
＊네겝에서 에돔에게 승리 ＊헤브론 주위 성읍을 점령
＊아조토(아스돗)와 주위 도시를 쳐 전리품을 얻음

055-1 얌니아(야브네), 이스라엘

믿음의 선한 싸움을 싸우라. 영생을 취하라. 이를 위하여 네가 부르심을 받았고(딤전 6:12)
요셉과 아자리아스가 싸움에서 패배한 것은 마카베오의 명령을 어기고 자신의 영예만을 위해 싸웠기 때문이었다. 무엇을 위해 싸우느냐가 중요하다. 자신의 영예를 위한 싸움은 목숨을 건 싸움에서 너무나 의미 없는 일이다. 그리스도인은 세상 것을 위한 싸움이 아니라 믿음을 지키기 위한 영적 싸움이 중요하다.

(7)벧스가리야 전투(마카 일 6:18-20, 28-33, 46-47, 55-63): BC 162년
①벧스가리야 전투
＊예루살렘 요새 안에 있던 자들이 이스라엘 사람들을 해칠 계획을 하고 있음을 알았다.
＊이에 유다 마카베오가 예루살렘을 공략할 준비를 함(BC 150년)
＊그러자 셀루커스 왕조의 안티오커스 5세는 군사를 소집한 후 남하함
＊그러나 유다 마카베오가 벧스가리야에서 강력하게 반발하자 철수함
②전투 후 화평조약을 체결함▶셀루커스 왕조의 안티오커스 5세와 유다 마카베오 사이
＊안티오커스의 섭정자인 리시아가 본국에서 필립보가 정권을 잡으려고 한다는 소문을 듣고 벧스가랴에서 철수하면서 유다 민족과 율법을 자유롭게 지킬 수 있도록 하는 화평조약을 체결함
＊조약파기▷조약 후 유다인이 요새를 비운 사이 왕이 조약을 깨뜨리고 주위 성을 부순 후 헬몬산 부근에 있는 안티오키아로 와서 그곳에 있던 필립보와 싸워 도시를 점령함

(8)데메드리오 1세의 팔레스틴 도착(마카 일 7:1-5): BC 151년
①로마에서 레바논 해변의 트리폴리스에 도착한 데메드리우스는 왕국을 선포하고 왕이 됨
②데메드리오 군사들이 안티오커스 5세와 그 섭정자 리시아를 안티오키아에서 죽임
③이때 율법을 배신한 자의 우두머리 알키무스는 대제사장 자리를 위해 데메드리우스를 찾아 감

(9)배신자 유다인 알키무스와 데메드리우스의 장군 니가노르의 패배(마카 일 7:23-32, 39-50)
①유다 마카베오는 알키무스가 동족 이스라엘에게 온갖 만행을 저지름을 보고 배신자들에게 보복함
②알키무스가 유다 마카베오 세력이 커짐을 보고 데메드리우스에게 마카베오를 악하게 보고함
③이에 메데드리우스가 니가노르를 파송했으나 아다월(2-3월) 13일 니가노르가 전사했다.
④유다 마카베오는 예루살렘으로 돌아와 이 날을 경축일로 삼았다.

(10)유다 마카베오의 전사(마카 일 9:1, 16-31): BC 160년
①니가노르 패배 후 데메드리우스는 바기데스와 알키무스를 지휘관으로 임명하여 유다에 파송함
②싸움이 시작되어 유다 마카베오는 전사했고 모데인에 장사되었다.
③유다 마카베오 사후 각처에서 율법을 배반한 자들이 일어나기 시작함

056-1 마카베오의 무덤, 이스라엘

④국토 대부분은 데메드리우스 수중에 들어갔고, 바기데스는 이스라엘 반역자들을 지방장관으로 임명했다.
⑤이런 상황에서 유다 마카베오의 동생 요나단은 백성들의 추대로 유다의 지도자가 되었다.

5. 바기데스의 요새강화와 알키무스의 죽음(마카 일 9:50-57): BC 160-147년

(1)바기데스의 요새강화(마카 일 9:50-57)

①마카베오를 전사시키고 승리한 바기데스는 예루살렘으로 올라와 여리고, 엠마오, 벧호론, 벧엘, 비라돈 등에 요새를 강화하고 수비대를 두었다.
②한편, 유다의 배신자 알키무스는 성전의 지성소를 헐어버리도록 명령하고 지성소의 벽을 허물 때 갑작스럽게 몸이 마비되어 죽었다.
이를 본 바 기데스는 데메드리우스에게 돌아가고 유다는 2년간 평온했다.

057-1 벧호론, 이스라엘

6. 요나단의 활동과 죽음(마카 일 9:10-14, 11:20-62, 13:12-26): BC 143년

(1)예루살렘을 재건함(마카 일 9:10-14, 11:20-62, 13:12-26)

①바기데스가 떠난 후에 요나단이 예루살렘 성벽을 쌓고
시온 산을 요새화하자 바기데스가 세운 요새안의 이방인들이 도망했다.
②이후 율법을 배반한 자들이 데메드리우스에게 요나단을 제소했다.
그러나 요나단도 데메드리우스를 찾아가 환심을 산 후 대제사장직을 부여받았다(11:20-62).
③이후 하솔과 가데스에서 데메드리우스 군대와 싸워 승리했으나(BC 144년) 데메드리우스를 대적하여 왕이 되려고 하는 트리폰에게 속아 프톨레마이스에서 포로로 잡혔다(13:12-21).
④시몬이 요나단을 구출하려고 했으나 실패하고 요나단은 길르앗의 바그카마 지방 근교에서 처형되었다.

7. 이스라엘의 독립과 시몬(마카 일 13:41-53, 14:16-18, 22-24, 38-39, 44, 15:1-2, 10-14, 26-27, 16:1-17, 23-24): BC 142년 이후

(1)시몬은 실질적인 이스라엘의 독립을 이루었다(마카 일 13:41-42).

(2)시몬은 가자라(게셀)를 점령한 후 우상을 제거하고, 그곳에 자기 집을 지었다(마카 일 13:43-48).

058-1 가자라(게셀), 이스라엘

(3)시몬이 예루살렘 요새를 다시 찾음(마카 일 13:49-53)

(4)유다가 로마 스파르타와의 동맹을 갱신함
(마카 일 14:16-18, 22-24, 38-39, 44)
시몬이 요나단 사후에 대제사장이 되었다는 소식을 듣고 로마의 스파르타와 우호조약을 갱신함

(5)안티오커스 7세가 시몬에게 편지를 보냄
(마카 일 15:1-2, 10-14, 26-27)

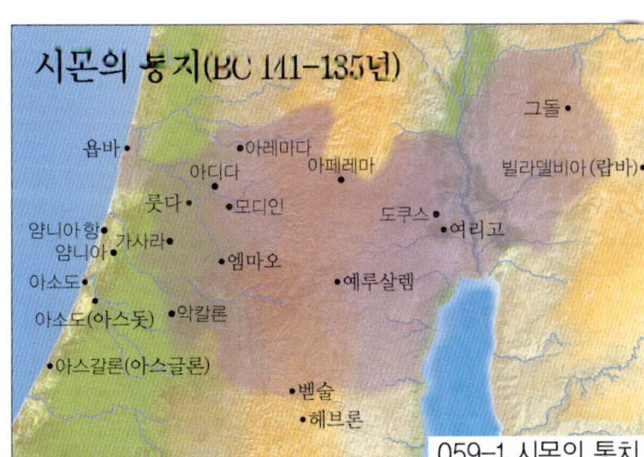

059-1 시몬의 통치

①편지내용▶유다인에게 베푼 면세조치와 특권을 인정하고, 독자적인 화폐 발행과 비축한 무기와 요새의 소유권을 인정한다.
②안티오커스는 자기 고국 안티오키아로 진군하여 자기를 대적하여 왕이 되려고 한 트리폰을 도르(돌)까지 추격하여 봉쇄했다. 이때 안티오커스 7세는 시몬과의 약속을 무시하고 그와의 관계를 끊었다.

060-1 돌(도르), 이스라엘

(6)기드론 전투, 시몬과 아들들의 피살(마카 일 16:1-17, 23-24): BC 137년
①시몬이 아들에게 부탁함▶이제 나는 늙었지만 너희들은(아들인 유다와 요한) 나와 내 형제를 대신하여 싸우라.
②이에 군사와 기병 2만 명을 선발하여 켄데베우스를 그의 요새인 기드론과 아조토(아스돗)까지 추격하여 2000명을 죽이는 승리를 거두었다.
③당시 시몬의 사위인 프톨레메오는 여리고에서 장관직으로 임명받은 후 여리고로 찾아온 시몬과 그 아들들을 술에 취하게 한 후 살해했다.
이는 선을 악으로 갚은 것이다.

061-1 아조토(아스돗), 이스라엘

주께서 주신 권세는 너희를 무너뜨리려고 하신 것이 아니요, 세우려고 하신 것이니(고후 10:8)
프톨레메오는 자신을 여리고의 장관직으로 임명한 장인 시몬을 그 아들과 함께 여리고로 초청하여 술에 취하게 한 후 살해했다. 이는 은혜를 악으로 갚은 행위였다. 권력은 자신에게 호의를 베푼 자는 물론 가족 친척까지도 죽이는 것이 역사의 교훈이다. 그러나 세상 권력은 또다른 권력에 의해 무너짐을 잊지 말자.

8.시몬 살해 후 예수 탄생까지

마타타이스의 막내 아들인 **시몬이 살해당하자** 마카베오의 영웅적인 투쟁은 막을 내렸다. 그리고 안티오커스 7세에게 유다를 침공할 기회를 주어 예루살렘은 수 년 동안 포위된 채 요나단이 합병시켰던 해안 도시들을 내어주고, 공물을 지급하는 협정을 체결하는 등 유다는 약 5년 동안 셀루커스 왕조의 통치 속에 있게 되었다. 그러나 BC 128년 안티오커스 7세가 파르티안과의 전투에서 패배한 후 철저히 약화되기 시작하자 유다는 더 이상 방해를 받지 않는 온전한 독립을 얻게 되었다.

062-1 스키토폴리스(벧산), 이스라엘

이에 힐카너스(Hyrcanus)는 영토확장 정책을 시작하여 통치 초기에 양도했던 해안 도시를 다시 정벌하고, 계속해서 남쪽으로 에돔(이두메)을 정복하여 중요한 무역로를 획득했다. 또 셀루커스 왕조의 왕실 분쟁을 기회로 사마리아와 요단동편 메드바의 헬라 도시를 점령했다. 북으로는 스키토폴리스(고대 벧산)까지 전투를 계속하여 그가 죽을 때까지 사방으로 영토를 확장시켰다.
그러나 **요한 힐카너스 죽음은** 왕가의 투쟁을 몰고 왔는데 승리는 장자인 **아리스토블루스 1세**에게 돌아갔다. 그는 아버지가 시작한 영토확장을 계속 추진하여 1년의 짧은 기간 동안 갈릴리의 대부분을 징벌하고, 레바논의 이투리안(Ituraeans) 지역의 사람들을 강제로 이방화시키고 스스로 왕의 칭호를 취했다.
아리스토블루스 1세가 죽었을 때 왕이 된 사람은 유일하게 살아있던 형제인 요나단이었다. **요나단도** 역시 영토확장 정책을 계속 추진했다. 비록 그가 모든 전쟁에서 승리하지는 못했어도 팔레스틴 해안을 따라 국경을 확장하여 애굽 국경까지 이르렀고, 북으로는 훌레 호에 이르는 지역들을 병합했다. 동으로는 트랜스요르단 지역의 베레아를 복속시켰다. 서쪽으로는 아스글론을 제외한 해안 평야의 도시들을 병합시켜 유다국의 판도는 다윗과 솔로몬 당시에 필적할 만 했다. 그러나 불행히도 요한 힐카너스 때 시작된 바리새인과 하스몬가의 통치자 사이의 불화는 절정에 달해 얀네우스가 기념식을 행할 때 공개적인 반란이 일어나 많은 바리새인들이 살해되고 한 때 시리아까지 개입되어 국가는 존폐 위험에 이르렀다. 그리하여 요나단의 말년 통치는 바리새인들의 영향력을 받아들이는 태도로 바뀌었다.

얀네우스가 죽을 때 그는 왕국을 그의 아들이 아니라 아내인 살로메 알렉산드라에게 주었다. 그는 64세에 왕위에 올라 9년간 통치하면서 명철한 지배자로서 먼저 안으로는 바리새인과 화합을 위해 노력했으며, 밖으로는 비교적 평온을 유지했다. BC 69년 아르메니아 왕 티그라테스가 프톨레마이스를 공격하기 위해 왔을 때 그는 공격을 간신히 막았으나 어린 아들인 아리스토블루스 2세는 다메섹 원정에 실패했다. 살로메 알렉산드라에게 힐카너스 2세와 아리스토블루스 2세의 두 아들이 있었다. 그의 두 아들은 계승문제를 놓고 힐카너스 2세는 바리새인을, 아리스토블루스 2세는 사두개인을 도우면서 싸우다가 양쪽이 모두 수리아에 와 있던 로마 장군 폼페이에게 도움을 요청했다. 이에 폼페이는 예루살렘에 내려와 점령하고 힐카너스 2세를 대제사장으로 인정했다. 그러나 로마의 속국으로 만들었다. 이로써 근 1세기 동안(BC 142-63년) 독립을 누리던 마카베오 독립 시기는 끝을 맺었다.

마카베오 왕조의 멸망으로 BC 63년에 팔레스틴은 로마의 지배 아래로 들어갔다. 예수께서 탄생한 것은 바로 팔레스틴이 로마 황제 가이사아구스도(옥타비아누스, 마 2:1) 관할 하에서 헤롯 대왕에 의해 통치될 때인 BC 4년이었다.

적용과 실천

실천을 위한 묵상

전쟁은 하나님께 달려있다(마카 일 3:19).

유다 마카베오는 셀루커스의 세론 군대와 싸우기 앞서 "전쟁의 승패는 군대의 수에 있는 것이 아니다. 승리의 힘은 하나님이 주시는 것이다(마카 일 3:19)"라고 군사들에게 외친 후 숫자의 열세에도 불구하고 승리했다. 성경의 역사가 모두 그렇듯이 싸움은 강한 자가 반드시 이기는 것은 아니다. 히스기야도 앗수르 산헤립의 침략을 받았을 때 앗수르가 위협한 편지를 들고 성전에 들어가 하나님 앞에 놓고 기도하자 하나님은 천사를 통해 앗수르 군사를 죽이셨다. 신앙인은 세상을 자신의 힘으로 이기는 것이 아니라 하나님을 믿는 믿음으로 이기는 것이다. 특히 영적인 사탄과의 싸움은 오직 주님을 믿는 믿음으로만 이길 수 있다.

Thinking 자신의 욕심 때문에 상대방이 피해를 입은 것에 대해 이야기해보자.

핵심 Key word

알렉산더	페르시아 멸망	헬라제국의 분열	안키오커스 4세
동방원정	알렉산더에게	안티코너스, 셀루커스, 톨레미	유다인 박해

유다 마케베오	시몬의 독립	마카비가의
벧호론전투, 성전정화	예루살렘수복, 기드론전투	힐카너스- 아리스토불루스-요나단

현대 이스라엘과 중동전쟁

20세기 독립 전쟁(1948년)이전까지의 유대 민족

19세기에 접어들면서 세계는 각지에서 내셔널리즘이 태동하기 시작하는 가운데 동유럽과 러시아에서는 유대인에 대한 민족억압이 드세지기 시작했다. 이에 유대인은 하나님이 약속한 팔레스틴에 국가를 세워야 유대인에 대한 박해가 끝난다고 하는 시오니즘 운동이 일어나기 시작했다. 그러나 시오니즘 운동은 당초 발전을 보지 못했다. 1882년 최초의 유대인 이민이 팔레스틴으로 들어서기 시작한지 35년 뒤인 1917년까지 겨우 3만 2천 명 밖에 이민하지 못했다. 그러던 중 제1차 세계대전이 한창이던 1917년 영국이 당시 중동에서의 영국군 작전기지 역활을 맡고 있던 팔레스틴 땅을 지키기 위하여 전세계의 유대인의 협력을 얻고자 발포아 선언을 발표하고, 전후 팔레스틴으로 유대인의 민족적 조국건설을 허락한다는 약속을 하였다. 이런 가운데 전후 동유럽 여러나라에서 유대인 압박이 심해졌고, 30년대로 들어와서는 히틀러가 유대인 대학살을 개시하면서 시오니즘 운동은 급속히 발전하였다.

팔레스틴은 1918년 영국의 군정하에 있다가 1920년에는 영국의 위임통치하에 있었다. 당시 팔레스틴의 유대인 이민은 급증하여 제2차 세계대전 직전에는 약 40만명이나 되었다. 이러한 이민 증대는 아랍인과의 대립, 항쟁을 가져오게 하였다. 결국 소수파로의 전락과 토지상실을 두려워한 아랍인은 1919년부터 종종 반영국, 반유대 폭동을 일으켰고, 38년부터 제2차 세계대전이 시작되는 39년까지는 전국적으로 게릴라전을 전개했다.

제2차 세계대전 중 아랍과 유태민족의 대립은 한때 잠잠해지기도 했으나 대전 말기에는 다시 격화되었다. 여기에 유대인쪽이 독립을 억제하려는 영국에 대하여 반발하여 반아랍 투쟁의 대립은 더욱 격화되었다. 영국은 두 민족의 대립을 진압하고 전략적 요충지인 팔레스틴에 대한 지배권 유지를 위하여 필사적인 노력을 기울였으나 결국 실패하고 위임통치에 반기를 결의하고 1947년 문제를 유엔(UN)으로 이관하였다. 유엔(국제연합) 총회는 47년 11월 팔레스틴 지역에 아랍과 유대연방을 조직하게 하는 연방화안과 아랍과 유대의 개별국가를 건설하여 예루살렘을 국제 관리하에 두도록 하는 분할안 중에 후자를 2/3 이상 다수로 채택하였다. 이 안에 유대민족은 찬성하였으나 아랍쪽은 반대하여 팔레스틴의 각지에서 게릴라전이 시작되었다. 1948년 5월 14일, 영국의 위임통치가 끝나고, 영국군의 철수완료와 함께 유대국가 건국위원회 의장 벤 구리온이 텔아비브에서 이스라엘 건국을 선언하였다. 동시에 아랍 연맹에 가입한 아랍제국의 정규군이 팔레스틴으로 침입하여 제1차 중동전쟁(팔레스틴 전쟁)이 개시되었다.

1.제1차 중동전쟁(독립전쟁): 1948. 5. 16

1948년 5월 16일에 이스라엘의 독립선언이 있은지 이틀 후에 이집트를 위시한 아랍측이 이스라엘을 북쪽, 남쪽, 동쪽의 3면에서 침공했다. 당시 군사적인 면에서 이스라엘은 절대적인 열세에 있었다. 전쟁이 시작하자마자 절망에 빠지지 않을 수 없었으나 필사적으로 투쟁하는 이스라엘의 공세에 오히려 아랍측은 패배를 거듭했다. 이 사이 유엔의 조정으로 1949년 2월에 휴전이 성립되었으나 이 전쟁 결과 이스라엘은 1947년 분할계획으로 할당받은 영토보다 23% 이상의 영토를 더 얻을 수 있었다.

2.제2차 중동전쟁(시나이 전쟁): 1956. 10. 29

독립전쟁(제1차 중동전쟁)의 휴전 후에도 아랍과 이스라엘간의 사태는 악화되어 쌍방은 전력증강에 광분하였다. 52년 7월, 이집트에서는 혁명이 발발하여 왕제가 붕괴되고 공화제가 실시되었다. 56년 초대 대통령에 취임한 G.A 나세르는 동년 7월 수에즈 운하의 국유화를 단행하였다. 이로써 큰 타격을 입게된 영국과 프랑스는 10월 29일 이스라엘이 시나이반도를 침공한지 2일 후에 수에즈 운하로 진격하였다. 전세는 3국측에 유리하게 전개되었으나 미국의 압력과 소련의 위협, 국제여론의 악화 등으로 영국, 프랑스는 정치적으로 몹시 불리하게 되었다. 국제연합은 긴급 특별총회를 소집하여 정전과 감시를 위한 유엔 긴급군을 파견하였다. 이에 영국, 프랑스, 이스라엘은 점령지로부터 철수하였다.

3.제3차 중동전쟁(6일전쟁): 1967. 6. 5

제2차 중동전쟁 후 계속되는 아랍의 게릴라 활동에 대해 이스라엘은 67년 4월 대규모 공격을 감행하였다. 이에 대해 붕괴에 직면한 아랍의 결속강화를 이스라엘과의 대결에서 회복하려는 나세르 대통령은 대군을 시나이반도에 투입하여 아카바만의 재봉쇄를 선언하였다. 마침내 6월 5일에 이집트와 이스라엘 간에 전투가 개시되었고, 전란은 시리아와 요르단으로 확대되었다. 이 전쟁에서 이스라엘은 기습공격으로 압도적인 우세 속에서 4일만에 시나이반도를 점령하고, 요르단 서안지역과 시리아 국경의 골란고원을 공략하였다. 이에 유엔 안정보장 이사회는 6월 6일 즉시 정전을 결의하여 쌍방의 수락에 의해 6월 9일 정전이 실현되었다. 유엔 안전보장이사회는 동년 11월에 중동분쟁의 정치적 해결을 위한 결의안을 채택했다.

4.제4차 중동전쟁(욤 키푸르 전쟁) 1973. 10. 6

나세르 대통령은 6일 전쟁에서 비참한 패배를 만회하기 위해 다시 전력재건을 서둘렀다. 그러나 70년 9월 28일 나세르의 급서로 사다트가 대통령에 취임하였다. 사다트는 이스라엘에 73년 10월 6일 토요일에 선제 공격으로 이스라엘에 서전을 승리로 장식하였으나, 북부에서는 시리아군이 패퇴하여 전선은 고착화되었다. 이에 유엔에서는 22일 미소 이사회 결의의 이행 등을 골자로 하는 공동제안에 의한 즉시 정전, 67년의 안전보장 결의안을 채택하고 당사국의 수락을 얻어 같은 날 정전되었다.

이 전쟁은 83만 8천 명의 아랍 군과 27만 5천 명의 이스라엘 군과의 싸움이었다. 특히 이스라엘의 대속죄일인 욤키푸르에 시작되었기 때문에 욤 키푸르 전쟁이라고도 한다.

남유다의 역대 왕

번호	왕이름	통치기간 (전통견해BC)	즉위나이	통치기간	통치평가	지파	사망형태	남북관계	관계된 성경	
									열왕기상하	역대하
1	르호보암	931~913	41	17	악행	유다	자연사	전쟁	11:42~14:31	9:31~12:16
2	아비얌	913~911		3	악행	유다	자연사	전쟁	14:31~15:8	13:1~22
3	아사	911~870		41	선행	유다	자연사	전쟁	15:8~24	14:1~16:14
4	여호사밧	873~848	35	25	선행	유다	자연사	화평	22:41~50	17:1~20:37
5	여호람	853~841	32	8	악행	유다	하나님이 치심	화평	8:16~24	21:1~20
6	아하시야	841	22	1	악행	유다	예후에게 살해됨	동맹	8:24~9:29	22:1~9
7	아달랴	841~835		6	악행	?	살해됨	화평	11:1~20	22:1~23:21
8	요아스	835~796	7	40	선행	유다	신복에게 살해됨	화평	11:1~12:21	22:10~24:27
9	아마샤	796~767	25	29	선행	유다	살해됨	전쟁	14:1~20	25:1~28
10	웃시야	792~740	16	52	선행	유다	하나님이 치심	화평	15:1~7	26:1~23
11	요담	750~732	25	16	선행	유다	자연사	전쟁	15:32~38	27:1~9
12	아하스	732~716	20	16	악행	유다	자연사	전쟁	16:1~20	28:1~27
13	히스기야	716~687	25	29	선행	유다	자연사		18:1~20:21	29:1~32:33
14	므낫세	687~643	12	55	악행	유다	자연사		21:1~18	33:1~20
15	아몬	643~641	22	2	악행	유다	신복에게 살해됨		21:19~26	33:21~25
16	요시야	641~609	8	31	선행	유다	전쟁에서 부상됨		22:1~23:30	34:1~35:27
17	여호아하스	609	23	3월	악행	유다	애굽에 잡혀감		23:31~33	36:1~4
18	여호야김	609~598	25	11	악행	유다	포위된 때 죽음?		23:34~24:7	36:5~8
19	여호야긴	598~597	18	3월	악행	유다	바벨론에 잡혀감		24:6~16	36:9~10
20	시드기야	597~586	21	11	악행	유다	바벨론에 잡혀감		24:17~25:30	36:11~21

북이스라엘의 역대 왕

번호	왕이름	통치기간 (전통견해BC)	즉위나이	통치기간	통치평가	지파	사망형태	남북관계	관계된 성경	
									열왕기상하	역대하
1	여로보암	931~910		22	악행	에브라임	하나님이 치심	전쟁	11:26~14:20	9:29~13:22
2	나답	910~909		2	악행	잇사갈	바아사에게 살해	전쟁	15:25~28	
3	바아사	909~886		24	악행		자연사	전쟁	15:27~16:7	16:1~6
4	엘라	886~885		2	악행	베냐민	시므리에게 살해	전쟁	16:6~14	
5	시므리	855		7일	악행		포위되어 자살	전쟁	16:9~20	
6	오므리	885~874		12	악행		자연사	전쟁	16:15~28	
7	아합	874~853		22	악행		전쟁에서 부상	동맹	16:28~22:40	18:1~6
8	아하시야	853~852		2	악행		떨어져 죽음	화평	22:40~1:18	20:35~37
9	요람(여호람)	852~841		12	악행	유다	예후에게 살해	동맹	3:1~9:25	22:5~7
10	예후	841~814		28	악행	유다	자연사	전쟁	9:1~10:36	22:7~12
11	여호아하스	814~798		17	악행	유다	자연사	화평	13:1~9	
12	요아스	798~782		16	악행	유다	자연사	전쟁	13:10~14:16	25:17~24
13	여로보암2	793~753		41	악행	유다	자연사	화평	14:23~29	
14	스가랴	753~752		6월	악행	유다	살룸에게 살해	화평	14:29~15:12	
15	살룸	752		1월	악행		므나헴에게 살해	화평	15:10~15	
16	므나헴	752~742		10	악행		자연사	화평	15:14~22	
17	브가히야	742~740		2	악행		베가에게 살해	화평	15:22~26	
18	베가	752~731		20	악행		호세아에게 살해	전쟁	15:27~31	28:5~8
19	호세아	731~722		9	악행			화평	15:30~17:6	

성경책별로 읽는 방법

구약성서
창세기(창)
출애굽기(출)
레위기(레)
민수기(민)
신명기(신)
여호수아(수)
사사기(삿)
룻기(룻)
사무엘상(삼상)
사무엘하(삼하)
열왕기상(왕상)
열왕기하(왕하)
역대상(대상)
역대하(대하)
에스라(스)
느헤미야(느)
에스더(에)
욥기(욥)
시편(시)
잠언(잠)
전도서(전)
아가(아)
이사야(사)
예레미야(렘)
예레미야애가(애)
에스겔(겔)
다니엘(단)
호세아(호)
요엘(욜)
아모스(암)
오바댜(옵)
요나(욘)
미가(미)
나훔(나)
하박국(합)
스바냐(습)
학개(학)
스가랴(슥)
말라기(말)

신약성서
마태복음(마)
마가복음(막)
누가복음(눅)
요한복음(요)
사도행전(행)
로마서(롬)
고린도전서(고전)
고린도후서(고후)
갈라디아서(갈)
에베소서(엡)
빌립보서(빌)
Philippians
골로새서(골)
Colossians
데살로니가전서(살전)
데살로니가후서(살후)
디모데전서(딤전)
디모데후서(딤후)
디도서(딛)
빌레몬서(몬)
히브리서(히)
야고보서(약)
베드로전서(벧전)
베드로후서(벧후)
요한일서(요일)
요한이서(요이)
요한삼서(요삼)
유다서(유)
요한계시록(계)

시대순으로 읽는 방법(책별단위) 장절구분에 따른 시대순 읽기는 사진과 함께 읽는 연대기 성경에서

구약성서
창세기(창)
욥기(욥)
출애굽기(출)
레위기(레)
민수기(민)
신명기(신)
여호수아(수)
사사기(삿)
룻기(룻)
사무엘상(삼상)
사무엘하(삼하)
역대상(대상)
시편(시)
잠언(잠)
전도서(전)
아가(아)
열왕기상(왕상)
열왕기하(왕하)
역대하(대하)
오바댜(옵)
요엘(욜)
요나(욘)
호세아(호)
아모스(암)
이사야(사)
미가(미)
스바냐(습)
나훔(나)
예레미야(렘)
하박국(합)
다니엘(단)
에스겔(겔)
예레미야애가(애)
에스라(스)
학개(학)
스가랴(슥)
에스더(에)
말라기(말)
느헤미야(느)
외경(마카비서)

신약성서
마태복음(마)
마가복음(막)
누가복음(눅)
요한복음(요)
사도행전(행)
갈라디아서(갈)
데살로니가전서(살전)
데살로니가후서(살후)
고린도전서(고전)
고린도후서(고후)
로마서(롬)
야고보서(약)
골로새서(골)
빌레몬서(몬)
에베소서(엡)
빌립보서(빌)
디모데전서(딤전)
디도서(딛)
디모데후서(딤후)
베드로전서(벧전)
베드로후서(벧후)
유다서(유)
히브리서(히)
요한일서(요일)
요한이서(요이)
요한삼서(요삼)
요한계시록(계)

주제별로 읽는 빙법 별도로 구분해서 사용(잠언, 전도서, 아가서)

◉ 구약성서 분류

율법서	창세기 출애굽기 레위기 민수기 신명기
역사서	여호수아 사사기 룻기 사무엘상 사무엘하 열왕기상 열왕기하 역대상 역대하 에스라 느헤이마 에스더
시가서	욥시 시편 잠언 전도서 아가
예언서	이사야 예레미야 예레미야애가 에스겔 다니엘(이상 대예언서) 호세아 요엘 아모스 오바댜 요나 미가 나훔 하박국 스바냐 학개 스가랴 말라기

유대교 히브리 성경은 24권으로 구성되었다.
토라(율법서) 5권, 네비임(예언서) 8권
케투밈(성문서)11권(에스라 느헤미야는 한권으로)

◉ 신약성서 분류

복음서		마태복음 마가복음 누가복음 요한복음
역사서		사도행전
서신서	바울서신	로마서 고린도전서 고린도후서 갈라디아서(이상 교리서신) 데살로니가전서 데살로니가후서 히브리서(이상 일반서신) 에베소서 빌립보서 골로새서 빌레몬서(이상 옥중서신)
	공동서신	야고보서 베드로전서 베드로후서 요한1서 요한2서 요한3서 유다서
묵시서		요한계시록

* 히브리서는 공동서신으로 분류하기도 함

성경시대의 시각 환산표

구약 시대

	구 분	시 각	관련성구
밤	초 경	해 질 때 ~ 오후 10시	애 2:19
	이 경	오후 10시 ~ 오전 2시	삿 7:19
	삼경(새벽)	오전 2시 ~ 해 뜰 때	출 14:24
낮	아 침	해 뜰 때 ~ 오전 10시	
	정 오	오후 10시 ~ 오후 3시	창 18:1
	서늘할때	오전 3시 ~ 오후 6시	창 3:8
	저 물 때	오전 6시	잠 7:9

신약 시대

	구 분	시 각	관련성구
밤	저 물 때	해 질 때 ~ 오후 10시	막 13:35
	밤 중	오후 10시 ~ 오전 1시	막 13:35
	닭 울 때	오전 2시 ~ 오전 4시	막 13:35, 눅 22:61
	새 벽	오전 4시 ~ 해 뜰 때	마 14:35, 막 13:35

-24시간제-

	구 분	로마식(밤기준)	유대식(새벽기준)	시 간	관련성구
낮	아 침 (마 16:3)	제 6시	제 0시	오전 6시	요 19:14
		제 9시	제 3시	오전 9시	마 20:3
		제 10시	제 4시	오전 10시	요 1:39
	정 오 (행 22:6)	제 12시	제 6시	오전 12시	마 20:5
		제 3시	제 9시	오후 3시	마 20:5
	저 녁 (마 16:2)	제 5시	제 11시	오후 5시	마 20:6
		제 6시	제 12시	오후 6시	요 4:6
		제 7시	제 1시	오후 7시	요 4:52

달력과 농사일람표

종교력	태양력	포로 후 달력	농사일과 기후
1	3~4월	니산월(7월)	보리 추수(룻 1:22), 첫 열매, 늦은비
2	4~5월	이야르월(8월)	일반 추수, 건조기 시작
3	5~6월	시완월(9월)	포도원 손질, 이른 무화과 익는 계절
4	6~7월	탐무즈월(10월)	처음 익은 포도(민 13:20)
5	7~8월	아브월(11월)	올리브 열매 추수, 여름의 더위
6	8~9월	엘룰월(12월)	감람 추수, 대추야자 열매, 여름 무화과
7	9~20월	티쉬리월(1월)	기경, 이른비
8	10~11월	말케스완월(2월)	기경, 파종, 이른비(사 11:14), 겨울 무화과
9	11~12월	기슬르월(3월)	씨 뿌리는 계절
10	12~1월	데벳월(4월)	우기(스 10:9)
11	1~2월	스밧월(5월)	겨울 무화과, 편도나무 꽃피는 계절
12	2~3월	아달월(6월)	아마 뽑기, 늦은비(렘 3:3), 감귤 추수

성경시대의 도량형

1.화폐

	명 칭	가 치	관련성구
유대	게 라	세겔의 1/20	출30:13
	베 가	세겔의 1/2	출38:26
	세 겔	금-은의 15배	대상21:25
		은-일반 노동자 4일의 품삯	출30:24;삼하24:24
	므 나	달란트의 1/60	눅19:13~25
	달 란 트	금-은의 15배	대상29:4
		은-6000드라크마	출38:27, 마18:24
로마	고드란트	앗사리온의 1/4	마 5:26
	앗사리온	데나리온의 1/16	마 10:29
	데나리온	하루 품삯	마 18:28
헬라	렙 돈	로마 고드란트의 1/2	막 12:42, 눅 12:59
	드라크마	하루 품삯	눅 15:8

2.무게

명 칭	가 치	관련성구
게라	0.57g(세겔의 1/20)	출30:13
반세겔	5.7g	창24:22
세겔	11.4g	삼하14:26
므나	570g	눅19:13~25
달란트	약 34kg(3000세겔)	출38:25,27 왕상16:24 계16:21

3.부피

	명 칭	체 적		관련성구
고체	갑	1.3ℓ	0.66되	왕하6:25
	오멜	2.34ℓ	1.2되	출16:16
	스아	7.33ℓ	4되	창18:6
	에바	22ℓ	12되	출16:36
	반호멜	110ℓ	6말	호3:2
	호멜	220ℓ	12말	레27:16, 겔45:11
액체	록	0.31ℓ	1.65홉	레14:10
	갑	1.3ℓ	0.66되	왕하6:25
	힌	3.67ℓ	2되	출29:40
	밧	22ℓ	12되	왕상7:26
	고르 혹은 호멜	220ℓ	12말	겔45:14

고대 이스라엘의 달력

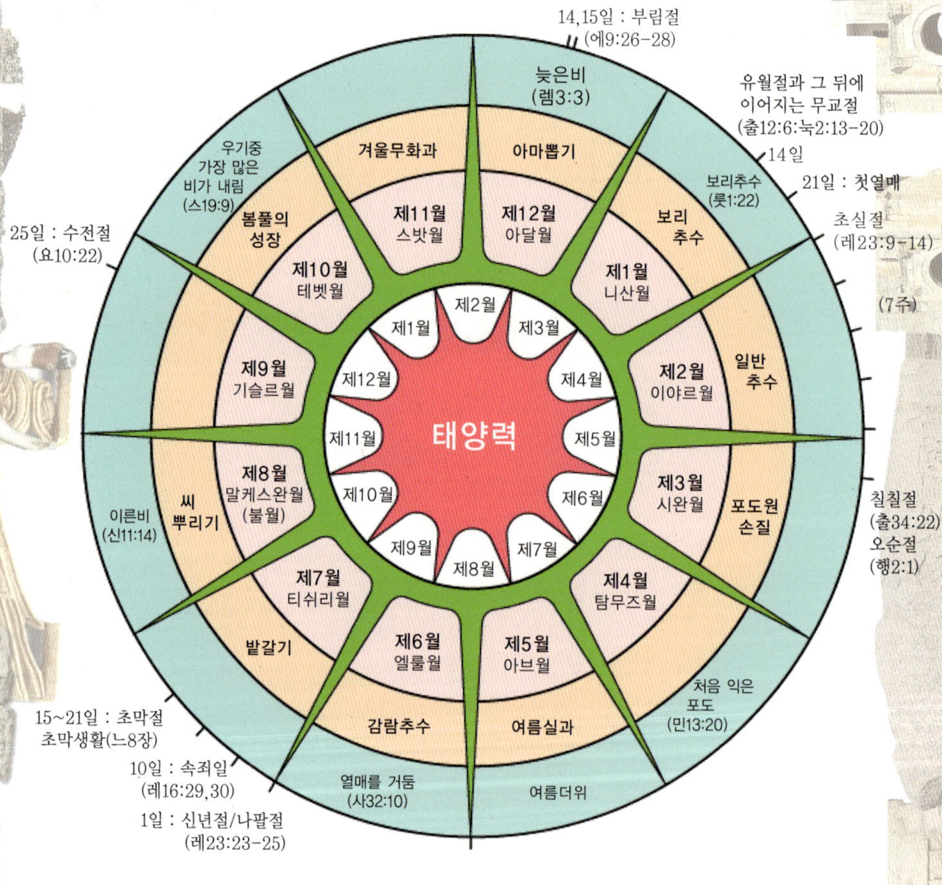

14,15일 : 부림절
(에9:26-28)
늦은비
(렘3:3)
유월절과 그 뒤에
이어지는 무교절
(출12:6;눅2:13-20)
14일
21일 : 첫열매
초실절
(레23:9-14)
(7주)
칠칠절
(출34:22)
오순절
(행2:1)
우기중
가장 많은
비가 내림
(스19:9)
25일 : 수전절
(요10:22)
이른비
(신11:14)
15~21일 : 초막절
초막생활(느8장)
10일 : 속죄일
(레16:29,30)
1일 : 신년절/나팔절
(레23:23-25)
겨울무화과
아마뽑기
보리추수
(룻1:22)
보리
추수
일반
추수
포도원
손질
처음 익은
포도
(민13:20)
여름실과
여름더위
감람추수
열매를 거둠
(사32:10)
밭갈기
씨
뿌리기
봄풀의
성장
제11월
스밧월
제12월
아달월
제1월
니산월
제2월
이야르월
제3월
시완월
제4월
탐무즈월
제5월
아브월
제6월
엘룰월
제7월
티쉬리월
제8월
말케스완월
(불월)
제9월
기슬르월
제10월
테벳월
태양력
제1월
제2월
제3월
제4월
제5월
제6월
제7월
제8월
제9월
제10월
제11월
제12월

성서시대의 지도 익히기

전체 지역 익히기

팔레스틴 지역 익히기

출애굽 여정 지명 익히기

이스라엘과 요르단 성지순례 지도

4D 바이블 아카데미

(에레츠성지연구원)

내용과 목적▶ 성경을 입체적이고 종합적으로 이해하기 위해 역사와 지리적인 배경속에 현장사진과 영상자료를 통해 가시적으로 성경을 이해하고 그런 바탕 속에서 영적인 메시지를 도출하므로 삶의 변화를 추구하는 것을 내용으로 하는 **에레츠 성지연구원의 성경연구과정**이다.

4D란 무엇인가?

- ◆1D: **성경을 역사적 흐름에 따라 연구**(성경역사와 도표 사용)
- ◆2D: **성경을 지리적 배경을 통해 연구**(성서지도 및 지리 모형 사용)
- ◆3D: **성경을 현장사진과 영상을 통해 연구**(성경유물, 모형, 사진과 동영상 사용)
- ◆4D: **성경을 영적 메시지를 통해 연구**(영성강의, 기도제목, 설교소스 제공)**하여**

개강 및 기간(시간)▶

- 매주 월요반(신구약): 필요시 개강, 월(AM 10-PM 5시) 13회 78시간
- 집중 코스반A(구약): 수시개강, 월~목(오전9시~오후 5시)
- 집중 코스반B(신약): 수시개강, 월~수(오전9시~오후 5시)

대상▶ 목회자와 사모 우선, 신학생, 4D로 하는 성경연구에 관심있는 평신도 지도자

장소▶ 경기도 구리시 동구릉로 53번기 67 LG아파트 상가 401호(에레츠성지연구원)

- 교회나 기관 단위 신청시에는 해당 지역에서 가능함

모집인원▶ 선착순 00명, 10명 이상 개강

수강료▶ 당해년도에 결정

강사진▶ 주강사(이원희목사)와 보조강사 및 외부 초청강사

교재▶
- 메인교재(4D로 푸는 성경의 맥과 흐름, 스펙트럼 성서지도, 이상 이원희저)
- 보조교재(성지행전, 바이블씨티 700, 이상 이원희저)
- 참고자료(에레츠 성경통독표, 포토성경사전, 사진으로 읽는 연내기성경)
- 시청각 자료(성경관련 사진과 동영상, 시대별 성서지도, 성경유물 등)

특혜 및 기타▶ 수료자에게 에레츠 성지연구원 수료증(강사 자격증) 수여

수료자와 교회 사용시 **강의용 PPT 자료(1200여컷 사진과 동영상) 할인가 제공**

문의 및 신청▶010-5175(6511)-0675, 070-7721-0675 lwhpb@naver,com

www.photobible.kr(lwh.kr)

자료출처(참고문헌)

■ 지도류, 단장류

- F.F. Bruce, The Illustrated Bible Atlas(Jerusalem: Carta, 1994)
- Phil Wilkinson, Bible Atlas, Dorling Kinde rsley(England London: 1994)
- Harry Thomas Frank, Atlas of the Bible Lands(U.S.A: Hammond Incorporated, 1990.)
- Y. 아하로니와 M. 아비요나, 문창수역, 아가페 성서지도(서울: 아가페 출판사, 1982년)
- Y. Aharoni and M. Avi-Yonah, The Bible Atlas(Jerusalem: Carta, 1973)
- 이원희, 스펙트럼 성서지도(수정 증보판)(대전: 지계석, 2007)
- MAP Israel, Editors: Ori Devir, Mulli Meizer(Israel: Mapping and Publishing Ltd., 1996)
- Iran 2001, Gitashenasi Amir(Tehran, 2001)
- 이원희, 에레츠 성경통독연대표(대전: 도서출판 지계석, 2015)
- 신현주, 실로암 성서연대표(서울: 도서출판 엔젤, 2014)

■ 단행본

역사 관련 도서

- 촬스 F. 파이퍼, 임태무역, 구약성경의 역사(서울: 요나출판사, 1994)
- 이원희 & 신현주, 성서속의 역사와 지리(서울: 기독교문사, 1993)
- 존 브라이트, 金允柱譯, 이스라엘의 歷史. 上,下(서울: 분도출판사, 1978)
- 김영진, 구약성서의 세계(서울: 하늘기획, 2009)
- 생크스, 김유기역, 고대 이스라엘(서울: 한국신학연구소, 2005)

지리 관련 도서

- Barry Cuniffe, The Holy Land(London: Oxford University Press, 1998)
- 죠반느 마지, 예루살렘(한국어판)(Bonechi, 1995)
- 이찬영, 聖經地理總覽(서울: 도서출판 소망사, 1997)
- 이시호, 중근동 기독교 성지(서울: 예영커뮤니케이션, 1997)
- 성서의 땅과 사람들(서울: 장로회신학대학교 성지연구원, 2001)
- 한기채, 지명을 읽으면 성경이 보인다.(서울: 위즈덤로드, 2011)
- 이영희, 터키(초대 교회를 찾아서)(서울: 홍성사, 2006)
- 이희철, 터키(신화와 성서의 무대)(서울: 리수, 2006)
- 주태균, 나는 페르시아가 좋다.(서울: 2009)
- 주월터 브루거만, 강성렬역, 성서로 본 땅(서울: 나눔사, 1999)
- 촬스 R. 페이지, 정진원역, 예수와 땅(서울: CLC, 2007)
- 이원희, 성지행전 구약, 신약(서울: 평단, 2012)
- 이원희, 바이블씨티 700(서울: 도서출판 바이블씨티, 2012)

문화, 풍습, 고고학 관련 도서

- 필립 J. 킹 외 1인, 임미영역, 고대 이스라엘 문화(서울: CLC, 2014)
- 알프레드 J. 허트 외 2인, 신득일 외 1인역, 고대근동 문화(서울: CLC, 2012)
- 김남철, 메소포타미아 신화와 유물 이야기(서울: 쿰란출판사, 2012)
- 롤랑 드보, 이영구역, 구약시대의 생활풍습(서울: 대한기독교서회, 2003)

자료출처(참고문헌)

- E. 베일리, 박규태역, 중동의 눈으로 본 예수(서울: 새물결플러스, 2016)
- 제임스 M. 프리만, 김일우 외 1인역, 성경속의 생활풍속 따라잡기(서울: 아가페, 1998)

성경연구, 기타 도서

- 하놀트 L. 윌밍턴, 위밀턴 성경연구(서울: 나침판사, 1990)
- 나채운, 우리말 성경연구(서울: 기독교문사, 1990)
- 이원희, 성경통독연구(서울: 기독교문사, 1996)
- 박용우, 바울(서울: 바울서원, 2004)
- 유재덕, 성경밖 성경이야기(서울: 브니엘, 2008)
- 정정숙, 성서식물(서울: 크리스찬뮤지엄, 2007)
- 최정호, 네러티브 사도행전(서울: 도서출판 크리폼, 2012)
- 토머스 E. 슈미트, 윤종석역, 사도행전 그 이후(서울: 아바서원, 2014)
- 김승학, 떨기나무(서울: 두란노, 2007)

■ 사전류, 주석류, 전집류

- The Anchor Bible Dictionary, Vol. 1~6, Doubleday(New York: 1992)
- 성서지명 강해대전, 성지서원(서울: 성지서원, 1996)
- The Anchor Bible Dictionary, Published by Doubleday(New York: 1922)
- The New Encyclopedia of Archaeological Excavations in the Holy Land, The Israel Exploration Society & Cart(Israel: Cart, 1993)
- 이원희, 포토성경사전(서울: 하늘기획, 2011)
- 성서대백과대사전(서울: 성서교재간행사, 1981)
- 가스펠서브 편집, 라이프 성경사전(서울: 생명의말씀사, 2006)
- 이호열 편찬, 새 성경사전(서울: 하나성서, 2005)
- 김태장 편찬, 청지기 성경사전(서울: 시온성, 2004)
- 하용조 편찬, 비전 성경사전(서울: 두란노, 2005)
- 앙드레 프로사르 외 2인, 권오갑 외 번역, 도설대성서 전7권(서울: 광보, 1983)
- 성서교재간행사, 그랜드종합주석 전16권(서울: 제자원, 1991)
- 존월튼 외 1인, 정옥배역, 성경배경주석 창-신(서울: IVP, 2000)
- 크레이그 키너, 정옥배 외역, 성경배경주석 신약(서울: IVP, 1998)

■ 성경류

- 이원희 편저, 갈릴리성경(서울: 종로서적출판, 1997)
- F. 라가드 스미스편저, 연대기성경(서울: 두란노서원, 2009)
- 이원희 편저, 미션성경(서울: 새성경, 2002)
- 이원희 편저, 리얼성경(서울: 이스트워드, 2014)
- 이원희 외 2인 편저, 문화성경(서울: 숭실대학교출판부, 2010)
- 이원희, 사진과 함께 읽는 연대기성경(서울: 넥서스크로스, 2015)
- 일본성서학연구소, 성인사역, 외경위경전서(서울: 성인사, 1979)

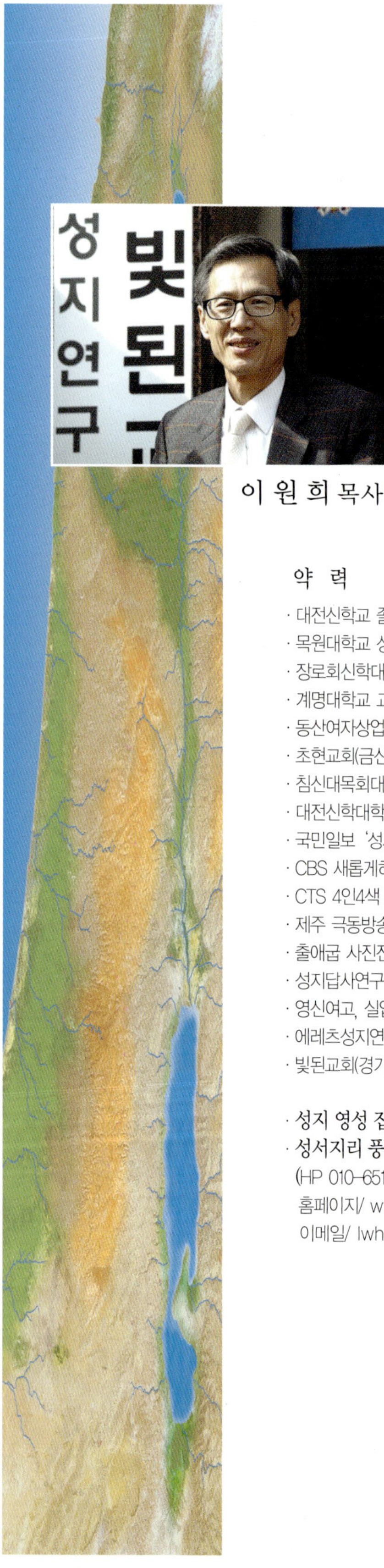

이 원 희 목사

약 력

· 대전신학교 졸업
· 목원대학교 상업교육학과 졸업
· 장로회신학대학원 졸업
· 계명대학교 교육대학원 졸업
· 동산여자상업고등학교 교목실장 역임
· 초현교회(금산), 남신교회 담임목사 역임
· 침신대목회대학원, 부산장신대 강사 역임
· 대전신학대학교, 순복음대전신학교 강사
· 국민일보 '성서 속 도시 이야기' 1년 연재
· CBS 새롭게하소서 등 성지 다큐 출연
· CTS 4인4색 등 성지 프로그램 출연
· 제주 극동방송 성지프로그램 출연
· 출애굽 사진전(CBS 주최)
· 성지답사연구 및 인도 80회(2018년)
· 영신여고, 실업고등학교 교목실장 역임
· 에레츠성지연구원 원장
· 빛된교회(경기 구리) 담임

· 성지 영성 집회 인도
· 성서지리 풍습 사경회 및 세미나 인도
(HP 010-6511-0675) (070)7721-0675
홈페이지/ www.photobible.kr
이메일/ lwhpb@naver.com

저 서

· 실로암 聖書圖表(성광문화사, 1984)
· 성서 속의 역사와 지리(기독교문사, 1990)
· 성경통독연구 전4권(기독교문사, 1991)
· 예수와 기독교와의 만남(성경교과서용)
· 하나님과 자신과의 만남(성경교과서용)
· 성령과 삶과의 만남(성경교과서용)
· 스펙트럼 성서지도(지계석, 2000)
· 궤도용 실사지도(지계석) 1.5X1m,11종류
· 컬러판 갈릴리 성경(종로성서서적출판)
· 구약성경의 순례(계명대학교출판부)
· 신약성경의 순례(계명대학교출판부)
· 컬러판 미션성경(새성경)
· 포토 바이블 전3권(선미디어)
은혜로운 발자취 성지순례 가이드북(하늘기획)
· 성서속의 도시 이야기(민영사)
· 문화성경 편찬(숭실대출판부), 3인 공동
· 포토 성경사전(하늘기획)
· 성지행전 신약, 구약편(평단, 2012)
· 바이블씨티 700(도서출판 바이블씨티)
· 리얼성경 편찬(이스트워드, 2014)
· 에레츠 성경통독연대표(지계석, 2015)
· 사진과 함께 읽는 연대기 성경(신약)
(넥서스크로스, 2015)